Ich diente nur der Technik

Berliner Beiträge
zur Technikgeschichte und Industriekultur

Schriftenreihe
des Museums für Verkehr und Technik Berlin

Band 13

Museum für Verkehr und Technik

ICH DIENTE NUR DER TECHNIK

Sieben Karrieren zwischen 1940 und 1950

Mit Beiträgen von
Dirk Böndel
Anna Döpfner
Alfred Gottwaldt
Stephanie von Hochberg
Joseph Hoppe
Silke Klewin
Lutz-Ulrich Kubisch
Monika Renneberg
Reiner Schipporeit
Holger Steinle
Mark Walker

Nicolaische Verlagsbuchhandlung Berlin

Ausstellungskoordination: Alfred Gottwaldt und Silke Klewin

Die Ausstellung erarbeiteten:
Dirk Böndel · Anna Döpfner · Alfred Gottwaldt · Stephanie von Hochberg · Joseph Hoppe · Gerd Kemner · Silke Klewin · Lutz-Ulrich Kubisch · Jan-Henrik Peters · Reiner Schipporeit · Jörg Schmalfuß · Holger Steinle

Die Ausstellung gestaltete gewerk für Gestaltung und Konzept

© 1995 Museum für Verkehr und Technik Berlin
Nicolaische Verlagsbuchhandlung Beuermann GmbH, Berlin
Alle Rechte vorbehalten
Layout und Umschlaggestaltung: Dorén+Köster, Berlin
Lektorat: Maria Borgmann, Eberhard Franke
Satz und Lithos: Mega-Satz-Service, Berlin
Druck: H. Heenemann, Berlin
Printed in Germany
ISBN 3-87584-549-8

INHALT

Ich diente nur der Technik

Seit der unglückseligen Spaltung der Natur- und der Geisteswissenschaften, der Human- und der Technikwissenschaften und seit der Trennung in zwei Kulturen hat sich die durchaus selbstbewußt vertretene und zugleich naive Vorstellung gebildet, Technik sei nichts anderes als die konsequente, objektive, wertneutrale (und dadurch natürlich grundsätzlich fortschrittliche) Entfaltung naturwissenschaftlicher technologischer Grundprinzipien. So wie ein physikalisches Experiment beliebig oft wiederholbar unter gleichen Bedingungen grundsätzlich zu jeweils gleichen Ergebnissen führt, so sei auch der »Stand der Technik« im automatischen, nur von Experten zu konstatierenden »Sachzwang« von der Gesellschaft nicht kritisch zu diskutieren, sondern zu akzeptieren und als unverrückbare Basis für anschließende politische, ökonomische, ökologische und soziale Folgerungen zu nutzen.

Diese technokratische Prioritätenfestlegung gilt als logisch und rational, Widerspruch als parteiisch und emotional.

Aufgabe der Politik wäre es demnach, optimale »Standortbedingungen« als Voraussetzung zu schaffen sowie gesellschaftliche und ethische Verantwortung für die richtige Anwendung als Konsequenz zu übernehmen.

Mißbrauch ist dann keine Kategorie der zweckfreien Forschung und technischen Entwicklung, sondern der verantwortungslosen Anwendung, für die nicht der allein wissenschaftlich-technologischen Zielen dienende Forscher zuständig ist, sondern der Anwender.

Daß aber der Techniker schon bei Forschung und Entwicklung in Verantwortung für das Ergebnis, das Produkt steht, gilt nicht erst, seitdem es das Wort und die öffentliche Forderung einer »Technikfolgenabschätzung« gibt.

In den »Stahlgewittern« des Ersten Weltkrieges, in dem Ernst Jünger die Erkenntnis gewann, entscheidend sei nicht, warum und für welches Ziel man kämpfe, sondern daß und wie man kämpfe, wird wohl zum ersten Mal die ethische Frage nach dem Warum und Wofür wissenschaftlicher Forschung und Entwicklung im Krieg kontrovers diskutiert: Der Chemiker Haber, der nicht nur die Grundlagen für den Kunstdünger legte, sondern getreu seiner Überzeugung – »immer aber siegt die technisch höhere Form« – auch die Grundlagen für den Gaskrieg, mußte sich in einem höchst engagierten Briefwechsel von seinem dem Roten Kreuz in Genf dienenden Fachkollegen Staudinger, ebenfalls Nobelpreisträger, harte Lektionen über die Verantwortung des Wissenschaftlers im Krieg gefallen lassen.

Dabei geht es zunächst einmal um die seit Kain und Abel virulente Frage nach den Schwertern und Pflugscharen, nach der Verantwortung in der Waffenproduktion.

Diese Grundfrage ging sicher schon durch die Köpfe der Künstleringenieure wie Leonardo da Vinci, der einen großen Teil seines Salärs nicht durch sein »Abendmahl« und seine »Mona Lisa« verdiente, sondern durch Festungsbau und Waffenentwicklung und stets wußte, was mit diesen Entwicklungen geschah.

»Wes Brot ich ess', des Lied ich sing'!« war eben nicht nur Motto der Minnesänger, sondern auch der Forscher und Technologen aller Kriegszeiten, auch wenn man sich nachträglich jeweils mit dem Haberschen Argument entschuldigte, im Frieden habe der Wissenschaftler der Menschheit, im Krieg dem Vaterland zu dienen.

Diese prinzipiellen und individuellen Probleme des Ethos des Wissenschaftlers und Technikers im Krieg haben sich vermutlich im Lauf der Menschheitsgeschichte nur graduell gewandelt und – je nach Sieg oder Niederlage – zu ähnlichen Bekenntnissen, Entschuldigungen und Verweigerungen geführt.

Prinzipiell gewandelt haben sich die Maßstäbe ethischer Verantwortung des Forschers im Krieg wohl erst bei der Technologie der Kernspaltung, bei der Entwicklung der Atombombe. So ist es kein Zufall, daß die Gebrüder Oppenheimer, neben anderen Forschern Väter dieser qualitativ neuen Waffentechnologie und wissend, daß selbst für den, der Hiroshima noch glaubte rechtfertigen zu können, Nagasaki nur als Verbrechen bewertet werden kann, anschließend öffentlich widerriefen. Und einerseits riefen sie die Welt gegen diese Technologie auf, andererseits gründeten sie in San Francisco das Vorbild aller Science Centers der Welt: das Exploratorium, das Verständnis und dadurch Verantwortung für Technologie nicht bei Experten, sondern bei Laien zu wecken sucht.

Doch diese allgemeine Ethik des Forschers und Technikers im Krieg oder in der »Wehrtechnik« ist nicht primäres Thema der Ausstellung des Berliner Technikmuseums zum 50. Jahrestag des Kriegsendes und auch nicht das zentrale Thema des vorliegenden Begleitbuches.

Gerade weil nicht nur einige Vertreter des »Historikerstreits«, sondern auch noch immer oder schon wieder Stammtischbrüder der Unbelehrbarkeit glauben, in der Bewertung des »Dritten Reiches« keinen grundsätzlichen Unterschied zu anderen Epochen oder Ländern machen zu müssen, bezieht das Museum eindeutig Stellung:

In exemplarischer Beschränkung, die für Ausstellungen notwendig und legitim ist, beleuchten acht Schlaglichter technische Situationen, ethische Positionen und individuelle Personen, durch die deutlich wird, daß aktive Teilnahme an einem technologischen Prozeß, an einer technischen Produktion oder einer technischen Verkehrsorganisation in dem unvergleichbaren – weil prinzipiellen – Massen- und Rassenmordsystem des Nationalsozialismus qualitativ anderen Maßstäben unterliegt als in anderen Systemen.

Und deutlich wird unter diesen Schlaglichtern, daß die »Teilnehmer« an dem System nicht deshalb versagten, weil sie außerordentlich böse oder unvergleichlich gewissenlos gewesen wären, sondern gerade weil sie ein so erschreckend normales Gewissen hatten, über die normalen überkommenen Maßstäbe verfügten und die gleichen unehrlichen Ausreden gebrauchten wie ihre Vorgänger und Zeitgenossen – und wie ihre Nachfolger bis heute:

– Der Cheforganisator der mörderischen Judentransporte wußte, wohin die Wege führten – und tat seine Pflicht.

– Der »Vater der Raumfahrt« wußte, daß er nicht Mondfähren, sondern Langstreckenwaffen entwickelte und daß diese von KZ-Häftlingen produziert wurden, die dabei zu Zehntausenden umkamen. Er nahm selbst an der Auswahl »geeigneter Arbeitskräfte« in Mittelbau-Dora teil und schaffte es anschließend, mit seinen Enthusiasten Peenemünde zur »Wiege der Raumfahrt« zu stilisieren statt als Abschußrampe für Fernwaffen zu entmythologisieren.

– Der Organisator des U-Bootkrieges wußte, wem er diente – und wurde dessen Nachfolger.

– Und der später des Deutschen liebstes Kind und Symbol des Wirtschaftswunders »ausbrütete«, den Käfer, war sich durchaus bewußt, durch wen, für wen und gegen wen er den Opel »Blitz« produzierte.

Die persönliche Verantwortung und individuelle Schuld des Scheiterns stehen hier nicht zur Diskussion. Zur Diskussion stehen auch nicht Stolz, Eitelkeit und Dummheit, die maßgebende Menschen zu willfährigen Werkzeugen des Nazistaates machten. Zur Diskussion stehen vielmehr die technizistische »Unschuld«, die pseudoobjektive Wertneutralität der Technik und der Techniker, die ausschließlich den technischen Erfolg oder Fortschritt im Auge haben, von allen Voraussetzungen und Folgen der Betroffenen aber – durchaus bewußt! – absehen:

Dornberger, der Cheforganisator der V 2-Entwicklung und -Produktion in Peenemünde und im KZ Mittelbau-Dora: »Nicht auf das Warum kam es uns an, sondern auf das besonders im Kriege allein entscheidende Wie.« (1964)

Albert Speer, der Obertechniker des Reiches: »Entscheidende Jahre meines Lebens habe ich der Technik gedient, geblendet von ihren Möglichkeiten.« Nach zwanzig Jahren Haftbesinnung fügte er hinzu: »Am Ende, ihr gegenüber, steht Skepsis.« (1969)

Deutlicher, weil rechtzeitig 1939, sein Kollege bei der Post, Minister Wilhelm Ohnesorge, zuständig für die Fernsehwaffen-Entwicklung: »Dienen und nichts als dienen – dem geliebten Führer und seiner NSDAP.« Und ein Mitglied der Deutschen Bundesregierung glaubte noch 1992 an die »hervorragende wissenschaftliche und technische Pionierleistung ..., eine Entwicklung ..., die den Menschen – nach anfänglicher tragischer Nutzung der neuen Techniken im Zweiten Weltkrieg – in das All und auf den Mond brachte sowie weitreichende zukünftige Nutzungspotentiale eröffnete.«

Und 1950 waren sie alle wieder obenauf!

Neuanfang? Stunde Null? Entnazifizierung? Verarbeitung der Vergangenheit, gar Trauerarbeit? Oder Verdrängung und fröhliche Urständ?

So mögen Ausstellung und Buch ein Beitrag zu höchst aktuellen Fragen sein:

»Denn wie sich die neuen Tage aus dem Schutt der alten bauen,
kann ein ungetrübtes Auge rückwärtsblickend vorwärts schauen.«

Zum Schluß bedankt sich anerkennend jemand, der sich der beschriebenen Zeit als seiner engagierten Kindheit und Jugend noch lebhaft erinnert, bei den Autoren dieser Ausstellung und dieses Buches und bei deren Koordinatoren, Alfred Gottwaldt und Silke Klewin, die dank der »Gnade der späten Geburt« unbefangeneren Zugang fanden, als es manchem Betroffenen oder gar Beteiligten möglich wäre.

Prof. Günther Gottmann

Technik. Macht. Krieg

Vorbemerkungen zu Buch und Ausstellung

von Alfred Gottwaldt und Silke Klewin

Fünfzig Millionen Menschen haben im Zweiten Weltkrieg wegen des deutschen Größenwahns ihr Leben gelassen. Völkermord, Soldatentod und Verluste der Zivilbevölkerung in bis dahin unvorstellbarer Größenordnung waren binnen weniger Jahre in zahlreichen Ländern bewirkt, weil die Deutschen sich zur Durchsetzung ihrer Politik eine gewaltige Kriegsmaschinerie nutzbar machten. In militärischen Händen lagen massenhaft robuste und anfangs sehr fortschrittliche Waffen, die einfallsreich entwickelt, kostengünstig produziert und rationell verteilt worden waren.

I.

Über den moralischen Wert konventioneller Waffentechnik läßt sich trefflich streiten. Die Ambivalenz des rastlosen Konstrukteurs ist ein Thema, das die Literatur immer wieder beschäftigt. Offenbar befähigt technisch-wissenschaftliche Potenz im Frieden auch zu besonderen Leistungen im Krieg. Viele Länder besaßen eine hochentwickelte Kriegstechnik, doch allein Deutschland hat mit seinen militärischen Anstrengungen den systematischen Völkermord ermöglicht und realisiert.

Es zeigt sich, daß Wissenschaftler und Techniker in jedem Krieg bereit waren, weiter als je zuvor zu gehen, was die zerstörerische Kraft ihrer Ideen anbetraf. Flugzeugbau und chemische Industrie verloren, kaum etabliert, im Ersten Weltkrieg schon ihre Unschuld. Und nicht zuletzt waren zahlreiche ältere, führende Technokraten des Zweiten Weltkriegs bereits durch die demoralisierende Schule der Schützengräben von 1914 bis 1918 gegangen.

Die Soldaten der deutschen Wehrmacht »im Feld« bedurften zwischen 1939 und 1945 fortdauernd einer Rüstung und einer Industrie, deren Ort in der nationalsozialistischen Sprache zutreffend »Heimatfront« hieß. Dort wirkten, ebenfalls als »Kämpfer für den Endsieg« bezeichnet, überwiegend zivile Kaufleute, Wissenschaftler, Ingenieure und Techniker. Der am 9. Februar 1942 eingesetzte Rüstungsminister Albert Speer war Architekt; er ist zum Musterbeispiel für die Rolle effektiver technischer Organisatoren außerhalb der Wehrmacht geworden. In seinem Amt waren viele Menschen mit zukunftsweisenden, modernen Konstruktionen beschäftigt, deren Auswahl nicht immer nach rationalen Gesichtspunkten erfolgt sein mag, die aber viel zu oft tödliche Resultate zeitigten.

Die deutsche Wissenschaft und Technik, die Rüstung und Kriegswirtschaft hatten 1943 und 1944 einen beängstigend produktiven Stand erreicht. Ungeachtet der Rückschläge auf allen Kriegsschauplätzen und trotz unglaublicher Reibungsverluste innerhalb des Systems führten die vordergründig ideologisch motivierten Kriegsanstrengungen dazu, daß sich die Produktion von Waffen und Gerät zumindest quantitativ auf sehr hohem Niveau befand. Diese »Leistungen« verdankten sich weitgehend der Unabhängigkeit der Fachleute und dem »großen Spielraum der nationalsozialistischen Unterführer« (Hans Mommsen). Die Führung war von Kontrolle entlastet und griff nur fallweise ein.

Je deutlicher der Krieg als verloren erschien, um so kreativer arbeiteten die deutschen Ingenieure und Rüstungsmanager. Das Verlangen nach »Wunderwaffen«, die den überlegenen Gegner zurückwerfen sollten, führte zu einem immensen Aufwand an Forschung und Entwicklung, dessen Früchte vielfach auch nach 1945 nützlich waren.

II.

Die zivilen deutschen Techniker brauchten und benutzten Arbeitskräfte, unter denen sich im Krieg wegen der Abgabe vieler Männer an die Wehrmacht zahllose Frauen, Zwangsarbeiter, Kriegsgefangene und Häftlinge aus den Konzentrationslagern befanden. Im Ergebnis war die Technik im Nationalsozialismus wohl keine sehr andere Technik als anderswo, aber durchaus eine Technik mit sehr anderen Mitteln.

Nach 1945 stellten die Siegermächte in Deutschland die Angehörigen der politischen und militärischen Führungsschichten sowie ausgesprochene Kriegsverbrecher und einige Industrielle als »Verschwörer« in Nürnberg vor das Militärtribunal. Albert Speer wurde dort zu zwanzig Jahren Haft verurteilt. Dagegen blieben zahlreiche Angehörige der technischen Intelligenz, die zuvor Kriegsgerät entworfen und gebaut hatten, in den vier deutschen Besatzungszonen weitgehend unbehelligt. Die Maßnahmen der »Entnazifizierung« vermittelten das Gefühl, diese Epoche sei abgeschlossen.

Kanonen, Flugzeuge, Lokomotiven und viele andere technische Objekte durften in Deutschland nach der Kapitulation 1945 zunächst nicht gebaut werden. Die Schmieden von Krupp sollten ebenso zerschlagen werden wie die Chemiefabriken der »IG Farben«, weil sie mit Waffenbau und Häftlingsarbeit ihr Geld verdient hatten. Aus vorhandenen Stahlhelm-Rohlingen hat man in kleinen Betrieben zeitweilig emaillierte Küchensiebe hergestellt; aus Gasmasken wurden Petroleumlampen gemacht.

Die Idylle trügt. Schon lange Zeit vor dem Kriegsende richteten die späteren Siegermächte ihr Augenmerk auf solche deutschen Entwicklungen, von denen sie sich selbst einen Gewinn für ihre Forschung und Technik erhofften. Spezialisten der Geheimdienste und der Industrie wurden beauftragt, im Deutschen Reich nützliche Muster und Pläne zu beschaffen. Der Name des »Project Paperclip« steht für die Bemühungen der Amerikaner, sich nach Kriegsende der »fortschrittlichsten« deutschen Wissenschaftler zu versichern. Die noch nicht fertiggestellten Fernraketen der Bauart V 2 aus Nordhausen in Thüringen sind zur Erprobung sowohl in die Vereinigten Staaten wie auch in die Sowjetunion geholt worden. Selbst deutsche Eisenbahnfahrzeuge wurden über den Atlantik und an den Polarkreis transportiert, weil man die darin enthaltenen Patente ausnutzen wollte.

Einige Vertreter der Spitzenforschung wurden mit Wernher von Braun oder mit Manfred von Ardenne und anderen in die Länder der Sieger gebracht, um dort ihre im Kalten Krieg der Großmächte weiterhin wichtigen Vorhaben fortzuführen. Die Mehrzahl der deutschen Techniker und Ingenieure fand sich aber nach dem »Zusammenbruch« bald wieder in ihren angestammten Fabriken und Hochschulen ein, um dort Lohn und Brot zu finden. Ihre Arbeitgeber waren zumeist privatwirtschaftliche Unternehmen, von denen nur ein bescheidener Teil aus politischen Gründen geschlossen oder enteignet wurde.

Nach dem Ende einer Phase der Not trachteten die meisten Spezialisten danach, wieder auf ihren Fachgebieten tätig zu sein. Sie knüpften vielfach an ihr Wirken im Krieg an, wenn sich daraus Produkte ergaben, die in den neuen Zeiten gebraucht wurden. Erfolge stellten sich ein.

Soweit keine Bombenschäden oder Rohstoffmangel zu verzeichnen waren, lief die Produktion bei vielen Fabriken wieder an. Arbeitsplätze in den Westzonen wurden bevorzugt. In Ostdeutschland war die Lage vor dem Hintergrund des Rußlandkrieges, infolge der Demontagen, wegen der bald erkennbaren Verstaatlichungspläne und nach der Flucht der Fabrikbesitzer in den Westen schon anders.

III.

Bekanntlich hat nach der Verurteilung der »Verschwörer« in Nürnberg und nach gewissen Prozessen in Ostdeutschland eine Mehrzahl der Deutschen über die eigene Vergangenheit im Nationalsozialismus nicht mehr gesprochen. Diese gesamtgesellschaftlich feststellbare Haltung traf auch auf Wissenschaftler, Techniker und Ingenieure zu. Wegen des Gefühls der Niederlage und wegen der deutschen Verbrechen im Krieg wurde allgemein die Betrachtung der eigenen Geschichte zwischen 1933 und 1945 vermieden.

Angst vor Strafverfolgung und ein schlechtes Gewissen verstellten den nüchternen Blick auf historische Sachverhalte bis zum heutigen Tag. Bei der Betrachtung vieler Biographien und Nachrufe aus der Zeit nach 1950 fallen die gravierenden Auslassungen sofort ins Auge. Spätere Erfolge in der Bundesrepublik und im Ausland waren häufig auf die Kriegstätigkeit gegründet, doch aus naheliegenden Gründen enthielten die danach publizierten Lebensläufe immer wieder Lücken. Festschriften und Jubiläumsveranstaltungen, die in unseren Tagen auf ein halbes Jahrhundert des Fernsehens oder der Weltraumfahrt zurücksehen wollten, vermieden nach Möglichkeit jeden Blick auf die näheren Umstände der Entstehungszeit.

Soweit möglich, haben die Techniker stets die in ihrem Fach übliche Ablösung der fachlichen »Leistungen« von Zielstellung und Anwendung der Produkte versucht. Der Speer zugeschriebene Satz »Ich habe der Technik gedient« von 1969 kann für viele gelten und spiegelt diese eingeschränkte Sichtweise beispielhaft wider. Mit dem gleichen Pathos hat Speer vor 1945 formuliert, er wolle nur dem Führer und seinem Reich dienen. Heute überzeugt diese sich selbst entschuldigende Haltung nicht mehr und ruft zahlreiche Fragen hervor.

War das Kriegsende vor fünfzig Jahren überhaupt ein »Zusammenbruch« für die Technik, wie es damals ein gewisses Ende für den Staat Hitlers bedeutete? Folgte der Befreiung Europas und des deutschen Volkes vom Nazismus ansatzweise eine Lösung der Technik vom Militarismus? Oder gab es »keinerlei Untergang«, wie eine aktuelle These (Andreas Heinemann-Grüder) in der technikgeschichlichen Forschung lautet? Welche Kenntnisse und Fähigkeiten haben die Menschen in der Technik aus dem »an allen Fronten siegreichen Jahr« 1940 mit seinen elenden Folgen über das Zeichen von »Zusammenbruch oder Befreiung« im Mai 1945 bis in das erste »Wirtschaftswunder-Jahr« 1950 persönlich hinübergetragen?

In der akademischen Forschung werden die Fragen seit längerer Zeit erörtert. »Naturwissenschaft, Technik und NS-Ideologie« haben die Deutsche Gesellschaft für Geschichte der Medizin, Naturwissenschaft und Technik als Themen ihrer Jahrestagungen in Coburg 1978 und in Jena 1992 beschäftigt. Die Technikgeschichtliche Jahrestagung des Vereins Deutscher Ingenieure in Düsseldorf 1995 umschrieb ein verwandtes Thema mit »Technische Innovationen in Krisenzeiten«.

Oft ist es dabei leichter gefallen, so krude Erscheinungen wie die »Deutsche Physik« distanziert vorzustellen, als das normale Funktionieren von bis heute hochangesehenen Fachleuten in jener Zeit kritisch zu beleuchten. Der Dienst von Rassenbiologie und Eugenik als naturwissenschaftlichen Hilfsmitteln des deutschen Rassenwahns hat große Aufmerksamkeit gefunden; die Frage nach den Konsequenzen dieser historischen Erkenntnisse für die heutige Wissenschaftspolitik in der Humangenetik hat die Fachwelt schier gespalten.

Gerade die spezialisierte Technikgeschichte an den Hochschulen tut sich aber noch immer schwer, auf ihrem eigentlichen Gebiet ernsthaft »Zeitgeschichte« in Form von Industriegeschichte und Biographik dieser Epoche zu betreiben. Beides ist wegen der Quellenlage ohnehin umständlicher als die Untersuchung von staatlichen Ministerien und Forschungseinrichtungen. Nur wenige Großunternehmen haben es bisher gewagt, ihre Archive zu öffnen und Beschreibung sowie Analyse ihrer Geschichte zwischen 1933 und 1945 unabhängigen Forschergruppen ohne Vorbedingungen zu überlassen.

IV.

Die Ausstellung »Ich diente nur der Technik« des Museums für Verkehr und Technik im Sommer 1995 will die genannten Fragen auf den ihm anvertrauten Fachgebieten öffentlich stellen. Nicht Gesamtdarstellungen ohne Detailangaben waren das Ziel, sondern eher »lokale« und konkrete Studien sollten entstehen. Gezeigt werden ausgewählte Themen aus Kommunalverkehr, Nachrichtentechnik, Textiltechnik, Straßenverkehr, Schiffahrt, Luftfahrt und Eisenbahnwesen. Andere Beispiele – dazu gehören Energietechnik, Produktionstechnik und Rohstoffwesen – wären ebenso denkbar gewesen wie viele andere Protagonisten.

Aus erklärlichen Gründen sind die dargestellten Personen nicht systematisch ermittelt, sondern in freier Wahl gefunden worden. Im Museum vorhandene Objekt- und Archivbestände wirkten anregend. Die sogenannten »großen Männer« überwiegen eindeutig zu Lasten von Frauenschicksalen und Alltagsgeschichte. Allerdings wurde versucht, die spektakulärsten und bereits beforschten Namen nicht erneut zu behandeln, sondern solche Personen zu betrachten, über deren Arbeit im genannten Zeitraum bisher wenig berichtet wurde. Der Autobahnbauer Fritz Todt und der Baumeister Albert Speer dürften als technokratische Rüstungsminister wohl bekannt sein. Die Atomforscher Otto Hahn, Werner Heisenberg und Julius Robert Oppenheimer sind auf beiden Seiten des Atlantiks zu bekannten Sinnbildern für die Frage der Moral in der Wissenschaft geworden und deshalb nicht nochmals erschienen. Im übrigen gehören weder Architektur noch Kernphysik zu den Hauptfeldern des Museums.

Es geht bei Betrachtung der einzelnen Personen nicht um rasche moralische Vorwerfbarkeit, sondern um ein ehrliches Erkennen von Kontinuität und Diskontinuität in den verschiedenen Bereichen. Wie es einen Weg der Mehrzahl von 1932 nach 1933 gab, läßt sich ein Übergang von 1945 nach 1946 feststellen. Immer wieder zeigt sich, daß das Berufsleben von zahllosen Fachleuten ungebrochen weitergegangen ist, die sich im Zweiten Weltkrieg besondere Fähigkeiten und Kenntnisse erworben hatten. Wie auch anders? Der gern behauptete wissenschaftliche Fortschritt erscheint aber vor historischem Hintergrund allzu positiv und linear.

Solche Beobachtung war Anlaß, einige namhafte Vertreter deutscher Technik in der Ausstellung nach den blinden Flecken auf ihrer Biographie zu befragen. Das konnte oftmals nur noch mittelbar geschehen. Fünfzig Jahre nach dem Ende des Zweiten Weltkriegs werden die Ereignisse der Zeit zwischen 1939 und 1945 endgültig zu Geschichte. Ihre Bedeutung für unsere Zeit wird dadurch nicht geringer. Eine neue Generation von Forschern sitzt an den Fragen, welche bislang von den Historikern bearbeitet – oder nicht bearbeitet – wurden, die den Krieg noch persönlich miterlebt hatten. Gleichzeitig heißt es, von den letzten der einstigen Akteure und von den sachkundigen Zeitzeugen allmählich Abschied zu nehmen, die darüber berichten könnten, wie es in ihren Augen damals zugegangen ist.

Damit gehören auch Sichtweisen der Vergangenheit an, die gerade in der populären Technikgeschichte bemerkenswert lange überdauerten. Die Vorstellung, ein Verbrecher Hitler habe jedem Erfinder seine Befehle erteilt und gegen jedermann seine Drohungen ausgestoßen, um ganz beispiellose Leistungen zu erreichen, geht offensichtlich fehl. Die ideologische Komponente innerhalb der »Technik im Nationalsozialismus« wird nach wie vor überschätzt. Der Staat und der Krieg boten zahllose Karrieremöglichkeiten, die tüchtige Männer nutzten. Mit einem allgegenwärtigen Ehrgeiz, Egoismus, Gehorsam und profanen Zeitumständen sind die Motive der handelnden Personen häufig besser bezeichnet als mit fanatischem Nationalsozialismus.

Diese Ideologie kam nicht ohne Vorboten und ging nicht ohne Spuren; sie war kein Werk äußerer Mächte, sondern ein Produkt der normalen deutschen Autorität. Damit sollen die Folgen der technischen Effizienz nicht verharmlost und die Opfer von Krieg und Völkermord nicht ausgeblendet werden. Zum Verständnis des damaligen Unheils ist das Wissen unerläßlich, wer an seinem Platz wie funktioniert hat. Die Aufteilung der Arbeitsgebiete in kleinste Felder und eine zur Unkenntlichkeit geschrumpfte Verantwortung bildeten – nach Zygmunt Bauman – die wahrhaft modernen Kennzeichen der Zeit.

V.

Auf begrenztem Raum will die Ausstellung ihre Stichpunkte nennen. Mit Hilfe bemerkenswerter und sinnfälliger Objekte soll Interesse an den einzelnen Fragen und Personen geweckt werden. Aus der Anzahl von acht Themen erwachsen Gegensatz und Ähnlichkeit, Vielfalt und Widerspruch innerhalb der Präsentation. Statt eines Pauschalurteils ergeben sich differenzierte Einsichten. In vorliegender Schrift soll versucht werden, die hinter jedem Teil der Ausstellung stehenden Gedankengänge festzuhalten und diesbezügliche Dokumente zu publizieren.

Zur Einleitung in die Themen dieses Buches dient ein Text von Monika Renneberg, Hochschulassistentin am Institut für Geschichte der Naturwissenschaften, Mathematik und Technik der Universität Hamburg, und Mark Walker, Professor am Department of History des Union College in Schenectady, New York State, USA. Er ist dem 1994 von Monika Renneberg und Mark Walker herausgegebenen Band »Science, Technology and National Socialism« entnommen und erscheint hier erstmals in deutscher Sprache. Ihr Beitrag »Wissenschaftler und Ingenieure unter Hitler« gibt einen Überblick der Bestrebungen im »Dritten Reich«, trotz völkischer Parolen und nationaler Gefühle auf der einen Seite sich zugleich stets auch moderner Planungs- und Produktionsmethoden auf der anderen zu bedienen, weil anders nichts zu erreichen war. Dieser Widerspruch von Atavismus und Modernität haftete dem Regime bis zu seinem letzten Tag an und beherrscht noch heute die historische Debatte.

Die Folge der Beiträge aus dem Museum für Verkehr und Technik eröffnet eine eher alltagsgeschichtlich orientierte und faktenreiche Betrachtung mit dem Titel »Seit eh und je – BVG« von dem Leiter der Abteilung Kommunalverkehr, Reiner Schipporeit. Er zeigt am Detail, daß sich ein scheinbar so wertfreies und banales Verkehrsunternehmen wie die Berliner Verkehrs-Betriebe bereitwillig in die nationalsozialistische Propaganda eingeordnet und ungerührt auch die Judenpolitik der Zeit ausgeführt hat. Der Schriftleiter der damaligen Betriebszeitung, Walter Schneider, stieg später zum Ersten Direktor der BVG auf. Das Beispiel gilt für viele städtische Betriebe in Berlin und für viele Transporteure in Deutschland. Nach 1945 wurde ein »Mantel des Schweigens« über die vorangegangene Zeit gelegt.

Adolf Hitler propagierte den Kraftwagen als ein Instrument der modernen Wehrmacht. Die ersten Feldzüge in Polen und Frankreich erschienen als flotter Bewegungskrieg, zu dem nach Panzerwagen die Lastkraftwagen gehörten. Unter dem Titel »Ohne Blitz kein Blitzkrieg« beschreibt der Leiter der Abteilung Straßenverkehr, Ulrich Kubisch, die Massenproduktion des Lastwagens »Opel Blitz« im Werk Brandenburg eines Weltunternehmens für das Militär. Der Werksleiter Heinrich Nordhoff übernahm mit den dort gesammelten Erfahrungen 1948 die Führung des Volkswagenwerks in Wolfsburg, das ebenfalls zu den großen Rüstungsvorhaben Hitlers gezählt hatte. Sein Beispiel läßt sich mit den Lebensläufen von Carl F. W. Borgward oder Ferry Porsche nach dem Krieg vergleichen.

Der Rundfunk mit dem »Volksempfänger« ist als Propagandamittel der Nationalsozialisten bekannt. Möglicherweise wäre eine ähnliche Rolle bald darauf dem Fernsehen im »Dritten Reich« zugekommen, doch der Beginn des Krieges stand dem entgegen. Seit 1939 wurden kompakte Kameras, Sender und Empfänger auf Betreiben des Reichspostministers Wilhelm Ohnesorge nur noch für kriegerische Zwecke entwickelt, weil er als »Wunderwaffe« eine ferngesteuerte Gleitbombe anbieten wollte. In dem Beitrag »Fernsehen als Waffe« berichtet Joseph Hoppe, Leiter der Abteilung Nachrichtentechnik, anhand umfangreicher Archivstudien erstmals ausführlich über die militärisch ausgerichtete Frühgeschichte des Fernsehens. Ohnesorge spielte nach 1945 keine Rolle mehr; die von ihm geförderten Geräte sind aber zur Grundausstattung des deutschen Nachkriegs-Fernsehens geworden.

Um der allgemeinen Dominanz von Biographien und Taten der Männer in der Ausstellung entgegenzutreten, zeichnet die Leiterin der Abteilung Textiltechnik, Anna Döpfner, in ihrem Beitrag »Textiltechnik: zwei ‚Karrieren'?« auf. Während zunächst der Lebenslauf der jungen Textilarbeiterin Ruth M. in Krieg und Nachkriegszeit mit einer Fülle familienhistorischer Daten aufgezeigt wird, erscheint anschließend ein Bericht über den Erfinder von »Perlon«, den Chemiker Paul Schlack, im Unternehmen der IG Farben. Das Thema wird hier erstmals aufgegriffen. Die reißfeste Kunstfaser war vor 1945 für militärische Zwecke in Seilen und Fallschirmen sehr gesucht; sie trug nach 1945 zum Erfolg von Mann und Betrieb im Wirtschaftswunder Westdeutschlands bei.

Die geistige Haltung vieler Soldaten und Minister nach dem »Zusammenbruch« von 1945 dürfte sich in dem Satz des Großadmirals Karl Dönitz widergespiegelt haben, den Dirk Böndel, Leiter der Abteilung Schiffahrt, seiner Ausarbeitung voranstellt: »Ich habe mich für nichts zu entschuldigen«. Als Kommandeur der deutschen U-Boote trachtete Dönitz danach, mit immer modernerer Schiffstechnologie mehr zu erreichen als seine Gegner, doch schließlich blieb ihm im »totalen U-Boot-Krieg« nur der Rückgriff auf bis dahin bei der Marine als unritterlich angesehene Methoden. Adolf Hitler ernannte Dönitz Ende April 1945 zu seinem Nachfolger, denn selbst zu diesem Zeitpunkt erwies sich der Admiral als treuer Nationalsozialist. Er wurde in Nürnberg zu zehn Jahren Haft verurteilt und 1956 entlassen.

Aus dem Traum vom Fliegen ist schon früh auch der Alptraum des Luftkriegs entsprungen. Bei der Entwicklung von Raketen um 1930 dachte man vielleicht an den märchenhaften Flug zum Mond, doch seit 1932 war der Bau von Fernraketen allein ein strategisches Ziel. Die »Vergeltungswaffe« zur Bombardierung Londons wurde in Peenemünde erprobt und schließlich mit Konzentrationslager-Häftlingen im Harz massenhaft produziert. Es starben mehr Menschen beim Bau der »V 2« als bei ihrem Einsatz. Wernher von Braun war dort bis 1945 tätig und hat später in Amerika viele Interkontinentalraketen und auch die Mondraketen entworfen; seine internationale Anerkennung war groß. Den Blick auf diesen Mann haben die Volontärin Stephanie von Hochberg und Holger Steinle,

der Leiter der Abteilung Luft- und Raumfahrt, mit dem vieldeutigen Satz »Von der Hölle zu den Sternen« überschrieben.

Transportfragen waren im Zweiten Weltkrieg von zentraler Bedeutung für Militär und Politik. Mit Hilfe der Eisenbahn wurden täglich Soldaten, Waffen, Umsiedler, Kriegsgefangene, Beutegut und Rohstoffe zu ihren Zielorten gebracht. Von den in Europa ermordeten Juden sind mehr als drei Millionen mit Zügen der Reichsbahn zu den Tötungsstätten transportiert worden. Der Reichsverkehrsminister Julius Dorpmüller ließ bis zum letzten Kriegstag die Züge »Fahren für Deutschlands Sieg«, wie er es selbst 1943 nannte. Nach diesem Satz lautet der Titel einer umfangreichen biographischen Skizze des einst beliebten Fachmannes, den kaum jemand für ein Mitglied der NSDAP gehalten hätte, und der doch jahrelang effektiv das Geschäft Hitlers besorgte. Dorpmüller ist 1945 gestorben, doch sein Ruf erschien bis heute fast makellos. Diese kritische Neueinschätzung hat der Leiter der Abteilung Schienenverkehr im Museum vorgelegt.

VI.

In der Ausstellung befindet sich ferner ein Exkurs zur Photographie im Zweiten Weltkrieg. Ohne die Filme der »Deutschen Wochenschau« und ohne die Aufnahmen der »Propaganda-Kompanien« hätte, spekulativ formuliert, der Krieg wohl einen anderen Verlauf genommen. Die sorgfältig inszenierte und zensierte Dramatik der Bilder-Millionen von den Fronten wurde eingesetzt, um die Moral der Menschen in der Heimat zu heben. Als technisches Instrument der »PK-Photographen« diente die Kleinbildkamera »Leica«, zu deren Handhabung der Arzt und Lichtbildner Paul Wolff seit 1930 grundlegende Aussagen getroffen hatte. Ob er mit Joseph Goebbels paktiert und eine »faschistische Bildästhetik« formuliert hat, wird in photohistorischen Kreisen intensiv diskutiert. Diesen Beitrag haben Gerhard Kemner, Leiter der Abteilung Phototechnik, und Jörg Schmalfuß, Leiter des Archivs im Museum für Verkehr und Technik, zusammengestellt.

Schließlich enthält das Buch als Gegenstück zu den Lebensläufen der sogenannten großen Männer einen kürzlich geschriebenen Bericht »Hoffentlich nie wieder«, in dem der Büromaschinenmechaniker Heinz W. aus Berlin seine persönlichen Erinnerungen an die Kriegs- und Nachkriegszeit niederlegt: Schule, Lehre, Wehrdienst, Arbeit, Schwarzmarkt und Heirat bestimmten die Erlebnisse eines »kleinen Mannes«. Allein aufgrund seiner Jugend und beruflichen Position hat er die Zeit von 1940 bis 1950 als eine Periode der Abhängigkeit erfahren, in der andere beinahe vollständig über seine Gegenwart und Zukunft bestimmten. Sein Bericht zeigt beispielhaft, wie sich Handlungen und Entschlüsse der Autoritäten auf das Leben eines jungen Arbeiters auswirkten. Viele Leser werden sich in seiner Beschreibung wiedererkennen.

Als Rahmen der Darstellung umreißt ein knapp gefaßtes chronologisches Band den Zeitraum der elf Jahre von 1940 bis 1950. Diesen Überblick hat Silke Klewin, wissenschaftliche Volontärin der Ausstellung, erarbeitet. Er illustriert mit ausgewählten Daten und Objekten einige Dutzend Vorkommnisse, die fast jeden Menschen in dieser Zeit beschäftigt haben, und bettet die individuellen Biographien in den allgemeinen historischen Ablauf ein, ohne Geschichtsbuch sein zu wollen. Vor diesem Hintergrund haben die in den einzelnen Beiträgen beschriebenen Personen auf ihre eigene Weise gelebt und gearbeitet.

VII.

In sämtlichen Texten und Ausstellungsbeiträgen des Vorhabens »Ich diente nur der Technik« steht die Epoche zwischen 1940 und 1950 im Vordergrund. Zum 50. Jahrestag des Kriegsendes am 8. Mai 1945 wird in Ausschnitten gezeigt, was vor diesem Datum gewesen ist und was nach dem Tag der Befreiung anders werden konnte. Damals endete ein staatliches System, doch die Menschen blieben. Sie nahmen ihre Zukunft in Angriff und verschlossen die Augen vor Teilen der Geschichte. Ihre »Unfähigkeit zu trauern« (Alexander und Margarethe Mitscherlich) einerseits und der Fortbestand zahlreicher institutioneller Strukturen andererseits verhinderten eine offene Auseinandersetzung mit der Vergangenheit.

Niemand kann sich aus der nationalen und aus der persönlichen Geschichte einfach verabschieden. 1968 befragten Jugendliche und Studenten die Generation ihrer Väter nach deren Vergangenheit im »Dritten Reich« und brachten die Bundesrepublik damit in Unruhe. Noch längst sind nicht alle historischen Karrieren in Staat, Rüstung und Industrie aufgeklärt; der Bedarf danach ist offenbar gering.

Heute stehen die Fragen nach dem Verhältnis von Technik, Macht und Krieg unverändert auf der Tagesordnung. Der Rüstungsexport soll Arbeitsplätze sichern helfen, und der Einsatz deutscher Soldaten im Ausland wird seit der Wiedervereinigung immer offener gefordert. Oft entsteht der Eindruck, als sei das Erbe der deutschen Geschichte vor 1945 bereits in Vergessenheit geraten. Wenn die Ausstellung und das Buch dazu beitragen, diese Probleme bewußter und sachkundiger zu diskutieren, haben sie ihren Zweck erfüllt.

Naturwissenschaftler, Techniker und der Nationalsozialismus

von Monika Renneberg und Mark Walker

Wie erging es Ingenieuren und Naturwissenschaftlern im Nationalsozialismus? Förderte oder behinderte Hitlers Regime den Vormarsch der Technokratie in Deutschland, die ja sowohl bereits in der Weimarer Republik Befürworter fand als auch der modernen Naturwissenschaft und der Technik inhärent war? Wie beeinflußte die Idee der Technokratie Naturwissenschaft und Technik? Alle diese Fragen stehen im engen Zusammenhang: Eine Untersuchung von Naturwissenschaften und Technik unter dem Hakenkreuz kann unser Verständnis von Technokratie vertiefen; umgekehrt vermögen Untersuchungen der Technokratie die Struktur des »Dritten Reiches« zu erhellen. Und schließlich erlaubt die Beschäftigung mit der Struktur des NS-Staates eine Einschätzung von Naturwissenschaften und Technik. Dieser Aufsatz entwirft ein Modell für das Verständnis des Nationalsozialismus und versucht sowohl Antworten auf die gestellten Fragen zu geben als auch weitere historische Studien anzuregen.[1]

Revision von Franz Neumanns »Behemoth«

1942 schlug der emigrierte Soziologe Franz Neumann einen bis heute einflußreichen Begriff zum Verständnis des Nationalsozialismus vor. In seinem Buch »Behemoth« beschreibt er den NS-Staat als Kartell verschiedener Machtblöcke – darunter das Heer, die Großindustrie, das Beamtentum und die NSDAP – und damit als den Behemoth oder Unstaat.[2] Diese Machtblöcke arbeiteten zeitweise zusammen und haben sich zeitweise bekämpft, immer aber konkurrierten sie gegeneinander und verbanden sich auf diese Weise zum Nationalsozialismus. Die Spannungen zwischen ihnen produzierten die eigentümliche Dynamik, die das Regime kennzeichnete.[3] Dieses Modell eines Kartells von Machtblöcken impliziert stillschweigend, daß

andere Gruppierungen, etwa die Arbeiterklasse, die Kirche, Frauen usw., machtlos blieben.

Der Historiker Ian Kershaw hat gezeigt,[4] daß allein der Zugang zur Persönlichkeit des Führers den verschiedenen Blöcken – wie auch einzelnen Personen oder Organisationen im »Dritten Reich« – Macht verleihen konnte. Man kann daher argumentieren, daß das Kartell der Machtblöcke durch Hitler und um ihn herum funktionierte wie ein Rad, in dem die Speichen mit Hitler als Radnabe zu einer starken Einheit verbunden waren. Dieses Bild des Machtkartells vereinigt die Ansätze der »Intentionalisten« und »Funktionalisten« zur Struktur des »Dritten Reiches«.[5] Wenn auch Macht und ihre Legitimation von Hitler ausgingen – wie es ein hochrangiger Nationalsozialist 1934 ausdrückte, sei es »... die Pflicht eines jeden, zu versuchen, im Sinne des Führers ihm entgegen zu arbeiten«[6] –, so bedeutet dies jedoch nicht, daß Hitler jede Situation kontrollieren konnte. Wenn Hitlers Macht die Radnabe der NS-Herrschaft war, dann konnte er immer noch entweder als Diktator im eigenen Reich oder aber als schwacher Herrscher handeln, je nach den Erfordernissen der Situation und je nachdem, welche Machtblöcke betroffen waren.[7]

Stellt man die Genese der Raketenentwicklung dem Gang der Kernwaffenentwicklung im »Dritten Reich« gegenüber, zeigen sich deutlich die Grenzen von Hitlers Macht.[8] Jedes große Waffenprojekt hing, wenn es erfolgreich sein sollte, von der persönlichen Zustimmung Hitlers ab. Ohne diese drohte es, im Kampf um Ressourcen zu versinken. Dies bedeutete aber nicht, daß die Begeisterung Hitlers für ein Projekt dessen erfolgreiche Weiterentwicklung automatisch sicherte. Der Raketenbau hatte enthusiastische Förderer, die das Projekt auf die Tagesordnung Hitlers setzen konnten und eine persönliche Audienz bei ihm erwirkten. Hitler zeigte sich am Anfang wenig begeistert, ließ sich dann aber überzeugen und unterstützte schließlich das Raketenentwicklungsprogramm. Im Gegensatz dazu wurde das Kernwaffenprojekt noch in der Frühphase seiner Entwicklung auf Eis gelegt – weit entfernt von einer möglichen Zustimmung des Führers, der kaum von der Existenz des Projekts wußte. Die Entscheidung zur Fortentwicklung der Raketenrüstung wurde Hitler abverlangt – und er fällte eine Entscheidung. Im Falle der Kernwaffen ist er nie damit konfrontiert worden, eine solche Entscheidung treffen zu müssen. So konnte er dazu weder »Nein« noch »Ja« sagen.

Dieses Beispiel zeigt, daß die Integration einer zentralen Machtposition Hitlers im »Dritten Reich« in Neumanns Behemoth-Modell allein noch nicht ausreicht; auch die einzelnen Machtblöcke des Kartells müssen – aus verschiedenen Gründen – einer Revision unterzogen werden. Neumann konnte weder vorhersehen, wie die SS, die Schutzstaffel, ein eigenes Reich im Reiche aufbauen würde, noch daß Beauftragte und Bevollmächtigte für die verschiedensten und oft überlappenden Aufgaben im deutschen Staat wie Pilze aus dem Boden schießen würden, noch konnte er vorhersehen, welche Wirkung die Kriegswirtschaft in Deutschland und in den besetzten Gebieten haben würde. Wenn man vom heutigen Wissensstand aus über Machtkartelle sprechen möchte, muß man Neumanns Begriff vom Kartell ausweiten und ergänzen. Hinzuzufügen sind die verschiedenen Zweige der Streitkräfte (Heer, Marine, Luftwaffe), Großindustrie, Beamtentum, die NSDAP (sowohl die zentrale Organisation als auch die regionalen Satrapien der »Gauleiter«), SS und die verschiedenen, der »Führermacht« direkt zugeordneten Behörden – wie etwa das Amt des Beauftragten für den Vierjahresplan unter Hermann Göring, die Organisation Todt und deren Nachfolger, das Ministerium für Bewaffnung und Munition, später das Ministerium für Rüstung und Kriegsproduktion unter Albert Speer. Dazu kommen die Hitlerjugend und die Besatzungsbehörden im okkupierten Europa.[9] Die Effektivität eines Machtblocks hing entscheidend von zwei Faktoren ab: 1) der relativen Stärke und 2) der relativen Autonomie, d. h. vor allem der Fähigkeit sowohl zur Kooperation als auch zum Konflikt.

Die relative Stellung der Machtblöcke änderte sich im Laufe der Entwicklung des »Dritten Reiches«. Das Heer war immer mächtig, bis 1938 auch sehr unabhängig; es büßte jedoch diese Unabhängigkeit nach dem Winter 1941–1942 fast gänzlich ein.[10] Die Großindustrie war ebenfalls mächtig, aber nach 1936 und zunehmend von 1939 an wurde sie immer weiter in die politische, militärische und ideologische Politik der Nationalsozialisten eingebunden. Ihre Stärke bedeutete nicht unbedingt Unabhängigkeit. Denn wenn die Wirtschaft sich auch im Kriege ein gewisses Maß an Selbständigkeit bewahrte und während des Krieges sogar erhebliche Autonomiegewinne verbuchte und sicherlich Profite machte, so geschah dies doch oft in einer Weise, die nicht allein von den leitenden Wirtschaftsführern bestimmt wurde.[11] Das Beamtentum verlor stetig an Unabhängigkeit und Macht.[12] Die NSDAP blieb mächtig und unabhängig bis ans Ende des »Dritten Reiches«.[13] Macht und Selbständigkeit der SS wiederum nahmen stetig zu.[14]

Neumann vermittelt den Eindruck, als seien die Machtblöcke strikt voneinander geschieden und autonom gewesen, tatsächlich jedoch war – wie Michael Geyer gezeigt hat – das Gegenteil der Fall.[15] Einige Blöcke, wie z.B. die Wehrmacht, waren relativ klar definiert und abgegrenzt. Eine NSDAP-Mitgliedschaft etwa wurde aufgehoben, wenn jemand eine aktive Militärlaufbahn begann; aber die Autonomie sogar dieses Machtblocks wurde während des Krieges durch Waffen-SS-Einheiten und politische Offiziere unterhöhlt. Daher muß Neumanns Theorie weiter ergänzt werden durch die Beobachtung, daß es bei den verschiedenen Machtblöcken zu erheblichen Überschneidungen kam. Die Metapher vom Rad mit der Radnabe und den Speichen ist insofern nicht befriedigend, als die Speichen nicht völlig getrennt voneinander zu denken sind.

Inwieweit sich die Machtblöcke überschnitten, läßt sich am besten aus den Biographien einzelner Funktionäre ersehen.[16] Rudolf Mentzel und Erich Schumann etwa waren als einflußreiche Wissenschaftspolitiker im »Dritten Reich« in mehrere Machtblöcke zugleich eingebunden. Mentzel, ein »alter Kämpfer« und Ehrenmitglied der SS, baute sich ein kleines Imperium im Reichsministerium für Wissenschaft, Erziehung und Volksbildung auf. Er besaß mit seiner Stellung die Entscheidungsmacht über den Reichsforschungsrat und die Deutsche Forschungsgemeinschaft, die das Gros der NS-Forschungsmittel verteilten. Schumann, Professor an der Friedrich-Wilhelm-Universität Berlin und einer der vielen Opportunisten, die sich beeilten, im Frühjahr 1933 der Partei beizutreten, hatte eine einflußreiche Position im Reichsministerium für Wissenschaft, Erziehung und Volksbildung inne und stand der Forschung im Heereswaffenamt vor. Ähnlich verhielt es sich bei Carl Krauch, einem der leitenden Geschäftsführer der IG Farben, der sich beim Amt des Beauftragten für den Vierjahresplan anstellen ließ. Er arbeitete bei Gelegenheit eng mit dem Ministerium Speer und auch mit der SS zusammen.[17] Es fällt auf, daß diese mittleren Manager, die gerade wegen ihrer geteilten Loyalitäten über beträchtliche Macht im NS-Staat verfügten, in der Geschichtsschreibung relativ vernachlässigt sind.

Das heißt jedoch nicht, daß der Begriff des Machtblocks seine Erklärungskraft gänzlich verloren hätte. Auch wenn die einzelnen Machtblöcke nicht scharf voneinander abzugrenzen sind, so kommt doch dem Modell des Machtkartells weiterhin hoher Erklärungswert zu, weil der NS-Staat nicht homogen, sondern eine Mischung von relativ unabhängigen Gruppierungen war. Die Machtblöcke wurden von Individuen gebildet, die sich in der Mehrzahl durch Loyalität und Verantwortlichkeit hauptsächlich für eine bestimmte Behörde auszeichneten. Trotz Mentzels Bindung an Partei und SS lag die Basis seiner Macht im Erziehungsministerium, und in der Regel bemühte er sich, die Interessen dieses Ministeriums zu fördern. Schumanns Einfluß und Loyalität galten der Armee und nicht dem Beamtentum. Trotz Krauchs jahrelanger Bindung an den IG Farben-Konzern und seiner konsequenten Zusammenarbeit mit der SS konzentrierte er seine Bemühungen vorrangig auf das Pseudo-Wirtschaftsministerium von Göring.

Stellt man die Individuen, die die Machtblöcke bildeten, in den Mittelpunkt historischer Untersuchungen, so zeigt sich auch, daß innerhalb des Machtkartells ideologische Gruppierungen existierten, die über die einzelnen Machtblöcke hinausgriffen. Verbindende ideologische Positionen konnten gemeinsamer Antisemitismus, Antisozialismus, Antikommunismus, Nationalismus oder – besonders wichtig für das hier diskutierte Thema – ein gemeinsames Bekenntnis zur Technokratie sein.[18] Gruppierungen von Individuen, die solche Art ideologischer Positionen teilten, waren in allen Machtblöcken zu finden. Ihre Interessen deckten sich jedoch in der Regel nicht mit denen eines Machtblocks. So waren nicht einmal alle Mitglieder der NSDAP Antisemiten.

Durch die zusätzliche Einführung des Begriffs der ideologischen Gruppierung gewinnt das Modell des Machtkartells eine neue Bedeutung. Statt zu fragen, wie spezifische Machtblöcke miteinander in Konflikt gerieten oder kooperierten, könnte man die ideologischen Gruppierungen in den Machtblöcken in den Mittelpunkt der Untersuchung stellen, die sowohl ihrem Kartell als auch ihrer Gruppenideologie verpflichtet waren. Zum Beispiel kann man die Debatte um die Mobilisierung der Frauen für die Industriearbeit im Kriegseinsatz als einen Konflikt interpretieren zwischen den Technokraten aus verschiedenen Machtblöcken einerseits, die sich für eine Steigerung der Frauenarbeit einsetzten, und einer anderen, ebenfalls in mehreren Machtblöcken vertretenen, ideologischen Grup-

pierung, die den Einsatz von deutschen Frauen möglichst vermeiden und stattdessen die Bevölkerung besetzter Gebiete zu Zwangsarbeit nötigen wollte.[19]

Technokratie

Obwohl dieses revidierte Modell des nationalsozialistischen Behemoth nützlich sein könnte zur Erklärung des »Dritten Reiches« im allgemeinen, ist hier seine hauptsächliche Funktion, das Schicksal von Wissenschaftlern und Ingenieuren unter Hitler mit Hilfe des Konzepts der Technokratie verständlich zu machen, das üblicherweise als das »Management der Gesellschaft durch technische Experten« definiert wird.[20] Hier sind die Ingenieure und Wissenschaftler Akteure, nicht nur Werkzeuge.

Die technokratische Bewegung bekam zuerst in den USA Einfluß[21] und verbreitete sich anschließend in anderen Ländern. Häufig wurde Technokratie als unvereinbar mit der kapitalistischen Demokratie angesehen; das Modell einer zentralisierten Regierung, geführt von Technokraten, wurde als geeigneter angesehen, wobei das faschistische Italien und das nationalsozialistische Deutschland als mögliche Kandidaten für eine Realisierung galten. Aber die deutsche technokratische Bewegung war von Beginn des »Dritten Reiches« an mit einem fundamentalen Dilemma konfrontiert: Die internationalistischen und rationalistischen Elemente der Technokratie widersprachen zunächst einmal den Prinzipien des extrem nationalistischen und häufig irrationalen »Dritten Reiches«.

Dieser Konflikt wird vielleicht am besten illustriert durch das kurze Leben der Zeitschrift »Technokratie«, Organ der Deutschen Technokratischen Gesellschaft. Die »Technokratie« erschien erstmals kurz nach Adolf Hitlers Ernennung zum deutschen Reichskanzler am Anfang des Jahres 1933. Das erste Editorial gestand zu, daß die Idee der Technokratie an den Nationalsozialismus angepaßt und von ihrem amerikanischen Gegenstück unterschieden werden müßte: Technokratie sei ein Beispiel »deutschen Ideengutes«[22]. Der folgende Artikel mit dem Titel »Deutsche Technokratie« enthält ein Lippenbekenntnis zur nationalsozialistischen »Blut und Boden«-Ideologie, warnt jedoch davor, daß Deutschland zu »primitiven Verhältnissen« zurückkehren würde, wenn diese Ideologie zu weit getrieben würde.[23]

Diesen beiden vorsichtigen Aufsätzen folgte Hans Triebels Analyse von »Nationalsozialismus und Technokratie«. Der Autor, ein NSDAP-Mitglied, beginnt mit einer der üblichen Würdigungen für Hitler, der praktisch alle ökonomischen Probleme Deutschlands »gelöst« habe. Mit anderen Worten: Auch Hitler war ein

Technokrat. Allerdings bezieht sich Triebel auch auf den nationalsozialistischen Technokraten Gottfried Feder, der möglicherweise die Technokratische Gesellschaft unterstützt hätte. Allerdings hatte bereits dessen rasanter Machtverlust innerhalb der nationalsozialistischen Bewegung begonnen. Die Technokratische Gesellschaft hatte die falschen Verbündeten im »Dritten Reich« gewählt – oder wurde dazu gezwungen, sie zu wählen.

Triebel gab sich große Mühe, sein Konzept der Technokratie den Anforderungen des neuen Staates anzupassen. Beispielsweise wurde Technokratie nun als kompatibel mit der Idee der Autarkie präsentiert, die aus politischen, nicht aus ökonomischen oder technischen Gründen verfolgt wurde. Triebel gestand die fundamentale Ähnlichkeit der deutschen Technokratie mit den technokratischen Bewegungen anderer Länder ein, behauptete aber, daß ihr strammer Nationalismus davon nicht beeinflußt werde. Besonders wichtig war Triebels bedingungslose Absage an jegliche politische Einflußnahme:

»Technokratie verfolgt keine politischen Tendenzen ... Die Technokratie will auch keine Herrschaft der Techniker in der Politik, sondern eine Herrschaft gesunden technischen Denkens auch in der Politik, daß die Verteilung lebensnotwendiger Güter nicht durch unnötige Profite, Steuern, Zölle oder durch Mängel des Geldwesens erschwert wird [und] daß Erfindungen Deutscher in erster Linie dem deutschen Volk zugute kommen.«[24]

Aber trotz dieser konzentrierten Anstrengungen, die Technokratie dem Nationalsozialismus attraktiver zu machen, macht eine Untersuchung der drei Jahrgänge von »Technokratie« deutlich, daß die Deutsche Gesellschaft tatsächlich abhängig von ihrem amerikanischen Gegenstück war. Sehr viele Artikel waren Übersetzungen amerikanischer Autoren, ganz zu schweigen von einem britischen Artikel, der den Physiker Albert Einstein, ein spezielles Ziel nationalsozialistischer Angriffe, mit Hochachtung behandelte.[25] Die Abteilung der Zeitschrift, die der »Technokratie rund um die Welt« gewidmet war, unterstrich, wohl unabsichtlich, den fundamentalen Konflikt zwischen der internationalen technokratischen Bewegung und dem rassistischen (»völkischen«) Nationalismus des nationalsozialistischen Deutschland. Die Zeitschrift »Technokratie« und mit ihr die Deutsche Technokratische Gesellschaft verschwanden bereits 1935 – ironischerweise gerade zu einem Zeitpunkt, als die Bedingungen für Technokraten im nationalsozialistischen Staat allmählich besser wurden. Das »Dritte Reich« hatte Platz für einzelne Technokraten, nicht für eine technokratische Bewegung.

Der Historiker Walter McDougall definiert die Technokratie als »Institutionalisierung des technischen Wandels für staatliche Zwecke«[26]. Für ihn sind Ingenieure und Wissenschaftler nicht Akteure, sondern die Werkzeuge in einer Technokratie, die nicht notwendigerweise einem rationalen Staat dienen müssen.[27] McDougall hat durch den Vergleich der Nachkriegs-Sowjetunion mit den USA im »Space Race« gezeigt, daß dieses Konzept von Technokratie einen wertvollen Beitrag leistet zur Erforschung radikal unterschiedlicher politischer und ideologischer Systeme.[28] Im Falle des »Dritten Reiches« erweist sich jedoch keine der beiden vorgestellten Technokratie-Definitionen als geeignet.

Die Arbeit einer ganzen Generation von Wissenschaftlern hat die oft widersprüchliche, selbstzerstörerische und chaotische Natur des »Dritten Reichs« offenbart. Der Nationalsozialismus erlaubte es technischen Experten nicht, die Gesellschaft rational zu lenken. Spezialisten hatten durchaus erheblichen Einfluß, aber nur als Werkzeuge verschiedener Machtblöcke. Das »Dritte Reich« war auch unfähig, technologischen Wandel für seine Zwecke zu institutionalisieren: Das polykratische Kartell überlappender, konkurrierender und einander widerstrebender Machtblöcke verhinderte oder behinderte die gründliche Entwicklung und Implementierung spezifischer Technologien und politischer Programme, ganz zu schweigen vom technischem Wandel allgemein. Darum sind auch kohärente und konsistente »Staatsziele« kaum zu finden, abgesehen von den eher unscharf formulierten Zielen zur territorialen und ökonomischen Expansion, für eine rassisch »reine« Bevölkerung und die totalitäre Kontrolle aller Teile der Gesellschaft. Doch trotz des Zweiten Weltkrieges, trotz SS-Polizeistaates und Genozids wurden noch nicht einmal diese Vorhaben realisiert.

Der vielleicht auffälligste und neuartigste Aspekt der Technokratie unter Hitler war die Verwendung rationaler Mittel und technokratischer Prinzipien für rationale ebenso wie für irrationale Ziele. Mit anderen Worten, technokratische Methoden wurden von technokratischen Zielen abgekoppelt. In ähnlicher Weise wurden Staatsziele durch die Absichten von Machtblöcken oder ideologischen Gruppierungen ersetzt. Die Hauptunterschiede zwischen der Technokratie unter dem Nationalsozialismus und anderswo waren:

1) Deutsche Technokraten hatten das Können und auch den Willen, irrationalen und daher nichttechnokratischen Zielen und Planungen zu dienen.

2) Klare, kohärente und konsequente Staatsziele existierten kaum.

Die vorangegangene Diskussion hat vorausgesetzt, daß sowohl technisch als auch wissenschaftlich ausgebildete Experten Technokraten sein konnten. Diese Annahme ignoriert allerdings einen fundamentalen historiographischen Konflikt: Wie soll die Beziehung zwischen Naturwissenschaft und Technologie, zwischen Wissenschaftlern und Ingenieuren beurteilt werden? Wissenschaftshistoriker und -soziologen argumentieren oft – explizit oder implizit –, daß Naturwissenschaftler und Ingenieure vergleichbar, wenn nicht gar gleichzusetzen seien. Die Systematisierung von Innovationen war ein grundlegender Trend in der ersten Hälfte des 20. Jahrhunderts. Die Ablösung der Praxis mehr oder weniger begabter Erfinder durch wissenschaftlich fundierte Forschungs- und Entwicklungsprogramme machte die Technologie für etliche Ingenieure, Wissenschaftler und Staatsbeamte attraktiver. Der Soziologe Bruno Latour hat die These vertreten, daß dieser Wandel einen nachhaltigen Effekt auch auf die Naturwissenschaft hatte, der zu einer von ihm so genannten »Technowissenschaft« führte und sowohl die Verwissenschaftlichung der Technologie als auch die Technisierung der Naturwissenschaft beinhaltete.[29]

Technikhistoriker vertreten oft die Auffassung – häufig ohne Naturwissenschaften oder Wissenschaftler direkt zu erwähnen –, daß Ingenieure und Wissenschaftler grundsätzlich verschieden seien. Da sich allgemeine Positionen und Funktionen der Ingenieure von denen der Naturwissenschaftler unterschieden, sollen sie auch unterschiedliche Einstellungen gegenüber dem Nationalsozialismus und den ökonomischen, politischen und sozialen Problemen ihrer Zeit gehabt haben.[30]

Die Unterscheidung zwischen Ingenieuren und Wissenschaftlern läßt sich unter Extrembedingungen wie im Zweiten Weltkrieg eindeutig nicht aufrechterhalten, als sich Wissenschaftler für die Kriegsanstrengungen mobilisieren ließen und ihr Wissen anwandten, indem sie militärische Technologien erforscht, entwickelt, hergestellt und eingesetzt haben. Es gibt sehr viele Aspekte der Technologie und des Ingenieurwesens im »Dritten Reich«, die kaum untersucht wurden, obwohl sich das sehr lohnen würde. Das Verhältnis zwischen Wissenschaftlern und Ingenieuren bleibt eine der wichtigsten noch offenen Fragen zur Wissenschaft und Technologie unter Hitler.

Wenn wir das revidierte Behemoth-Modell auf die Technokratie im »Dritten Reich« anwenden und letztere als eine ideologische Gruppierung innerhalb mehrerer Machtblöcke interpretieren, dann erleichtert ein solches Modell die Untersuchung der schwierigen Frage nach der Beziehung zwischen Modernisierung und Nationalsozialismus: Hat der nationalsozialistische Staat absichtlich oder unabsichtlich einen Beitrag zur Modernisierung der deutschen Gesellschaft geleistet?[31] Ian Kershaw, der das Modernisierungskonzept im Hinblick auf den Nationalsozialismus für wenig brauchbar hält, definiert es folgendermaßen:

»So, wie der Begriff herkömmlicherweise im soziologischen und geschichtswissenschaftlichen Schrifttum gebraucht wird, meint ,Modernisierung' eine langfristige Umwälzung, die sich über Jahrhunderte erstreckt und die ,traditionelle' Gesellschaft, die auf agrarischer und handwerklicher Produktion, persönlichen Abhängigkeitsverhältnissen, örtlicher Bindung, ländlichen Kulturen, starren gesellschaftlichen Hierarchien und religiös geprägten Weltanschauungen gründet, in eine industrielle Klassengesellschaft mit hochentwickelten industriellen Technologien, säkularisierten Kulturen, ,rationalen' bürokratisch-unpersönlichen gesellschaftspolitischen Ordnungssystemen und politischen Massenpartizipationssystemen verwandelt.«[32]

Möglicherweise kann das Technokratie-Konzept tatsächlich anstelle des Begriffs der Modernisierung verwendet werden. Der Historiker muß dann das, was wie eine Modernisierung erscheint, entweder als relativen Erfolg einer ideologischen Gruppierung, der Technokraten im Wettbewerb mit anderen Gruppierungen interpretieren oder als Kooperation mehrerer solcher Gruppierungen mit einem gemeinsamem Ziel. Beispielsweise bedurfte es, wie Hans Mommsen argumentiert, sowohl der Technokraten als auch der Antisemiten, um den Holocaust zu realisieren: »Wenn man von Modernisierung im »Dritten Reich« sprechen will, so sind die perversen Anwendungen medizinischer Theorien wie die mit technischen Mitteln herbeigeführte Massenvernichtung deren spezifische Form.«[33]

In Deutschland gab es ebenso wie anderswo vor und nach 1933, besonders aber in der Zeit der Weimarer Republik, eine wachsende Unterstützung technokratischer Konzepte.[34] Es gab allerdings auch Gegner von Technokratie und Rationalisierung in den Wissenschaften selbst.[35] Ein inhärenter Widerspruch zwischen Technokratie und konservativen, romantischen Ideologien existiert nicht, wie Jeffrey Herfs Studie des »reaktionären Modernismus« zeigt.[36] Technokraten waren über ein breites Spektrum der deutschen Zwischenkriegsgesellschaft verteilt, einschließlich der frühen Nazi-Bewegung. Wie kann man sonst die raffinierte Verwendung moderner Technologien für Propaganda durch die NSDAP erklären? Nach 1933 strömten technokratische Enthusiasten in die Partei und ihre Nebenorganisationen, und gerade sie waren es, die die opportunistische Verbindung von »Blut und Boden«-Ideologie mit der Macht der modernsten Wissenschaften und Technologien erleichterten und damit den Alptraum des »Dritten Reichs« möglich machten: Repression, Verfolgung, Krieg und Völkermord.

Aus der Anwendung des hier skizzierten Technokratie-Konzept auf die NS-Zeit folgt, daß es Technokraten vor, in und nach Hitlers Regime gab; daß diese immer mit starken praktischen und ideologischen Widerständen konfrontiert waren, und daß dieser spezielle Konflikt eine bedeutende Rolle in der Geschichte des »Dritten Reichs« spielte. Wie sonst könnten wir den Übergang von Massenerschießungen zu Gaskammern erklären[37], die Sterilisierungs-[38] und Euthanasiekampagnen, das Propagadanetzwerk und das System der Geheimen Staatspolizei?[39] Tatsächlich bildet der Kontrast zwischen SS und SA ein paradigmatisches Beispiel für den Konflikt zwischen einem (wenn auch widersprüchlichen) pro-technokratischen und einem anti-technokratischen Teil der nationalsozialistischen Bewegung. Wie die »Nacht der Langen Messer« diese Rivalität zugunsten der SS entschied[40], so gewannen die Technokraten die meisten Auseinandersetzungen innerhalb der polykratischen Struktur des »Dritten Reiches«.

Der Einfluß der technokratischen Gruppierung nahm in Folge der beschleunigten Anstrengungen zur Wiederbewaffnung um 1936 und besonders mit dem Übergang zum »Totalen Krieg« nach dem Scheitern des Blitzkrieges im Winter 1941–1942 drastisch zu. Wie wir sehen werden, profitierten Wissenschaftler und Ingenieure davon. Die technokratische Gruppierung innerhalb der Kartelle wurde mächtiger. Dies ist eine der Einsichten, die das Behemoth-Modell anbietet: Konflikt und Kooperation zwischen Blöcken waren zwei Seiten einer Medaille.

Wären je ein Technokrat aus Partei, SS, Wehrmacht, aus einer speziellen Behörde wie dem Vierjahresplan, dem Generalgouvernement oder Speers Ministerium zusammengetroffen – wie es beispielsweise auf der Wannseekonferenz geschah –, dann hätten sie einander als Rivalen wahrgenommen, wären eifersüchtige Repräsentanten ihres Blocks gewesen, aber sie hätten alle darin übereingestimmt, daß wissenschaftliche, technologische und bürokratische Rationalität und Effizienz die Mittel darstellten, Deutschlands Probleme zu lösen, in diesem Fall die »Endlösung der Judenfrage«. Auf diese Weise konnten Blockrepräsentanten in bestimmten Situationen aufgrund einer ideologischen Bindung verteilte Loyalitäten haben, was zu dem Ergebnis führte, daß ihre Reaktionen unvorhersehbar oder zumindest komplexer wurden. Auf jeden Fall war die Technokratie, und mit ihr Naturwissenschaften und Ingenieurwesen, am Ende des Krieges und des »Tausendjährigen Reichs«

eine der mächtigsten und letzten Säulen des nationalsozialistischen Staates.

Naturwissenschaftler und Ingenieure unter Hitler

Die Forschung zu Wissenschaft und Technologie im »Dritten Reich« konzentriert sich in der Regel vor allem auf zwei Aspekte:

1) Die »Gleichschaltung« von Wissenschaft und Ingenieurwesen während der ersten Jahre des neuen Regimes[41], symbolisiert durch Albert Einsteins Emigration in die USA[42], und

2) die sogenannten »arischen« oder »deutschen« Bewegungen innerhalb einzelner wissenschaftlicher und technologischer Disziplinen, die für eine »deutsche« und »arische« Chemie[43], Mathematik[44], Physik[45] und Pyschologie[46] agitierten.

Aber die allgemeine Annahme, daß die NS-Bewegung eine bewußte Säuberung von Wissenschaft und Technik betrieben hat, ist fragwürdig. Die meisten Wissenschaftler und Ingenieure, die davon betroffen waren, wurden 1933 automatisch durch das nationalsozialistische Gesetz zur Wiederherstellung des Berufsbeamtentums verdrängt. Außerdem unterlagen nach 1933 viele zukünftige Forscher ebenfalls der »Gleichschaltung«, da die meisten wissenschaftlichen und technischen Stellen direkt oder indirekt mit dem öffentlichen Dienst verbunden waren.

Einstein ist eine Ausnahme, die die Regel bestätigt. Er erweckte die Aufmerksamkeit und den Zorn der neuen deutschen Herrscher, gerade weil sein Einfluß über die Grenzen seines Faches hinausging und die politische Sphäre tangierte. Teile von Hitlers Bewegung hatten zweifellos für einen Teil der Wissenschaft nur Verachtung übrig, aber diese Verachtung war nicht allgemein und bezog sich niemals auf die Technologie.

Es gab aus der Sicht des Nationalsozialismus zwei getrennte Kategorien für Wissenschaft und Technologie:

1) jene Disziplinen, die offensichtlich dem »Dritten Reich« in ideologischem oder praktischem Sinne nützlich waren, darunter Biologie[47], Chemie, Geographie und Ingenieurwesen, die kaum gleichgeschaltet werden mußten, und

2) andere Disziplinen, wie etwa Mathematik, Physik und Psychologie, die nun ihre Nützlichkeit für das »neue« Deutschland unter Beweis zu stellen hatten.

Es ist kein Zufall, daß die letztgenannten Fächer alle eine »arische« Wissenschaftsbewegung oder etwas Äquivalentes erfahren haben, das die etablierte Berufshierarchie herausforderte, während das für die erstgenannten nicht gilt. Die »arische« Bewegung in der Chemie, die durchaus existiert hat, aber nur bei einigen wenigen Theoretikern Unterstützung fand, war praktisch ohne Einfluß auf die Anwendung der Chemie in der Industrie, wo diese wie bereits im Ersten Weltkrieg zentralen ökonomischen und militärischen Zielen diente. Die »nützlichen« Fächer mußten nur von politisch unzuverlässigen und rassisch abzulehnenden Einzelpersonen gesäubert werden. Die scheinbar nutzlosen Disziplinen unterlagen ebenso der Säuberung, hatten jedoch zusätzlich um ihre Anerkennung und Unterstützung durch den Staat zu kämpfen. Sie waren daher politisch leicht angreifbar. Ein Gegensatz kann auch zwischen eher praktischen und eher theoretischen Fächern gesehen werden: Die letzteren schienen weder nützlich noch direkt anwendbar zu sein.[48]

Die »arischen« Wissenschaftsbewegungen folgten einem Muster, das der Geschichte der SA während der ersten Jahre des »Dritten Reiches« entspricht: Eine unkoordinierte und oft – aus der Perspektive der NS-Führung – ungewollte »Revolution von unten« machte Druck zugunsten von Veränderungen, die über die offizielle Gleichschaltung hinausgingen. Mit seiner Antwort »Evolution statt Revolution« gab der Staat eine kaum verhohlene Drohung an die Basis der nationalsozialistischen Bewegung, bestimmte Grenzen nicht zu überschreiten. Die Stimmen »von unten« ließen sich auf eine solche Antwort nicht ein und verlangten eine »zweite Revolution,« die vollenden würde, was mit der Machtergreifung noch nicht erreicht war. Letztendlich unternahm der Staat eine Säuberung von diesen unerwünschten Berufsrevolutionären, wie geschehen in der sogenannten »Nacht der Langen Messer« im Fall der SA.[49]

Im Fall der Naturwissenschaften waren bestimmte Disziplinen den Nationalsozialisten nicht offensichtlich nützlich und wurden damit angreifbar für politische Attacken von Wissenschaftlern oder Ingenieuren aus ihren eigenen Reihen, die unter dem Banner einer »deutschen« oder »arischen« Wissenschaft nach Veränderungen strebten. Aber diese Angriffe waren nicht von der Spitze der nationalsozialistischen Hierarchie geplant oder kontrolliert, sie waren oft ungewollt und wurden als kontraproduktiv beurteilt. Die verantwortlichen staatlichen Stellen reagierten üblicherweise auf eine Agitation für »arische« Wissenschaften mit der Feststellung, daß jede Veränderung auf offiziellem Wege zu erfolgen habe. Da die »arischen« Wissenschaftsrebellen durch solche Aussichten kaum zufriedengestellt werden konnten, setzten sie ihre »Revolution« von unten« fort.[50]

Allmählich stellte der nationalsozialistische Staat alle revolutionären Bewegungen zugunsten von »ari-

scher« Wissenschaft oder Technik kalt, wenn auch auf sehr unterschiedliche Weise, denn diese Disziplinen hatten ihm in der Zwischenzeit, oft mit großem Aufwand, ihre Bereitwilligkeit und Fähigkeit demonstriert, die Ziele des Nationalsozialismus zu fördern. Den Propagandisten einer »arischen« Wissenschaft blieb zwar das Schicksal eines Ernst Röhm und seiner SA-Führung erspart, aber der berufliche und insbesondere politische Einfluß dieser Forscher ist dennoch entweder eliminiert oder stark eingeschränkt worden.

Dieses Bild von Wissenschaft und Technologie unter Hitler entspricht einem revidierten Behemoth-Modell. Wie bereits erwähnt, waren auch Naturwissenschaftler und Ingenieure von der Säuberung des öffentlichen Dienstes betroffen. Die Mehrzahl der selbst ernannten, relativ wenigen »arischen« Wissenschaftler waren entweder Beamte oder wurden öffentlich gefördert. Andere waren schwache Persönlichkeiten in der NSDAP. Das klassische Beispiel ist Johannes Stark, Nobelpreisträger und Mitbegründer der »arischen Physik«, der seine Machtposition dem Reichsministerium für Wissenschaft, Erziehung und Volksbildung und der Unterstützung durch den NS-Philosophen Alfred Rosenberg verdankte. Als er diese Machtposition auszunutzen versuchte, sorgten die SS und der mächtige Gauleiter Adolf Wagner für ein abruptes Ende seiner politischen Karriere.[51]

Im Gegensatz dazu haben die Wissenschaftler und Ingenieure die NS-Rebellion in ihren eigenen Reihen in einer Allianz mit den Technokraten unterdrückt, sei es in der Industrie, der Wehrmacht oder in einer direkt dem Führer unterstellten speziellen Behörde wie im Amt des Beauftragten für den Vierjahresplan oder in Albert Speers Rüstungsministerium. Solche Allianzen ermöglichten es den Wissenschaftlern, der relativen Niederlage des Öffentlichen Dienstes zu entgehen und vom steilen Aufstieg der Technokraten im NS-Machtkartell zu profitieren. Dieser begann 1936 mit der massiven Wiederaufrüstung, beschleunigte sich mit Kriegsbeginn 1939 und erreichte seinen Höhepunkt nach dem Winter 1941–1942.[52] Diese Allianz von Wissenschaftlern und Technikern einerseits und nationalsozialistischen Technokraten andererseits hatte eine weitere unvorhergesehene Konsequenz: Sie beförderte den Übergang zur »Big Science« in Deutschland und machte es damit den zwei deutschen Staaten nach dem Krieg leichter, im Wettbewerb mit Rivalen wie den USA und der Sowjetunion mitzuhalten.

So war das gerade erwachte Interesse der Nationalsozialisten für Wissenschaft und Ingenieurwesen nur eine Folge der Fähigkeit und des Wunsches von Technokraten, Nischen zu finden und zugleich den Zielen des NS-Regimes zu dienen. Technokratie ist, wie

Technologie, grundlegend ambivalent und erweist sich als kompatibel mit den extremsten Aspekten des deutschen Faschismus. Ohne Technokratie wären die barbarischsten, irrationalsten und rückwärtsgewandtesten politischen Maßnahmen des »Dritten Reiches«, wie »Euthanasie«, Zwangssterilisationen, die brutale Unterdrückung der politischen Gegner, skrupelloser Imperialismus, ideologische Kriegsführung an der Ostfront, Genozid und die Bemühungen zur Schaffung einer »Herrenrasse« nicht möglich gewesen. Wissenschaftlern und Technikern gelang es schließlich, mit Hilfe der Technokratie einen Platz für sich in Hitlers Deutschland zu finden, in der Regel nicht selbst als Verbrecher gegen die Menschlichkeit oder als Kriegsherren, sondern oft als technokratische Experten oder Helfershelfer, die aktiv oder passiv all das möglich gemacht haben.

Anmerkungen

Der Aufsatz ist zuerst erschienen unter dem Titel »Scientists, engineers and National Socialism« als Einleitung zu dem Buch von Monika Renneberg und Mark Walker (Hg.): Science, Technology, and National Socialism, Cambridge (England) 1994, S. 1–11. Übersetzung aus dem Amerikanischen von Michael Allen und Christian Hufen, Redaktion Joseph Hoppe. Wir danken den Autoren und der Cambridge University Press für die Erlaubnis zum Abdruck.

1 Siehe auch H. Mehrtens und S. Richter (Hg.): Naturwissenschaft, Technik und NS-Ideologie. Beiträge zur Wissenschaftsgeschichte des »Dritten Reiches«, Frankfurt a. M. 1980; J. Olff-Nathan (Hg.): La science sous le Troisième Reich. Victim ou alliée du nazisme?, Paris 1993; M. Renneberg und M. Walker (Hg.): Science, Technology, and National Socialism, Cambridge 1994; C. Meinel und P. Voswinckel (Hg.): Medizin, Naturwissenschaft, Technik und Nationalsozialismus. Kontinuitäten und Diskontinuitäten, Stuttgart 1994.
2 Franz Neumann: Behemoth. The Structure and Practice of National Socialism, New York 1942, dt.: Behemoth. Struktur und Praxis des Nationalsozialismus 1933–1945, Frankfurt a. M., 1984; Peter Hüttenberger: Nationalsozialistische Polykratie, in: Geschichte und Gesellschaft 2(1976), S. 417–442; Michael Geyer: The State in National Socialist Germany, in: C. Bright und S. Harding (Hg.): Statemaking and Social Movements: Essays in History and Theory, Ann Arbor 1984, S. 193–232; Ian Kershaw: The Nazi Dictatorship: Problems and Perspectives of Interpretation, London ²1989, S. 49–60.
3 Martin Broszat: Soziale Motivation und Führer-Bindung des Nationalsozialismus, in: Ders.: Nach Hitler. Der schwierige Umgang mit unserer Geschichte, München ²1988, S. 11–33.
4 Ian Kershaw: Hitler, London 1991, S. 1–15, bes. 7–10.
5 Zu der Kontroverse über Funktionalisten und Intentionalisten siehe Ian Kershaw, wie Anm. 2, S. 1–17, und Timothy Mason: Intention and Explanation: A Current Controversy about the Interpretation of National Socialism, in: G. Hirschfeld und L. Kettenacker (Hg.): Der »Führerstaat«: Mythos und Realität, Stuttgart 1981, S. 23–40.
6 Nach Ian Kershaw, wie Anm. 4, S. 8 und 15.
7 Ian Kershaw, wie Anm. 2, S. 61–81.
8 Zur Raketenforschung siehe Michael Neufeld: The Rocket and the Reich: Peenemünde and the Coming of the Ballistic Missile Era, New York 1995. Zur Kernwaffenentwicklung siehe Mark Walker: Die Uranmaschine. Mythos und Wirklichkeit der deutschen Atombombe, Berlin 1990; ders.: Die Farm Hall-Protokolle und die Entstehung neuer Legenden um die »deutsche Atombombe«, in: Vierteljahreshefte für Zeitgeschichte 41 (1993), S. 519–542; ders.: Nazi Science. Myth, Truth, and the German Atomic Bomb, New York 1995.
9 Ian Kershaw, wie Anm. 4, S. 11–18.
10 O. Bartov: Soldiers, Nazis, and War in the Third Reich, in: Journal of Modern History 63(1991), S. 44–66.
11 Z.B. Peter Hayes: Industry and Ideology. IG Farben in the Nazi Era, Cambridge 1987. Vergl. G. Plumpe: Die IG Farbenindustrie AG. Wirtschaft, Technik und Politik 1904–45; Hans Pohl: Zur Zusammenarbeit von Wirtschaft und Wissenschaft im »Dritten Reich«: Die »Fördergemeinschaft der Deutschen Industrie« von 1942, in: Vierteljahresschrift für Sozial- und Wirtschaftsgeschichte 72(1985), S. 508–536.
12 Jane Caplan: Government without Administration: State and Civil Service in Weimar and Nazi Germany, Oxford 1988.
13 Ian Kershaw, wie Anm. 4, S. 100f., 116f., 137–140.
14 Hans Buchheim, Martin Broszat, Hans-Adolf Jacobsen und Helmut Krausnick: Anatomie des SS-Staates, 2 Bde., München,²1982.
15 Michael Geyer, wie Anm. 2, 196.
16 Zu den Tätigkeiten Mentzels und Schumanns siehe Mark Walker, wie Anm. 8.
17 Peter Hayes, wie Anm. 11, S. 155–160, 338–376. Vgl. G. Plumpe, wie Anm. 11.
18 Zum Begriff Technokratie siehe Jeffrey Herf: Reactionary Modernism: Technology, Culture, and Politics in Weimar and the Third Reich, Cambridge 1984, und Karl-Heinz Ludwig, Technik und Ingenieure im »Dritten Reich«, Düsseldorf ²1979.
19 Ian Kershaw, wie Anm. 2, S. 79, 144f., Ulrich Herbert: Fremdarbeiter. Politik und Praxis des »Ausländer-Einsatzes« in der Kriegswirtschaft des »Dritten Reiches«, Berlin 1985.
20 Im Original: »the management of society by technical experts« nach Webster's Nineth New Collegiate Dictionary, Springfield 1983, S. 1211.
21 H. Elsner: The Technocrats: Prophets of Automation, Syracuse 1967.
22 H. Harden: Einleitung, in: Technokratie 1/1933, S. 1.
23 W. Kuntz: Deutsche Technokratie, in: Technokratie 1/1933, S. 2–5; Zitat S. 3.
24 H. Triebel: Nationalsozialismus und Technokratie, in: Technokratie 1/1933, S. 6–8, Zitat S. 7, und ders.: Deutsche und amerikanische Technokratie, in: Technokratie 1/1935, S. 1–5.
25 J. Jeans: Das neue Weltbild der modernen Physik, in: Tech-

nokratie 5/1934, S. 85–92, bes. S. 88.

26 Im Original: »the institutionalization of technological change for state purposes«; W. McDougall: The Heavens and the Earth. A Political History of the Space Age, New York 1985, S. 5.

27 Hier möchte ich Mikael Hård für seine aufschlußreichen Hinweise danken.

28 W. McDougall, wie Anm. 26.

29 D.h. »Technoscience«. Bruno Latour: Science in Action. How to Follow Scientists and Engineers through Society, Milton Keynes, 1987. Mein Dank gilt Mitchell Ash und Herbert Mehrtens für ihre Hinweise.

30 Für diesbezügliche Hinweise bedanke ich mich bei Hans-Joachim Braun und Hartmut Petzold. Siehe H.-J. Braun: Fertigungsprozesse im deutschen Flugzeugbau 1926–1945, in: Technikgeschichte 57(1990), S. 111–135, und ders.: Aeroengine Production in the Third Reich, in: History of Technology 14(1992), S. 1–15 und ders.: Konstruktion, Destruktion und der Ausbau technischer Systeme zwischen 1914 und 1945, in: H.-J. Braun und W. Kaiser (Hg.): Energiewirtschaft, Automatisierung, Information seit 1914, Berlin 1992, S. 11–282.

31 Ian Kershaw, wie Anm. 2, S. 131–149; F. Bajohr, W. Johe und U. Lohalm (Hg.): Zivilisation und Barbarei. Die widersprüchlichen Potentiale der Moderne, Hamburg 1991; Hans Mommsen, Nationalsozialismus als vorgetäuschte Modernisierung, in: Der Nationalsozialismus und die deutsche Gesellschaft, Reinbek 1991, S. 405–427; Detlev Peukert: Die Weimarer Republik. Krisenjahre der klassischen Moderne, Frankfurt a. M. 1987; Michael Prinz und Rainer Zitelmann (Hg.): Nationalsozialismus und Modernisierung, Darmstadt 1991.

32 Im Original: »As conventionally deployed in sociology and historical writing, ‚modernization‘ implies long-term change spanning centuries and transforming ›traditional‹ society based on agricultural and artisanal production, personal relations of dependence, local loyalties, rural cultures, rigid social hierarchies, and religious world-views, into industrial class society with highly developed industrial technologies, secularized cultures, ‚rational‘ bureaucratic impersonal socio-political orders, and political systems of mass participation...« Übersetzung nach: Ian Kershaw: Der NS-Staat. Geschichtsinterpretationen und Kontroversen im Überblick, Reinbek 1988, S. 286. Siehe auch die Kritik Kershaws an der Interpretation von Hitlers Selbstbild als Modernisierer, Ideologe und Propagandist: Hitler im Lichte seiner Reden, Schriften und Anordnungen, in: Vierteljahreshefte für Zeitgeschichte 40(1992), S. 263–271, bes. S. 270.

33 Hans Mommsen, wie Anm. 31, S. 423.

34 Detlev Peukert, wie Anm. 31.

35 Paul Forman: Weimar Culture, Causality, and Quantum Theory, 1918–1922: Adaptation by German Physicists and Mathematicians to a Hostile Environment, in: Historical Studies in the Physical Sciences 3(1971), S. 1–115.

36 Jeffrey Herf, wie Anm. 18.

37 Jeremy Noakes and George Pridham (Hg.): Nazism 1919–1945: A Documentary Reader, 2 Bde, New York 1988, S. 1086–1208.

38 G. Bock: Zwangssterilisation im Nationalsozialismus, Opladen, 1986. Vergl. G. Giles: The Most Unkind Cut of All: Castration, Homosexuality and Nazi Justice, in: Journal of Contemporary History 27(1992), S. 41–61.

39 Jeremy Noakes and George Pridham, wie Anm. 37, S. 997–1048, 380–415, 496–520.

40 Ebd., S. 167–187.

41 Die klassischen Studien zur Gleichschaltung der Natur- und technischen Wissenschaften sind: Alan Beyerchen: Wissenschaftler unter Hitler. Physiker im »Dritten Reich«, Köln 1980, und ders.: What We Now Know about Nazism and Science in: Social Research 59(1992), S. 615–641, und bes. zur Physik: S. 620–628, 638. Neuere Forschungen über Mathematiker: Herbert Mehrtens: Die »Gleichschaltung« der mathematischen Gesellschaften im nationalsozialistischen Deutschland; in: Jahrbuch Überblicke Mathematik, 1985, S. 83–103. Über Psychologie: U. Geuter: Die Professionalisierung der deutschen Psychologie im Nationalsozialismus, Frankfurt a. M. 1984. Über Geistes- und Sozialwissenschaften: Paul Lundgreen (Hg.): Wissenschaft im »Dritten Reich«, Frankfurt a. M. 1983.

42 John L. Heilbron: The Dilemmas of an Upright Man: Max Planck as Spokesman for German Science, Berkeley 1986, S. 155–159. Fritz Stern: Einstein's Germany, in: Dreams and Delusions: The Drama of German History, New York 1987, S. 25–50.

43 M. Bechstedt: »Gestalthafte Atomlehre« – Zur »deutschen Chemie« im NS-Staat, in: H.. Mehrtens und S. Richter, wie Anm. 1, S. 142–165.

44 H. Mehrtens: Bieberbach and »Deutsche Mathematik«, in: E. Phillips (Hg.): Studies in the History of Mathematics, Washington 1987, S. 195–241. Siehe auch R. Siegmund-Schultze: Theodor Vahlen – Zum Schuldanteil eines deutschen Mathematikers am faschistischen Mißbrauch der Wissenschaft, in: NTM – Schriftenreihe für Geschichte der Naturwissenschaften, Technik und Medizin 21(1984), S. 17–32; ders.: Faschistische Pläne zur »Neuordnung« der europäischen Wissenschaft, in: NTM – Schriftenreihe für Geschichte der Naturwissenschaften, Technik und Medizin 23(1986), S. 1–17; ders.: Zur Sozialgeschichte der Mathematik an der Berliner Universität im Faschismus, in: NTM – Schriftenreihe für Geschichte der Naturwissenschaften, Technik und Medizin 26(1989), S. 49–68; ders.: Mathematische Berichterstattung in Hitlerdeutschland Göttingen 1993. Vergl. die Aufsätze von Mehrtens, Siegmund-Schultze und N. Schappacher in J. Olff-Nathan, wie Anm. 1, S. 33–102.

45 Alan Beyerchen, wie Anm. 41; D. Cassidy: Uncertainty: The Life and Science of Werner Heisenberg, New York 1991, S. 297–500; John L. Heilbron, wie Anm. 42, S. 114–22, 149–174; Dieter Hoffman: Die Physikdenkschriften von 1934/36 und zur Situation der Physik im faschistischen Deutschland, in: Wissenschaft und Staat, Berlin (Ost) 1989, S. 185–211; A. Kleinert: Von der Science allemande zur Deutschen Physik: Nationalismus und moderne Naturwissenschaft in Frankreich und Deutschland zwischen 1914 und 1940, in: Francia: Forschungen zur westeuropäischen Geschichte 6(1978), S. 509–525 und sein Aufsatz in: J. Olff-Nathan, wie Anm. 1, S. 149–166; S. Richter: Die »Deutsche Physik«, in: H. Mehrtens und S. Richter, wie Anm. 1, S. 116–141; Mark Walker, wie Anm. 8, S. 79–101.

46 U. Geuter: Nationalsozialistische Ideologie und Psychologie, in: Mitchell Ash und U. Geuter (Hg.): Geschichte der deutschen Psychologie im 20. Jahrhundert. Ein Überblick, Opladen 1985, S. 172–200; ders.: German Psychology in the Nazi Period, in: Ash und W. Woodward (Hg.): Psychology in Twentieth-Century Thought and Society, Cambridge 1987, S. 65–88.

47 U. Deichmann: Biologen unter Hitler. Vertreibung, Karrieren,

Forschung, Frankfurt a. M. 1992; Karl-Heinz Roth: Schöner neuer Mensch, in: H.. Kaupen-Haas (Hg.): Der Griff nach der Bevölkerung, Nördlingen 1986, S. 11–63.

48 Hier habe ich Herbert Mehrtens zu danken.
49 Jeremy Noakes und George Pridham, wie Anm. 37, S. 167–87.

50 Mark Walker, wie Anm. 8.
51 Mark Walker, wie Anm. 8, S. 79–101 und ders. Nazi Science.
52 Ebd.

Seit eh und je – BVG

Eine andere Geschichte der Berliner Verkehrs-Betriebe

von Reiner Schipporeit

Modell eines Doppeldeckbusses, Typ DB 38,
im Maßstab 1:87; BVG-Souvenir von 1994.
(T. Rückeis/Der Tagesspiegel)

Walter Schneider spricht auf der Feier zum 50.
Jubiläum des Omnibusbetriebshofes Usedomer Straße
im Jahre 1955. (Landesbildstelle Berlin)

Walter Schneider

1898	Geboren in Berlin
1925	Promotion zum Dr. rer. pol., anschließend Volontariat bei der Berliner Straßenbahn-Betriebs-GmbH
1928–1929	Mitarbeit bei der Vereinigung der Verkehrsbetriebe Berlins zur BVG
1930–1933	Leitung der Verkehrsabteilung der BVG
1934–1945	Abteilungsleiter »Verkehrsgestaltung und Werbung«, während des Krieges Einsatzleiter bei der Behebung von Kriegsschäden
1945–1949	Am 9. August 1945 Ernennung Schneiders zum Ersten Direktor der BVG. Unter seiner Leitung Wiederaufbau des öffentlichen Verkehrswesens im zerstörten Berlin
1949–1963	Nach der Spaltung des Betriebes im Jahre 1949 Verbleib im Amt des Direktors der BVG im Westteil der Stadt
1963	Anläßlich seiner Pensionierung erhält Schneider das Große Verdienstkreuz der Bundesrepublik Deutschland
1978–1986	Herausgabe von Schneiders zwölfbändigem Werk »Der Städtische Berliner Öffentliche Nahverkehr« durch die BVG
1986	Am 27. August gestorben in Berlin

An Beiträgen zur Geschichte des »Berliner Verkehrs« fehlt es nicht. Sie haben dazu beigetragen, daß wir genauestens über die Entwicklung von Verkehrs- und Schienennetzen, über Fahrzeugtypen, Tarif- und Beförderungsbedingungen sowie weitere technische und betriebliche Themen unterrichtet sind. Dies gilt auch für die Zeit des nationalsozialistischen Regimes und die des Zweiten Weltkriegs. Will man jedoch etwas darüber erfahren, welche Rolle die BVG im allgemeinen und ihre Leitung im besonderen – über die Erbringung von »Verkehrsleistung« hinaus – im Rahmen der nationalsozialistischen Herrschaft gespielt haben, muß man feststellen, daß sich kaum eine Veröffentlichung dazu finden läßt.

Deshalb sollen an dieser Stelle nicht die technischen Aspekte der Betriebsgeschichte zwischen 1933 und 1945 im Vordergrund stehen. Vielmehr soll mit Hilfe der erhaltenen Quellen untersucht werden, in welchem Maße es den Nationalsozialisten gelungen ist, den schon damals größten kommunalen Verkehrsbetrieb Europas für politische, ideologische und rassistische Zwecke zu funktionalisieren. Die Quellenlage ist dürftig, weil die meisten Unterlagen bei der Zerstörung der Hauptverwaltung der BVG im November 1943 verlorengegangen sind.[1]

Auch bezüglich der Zeit nach 1945 interessiert hier weniger der weitgehend bekannte Verlauf des technischen Wiederaufbaus als vielmehr die Frage nach dem Umgang mit Betriebsgeschichte der Jahre zwischen 1933 und 1945. Beispielhaft wird dazu der langjährige Nachkriegsdirektor der BVG, Dr. Walter Schneider (1898–1986), herangezogen, der bereits seit der Gründung des Unternehmens 1929 dort beschäftigt war.

SS-Standartenführer Johannes Engel, 1933 bis 1945 als Stadtrat Vorsitzender des aufsichtsführenden Beirats der BVG. (MVT)

Die BVG unter nationalsozialistischem Regime

Den größten Einfluß auf die politische Entwicklung der BVG von 1933 bis 1945 hatte der für das Verkehrswesen in Berlin zuständige Stadtrat Johannes Engel. Er war in den zwanziger Jahren eines der aktivsten Mitglieder der Hitlerschen »Bewegung« in Berlin, war das erste nationalsozialistische Betriebsratsmitglied in Deutschland und von 1929 an Gründer und Leiter der »Nationalsozialistischen Betriebszellen-Organisation« (NSBO) in der BVG. Schließlich war er seit 1929 als Stadtverordneter auch im Aufsichtsrat der BVG vertreten.[2]

Engels Karriere nahm 1933 weiteren Aufschwung, als er im April in seiner neuen Funktion als Kommissar für das Dezernat Verkehrswesen der Stadt Berlin den Vorsitz im Aufsichtsrat der BVG übernahm.[3] Damit wurde er zur beherrschenden Figur im kom-

Weihnachtsfeier der BVG 1934. (MVT)

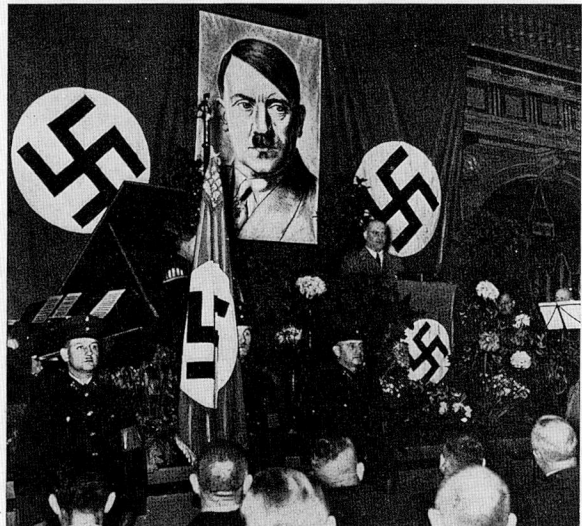

Stadtrat Engel spricht auf einer Veranstaltung der BVG zum Winterhilfswerk 1936. (MVT)

munalen Berliner Verkehrswesen und blieb dies bis 1945.

Ohne hier im einzelnen die nach 1933 häufigen Neubesetzungen der Direktorenposten der BVG nachzuvollziehen, kann festgestellt werden, daß Engel und die von ihm ausgewählten Direktoren Garanten dafür waren, daß die Verkehrsbetriebe der Stadt Berlin sehr schnell zu einem ideologisch und politisch zuverlässig geführten Unternehmen im Sinne der Nationalsozialisten wurden. Inwieweit es der Betriebsleitung tatsächlich gelungen ist, die Belegschaftsmitglieder zu nationalsozialistischem Denken und Handeln zu erziehen, kann mit den bisher vorliegenden Quellen allerdings nicht beantwortet werden.

Die Betriebszeitschrift

Ein wichtiges Instrument der Betriebsleitung und eine ergiebige Quelle der Forschung stellt die Betriebszeitschrift »Die Fahrt« dar, erschienen zwischen 1929 und Dezember 1944. Zunächst lag die Schriftleitung bei der BVG. Mit der Ausgabe vom 15. Februar 1934 ging sie auf den Pressereferenten des Staatskommissars für die Stadt Berlin über. Vom 1. Juni 1937 an lag die Schriftleitung wieder bei einem Mitarbeiter der BVG und die Herausgabe erfolgte »im Einvernehmen« mit der zuständigen Stelle im Presseamt der DAF (Deutsche Arbeitsfront). Daraus ist zu schließen, daß die speziell der Propaganda dienenden Artikel meist von zentraler Stelle aus in die Betriebszeitschriften gelangten. So war bereits die Ausgabe vom 1. Mai 1933 über mehrere Seiten hinweg ganz der Huldigung Adolf Hitlers (»Dem deutschen Freiheitskanzler!«) gewidmet.

»Die Fahrt« diente in den Jahren vor Kriegsbeginn auch der ideologischen Vorbereitung der Belegschaft auf die Errichtung eines deutschen Weltreiches, propagiert durch den 1936 gegründeten »Reichskolonialbund«. Sie rief zum Eintritt in die Betriebsgruppe des Bundes auf und berichtete über deren Aktivitäten: Doppeldeckbusse wurden, mit entsprechenden Plakaten versehen, zu Propagandafahrten eingesetzt. Man veranstaltete Vortragsreihen, »Koloniale Preisausschreiben« sowie »Kolonialfeste«.[4]

Besonders deutlich wird der Einsatz der Betriebszeitschrift zu politischen Zwecken bei der gedanklichen Vorbereitung und späteren rechtfertigenden Unterstützung des Hitlerschen Angriffskrieges. Schon seit 1933 propagierte »Die Fahrt« den »Wehrsport«, berichtete über zivile Luftschutzübungen und ab 1935 über die Durchführung von Verdunkelungsübungen bei der BVG.[5] Zu Beginn des Jahres 1937 beschwor die »Fahrt« die Bedrohlichkeit des »jüdischen Weltbolschewismus«[6], und mit dem Abdruck eines Dankschreibens des kommandierenden Generals von Witzleben wurde die Teilnahme von Personal und Fahrzeugen des Betriebes an den Herbstmanövern der Reichswehr 1937 gefeiert.[7]

Nach Beginn des Krieges setzte eine breite Berichterstattung über die immer »erfolgreicher« geführten Feldzüge ein. Die Titelseiten der ersten Ausgabe nach dem Überfall auf Polen sowie jeweils der ersten Nummern der folgenden Jahre enthielten flammende Appelle an die »Gefolgschaft« zur Erfüllung der »vaterländischen Pflicht an der Heimatfront«. Als Beispiel sei hier der Appell der Betriebsleitung vom 1. Oktober 1939 zitiert: »Arbeitskameraden, Arbeitskameradinnen! In diesen ernsten und zugleich erhebenden Tagen, die wir jetzt durchleben, wollen wir uns der großen Aufgaben bewußt sein, vor die das ganze deutsche Volk gestellt ist. Neben der Front der Soldaten, die in dem schweren, uns aufgezwungenen Kampf für des Vaterlandes Ehre und Freiheit ihr Letztes einsetzen, steht die Front der schaffenden Menschen in der Heimat. Wir BVGer stehen in dieser Heimatfront mit in den ersten Reihen. Um so größer ist unsere Aufgabe, mit voller Hingabe und mit dem Einsatz aller unserer Kräfte verantwortungsbewußt unsere Pflicht und Schuldigkeit zu tun. Gemessen an den Opfern, die der Soldat an der Front bringt, ist jeder noch so schwere Dienst und ist jedes noch so große Opfer, das von uns gefordert wird, klein und bescheiden. Wir erwarten und wissen, das alle BVGer in dieser Haltung und mit diesem Einsatzwillen ihre Pflicht an der Front der Heimat voll und ganz erfüllen werden. Die BVG wird ihren Ruf als nationalsozialistischer Vorkämpfer in dieser Zeit wahren und erneut bestätigen. Heil Hitler!«[8]

Auf die in den folgenden Jahren immer wieder betonte Zusammengehörigkeit von Kriegs- und »Heimatfront« sowie die Charakterisierung des Verkehrsbetriebes als »kriegswichtiger Betrieb« wird noch einzugehen sein.

So wurde »Die Fahrt« zu einem Instrument der politischen Propaganda. Sie behielt zwar ihre gewöhnlichen Aufgaben eines Mediums betrieblicher Information sowie der Förderung des sozialen Zusammenhaltes innerhalb der Mitarbeiterschaft, aber immer war die nationalsozialistische Ideologie als Leitlinie spürbar. Man versuchte, alle wesentlichen politischen Ziele jener Zeit der Belegschaft per Betriebszeitschrift nahezubringen.

Nazipolitik im Verkehrsbetrieb

Der Vereinnahmung der Betriebszeitschrift entsprach das Bemühen der Betriebsleitung und des Stadtrats Engel, den gesamten Betrieb den Zielen nationalsozialistischer Politik unterzuordnen. Nach dem Machtwechsel 1933 wurden alle kommunistisch oder sozialdemokratisch organisierten Mitarbeiter entlassen oder politisch neutralisiert.[9] Insgesamt stellte man etwa 2000 Parteigenossen der NSDAP ein, von denen viele aus politischen Gründen und wegen der Beteiligung an Streiks vor 1933 entlassen worden waren, wie Engel immer wieder mit Stolz hervorhob.[10] Die »Säuberungen« betrafen insbesondere auch Vorstandsmitglieder linker Parteiprovenienz und Menschen mit »asozialer und liberaler Weltanschauung / Demokraten«.[11]

Es muß allerdings festgestellt werden, daß der damalige Geschäftsführende Direktor Ernst Lüdke und der Syndikus Moser es den Nationalsozialisten in ihrer Propaganda gegen die alte Betriebsführung besonders leicht machten: Sie hatten sich tatsächlich in den vorhergehenden neun Jahren in einem erstaunlichen Maße und in einer weit in illegale Bereiche hineinreichenden Art und Weise an städtischen Geldern bereichert.[12]

Seit Januar 1937 für die BVG-Mitarbeiter verbindlich: Arbeit unter dem Hakenkreuz. (MVT)

Ein Kernpunkt nationalsozialistischer Ideologie, der Rassismus, blieb auch im Bereich der BVG nicht ohne Folgen. Als Staatsbetrieb hatte die BVG an der Vollstreckung der nach und nach verschärften Bestimmungen zur Diskriminierung der jüdischen Bevölkerung teil. Sehr schnell wurde der Betrieb von allen »nichtarischen« Belegschaftsmitgliedern »gesäubert«. Bis heute sind allerdings keine zuverlässigen Angaben über die Zahl der vordem beschäftigten jüdischen Mitarbeiter verfügbar. Der Ausschluß bestimmter Gruppen wurde auch von den zur BVG gehörenden Vereinigungen, wie dem »Kameradschaftsbund der Versorgungsempfänger der BVG«, durchgeführt. Dessen Satzung beispielsweise schloß Kommunisten, Marxisten oder »sonstige Staatsfeinde« sowie Juden von der Mitgliedschaft aus.[13] In gleichem Sinne galten seit Beginn der Lehrlingsausbildung bei der BVG 1934 für neu einzustellende Jugendliche der »Ariernachweis« oder die Mitgliedschaft in der Hitler-Jugend als Einstellungsvoraussetzungen.

In den Gebäuden der BVG und des Tochterunternehmens »Gemeinnützige Heimstättenbaugesell-

Für Juden war die Benutzung der Verkehrsmittel seit Mai 1942 nur noch mit »polizeilicher Erlaubnis« möglich. (Berlin Museum)

schaft« verloren die Juden das Wohnrecht, die Mietverträge mit jüdischen Ärzten wurden gekündigt. In einem Schreiben der BVG-Grundstücksverwaltung Mitte an die Reichsärztekammer bezüglich zweier jüdischer Ärzte heißt es: »...teilten wir Ihnen bereits durch Schreiben vom 22.8.38 mit, daß wir als städtischer Eigenbetrieb eine Lösung der Mietverhältnisse aller in unseren Häusern wohnhaften jüdischen Mieter anstreben.«[14]

Im Februar 1936 erfuhren die BVG-Mitarbeiter durch eine Bekanntmachung der Direktion, welche Ärzte aufgrund der Rassengesetze aus dem kassenärztlichen Verzeichnis gestrichen worden waren.[15] Im Oktober 1938 erfolgte per Aushang die Mitteilung der allgemeinen Verfügung, daß »den jüdischen Ärzten... die Zulassung zur Behandlung der Volksgenossen entzogen worden [ist]. Es darf nunmehr der jüdi-

sche Arzt einen deutschblütigen Kranken nicht mehr behandeln und letzterer einen jüdischen Arzt auch nicht mehr aufsuchen«.[16]

In der »Fahrt« erschienen immer wieder antisemitische Propagandaartikel. So forderte ein Beitrag unter dem Titel »Kampf gegen den jüdischen Weltbolschewismus« die Betriebsangehörigen im Januar 1937 auf, sich am Vertrieb der antisemitischen Zeitschrift »Der Stürmer« zu beteiligen.[17] Die Titelseite vom September 1941 füllten Auszüge aus Hitlers »Mein Kampf« unter der Überschrift »Der Führer über den Bolschewismus«.[18] Von »blut- und geldgierigen Völkertyrannen, in deren Polypenumstrickung die ganze Welt sinken« werde, war dort beispielsweise die Rede. Mit dem Artikel »Der Judenstern – Symbol des jüdischen Hasses gegen die Kulturvölker der Erde« wurden die Betriebsangehörigen im Dezember 1941 konfrontiert.[19]

Zu den immer massiver gewordenen Einschränkungen der Lebensbedingungen jüdischer Bürger gehörten Sonderregelungen für die Benutzung öffentlicher Verkehrsmittel, die der Reichsverkehrsminister Dorpmüller erlassen hatte. Mußten die Juden seit Oktober 1941 Sitzplätze für »Arier« räumen oder bei überfüllten Wagen auf die Fahrt verzichten, so wurden sie ab Mai 1942 gänzlich vom öffentlichen Verkehr ausgeschlossen, sofern sie nicht einen speziellen Erlaubnisschein vorweisen konnten.[20] Diese Scheine wurden nur gewährt bei Anstellung oder Zwangsarbeit in kriegswichtigen Betrieben und einem Arbeitsweg von mehr als sieben Kilometern.[21] Ähnliche Einschränkungen gab es übrigens auch für andere Bevölkerungsgruppen. »Polnische Zivilarbeiter« etwa, kenntlich gemacht durch ein auf die Kleidung aufgenähtes lilafarbenes »P« auf gelbem Grund, durften schon seit Beginn des Jahres 1941 nur noch mit schriftlicher Genehmigung mitfahren.[22]

Es liegen bisher keine verallgemeinerbaren Aussagen darüber vor, inwieweit die BVG-Mitarbeiter in den Fahrzeugen und an den Bahnhofskontrollstellen diese Diskriminierungen umgesetzt haben. Ein jüdischer Zeitzeuge berichtete, daß die meisten Kontrolleure der BVG ihre Aufgabe diesbezüglich nicht sonderlich eifrig erfüllt hätten.[23] Ein weiterer Hinweis auf die eher widerspenstige Pflichtauffassung der Schaffner ergibt sich aus einer Äußerung von Engel auf einer Beiratssitzung im Oktober 1941: Dort beklagt er sich, daß »alle Überlegungen der BVG ... bisher kein allen Wünschen gerecht werdendes Ergebnis gezeitigt [haben]. Die Schaffner sollen auf die strikte Durchführung dieses Erlasses des Reichsverkehrsministers hingewiesen werden; Gefühlsmomente sind dabei auszuschließen«.[24]

Kamerad, grüß deutsch!

Es sollte eigentlich gar nicht nötig sein, über das Grüßen zu sprechen, da wir ja seit dem Umschwung im ganzen Reich den schönen deutschen Gruß „Heil Hitler" haben. Und doch ist es angebracht, gerade uns BVGern einmal ein ernstes Wort darüber zu sagen. Es soll hier hauptsächlich an diejenigen Kameraden appelliert werden, welche in Uniform die Wagen der BVG besteigen. Es werden ja immer einige Fahrgäste auf der Plattform stehen, und da macht es einen sehr schlechten, ja, man kann sagen, unanständigen Eindruck, wenn der Gruß so ausfällt: M'Mojen, n'Tach, Mahlzeit, n'Namd. Genau so hört es sich nämlich meistens an. Dann sollte man, wie es ja auch oft vorkommt, besser gar nichts sagen. Wieviel schöner klingt dagegen der deutsche Gruß „Heil Hitler", und vor allen Dingen, wie zu beobachten ist, wieviel freudiger wird er auch von unseren Fahrgästen erwidert. Drückt sich doch in diesen zwei Worten das große Gemeinschaftsgefühl eines einigen Volkes aus. Bei den oben angeführten Ausdrücken nehmen die Gäste den Gruß achtlos hin, da sie annehmen, derselbe sei nur den Kollegen geboten. Ein Fahrgast, welcher kürzlich eine ganze Strecke mit mir auf der Vorderplattform gefahren war, sagte beim Absteigen: „Ich habe mich recht herzlich gefreut, daß sich alle Kameraden, die an den Haltestellen warteten, den Hitlergruß boten". Und so, wie dieser Einzelne es offen aussprach, urteilt auch die große Masse unserer Kundschaft, ohne es besonders zu erwähnen. Ja, viele erwarten es wohl als selbstverständlich. Also Kameraden, zeigt jedem offen, daß die BVGer gute Deutsche sind!

Heil Hitler!

Fahrer Karlchen.

Propagierung des »Deutschen Grußes« in der Betriebszeitschrift der BVG »Die Fahrt« 1933. (MVT)

Öffentlichkeitsarbeit

In vielerlei Hinsicht präsentierte sich die BVG in der Öffentlichkeit und intern als nationalsozialistischer Betrieb. Im August 1933 wurde die Pflicht zum Hitler-Gruß für uniformtragende Mitarbeiter im Dienst eingeführt, im Oktober hieß es: »Unter Aufhebung der vorher erlassenen Verfügungen... wird angeordnet: Sämtliche Angehörigen der BVG grüßen im Betrieb mit dem deutschen Gruß durch Erheben des rechten Armes. Es wird erwartet, daß die Arbeitskameraden sich auch außerdienstlich den deutschen Gruß zu eigen machen.«[25]

Auch bezüglich der Dienstkleidung setzten die Nationalsozialisten eindeutige Akzente: Im Januar 1937 wurden die an den Dienstmützen angebrachten Stadtwappen durch Hoheitszeichen, das heißt Adler mit Hakenkreuz, ersetzt.[26] Seit 1936 wurden alle Angestellten, ab 1937 alle Lohnempfänger der »Gefolgschaft« in betriebsöffentlichen Versammlungen auf den »Führer« vereidigt, wie dies damals im gesamten Staatsdienst üblich war. »Ich gelobe: Ich werde dem Führer des Deutschen Reiches und Volkes, Adolf Hitler, treu und gehorsam sein und meine Dienstobliegenheiten gewissenhaft und uneigennützig erfüllen.«[27]

Die Vielzahl kleinerer und größerer Betriebsveranstaltungen wie Lehrlingsvereidigungen und -lossprechungen, Feiern zum 1. Mai, Betriebsappelle und dergleichen, inszenierte man mit allem nationalsozialistischen Pomp.[28]

Bei Großveranstaltungen der Nationalsozialisten wurde die Belegschaft der BVG oft zur Teilnahme verpflichtet. Beispielsweise gab die NSBO-DAF Ortsgrup-

»Dem Führer Dein Ja«: BVG-Bus im Propagandaeinsatz für die Reichstags-»Wahl« 1938. (MVT)

pe BVG am 22. März 1936 durch Aushang bekannt, daß sich die dienstfreien Kollegen an bestimmten Stellen der Stadt »zur Huldigung des Führers« auf seinem Weg zur Deutschlandhalle einzufinden hätten.[29] Seit 1933 wurden jeweils Hunderte Mitarbeiter des Verkehrspersonals der BVG zu den bombastischen Reichsparteitagen abgestellt, um deren reibungslosen Ablauf und propagandistischen Erfolg zu sichern.[30]

Besondere Erwähnung verdienen in diesem Zusammenhang einige Ereignisse, bei denen sämtliche zur Verfügung stehenden Mittel des Verkehrsbetriebes propagandistisch genutzt wurden. Am 27. März 1936 erließ Hitler einen sogenannten »Friedensappell«. An diesem Tag sind zur dramaturgischen Steigerung der Aktion sämtliche Fahrzeuge der BVG beflaggt und der gesamte öffentliche und private Verkehr für eine Minute angehalten worden.[31]

Nach dem völkerrechtswidrigen »Anschluß« Österreichs an das Deutsche Reich im März 1938 ließ sich Hitler seine Politik in einer am 10. April des gleichen Jahres durchgeführten Volksabstimmung bestätigen. Dabei wurde diese Abstimmung mit der »Wahl« zu einem erweiterten Reichstag gekoppelt. Der Stimmzettel enthielt nur eine Frage: »Bist Du mit der am 13.

März vollzogenen Wiedervereinigung Österreichs mit dem Deutschen Reich einverstanden und stimmst Du für die Liste unseres Führers Adolf Hitler?«

Anläßlich dieser Aktion erhielt die BVG die »Weisung«, fünf Tage vor dem Ereignis in den »Wahlkampf« einzugreifen. Der gesamte Betrieb wurde mobilisiert: Transparente, Fahnen, Girlanden und Hitlerbilder »verzierten« die Verwaltungsgebäude, Betriebshöfe und Haltestellen. Alle verfügbaren Werbeflächen auf Bahnhöfen und Fahrzeugen wurden mit insgesamt 56 000 Plakaten beklebt, ein Straßenbahnzug und ein Doppeldecker fuhren, komplett mit Plakaten versehen, als reine Propagandafahrzeuge durch Berlin. Aus dem Fahrzeugpark stellte man der Gau-Propagandaabteilung der NSDAP Turmwagen zur Verfügung, die mit Lautsprechern und Lichtbildanlagen für abendliche Freilichtveranstaltungen ausgerüstet waren.

Begeistert berichtete »Die Fahrt« über diese Aktionen: »Als dann der Vortag der Wahl, den der Führer zum bleibenden Gedächtnis als Großdeutschen Tag bestimmt hat, kam, an dem jeder BVGer die Wahlnummer unserer ‚Fahrt' mit dem Bild des neuen großen Reiches und dem JA auf dem Titelblatt erhielt – als sich alle BVG-Kameraden zu den Betriebsappel-

Betriebsappell auf dem Omnibusbahnhof Usedomer Straße 1939. (MVT)

»Festschmuck bei der BVG zum Geburtstag des Führers«; Betriebshof Zehlendorf 1939, aufgenommen von Dr. Schneider. (MVT)

Stadtrat Engel 1942 im Kreise von »Arbeitsmaiden«, die ihren Arbeitsdienst als Schaffnerinnen bei der BVG abgeleistet haben. (Österreichisches Institut für Zeitgeschichte)

len versammelten und als schließlich nach der Verkehrsstille auf das allgemeine Flaggenkommando über unseren Häusern und Wagen die Fahnen hochgingen, war die Propagandaarbeit der BVG in vollem Gange.«[32]

Im darauffolgenden Jahr hat die BVG aus Anlaß des 50. Geburtstages Adolf Hitlers ihre Gebäude unter großem Aufwand mit allerlei »Schmuck« versehen. Aufwendige Transparente kündeten an allen Verwaltungsgebäuden und Betriebshöfen zwischen dem 20. April und dem 1. Mai 1939 von der Willfährigkeit zumindest der Betriebsführung: »Noch 50 Jahre und

darüber bleib Du bei uns geliebter Führer.«[33] Einige illustrierende Fotos zu dem Bericht der »Fahrt« sind mit »Dr. Schneider« verzeichnet.

Ein kriegswichtiger Betrieb

Der Verkehrsbetrieb der Stadt Berlin ist in vielfältiger Hinsicht sowohl propagandistisch als auch tatsächlich in die Kriegsführung des Deutschen Reiches involviert gewesen. Die Wirtschaftspolitik des Nationalsozialismus war schon sehr bald nach der Regierungsüber-

In den letzten Tagen des April bis zum 12. Mai 1945 konnte die BVG keinerlei Verkehrsleistung erbringen. Zerstörte Anlagen der Hochbahn am Gleisdreieck, darunter der am 2. Mai 1945 von der SS gesprengte S-Bahn-Tunnel unter dem Landwehrkanal. (Ullstein Bilderdienst)

nahme Hitlers als vorbereitende Maßnahme eines Krieges auf eine autarke Rohstoffversorgung ausgerichtet. Diesem Ziel wurde selbstverständlich auch die BVG verpflichtet. Schon 1934 wird von ersten Versuchen berichtet, Omnibusse auf einheimische Treibstoffe umzustellen. Dazu erprobten die Ingenieure im Laufe der Zeit Braunkohlenteerbenzin, Butan- und Propanflüssiggas, Leuchtgas sowie Holzkohle.[34] In den folgenden Jahren und insbesondere seit Beginn des Krieges war die BVG in steigendem Maße darum bemüht, Materialhaltung und Treibstoffwahl entsprechend einzurichten. Mit Kriegsbeginn geschah dies immer unter Hinweis auf den damit zu leistenden Beitrag zur Erringung des »Endsieges«.[35]

Viele Aspekte des Betriebsalltags sollten die Belegschaftsmitglieder fortan als aktiven Beitrag zur Kriegsführung begreifen: Sowohl Gesundheitsfürsorge und Arbeitssicherheit (»Unfallbekämpfung hilft siegen!«[36]) als auch eine reifenschonende Fahrweise durch die Busfahrer (»Sei pfleglich und schonend im Reifenverbrauch, dann schaffst einen Beitrag zum Siege Du auch!«[37]) standen nun im Dienste der Pflichterfüllung an der »Heimatfront«. Gleiches galt für die Beteiligung am intensivierten betrieblichen Vorschlagswesen, mit dem Verbesserungsideen von Belegschaftsmitgliedern gesammelt wurden und sogar für die Teilnahme an vielfältigen erholungsfördernden Betriebsveranstaltungen.[38]

Es gab aber auch direkte Verbindungen des Verkehrswesens zur Kriegsführung und Rüstungsproduktion. Wie alle öffentlichen und privaten Verkehrsbetriebe mußte die BVG nach Kriegsbeginn größere

Kontingente von Fahrzeugen samt Fahrern für den militärischen Einsatz in Berlin oder an den Fronten abstellen.[39] Der Landser vor dem feldgrauen BVG-Bus war ein beliebtes Photomotiv auf den »Feldpostseiten« der Betriebszeitschrift. Laut Geschäftsbericht von 1943 war seit April des Jahres ein U-Bahn-Tunnel an die Henschel-Flugzeugwerke zum Zwecke der Rüstungsproduktion vermietet. Die Linie in Neukölln war bis zur Station Bergstraße (heute Karl-Marx-Straße) verkürzt und von dort an bis hinter die Grenzallee als Fabrik genutzt worden. Für 1943 betrugen die Einnahmen der BVG 360 000 Reichsmark.[40]

Vor allem die Tatsache, daß die BVG die Beförderung der Arbeiter und Arbeiterinnen in die Fabriken eines Zentrums der deutschen Rüstungsindustrie zu gewährleisten hatte, gibt der propagandistisch immer wieder betonten »Kriegswichtigkeit« den realen Hintergrund. Mit einem Aushang der Direktion vom 26. Februar 1943 wurden die Belegschaftsmitglieder aller Dienststellen aufgefordert, mindestens einen Verwandten als Ersatz für eingezogene Männer zu benennen. Darin hieß es in aller Deutlichkeit: »Wir Kämpfer der Heimatfront wollen bei dieser Gelegenheit erneut beweisen, dass wir durch die Sicherstellung unserer kriegswichtigen Verkehrsleistung im Interesse der Berliner Rüstungsindustrie einen nicht unbedeutenden Anteil an der Erlangung des Sieges zu leisten gewillt sind.«[41] In diesem Sinne hat die BVG ebenso unvermeidbar wie unbestreitbar zur Aufrechterhaltung der deutschen Kriegsmaschinerie beigetragen.

Aus diesem Grunde erhielt der Betrieb neben anderen derartigen Auszeichnungen im Januar 1943 die »Anerkennungsurkunde für vorbildlichen Leistungseinsatz bei den gestellten kriegswirtschaftlichen Aufgaben« der Deutschen Arbeitsfront. Die Betriebszeitschrift berichtete in der Märzausgabe von der feierlichen Übergabe der Urkunde im Gauhaus der DAF: »Als erster Redner trat ein Vertreter des Wehrkreisbeauftragten des Reichsministers für Rüstung und Kriegsproduktion auf ... Nach Überreichung der Anerkennungsurkunden ergriff der Gauobmann der DAF, Spangenberg, das Wort und übermittelte ... die Grüße und Glückwünsche des Gauleiters, Reichsministers Dr. Goebbels. Der Redner umriß dann die Fragen der Kriegswichtigkeit der Arbeiten und der Aufgaben der kriegswichtigen Betriebe und kam dabei im besonderen auf unsere BVG zu sprechen. Unter Hinweis auf die Bedeutung des Berliner Nahverkehrs als Faktor für die Erhaltung und sichere Fortführung der Kriegsproduktion, zollte er den Männern und Frauen der BVG höchstes Lob für ihr Verhalten und Aushalten während der Tage der Terrorangriffe und stellte ihren Einsatz als Beispiel für andere hin. So habe hier ein Verkehrsbetrieb eine Auszeichnung erhalten, die im allgemeinen nur Rüstungsbetrieben verliehen werde.«[42]

Über den Einsatz von Kriegsgefangenen und Zwangsarbeitern bei der BVG weiß man bisher wenig. Es existieren Baupläne für ein auf dem Betriebsgelände im Wedding geplantes Kriegsgefangenenlager.[43] Darüber hinaus ist ein Rundschreiben der »Reichsverkehrsgruppe Schienenbahnen« vom 21. Oktober 1943 erhalten, nach dem der Reichsverkehrsminister für Berlin und andere Städte insgesamt 6000 italienische Militärinternierte in Aussicht gestellt habe.[44] Genauere Informationen über diesen Themenkomplex sind bisher nicht bekannt.

Vom Kriegsverlauf profitiert hat die BVG mit den sogenannten »Warschauer Wagen«. Der Verkehrsbetrieb von Warschau war nach der Besetzung Polens nicht mehr in der Lage, eine Serie von ungefähr 100 Straßenbahnwagen abzunehmen, die bei Waggonfabriken in Danzig und Kattowitz bestellt und im Bau waren. Von diesen Fahrzeugen sind dann 78 von der BVG gekauft und 1940/42 zur Auffrischung des strapazierten Wagenbestandes in Berlin eingesetzt worden. Nach dem Krieg hat der Warschauer Verkehrsbetrieb erfolgreich versucht, die 66 noch brauchbaren Fahrzeuge als Reparationsgut zu erhalten.[45]

Die BVG in der Nachkriegszeit

Als Folge der politischen Spaltung Berlins wurde 1949 die BVG als letzter der städtischen Betriebe in einen Ost- und einen Westteil getrennt. In den Jahren nach dem Kriegsende haben die BVG-Mitarbeiter mit dem raschen Wiederaufbau des Verkehrswesens eine allseits anerkannte große Leistung erbracht. Die immensen technischen, betrieblichen und politischen Schwierigkeiten, die dabei in beharrlicher Arbeit überwunden wurden, sind in der einschlägigen Literatur beschrieben worden. Hier seien nur die enormen Zerstörungen von Anlagen und Fahrzeugen, die Reparationsleistungen wie die Abtretung von 120 U-Bahn-Wagen an Moskau und von 66 der »Warschauer« Straßenbahnwagen sowie die großen Probleme bei der Materialbeschaffung genannt.

Personalpolitisch gab es bei den städtischen Betrieben Berlins gleich nach Beendigung der Kriegshandlungen erhebliche Konsequenzen.[46] Auf der Grundlage einer Anordnung des Sowjetmarschalls Schukow aus den ersten Tagen nach dem Kriegsende sollten alle Mitglieder der NSDAP sowie Nichtmitglieder, die sich politisch exponiert hatten, aus dem öffentlichen Dienst entfernt werden. Der am 19. Mai offiziell eingesetzte Magistrat der Stadt Berlin erließ dazu am 31. Mai eine Verordnung, nach der alle

Walter Schneider (Mitte) bei der Jubiläumsfeier der U-Bahn-Werkstatt Grunewald 1963 mit Verkehrssenator Theuner (oben). (Landesbildstelle Berlin)

bestehenden Arbeitsverhältnisse, auch bei der BVG, mit dem Einzug der Sowjetischen Armee in Berlin als beendet anzusehen waren. Vor der Wiedereinstellung von Mitarbeitern erfolgte durch eine Fragebogenaktion und einen Ausschuß die Überprüfung der politischen Vergangenheit aller Bewerber. Insgesamt etwa 3100 ehemalige Bedienstete der BVG erhielten keine erneute Anstellung. Allerdings bot man 400 bis 500 ehemaligen Mitarbeitern, die als Parteimitglieder keine aktive Rolle gespielt hatten, im folgenden Jahr Gelegenheit, sich beim Gleisbau und anderen Wiederaufbauarbeiten zu bewähren und in vielen Fällen an ihren alten Arbeitsplatz zurückzukehren.

Der langjährige Betriebsführer und Erste Direktor Otto-Fritz Ulmer schied im Mai 1945 aus und verstarb kurze Zeit darauf. Die übrigen Direktoren blieben nach Kriegsende für einige Zeit weiter im Amt, wurden aber wegen ihrer NSDAP-Mitgliedschaft bald entlassen oder kamen dem durch freiwilliges Ausscheiden zuvor. Erstaunlich ist der Verbleib im Vorstand im Falle Georg Heuers, der seit 1933 Parteimitglied gewesen war und der erst im August 1945 auf eigenen Wunsch die BVG verlassen hat. Seit dem 9. August war dann ein personell erneuerter Vorstand mit Walter Schneider als Erstem Direktor im Amt.[47]

Sehschwächen

In welcher Form erscheint nun die Geschichte der BVG der Zeit vor 1945 in der Nachkriegsliteratur? Die Behandlung dieser Zeit unterscheidet sich in ihrer Konzentration auf technische und betriebliche Aspekte so gut wie nicht von der Behandlung anderer Zeitabschnitte. Dies gilt beispielsweise für die im März 1979 herausgegebene Jubiläumsschrift der BVG zum 50. Jahrestag ihrer Gründung. Bezeichnend ist die einzige ausdrückliche Erwähnung dieses Themas, sie findet sich in der Rubrik »Geleitworte« im Beitrag des Gesamtpersonalrats: »Über eines der trübsten Kapitel der deutschen Geschichte von 1933 bis 1945 wollen wir den Mantel des Schweigens decken. Was zu dieser Zeit geschah, ist nach unserer Meinung aus BVG-Sicht in keiner Weise erwähnenswert, wenn wir einmal von der Tatsache absehen, daß auch zu diesem Zeitpunkt viele Menschen ihre Arbeit in diesem Betrieb geleistet haben, ohne daß sie an der bestehenden verzweifelten Gesamtsituation irgendetwas hätten ändern können und eben ihre Pflicht erfüllten.«[48] In der überarbeiteten Fassung dieses Werkes unter dem Titel »Typisch Berlin – Ein BVG-Porträt«, herausgegeben von der BVG aus Anlaß der 750-Jahr-Feier in Berlin 1987, fällt das Thema ganz der Vergessenheit anheim.

Die ausführlichste Darstellung der Berliner Verkehrsgeschichte wurde von Walter Schneider geschrieben. Unter dem Titel »Der Städtische Berliner Öffentliche Nahverkehr« hat er das zwölf Bände umfassende Werk zwischen 1978 und 1986 vorgelegt. Es ist mit seiner Materialfülle zur Grundlage für die meisten der späteren Arbeiten zum Berliner Verkehrswesen geworden. Schneider war darüber hinaus seit Mitte der zwanziger Jahre im Berliner Verkehrswesen tätig, zunächst bei der Berliner Straßenbahn-Betriebs-GmbH, seit Gründung der BVG dort als Abteilungsleiter und vom August 1945 bis Ende 1963 war er der Leitende Direktor des Betriebes. In Anerkennung seiner Verdienste erhielt er bei der Pensionierung das Große Verdienstkreuz der Bundesrepublik Deutschland. Er verstarb im Jahre 1986.

Zu seiner Laufbahn bei der BVG führt Schneider folgendes aus: Im Zusammenhang mit den Säuberungen von 1933 sei die Entlassung vieler Fachkräfte zu beklagen gewesen. Wegen ihrer unentbehrlichen Sachkenntnis habe man aber auch Bedienstete behalten, die nicht der NSDAP angehörten bzw. eine Mitgliedschaft ablehnten. So habe man im Januar 1934 »die Abteilung Verkehrsgestaltung und Werbung, die eingehende Fachkenntnisse verlangte, ... dem politisch freien ehemaligen Leiter der Verkehrshauptverwaltung, Dr. Schneider« übertragen.[49] Diese Abteilung

Erster Betrieb in Kriegskulisse; Straßenbahnwagen als Panzersperre kurz nach Kriegsende am »Knie« (heute Ernst-Reuter-Platz) in Charlottenburg. (Landesbildstelle Berlin)

beschäftigte sich mit statistischen Aufgaben, Verkehrsplanungs- und Tarifangelegenheiten sowie der Eigenwerbung der BVG. In dieser Funktion war Schneider bis zum Kriegsende tätig. Während des Krieges fungierte er als Einsatzleiter bei der Behebung von Schäden durch Luftangriffe. Darüber hinaus kann in der Betriebszeitschrift nachgelesen werden, daß er sich neben seinen Abteilungsaufgaben auch anderen Dingen, wie etwa dem damals geplanten BVG-Museum oder der Werksbücherei, widmete. Als Autor beschäftigte sich Schneider, was die namentlich gekennzeichneten Beiträge betrifft, in jener Zeit ausschließlich mit politisch unverfänglichen Themen wie Verkehrszählung, Ausflugsverkehr oder Tarifgestaltung.[50]

Einerseits war er Zeitzeuge und Beteiligter über einen langen Zeitraum hinweg, andererseits ein gründlicher und ausführlicher Chronist. Dies bietet die Begründung dafür, anhand seiner Person und seiner Darstellung den bisherigen Umgang mit der Vergangenheit der BVG konkreter zu untersuchen.

An mehreren Stellen seines Berichtes distanziert sich Schneider mehr oder weniger betont von den Nationalsozialisten im allgemeinen und denen in der Betriebsleitung im speziellen. Er beschreibt den parteipolitisch motivierten Machtwechsel in der Führung der BVG, die Entlassungswelle nach 1933, die auch die jüdischen Mitarbeiter betraf, und erkennt die Aufrüstung des Deutschen Reiches als Hintergrund der entsprechenden Maßnahmen im Betrieb.[51]

Schneider reflektiert die Rolle eines Verkehrsbetriebes im Kriegsfall, indem er auf die einschlägigen Erfahrungen im Ersten Weltkrieg verweist und erklärt, daß man »daher gewußt habe, welche bedeutsame Rolle gerade das öffentliche Verkehrswesen damals spielte. So war die eigene Bedeutung in einer eventuellen Kriegswirtschaft offenbar«.[52] Um zu klären, welche Bedeutung er dieser Feststellung beimißt, soll ausführlich zitiert werden. Am Ende des Jahres 1939, so stellt er in seinem Bericht rückblickend fest, »hatte [man] dabei davon ausgehen müssen, daß die BVG auch im Zeichen der nun beginnenden Kriegswirtschaft eine wichtige Aufgabe zu erfüllen hatte und daher funktionsfähig gehalten werden mußte, daß es aber auch bei ihr ohne gewisse Eingriffe in die Substanz des Betriebes und ohne Erschwerungen und Einschränkungen in der Materiallage nicht abgehen würde«.[53]

Als die Kriegsverhältnisse für die Erfüllung der Aufgaben der BVG stetig größer werdende Schwierigkeiten mit sich brachten, heißt es in seinem Rückblick: »Immer wieder neue Maßnahmen verkehrlicher, betrieblicher, technischer, materialmäßiger sowie personeller Art waren nötig, um die Aufrechterhaltung des ... Gleichgewichts zu sichern. Nie zuvor war eine straffe Zusammenfassung aller Kräfte für die Erfüllung der Verkehrsaufgaben der BVG notwendiger gewesen als jetzt – nicht zugunsten des Krieges, sondern im Interesse der Berliner und ihrer Stadt.«[54]

Die Lage nach Beginn der schweren Bombenangriffe auf Berlin seit 1943 und die Leistungen der Mitarbeiter werden folgendermaßen beschrieben: »Daß der Betrieb der BVG-Verkehrsmittel immer wieder recht schnell in Gang kam, war zum großen Teil aber auch der hervorragenden Haltung der BVGer aller Tätigkeitsbereiche zu danken. Die Direktion sagte dazu, ‚[Wir] müssen aber im Interesse der Bevölkerung der Reichshauptstadt und ihres Wirtschaftslebens auch in schwierigen Lagen unbedingt unsere Verkehrspflicht erfüllen.‘ Und das geschah denn auch. Immer wieder kam der BVG-Verkehr in kürzester Frist nach jedem Angriff wieder in Gang – vielfach schon bei noch rauchenden Trümmern. Und ebenso unermüdlich wurden vom technischen Personal die Instandsetzungsarbeiten betrieben, ohne daß man wußte, was morgen sein würde.«[55]

Diese Darstellung läßt folgende Schlüsse zu: Die kriegswichtige Bedeutung der BVG wird lediglich konstatiert. Der Umstand, daß der an sich unpolitische und harmlose Vorgang von Fahrgastbeförderung durch Einbeziehung in die Kriegswirtschaft eine geänderte und erweiterte Zielsetzung erhalten hat, führt nicht dazu, das eigene Handeln kritisch zu reflektieren. Unabhängig von übergeordneten Zielen wird fortan die Betrachtung der Ereignisse auf die reine Verkehrsaufgabe reduziert.

So erscheint bei Schneider die Erbringung von Verkehrsleistung unhinterfragt als eine selbstverständliche »Pflichterfüllung«, kann er sich in eine Reihe mit der von ihm doch vorher kritisch betrachteten nationalsozialistischen Betriebsführung stellen. Man arbeitete nur noch »im Interesse der Berliner«, und unter diesem Blickwinkel ist es möglich, von der »hervorragenden Haltung der BVGer« zu sprechen. Nach dieser Betrachtungsweise macht es keinen Unterschied, ob die Straßenbahn jemanden zum Kino oder zur Munitionsfabrik beförderte.

Insgesamt erscheint die Verkehrsdurchführung während des Krieges eher als bewundernswerte Leistung denn als Angelegenheit von fragwürdigem Charakter. Um Mißverständnissen vorzubeugen, sei klargestellt, daß es hier um die unkritische Art der Darstellungsweise Schneiders geht und nicht um die Frage, ob die Masse der BVG-Mitarbeiter Handlungsalternativen gehabt hätte.

Als weiteres Beispiel für diesen Mechanismus der Verharmlosung sei das Kapitel über den Olympia-Verkehr im Jahre 1936 angeführt. Die objektive Mithilfe der BVG bei dem Bemühen, den deutschen Faschismus international »salonfähig« zu machen, und die »sachliche Tätigkeit« der Verkehrsdurchführung werden nicht in ihrem Zusammenhang gesehen. Schneider sieht zwar, daß sich die deutsche Regierung »vor dem Hintergrund einer gewissen politischen Bedeutung ... um die Austragung der XI. Olympischen Spiele«[56] bemüht habe, aber im Überschwang des Leistungsberichtes verliert sich dieser kritisch gemeinte Einwand völlig: »Alles in allem gesehen aber funktionierte der Olympia-Verkehr ausgezeichnet, 2-3 Wochen lang lief alles bei der BVG auf Hochtouren, und alle BVGer hatten in irgendeiner Weise ihren Beitrag dazu geleistet. So konnten denn die Verkehrsleute der BVG, aber auch ihre technischen Kollegen mit Recht ein stolzes Gefühl der Befriedigung über eine gelungene große Leistung empfinden. Auch die Aufsichtsbehörden zeigten sich befriedigt, das Olympische Komitee bedankte sich.«[57]

Der Wert von Walter Schneiders Chronik liegt unter anderem in der Detailgenauigkeit bei der Beschreibung aller Gebiete des städtischen Verkehrswesens. So erläutert er die Einführung neuer Beförderungsbedingungen im Winter 1941/42 in aller Ausführlichkeit. Über Seiten hinweg wird der Leser z. B. über die Aufhebung des Maulkorbzwanges für Hunde oder das Beförderungsverbot von Skiern unterrichtet, werden die entsprechenden Begründungen sowie die Ergebnisse der Maßnahmen benannt. Die Tatsache, daß in der gleichen Zeit die jüdische Bevölkerung grundsätzlich von der Beförderung durch öffentliche Verkehrsmittel ausgeschlossen wurde, wird vom Berichterstatter dagegen nicht erwähnt. Ebensolche Lücken gibt es bezüglich der Kündigung jüdischer Mieter von BVG-Wohnungen, des Führens der Hakenkreuze an den Dienstmützen (»Auch die Dienstmütze erhielt eine gefälligere Form.«[58]) und anderer Elemente der Betriebsgeschichte jener Zeit, die mit der Herrschaft der Nationalsozialisten zusammenhängen.

In dem Standardwerk von Schneider gibt es eine

weitere sachliche Lücke: Der Schriftleiter der hier aus-reichend charakterisierten Betriebszeitschrift »Die Fahrt« war seit Oktober 1939 kommissarisch und seit Dezember 1941 hauptverantwortlich: Dr. Walter Schneider. Wir haben keine Kenntnis darüber, welchen Einfluß er als Schriftleiter auf die Inhalte genommen hat. Einerseits ist kaum anzunehmen, daß diese Posi-tion bei der propagandistisch wichtigen Zeitschrift unter dem überzeugten Nationalsozialisten Engel, als faktischem Diensterrn der BVG, einem politisch »unzuverlässigen« Mann übertragen worden ist. Ande-rerseits haben wir keinen Anhaltspunkt dafür, daß Schneider diesen Posten mit politischer Überzeugung ausgefüllt hat. Er hat es später nicht für nötig erach-tet, die Zusammenhänge und seine Funktion als Schriftleiter zu erläutern.

Wenden wir uns dem Fazit der Geschichte zu, wie es der Nachkriegsdirektor der BVG formuliert: »Überblicken wir als Abschluß die Gesamtentwicklung der BVG in jener Zeit des ‚Dritten Reiches‘, so muß man feststellen, daß sie ihre Verkehrsaufgabe erfüllt hat... zeigte sich doch, daß die Arbeit der BVG ja schließlich nüchtern und sachlich bestimmt war und daß rein ideologisch bestimmte Gesichtspunkte hier keine große Rolle spielen konnten... Die Verkehrsbe-dienung blieb auch nun eine an fachliche Regeln gebundene Aufgabe. Und wenn auch die oberste Spit-ze der BVG nationalsozialistisch ausgerichtet war, so war doch noch ein gewisser Stamm freier Männer in leitenden Positionen zweiter Hand geblieben, der mit fachlicher Erfahrung Verkehr und Technik so weiter-führte, daß den Notwendigkeiten der Berliner Bevöl-kerung auf verkehrlichem Gebiet Rechnung getragen wurde.«[59]

Mit dieser Einschätzung läßt sich auch ein Fazit über die Charakteristik der Betriebsgeschichte bei Schneider ziehen: Wie anhand der Quellen verdeutlicht worden ist, kann keine Rede davon sein, daß die BVG in den Jahren vor 1945 als Ort politischer Sozialisa-tion sowie objektiver Faktor der Hitlerschen Kriegs-maschinerie eine irgendwie geartete »Unschuld« als technischer Dienstleistungsbetrieb hätte bewahren können. Die Teilhabe an der verhängnisvollen Ver-strickung des Betriebes in das Gesamtsystem, die damit einhergehende veränderte Funktion auch der eigenen Tätigkeit, wird aus der Betrachtung weitge-hend ausgeklammert. Was bleibt, ist eine »nüchterne und sachliche Arbeit«, die an »fachliche Regeln« gebunden blieb. Ähnlich verhält es sich bei den mei-sten Darstellungen verkehrstechnischer Themen auch anderer Autoren, wenn es um jene Zeit geht.

Im Gegensatz dazu kann Schneider für die Auf-bauzeit nach 1945 wieder übergeordnete Zusam-menhänge und Zielvorstellungen mit der Arbeit des Verkehrsbetriebes verbinden: »Die Tatsache, daß die Verkehrsmittel, die schließlich ein Sinnbild pulsieren-den Lebens in einem Gemeinwesen sind, wieder fuh-ren, mag sicher manchem Berliner damals die Zuver-sicht gegeben haben, daß es auch sonst wieder einen Weg des Wiederaufstiegs geben würde.«[60]

Ein Betrieb wie die BVG kann nicht mit einer Rüstungsschmiede wie der Alfred Krupps verglichen werden, erst recht ist kein Vergleich eines Walter Schneider beispielsweise mit Werner von Braun zulässig. Aber auffällig gleich erscheint in allen Fällen folgender Mechanismus: Ziel und Funktion der tech-nischen Tätigkeiten in einem massenmörderischen System werden von der konkreten Bewältigung und Darstellung technischer Vorgänge getrennt. Diese Trennung war ein Mittel der im Nachkriegsdeutschland durchgängig zu konstatierenden Verdrängung der »dunklen Kapitel der Vergangenheit«.

Anmerkungen

1 Aktenbestände der BVG und der zuständigen Abteilungen der Stadtverwaltung befinden sich im ehemaligen Stadtarchiv, jetzt zum Landesarchiv Berlin gehörig. Bei den BVG-Akten handelt es sich meist um vervielfältigte Schreiben, die auf ein-zelnen Betriebshöfen erhalten geblieben sind. Die Bestände werden zitiert unter LAB(STA).

2 »Die Fahrt« (Betriebszeitschrift der BVG, im folgenden zitiert als DF), Nr. 14 vom 15.7.1937, S. 198; Walter Schneider: Der Städtische Berliner Öffentliche Nahverkehr, 12 Bde., Hg. Berliner Verkehrs-Betriebe, vervielfältigtes Typoskript, Berlin 1978–1986, hier Bd. 8, S. 42.

3 DF, Nr. 9 vom 1.4.1933, S. 69. Mit Wirkung zum 1.1.1938 wurde die BVG von einer Aktiengesellschaft in einen städti-schen Eigenbetrieb umgewandelt. Die Funktion des Auf-sichtsrates übernahm fortan ein »Beirat«.

4 DF, Nr. 8 vom 15.4.1937, S. 111; Nr. 19 vom 1.10.1937, S. 280; Nr. 5 vom 1.3.1939, S. 83; Nr. 7 vom 1.4.1939, S. 121.

5 DF, Nr. 12 vom 15.6.1933, S. 105; Nr. 15 vom 1.8.1933, S. 141; Nr. 19 vom 1.10.1937, S. 285; Verkehrstechnik, Heft 20 vom 20.10.1937, S. 485.

6 DF, Nr. 2 vom 15.1. 1937, S. 23.

7 DF, Nr. 21 vom 1.11.1937, S. 308.

8 DF, Nr. 17 vom 1.10.1939, Titelseite.

9 Siehe z. B. die Personalakten dreier kommunistischer Arbei-ter, LAB(STA) Rep. 260/ Nr. 124, Nr. 125 und Nr. 126.

10 Verkehrstechnik, Heft 3 vom 5.2.1939, S. 63.
11 So in einem von Engel in Auftrag gegebenen Gutachten über die BVG vom 26. 5. 1933 über den damaligen Technischen Direktor Gotthard Quarg, LAB(STA) Rep. 14/ Nr. 32 247.
12 Siehe Personalakte E. Lüdke, LAB(STA) Rep. 14/ Nr. 32 247.
13 Satzung des Kameradschaftsbundes vom 21.10.1937, LAB(STA) Rep. 260/ Nr. 113.
14 LAB(STA) Rep. 260/ Nr. 54.
15 Bekanntmachung der Direktion vom 7.2.1936, LAB(STA) Rep. 260/ Nr. 33.
16 Aushang der Betriebskrankenkasse vom 11.10.1938, beruhend auf der 4. Verordnung zum Reichsbürgergesetz vom 25.7.1938, LAB(STA) Rep. 260/ Nr. 33.
17 DF, Nr. 2 vom 15.1.1937.
18 DF, Nr. 10 vom 1.9.1941, Titelseite.
19 DF, Nr. 12 vom 15.12.1941, S. 143.
20 Direktionsverfügung 89/41 vom 1.10.1941 und Aushang, LAB(STA), Rep. 260/ Nr. 35, Bl. 99.
21 Es wäre interessant zu erfahren, aus welchem Grund diese Bestimmungen nicht in der Betriebszeitschrift veröffentlicht wurden.
22 DF, Nr. 1 vom 1.1.1941, S. 16.
23 Vgl. Hans Winterfeldt: Eine Extraschikane, in: Juden in Kreuzberg, Hg. Berliner Geschichtswerkstatt e.V., Berlin 1991, S. 268.
24 Protokoll der Beiratssitzung vom 18.7.1941, LAB(STA) Rep. 14/ Nr. 32 205.
25 DF, Nr. 20 vom 15.10.1933, S. 215.
26 DF, Nr. 2 vom 15.1.1937, S. 19, sowie Rundschreiben der Direktion vom 18.12.1936, LAB(STA) Rep. 260/ Nr. 33.
27 Vgl. den Bericht über die Vereidigung der Angestellten der BVG in: DF, Nr. 18 vom 15.9.1936, S. 277.
28 Vgl. die Berichte über die Einführung der im Krieg bei der BVG als Aushilfskräfte beschäftigten »Arbeitsmaiden« (DF, Nr. 10 vom 15.11.1942, S. 77) sowie die Feier zur Freisprechung von Lehrlingen, bei der neben dem Facharbeiterbrief jeweils ein Exemplar von Hitlers »Mein Kampf« übergeben wurde (DF, Nr. 9 vom 15.10.1942, S. 73).
29 LAB(STA) Rep. 260/ Nr. 33.
30 Vgl. den Geschäftsbericht der BVG von 1937, S. 8.
31 Rundschreiben der Direktion vom 25.3.1936, LAB(STA) Rep. 260/ Nr. 33.
32 DF, Nr. 8 vom 9.4.1938, S. 146.
33 DF, Nr. 11 vom 1.7.1939, S. 211.
34 Vgl. Walter Schneider, wie Anm. 2, Bd. 8, S. 315; DF, Nr. 5, März. 1935, S. 52.
35 Vgl. DF, Nr. 2 vom 15.2.1943, S 11.
36 DF, Nr. 10 vom 1.9.1941, S. 122; Nr. 8 vom 15.9.1942, S. 42.
37 DF, Nr. 1 vom 15.1.1943, S. 5.
38 DF, Nr. 8 vom 15.9.1942, S. 61.
39 LAB(STA) Rep. 260/ Nr. 166, Nr. 171, Nr. 173 sowie Nr. 177; Werner Weigelt: Die Inanspruchnahme von Kraftfahrzeugen auf Grund des Reichsleistungsgesetzes, in: Verkehrstechnik 8(1941), Heft 8, S. 122.
40 Geschäftsbericht 1943 der BVG, S. 33.
41 LAB(STA) Rep. 260/ Nr. 35.
42 DF, Nr. 3-5 vom 15.3.1944, S. 11.
43 LAB(STA) Rep. 260/ Nr. 184.
44 Ebd.; das Rundschreiben wurde von der Direktion der BVG an leitende Mitarbeiter weitergegeben, laut Verteiler hat es auch Schneider erhalten. Er berichtet zu diesem Thema allerdings nichts.
45 Vgl. L. Pohoryles: Die Warschauer Straßenbahn und ihre Nebenbetriebe; in: Straßenbahn-Magazin, 63(1987).
46 Dazu Walter Schneider, wie Anm. 2, Bd. 10, S. 7.
47 Zur Entwicklung im Vorstand siehe ebd., Bd. 9, S. 218.
48 Berliner Verkehrs-Betriebe (Hg.): 50 Jahre BVG. Ein Rückblick auf ein Stück Berliner Verkehrsgeschichte, Berlin 1979, S. 15.
49 Walter Schneider, wie Anm. 2, Bd. 8, S. 168; eine genauere Beschreibung seines Arbeitsgebietes folgt auf S. 172.
50 Vgl. Walter Schneider: Der Ausflugsverkehr der Berliner Verkehrs-Betriebe, in: Verkehrstechnik 17(1938), S. 401; Tarifgestaltung und Fahrgastabfertigung, in: Verkehrstechnik 24(1942), S. 349; DF, Nr. 12 vom 1.11.1940, S. 108.
51 Vgl. hierzu und zu folgendem Walter Schneider, wie Anm. 2, Bd. 9, Kapitel 25 und 26.
52 Ebd., Bd. 8, S. 173.
53 Ebd., Bd. 9, S. 52.
54 Ebd., S. 61.
55 Ebd., S. 168.
56 Ebd., Bd. 8, S. 283.
57 Ebd., S. 260.
58 Ebd., Bd. 9, S. 31.
59 Ebd., S. 49.
60 Ebd., S. 289.

Ohne Blitz kein »Blitzkrieg«

Heinrich Nordhoff und seine Karriere
vom Opel-Rüstungsmanager zum Wolfsburger Käfer-König

von Lutz-Ulrich Kubisch

Der Opel »Blitz« war der leistungsfähigste Lkw im
»Dritten Reich« und galt als Rückgrat der Wehrmacht.
(Adam Opel AG)

Heinrich Nordhoff galt als krasser Autokrat; Kritiker rügten seine einsamen Entschlüsse. Seine persönliche Meinung galt in Wolfsburg als letzte Instanz; Aufnahme um 1962. (Archiv der Stiftung AutoMuseum Volkswagen)

Heinrich Nordhoff

1899	Am 6. Januar als Sohn eines Bankbeamten in Hildesheim geboren
1917	Einberufung in das Königin-Elisabeth-Garderegiment Nr. 3
1918	Verwundung an der Westfront
1920	Studium des Schiffs- und allgemeinen Maschinenbaus an der Technischen Hochschule Berlin-Charlottenburg
1927	Abschluß des Studiums als Diplom-Ingenieur; erste Anstellung als Konstrukteur für Flugzeugmotoren bei der Bayerischen Motorenwerke AG
1929	Leiter der Kundendienstabteilung bei der Adam Opel AG
1942	Aufstieg zum ordentlichen Vorstandsmitglied der Adam Opel AG; Übernahme der Gesamtleitung des Opel-Werks in Brandenburg an der Havel. Steigerung der Produktion von »Blitz«-Militärlastwagen für Wehrmacht und SS.

1945	Im April Flucht vor der sowjetischen Armee nach Bad Sachsa/Harz; anschließend Umzug nach Rüsselsheim und Weiterarbeit im Vorstand der Adam Opel AG; im Oktober Entlassung durch den amerikanischen Mutterkonzern General Motors wegen Tätigkeit als NS-Industrieführer.
1946	Beschäftigung als Kundendienstleiter bei einer Hamburger Opel-Generalvertretung (bis 1947).
1948	Am 1. Januar als Generaldirektor Übernahme der Gesamtleitung des Volkswagenwerks von der britischen Militärregierung.
1950	Im März Feier der Produktion des 100 000. Käfers seit Kriegsende und Produktionsbeginn des Volkswagen-Transporters.
1955	Ernennung zum Ehrenbürger von Wolfsburg; weitere Rekorde in der Käfer-Produktion.
1968	Gestorben am 12. April in Wolfsburg.

250 000

Eine Viertelmillion Volkswagen
seit 1945 in Deutschland gebaut,
in 26 Ländern der Erde verbreitet
und unverändert gefragt –
eine Zahl des Erfolgs,
ein Dokument des Wiederaufbaus

Die Konstruktion des Käfers entsprang dem Auftrag eines Staates, dem Nordhoff als Rüstungsfabrikant gedient hatte. Anzeige 1951 in der »Automobiltechnischen Zeitschrift«. (MVT)

Heinrich Nordhoff war ein reich dekorierter Repräsentant der deutschen Automobilindustrie: 1950 – Dr. Ing. E. h. der Technischen Hochschule Braunschweig; 1951 – Ehrensenator der Technischen Universität Berlin; 1955 – Professor der Technischen Hochschule Braunschweig; Großes Verdienstkreuz mit Stern des Verdienstordens der Bundesrepublik Deutschland aus Anlaß der Fertigstellung des millionsten Volkswagens; Ehrenbürger der Stadt Wolfsburg; 1957 – Ritter des Ordens vom Heiligen Grabe; 1958 – Elmer A. Sperry Preis, USA; 1959 – Comendador des Ordens Cruzeiro do Sul, Brasilien; 1960 – Ehrenbürger der Stadt São Bernardo do Campo; 1962 – Kommandeurskreuz 1. Klasse des königlich schwedischen Vasa-Ordens; 1963 – Niedersächsische Landesmedaille und Großes Verdienstkreuz des Niedersächsischen Verdienstordens; 1964 – Dr. rer. pol. h.c. der Wirtschafts- und Sozialwissenschaftlichen Fakultät der Universität Göttingen; Dr. rer. nat. h.c. der Naturwissenschaftlich-Mathematischen Fakultät der Universität Hamburg; Doktor der Wirtschaftswissenschaften h.c. (Universität Boston, USA); Großes Verdienstkreuz

mit Schulterband und Stern des Verdienstordens der Bundesrepublik Deutschland; 1966 – Goldener Ehrenring der Deutschen Gesellschaft für Betriebswirtschaft, Berlin; 1967 – Wakefield Medaille; Medaille »Freund des italienischen Volkes«.[1]

Heinrich Nordhoff verstand es, als Automobilingenieur und Unternehmer mit dem VW-Käfer, der als vierrädrige Idee zur »Motorisierung der Volksgemeinschaft« in NSDAP-Kreisen geboren worden war, in den fünfziger und sechziger Jahren aus einem armen niedersächsischen Moor- und Heiderandgebiet am Mittellandkanal eine bundesdeutsche Wohlstandsenklave zu schaffen. Von hier wurden die Exportmärkte rund um den Globus mit blechernen, 24-PS-Hecktrieblern »Made in Germany« versorgt. Aus der zerbombten »Kraft durch Freude«-Fabrik der Deutschen Arbeitsfront erwuchs eine Millionenschmiede, und der VW-Konzern stieg wie Phönix aus der Asche zum zeitweise umsatzstärksten Unternehmen der Bundesrepublik auf.

Heinrich Nordhoff war aber nicht nur ein Industrieller, der einen nahezu konkurrenzlosen Markenartikel auf den Schild zu heben verstand, sondern in seiner ihm eigenen Art hatte er auch einen Hang zu Appellen und Ermahnungen. Er trat seinen Arbeitern mit einer Mischung aus Selbstbewußtsein und Selbstherrlichkeit entgegen, und persönlichkeitsbezogene Repräsentation war ihm alles andere als fremd.[2] Heinrich Nordhoff meldete sich oft und gern zu Wort. Dennoch hinterließ er der Nachwelt keine Memoiren. Meinte er, daß über ihn zeitlebens schon genug geschrieben worden wäre? In der Tat sind die Presseartikel und Aufsätze über Heinrich Nordhoff kaum noch zu zählen.[3] Sie sind jedoch auffälligerweise nur seiner Wolfsburger Nachkriegskarriere gewidmet, die am 1. Januar 1948 begann, als er die Geschäftsführung der Volkswagenwerk GmbH als Generaldirektor übernahm, und die im April 1968 endete, als Nordhoff nach kurzer schwerer Krankheit im Alter von 69 Jahren verstarb. Die Zeit vor 1945 sparte man weitestgehend aus, wahrscheinlich, weil sie nicht zum Heldenbild eines erfolgreichen, global denkenden Industriellen paßte, sondern von nationalistischem Rüstungswahn und Krieg, feldgrauen Halbkettenfahrzeugen und allradgetriebenen Wehrmachts-Pritschenwagen für den »Totalen Krieg« geprägt war.

Heinrich Nordhoff kam am 6. Januar 1899 in Hildesheim als Sohn des Bankbeamten Heinrich Nordhoff und seiner Ehefrau Ottilie zur Welt.[4] 1911 zog die Familie nach Berlin, wo der junge Nordhoff im Prinz-Heinrich-Gymnasium seine Reifeprüfung ablegte. 1917 wurde er zum Königin-Elisabeth-Garderegiment Nr. 3 eingezogen und an die Westfront geschickt, wo er sich eine Verwundung zuzog. 1920 immatrikulierte

Heinrich Nordhoff (dunkler Anzug) auf der Internationalen Automobil-Ausstellung in Berlin, 1938. (Adam Opel AG)

Auf der grünen Wiese entstand 1935 in Brandenburg an der Havel das modernste und größte Lkw-Werk Europas. (I. Krüger)

sich Nordhoff an der Technischen Hochschule in Berlin-Charlottenburg und begann 1927, nach Abschluß seines Studiums des Schiffs- und Allgemeinen Maschinenbaus, seine Berufslaufbahn als Konstrukteur im Flugmotorenbau der Bayerischen Motorenwerke in München. 1929 wechselte Diplom-Ingenieur Nordhoff zur Adam Opel AG und übernahm die Organisation des Kundendienstes. 1930 wurde das Rüsselsheimer Unternehmen eine Tochtergesellschaft der amerikanischen General Motors Corporation, und Nordhoff stieg zum technischen Berater der Verkaufsleitung auf. Im Auftrag von General Motors reiste Nordhoff zweimal über den Nordatlantik, um sich in den Vereinigten Staaten mit neuesten Produktionsmethoden und Verkaufspraktiken vertraut zu machen, das letzte Mal 1939. Er kehrte mit der vorletzten Fahrt der »Bremen« vor dem Krieg nach Deutschland zurück.[5]

1940

Nach dem deutschen Einmarsch in Polen zog sich das US-Personal aus der Firma Opel zurück. Der letzte amerikanische Angestellte verließ Opel im März 1941.[6] Der Vorstand der Adam Opel AG war nun nur mit Deutschen besetzt; zum stellvertretenden Vorstandsmitglied avancierte Ende 1939 Heinrich Nordhoff. Im April 1942 erfolgte ein weiterer Karriereschub: Nordhoff gehörte nunmehr als ordentliches Vorstandsmitglied zur Leitung der Adam Opel AG.[7]

Bis Kriegsende überrundete Opel sämtliche heimischen Konkurrenten und hielt die Fließbänder mit immer größeren Rüstungsauftragen in Schwung. Florierendes Aushängeschild des Unternehmens war die Lastwagenfabrik in Brandenburg. Bei diesem Werk handelte es sich keineswegs um »irgendeine« Depen-

dance des Rüsselsheimer Stammhauses, sondern um das damals größte und modernste Lastkraftwagenwerk Europas. »In enger Fühling und Zusammenarbeit mit zuständigen Kreisen der Reichsregierung entschloß sich die Adam Opel A.G. am 1. April 1935, ihre gesamte Lastwagenerzeugung von Rüsselsheim nach Brandenburg a. H. zu verlegen«, hieß es zur offiziellen Eröffnung in der Festschrift »Das neue Werk«.[8]

Das Gesamtareal der Fertigungsstätte, nordwestlich der Stadt Brandenburg gelegen, umfaßte 850 000 Quadratmeter. Horizontal gegliedert, ragte das Werk dennoch wuchtig aus der Landschaft. Die jüngsten Erkenntnisse aus Fabrikbau und Fabrikorganisation waren in dem neuen Werk vereinigt. Von allen bisherigen Automobilfabriken unterschied sich das Werk Brandenburg schon allein dadurch, daß die gesamte Fabrikation vom Rohmaterial bis zum fertigen Wagen in einer einzigen Halle von 178 Meter Länge und 136 Meter Breite untergebracht war. Der Maschinenpark von rund 1200 Bearbeitungsmaschinen stammte zum Teil aus den USA.

Zunächst lief die Fertigung mit einer Belegschaft (»Gefolgschaft«) von 800 Mitarbeitern an. Neben Meistern und Facharbeitern aus der Stammfabrik Rüsselsheim wurden im Zuge der Arbeitsbeschaffung für Notgebiete viele Werktätige aus Danzig und aus Schlesien herbeigeholt. 1940 zählte der Betrieb bereits 3365 »Gefolgschaftsmitglieder«.[9]

Im Juni 1942 wurde Heinrich Nordhoff mit der Gesamtleitung der Lastwagenfabrik an der Havel betraut. Vom Band liefen längst keine »Blitz«-Schnelltransporter für Edeka-Geschäfte und Konsumvereine mehr, sondern mit Tarnscheinwerfern und groben Stollenpneus ausgerüstete Militär-Lkw als Nachschub- und Truppentransporter, als Funk- oder Werkstattwagen. Seit 1940 gab es den Dreitonnen-»Blitz« bereits in

Auf Nummernschilder mit den Anfangsbuchstaben WH = Heer, WL = Luftwaffe und SS wartet diese Serie von »Blitz«-LKw im Brandenburger Opel-Werk. (MVT)

Opel »Blitz« mit Wehrmachtskennzeichen und Tarnscheinwerfern. (K. Klühs)

geländegängiger Allradausführung mit zwillingsbereifter Hinterachse. Allein von diesem Typ liefen in der Folgezeit 24 981 Einheiten vom Band – insgesamt verließen bis Kriegsende knapp 130 000 »Blitz«-Fahrzeuge das Opel-Werk.[10] Die »SS-Leibstandarte Adolf Hitler« orderte in Brandenburg ebenso ihre »Blitz«-Lkw wie die Luftwaffe, welche den »Blitz« mit Kesselwagenaufbau vorzugsweise zur Betankung von Stuka-Kampfbombern einsetzte. Als Alkohol-Tankwagen dienten die »Blitze« in den Raketenbatterien der berüchtigten V 2 und gleichfalls als Munitionstransporter vor Stalingrad oder Murmansk. Die leichteren Eintonner-Kastenwagen wurden als Kurier- und Lautsprecherfahrzeuge sowie als Feldpostautos verwendet.

Anläßlich der Einführung von Heinrich Nordhoff am 26. Juni 1942 in sein neues Amt versammelte die Werksleitung ihre Belegschaft zum nachmittäglichen Betriebsappell in der »Opel-Halle«. Die Saalbühne war festlich geschmückt mit einem Hakenkreuz, und der NSKK-Opelsturm stand stramm, als der bisherige Betriebsführer und Wehrwirtschaftsführer Gerd Stieler von Heydekampf – er ging als Vorsitzender des Vorstandes zur Henschel AG nach Kassel – den Stabwechsel vollzog. Nachfolger Heinrich Nordhoff erinnerte in seiner Ansprache daran, daß es für alle darauf ankäme, die Kräfte auf das eine Ziel zu konzentrieren, den deutschen Sieg.[11]

Ausgerüstet mit amerikanischem Organisations-Know-how, steckte sich Betriebsführer Heinrich Nordhoff sofort neue Planziele: Steigerung der Produktion und technische Verbesserungen. Unter seiner Ägide rollten immer mehr »Blitz«-Lkw an die Front, wurden requirierte Möbelwagen zu Zugfahrzeugen für kleine Geschütze oder zu »Druckereikraftwagen für Propagandazwecke« umgerüstet. Auch bekamen unter permanentem Treibstoffmangel leidende Feldpostautos

jetzt Holzgasgeneratoren auf die Ladeflächen montiert. Ab 1943 liefen in Brandenburg serienmäßig Dreitonner-»Blitze« mit Holzgas-Generator vom Band. Die Waffen-SS war Hauptabnehmer des Dreitonner-Allrad-»Blitz« mit Halbkettenantrieb und fuhr mit diesem Typ insbesondere Einsätze auf den schlammig-aufgeweichten Schlachtfeldern an der Ostfront.[12]

Engpässe in der Materialversorgung wußte Nordhoff auszugleichen. Fehlten für seine Halbketten-»Blitze« einmal Gleisketten, so ließ er den im Soldatenjargon als »Maultier« bezeichneten Vehikeln kurzerhand erbeutete Carden-Lloyd-Laufwerke britischer Abstammung verpassen. Die Karosserie-Blechbeplankung mußte billigen Hartfaserplatten weichen, und als der »Endsieg« in weite Ferne rückte, wurden neben den Fahrerplätzen spezielle Gewehrhalterungen für den MG-Schützen auf dem Beifahrerplatz montiert. Noch verließen 2500 Dreitonner monatlich die größte Lkw-Fabrik Europas.

Arbeitskräfte waren stets knapp. Viele der jungen Facharbeiter bekamen den Einberufungsbefehl. »Rundbriefe« ließen den Kontakt zum Werk nicht abreißen. Im Fronturlaub besuchten die Soldaten ihre zurückgebliebenen Kollegen in der Lkw-Fabrik, berichteten von ihren bedrückenden Erlebnissen an der Front und den vielen Opfern des Krieges.

Um den Arbeitskräftemangel zu beheben und den Ausstoß von Blitz«-Lkw ständig zu erhöhen, schraubten, frästen und montierten neben sowjetischen und polnischen Kriegsgefangenen inzwischen auch belgische, dänische, französische, holländische und tschechische Zwangsarbeiter bei Opel-Brandenburg. Russinnen verkabelten »Blitz«-Fahrerhäuser, Holländer standen an Rundschleifmaschinen, und Polen wirkten beim Vorderachseinbau mit. Der erzwungene Einsatz von ausländischen Zwangsarbeitern sowie deren

3 t Opel Blitz Halbkettenfahrzeug aus Brandenburger Fertigung. Die meisten Fahrzeuge gingen an die SS. (Adam Opel AG.)

Arbeits- und Lebensbedingungen in der Opel »Blitz«-Rüstungsproduktion sind bislang nicht erforscht.

Fest steht nur, daß Tausende von ausländischen Männern und Frauen unterschiedlichster Nationalität im Brandenburger Werk die Kriegsmaschinerie in Gang halten mußten.

Gauobmann Heinz Wohlleben teilte den deutschen Mitarbeitern bei einem Betriebsappell am 6. Januar 1943 mit: »Der Einsatz von Ausländern bei uns ist nötig geworden; sie helfen mit, die Voraussetzungen in der Kriegsführung zu schaffen.«[13] Die Zwangsarbeiter und Kriegsgefangenen waren sowohl in der Produktion als auch im Büro tätig. Die Unterbringung der russischen Kriegsgefangenen erfolgte hinter Stacheldraht in streng bewachten Holzbaracken außerhalb des Fabrikgeländes. Einen besonderen Status genossen die ausländischen Zivilarbeiter als Angehörige einer »Kampfgemeinschaft der verbündeten großen Nationen«[14] darunter vor allem die Italiener. Sie waren für die Arbeit südlich der Alpen angeworben worden und arbeiteten mit den deutschen Kollegen zunächst unter gleichen Bedingungen. Gegen Kriegsende, als Nahrungsmittel nur noch in unzureichender Menge zur Verfügung standen, verschlechterte sich allerdings ihre Situation. Gescheiterte Fluchtversuche in die Heimat wurden scharf bestraft, teilweise wurden verhaftete Flüchtlinge in Konzentrationslager eingeliefert. Zeitzeugen sagen übereinstimmend aus, daß Heinrich Nordhoff in der Kriegszeit nicht durch Repressalien gegen Kriegsgefangene und Zwangsarbeiter aufgefallen sei – entsprechende Handlungen wurden stets von rangniederen Personen ausgeführt.

Im Juni 1943 zählte das Werk insgesamt 2800 Mitarbeiter, darunter annähernd 1500 Kriegsgefangene und Zwangsarbeiter. Die meisten stammten aus der Sowjetunion.[15]

Als einziges großes Automobilunternehmen im Deutschen Reich beschäftigte die Adam Opel AG in ihrem Stammwerk Rüsselsheim und in der Lkw-Fabrik Brandenburg keine Häftlinge aus Konzentrationslagern.[16]

Während die »Blitz«-Fließfertigung auf Hochtouren lief, geriet die Aufnahme des Betriebsführers Heinrich Nordhoff in die NSDAP ins Stocken. Im November 1943 galt auf Anordnung der Reichsleitung der Nationalsozialistischen Deutschen Arbeiterpartei eine Mitgliedersperre, und die machte auch bei einem so »vorbildlichen Wirtschaftsführer« wie Nordhoff keine Ausnahme.[17]

Es ist bislang nicht erforscht, ob Nordhoff jemals selbst die Aufnahme in die NSDAP beantragt hatte oder ob es sich hierbei eher um übereifrige, von Nordhoff keineswegs autorisierte Bemühungen des NSDAP-Gauleiters Stürtz handelte, der um jeden Preis dem erfolgreichen Lkw-Bauer Nordhoff das Parteizeichen ans Revers zu hängen gedachte. Übte man seitens der Partei gar Druck auf Nordhoff als eine der führenden Persönlichkeiten der Brandenburger Industrie aus, der NSDAP beizutreten?

Nordhoff war bis dahin nicht durch militante Stellungnahmen aufgefallen. Er, betrieblich loyal, trat keineswegs als glühender nationalsozialistischer Parteigänger auf, sondern hielt sich mit Äußerungen eher zurück. Stand für Nordhoff insgeheim schon fest, daß Deutschland den alliierten Mächten – vor allem aber Amerika – mit ihrer personellen wie materiellen Übermacht sowie dem Zweifrontenkrieg nicht lange gewachsen sein konnte? Wollte er vermeiden, sich als »Pg« den Weg zu seinem früheren amerikanischen Arbeitgeber General Motors nach Kriegsende zu verbauen?

Parteimitglied wurde Nordhoff nie. Aber was hieß das schon? Gebraucht wurde für die Leitung des Lkw-Werks Brandenburg ja kein politisch einwandfreier Parteigenosse, sondern jener Produktionsfachmann Nordhoff, der es verstand, mit Organisationstalent und Kompetenz die Rüstungsleistungen fortlaufend anzuheben.

Immer häufiger heulten auf dem Gelände des Opel-Werkes die Sirenen auf. Drei Minuten nach Ertönen des Fliegeralarms ging in den Fabrikhallen stets das Licht aus. Meistens passierte nichts, denn die feindlichen Flugzeuge flogen weiter nach Berlin.

Am 6. August 1944 bebte jedoch die Erde des »Kriegsmusterbetriebes«. Bei einem Tagesangriff klinkte eine Bomberstaffel der britischen Royal Air Force ihre tödliche Ladung über der Lkw-Fabrik aus. Es war Maßarbeit, denn der Bombenregen zerstörte 50 Prozent der Werksanlagen und 20 Prozent des Maschinenparks. Die Produktion kam zum Erliegen.[18]

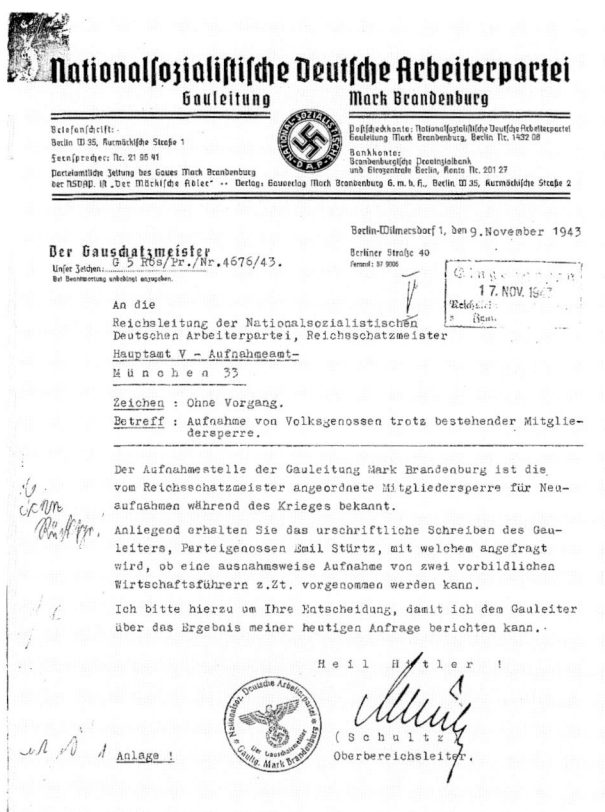

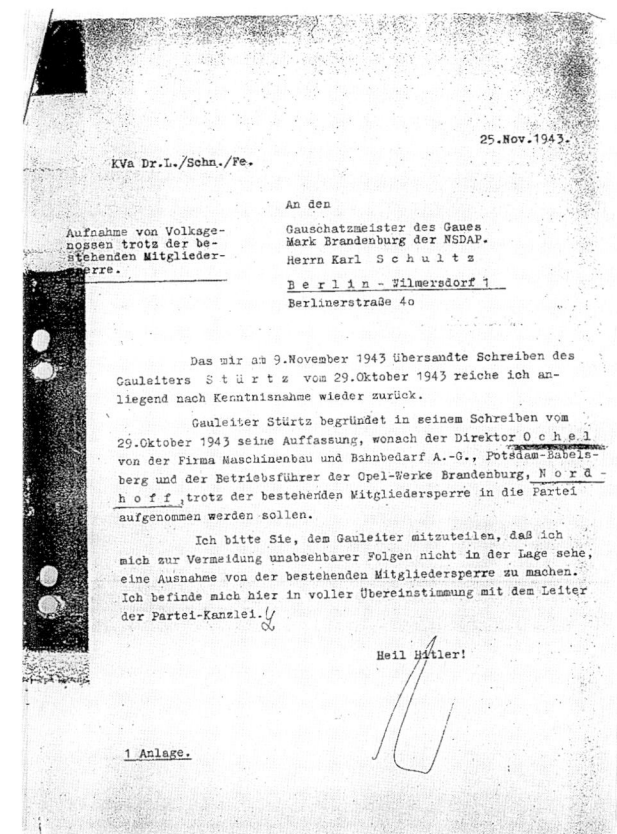

Nordhoff war, gewollt oder ungewollt, niemals NSDAP-Mitglied, aber dank seiner Managerqualitäten ein wichtiger Bündnispartner der Nationalsozialisten im Rüstungssektor. (Bundesarchiv / Berlin)

Es gab in dem Inferno eine hohe Verlustrate an Menschenleben, standen doch für die Belegschaft nur Deckungsgräben und »Einmann-Bunker« bereit. Der einzige Luftschutzbunker – er war der Betriebsleitun-vorbehalten – hatte allerdings bei dem Bombardement ebenfalls einen Volltreffer bekommen, wobei es vier Tote gab. Insgesamt wurden 32 Belegschaftsmitglieder getötet und acht verletzt.[19]

Es hätten durchaus noch mehr Opfer sein können, doch der Angriff erfolgte an einem Sonntag mit eingeschränktem Produktionsbetrieb, so daß viele Betriebsangehörige das Ausmaß der Schäden in der Fabrik am Ufer des Silokanals erst am nächsten Montag bemerkten.[19]

Nordhoff hatte die Attacken auf die Reichshauptstadt Berlin und die in deren »Vorhof« gelegenen Rüstungsbetriebe Brandenburgs (neben Opel vor allem die Arado- und die Brennabor-Werke) vorausgesehen und rechtzeitig seine Ehefrau Charlotte mit den beiden Töchtern von dem Familiendomizil an der Kronprinzenallee in Berlin-Zehlendorf nach Bad Sachsa in den sicheren Harz evakuiert; er selbst unterhielt in Brandenburg nur einen provisorischen Zweitwohnsitz. Die Familie litt im Harz keineswegs elementare Not[20], sondern mehrmals hatte sich ein Lkw-Werksfahrer zu Nordhoffs Quartier auf dem Land aufgemacht, um dort aus Berlin persönliche Gegenstände, die weit über das Nötigste hinausgingen, abzuliefern.[21]

Inzwischen machte man sich in Brandenburg an die Wiederherrichtung des beschädigten Werkes. Obwohl längst absehbar war, daß der Krieg von den deutschen Truppen nicht mehr gewonnen werden konnte, setzte Heinrich Nordhoff alles daran, die Fabrik schnellstens wieder produktionsbereit zu machen. Ausweicharbeitsplätze wurden bezogen, manche Betriebsteile nach Burg bei Magdeburg oder nach Berlin-Rangsdorf verlagert. Im Winter 1944/45 kehrten viele Mitarbeiter jedoch schon wieder auf das Opel-Gelände in Brandenburg zurück.

Im April 1945 kam es in Brandenburg – auch über dem Betriebsgelände – des öfteren zu Tiefflügen der Amerikaner. Das Verbleiben am Arbeitsplatz wurde

Bündnis zwischen technischer Intelligenz und politischer Machtgier: Konstrukteur Ferdinand Porsche bei der Präsentation eines Modells vom KdF-Käfer. (Archiv der Stiftung AutoMuseum Volkswagen)

Unter primitivsten Bedingungen erfolgte 1948 der Zusammenbau der VW-Käfer. (Archiv der Stiftung AutoMuseum Volkswagen)

für die Mitarbeiter von Tag zu Tag gefährlicher, und ein Teil der Werksleitung verlagerte den Arbeitsplatz zum Mutterwerk nach Rüsselsheim.

1945

Kurz bevor die russische Siegermacht das Opel-Gelände in Brandenburg einnahm, flüchtete auch Heinrich Nordhoff in einem Opel Kadett, der dem Werk gehörte, aus Brandenburg und ging in der Stunde Null bei seiner Familie in Bad Sachsa in Deckung. Der Zustand der Lähmung und die Zeit der Lethargie ging jedoch schnell vorbei. Sobald die amerikanischen Truppen das Gebiet um den Harz eingenommen und sich die Kapitulationswirren gelegt hatten, machte sich Heinrich Nordhoff auf den Weg nach Rüsselsheim, um seine Tätigkeit als Vorstandsmitglied der Adam Opel AG – nunmehr jedoch ohne eine ausgewachsene Lkw-Fabrik im Rücken – fortzusetzen.

Von Rüsselsheim aus versuchte er, die erheblichen Vermögenswerte, welche Gelände, Gebäude und Rohmaterialbestände des »Blitz«- Werkes verkörperten, zu erhalten.[22] Nordhoff stellte am 5. Oktober 1945 Vollmachten für ehemalige leitende Werksangehörige und einen Juristen aus, um auf dem Brandenburger Opel-Gelände Reparatur- und Instandsetzungsarbeiten in Gang zu bringen – trotz der Besetzung durch die »russische Wehrmacht«.[23] Mit der Bestellung von zwei Treuhändern am 8. Oktober 1945 »für unsere in dem Lastwagenwerk Brandenburg (Havel) verkörperten Vermögenswerte«[24] endete jedoch abrupt Nordhoffs Tätigkeit für die Adam Opel AG. Die amerikanische Militärregierung veranlaßte am 22. Oktober 1945 per Gesetz Nr. 8, daß sämtliche Industrieführer

und die leitenden Angestellten in der US-Zone fristlos entlassen wurden.

Da Nordhoff in den folgenden Wochen keinerlei Signal von der General Motors Corporation über eine Wiedereinstellung bekommen hatte, nahm er eine Stellung bei der befreundeten Hamburger Generalvertretung für Opel-Wagen, der Firma Praesent, an. Er unterstützte die Besitzerin, deren Ehemann zwei Jahre zuvor bei einem Lawinenunglück verstorben war, und fungierte bis Ende 1947 als Kundendienstleiter.[25] Wichtige Kunden waren Angehörige der britischen Besatzungsmacht, aber auch Einheimische, die mit Sondergenehmigung ein Kraftfahrzeug betreiben durften, wie Ärzte oder Transportunternehmer.

Im Januar 1964 berichtete das Volkswagenwerk anläßlich des 65. Geburtstages von Heinrich Nordhoff in einer Festschrift auch über die Kriegsjahre des Jubilars: »Als der zweite große Krieg dieses Jahrhunderts die Brücken zur Umwelt abbrach, (berief ihn) die Weltfirma Opel an die Spitze ihres Lastwagenwerkes in Brandenburg. Der Krieg stellte an diesen Betrieb unter zunehmenden Schwierigkeiten fast unerfüllbare Anforderungen. Nordhoff wurde mit ihnen fertig. Er lenkte eine Produktion, die Tausende von Arbeitern beschäftigte und Tausende von Lastwagen lieferte. Er behielt sein schönes Haus an der damaligen Kronprinzenallee in Zehlendorf, den Grunewald dicht vor der Tür, das glückliche Zuhause seiner Familie - bis Frau Charlotte mit den beiden Töchtern Barbara und Elisabeth wie die meisten anderen Frauen und Kinder aus Berlin evakuiert wurde und eine flüchtige Bleibe im Harz fand, wo Heinrich Nordhoff sie alle bei Kriegsende wiedersah.« (aus: 65 Jahre Nordhoff, Wolfsburg 1964, S. 4).

Bis zur Mitte der fünfziger Jahre war die Eigentumslage des Volkswagenwerks, ungeklärt. Das Handelsregister verzeichnete die Deutsche Arbeitsfront als Eigentümer. (Archiv der Stiftung AutoMuseum Volkswagen)

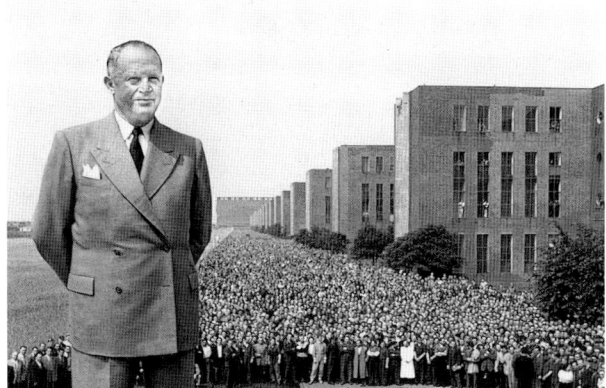

VW-General Nordhoff ließ nach der ersten Käfer-Million sämtliche Mitarbeiter für ein Titelfoto des Nachrichten-magazins »Time« antreten. (Archiv der Stiftung AutoMuseum Volkswagen)

Wieder einmal litt Nordhoff keinerlei Not; die Versorgung seiner Familie war gesichert. In mancher VW-Monographie wird Nordhoffs Lage jedoch als hoffnungslos beschrieben.[26] Der amerikanische Chronist Walter Henry Nelson malte ein schwarzes Zukunftsbild für den neuen Lebensabschnitt: »1945 war Heinrich Nordhoff lediglich ein heimat- und arbeitsloser Flüchtling, einer von vielen Millionen, die durch den Vormarsch des Kommunismus verarmt waren, sich mit Hungerrationen durchs Leben schlugen.«[27]

Zwar war die Stellung in Hamburg nicht das, was sich Nordhoff ersehnte, aber »es war eine Stellung, und er war sicher, daß General Motors irgendwo einen Platz für ihn finden würde, wenn erst einmal die Dinge ins Reine kämen« – so beschrieb der Amerikaner Arthur Railton, langjähriges Vorstandsmitglied von Volkswagen of America und intimer Kenner der VW-Organisation, den Wechsel nach Hamburg.[28] In der Elbmetropole mußte Nordhoff in den folgenden zwei Jahren also nicht mit dem Blechnapf voll Kohlsuppe, wie Tausende von Kriegsheimkehrern in Wolfsburg, Vorlieb nehmen, sondern er konnte weiterhin recht abgesichert auf eine Möglichkeit warten, sich mit General Motors in Amerika zu verständigen.

Über seine Tätigkeit im Rüstungsgeschäft kam in den folgenden Monaten und Jahren kein selbstkritisches Wort über die Lippen des Heinrich Nordhoff. Im Gegenteil: Nordhoff verdroß es, daß ihn die Adam Opel AG nicht weiterbeschäftigen wollte, da er sich doch siebzehn Jahre diesem Unternehmen verbunden gefühlt hatte. Die General Motors-Leute hatten jedoch ein besseres Gedächtnis, als der Exbetriebsführer hoffte. Offensichtlich wollten sie es Nordhoff nicht vergessen, daß er mit ihrem Know-how und Maschinen-park einen Opel-Betrieb auf Hochtouren gebracht hatte, der für die Hitler-Armee und ihre Vorstöße die notwendigen Autos hergestellt hatte.

Als Diplom-Ingenieur Nordhoff schließlich von der amerikanischen Muttergesellschaft der Adam Opel AG schwarz auf weiß zu lesen bekam, daß man ihn nie wieder bei Opel zu beschäftigen gedachte, war Nordhoff entschlossen, nach Wolfsburg mit seiner wund-geschlagenen Käfer-Fabrik zu gehen. Deren verlockender Ruf von Arbeit gleich welcher Art zog in jenen Tagen Tausende von entlassenen Kriegsgefangenen und Flüchtlinge aus dem Osten, die endlich bleiben wollten, gleich wo, an. Zurück nach Brandenburg, in die sowjetische Besatzungszone, konnte Nordhoff ohnehin nicht. Dort hätten ihn die Sowjets für seine Tätigkeit als hoher Rüstungsmanager abgeurteilt. Im übrigen wurde 1946 die im Prinzip wieder produktionsbereite Fabrik bis zum letzten Waschbecken und Lichtschalter von den Russen demontiert und per Bahn hinter den Ural verbracht. General Motors wie auch Heinrich Nordhoff schrieben das Werk Brandenburg als Totalverlust ab.

Anders sah es dagegen in Wolfsburg aus. Als die Briten nach der Kapitulation die Regie im ehemaligen »Kraft durch Freude«-Fahrzeugwerk übernahmen, hielten sie die zusammengeschmolzene Belegschaft dazu an, die DAF-Hinterlassenschaft bald von Trümmern zu räumen. Sie sollten den klapprigen Besatzer-Fuhrpark mit ein paar neuen Käfern wieder herrichten. Die komplette Produktionsausrüstung lag jahrelang unbenutzt bereit. Noch 1945 ließ der britische Oberbefehlshaber für Niedersachsen, Radclyffe, für den Eigenbedarf 1785 Einheiten zusammenbauen. 1947 erreichte das Volkswagenwerk unter der Obhut von R.E.M.E.

Nordhoff mit seiner Frau Charlotte (im Pelzmantel) bei einem Besuch nordamerikanischer VW-Händler, um 1966. (Archiv der Stiftung AutoMuseum Volkswagen)

(Royal Electrical and Mechanical Engineers) eine Jahresproduktion von rund 10 000 Einheiten.[29]

Im Rahmen der neuen Politik, das Werk wieder einer fachmännischen deutschen Produktionsleitung zu unterstellen (zahlreiche englische Fachkräfte waren längst ins angelsächsische Zivilleben zurückgekehrt) und sich nicht länger nur als Treuhänder zu verstehen, arrangierte Major Hirst, britischer Leiter des Werks, im Herbst 1947 ein Treffen mit Nordhoff. Der Opel-Kundendienstmann entdeckte zwar nicht auf den ersten Blick seine Liebe zum eiförmigen Volkswagen, sagte aber zu, bei VW einzusteigen. Schon bald sollte er mit Elan dem Werkskomplex die Korsettstangen einziehen, mit denen es sich endlich wieder aufrechthalten konnte.

Offizieller Dienstbeginn war der 1. Januar 1948. Einen Tag später wurde Nordhoff fünfzig Jahre alt und saß als Generaldirektor der Wolfsburger Fabrik vor, deren Grundstein einst am 26. Mai 1938, dem Himmelfahrtstag, Hitler vor 70 000 Menschen selbst gelegt hatte.[30]

Der Volkswagen war politisch belastet, Nordhoff als Rüstungsfachmann ebenfalls. Wie er das Entnazifizierungsverfahren, welches in der amerikanischen Besatzungszone erfolgte, hinter sich gebracht hat, ist nicht bekannt. Während Nordhoff jedoch bei den Amerikanern wegen seiner Rolle in der Opel »Blitz«-Produktion keine leitende Stellung mehr bekleiden durfte, erteilten ihm die Engländer weitgehende Vollmachten. Statt das Werk zu demontieren, setzten die Briten mittlerweile im Angesicht der wachsenden Spannungen zwischen der Sowjetunion und dem Westen auf den industriellen Wiederaufbau Deutschlands. Von Nordhoff verlangten sie nicht, politische Hypotheken abzutragen, die sowohl auf der Entstehungsgeschichte des Volkswagens wie auf Nordhoffs beruflichem Lebensweg lagen, sondern sie wünschten den Aufbau von Verkaufsstützpunkten im Ausland und die Eroberung von neuen Märkten für den buckeligen Hecktriebler.

1950

Unter der Leitung von Nordhoff kletterte die Käfer-Jahresproduktion 1949 auf 45 000 Einheiten und 1950 bereits auf 75 000 Wagen. Ein Novum: Im Februar 1950 lief der erste Volkswagen-Transporter vom Band. Am 4. März 1950 nahm Nordhoff bereits den hunderttausendsten Käfer seit Kriegsende in Empfang[31]; anschließend überschlugen sich die Stückzahlrekorde. Am 5. August 1955 rollte der millionste Volkswagen (»echtvergoldet«) aus dem Werkstor, und »Autokönig

Nordhoff« organisierte Brot und Spiele in seinem »Detroit am Mittellandkanal«.[32] Wo knapp zwei Jahrzehnte zuvor noch schwarzbuntes Tieflandrind sich sattgefressen hatte, ließ der Werkdirektor im Werkstadion vor 100 000 VW-Werkern sowie deren Angehörigen ein internationales Programm mit »Negerchören« und locker geschürzten Tänzerinnen des Pariser »Moulin Rouge« aufführen. Der Jubel der Zuschauer war ihrem Generaldirektor sicher.

1957 empfing Heinrich Nordhoff eine Ehrung, die ihm besonders wichtig erschien: Er wurde zum »Ritter des Ordens vom Heiligen Grabe« geschlagen – eine Ehrung für Katholiken, die »durch ein wahrhaft katholisches Leben hervorragen«.[33]

Der Dank des Verfassers gilt dem Archiv der Adam Opel AG, Rüsselsheim; Archiv der Stiftung AutoMuseum, Wolfsburg; Bundesarchiv Abt. III, Außenstelle Berlin-Zehlendorf (ehemals Berlin Document Center); Archiv des Verbandes der Autombilindustrie (VDA) Frankfurt/Main; Bauordnungsamt der Stadt Brandenburg / Havel; Museum im Frey-Haus (Stadtmuseum), Brandenburg / Havel; dem Stadtarchiv der Stadt Brandenburg / Havel.

Zudem dankt der Verfasser folgenden ehemaligen Betriebsangehörigen des Brandenburger Opel-Werks, die mit Auskünften hilfreich zur Stelle waren sowie Photomaterial und Dokumente für Austellung und Katalog überließen: Alfred Grothe, Brandenburg / Havel; Hannelore Dargatz, Brandenburg/Havel; Heinz Rawolle, Woltersdorf; Sigmund Riemer, Lehnin / Mark; Ingeburg Krüger, Brandenburg / Havel; Georg Lutter, Brandenburg / Havel.

Leihgaben für die Ausstellung stellten freundlichst bereit die Stiftung AutoMuseum Volkswagen Wolfsburg (Dr. Bernd Wiersch, Christine Neefe-Hansmann, Renate Sänger) und das Militärhistorische Museum der Bundeswehr Dresden (Wolfgang Fleischer).

Recherchen: Jan-Henrik Peters

Anmerkungen

1 Archiv der Stiftung AutoMuseum Volkswagen Wolfsburg, Auflistung Urkunden und Auszeichnungen Prof. Dr. Heinrich Nordhoff (ohne Signatur).

2 Das Nachrichtenmagazin »Der Spiegel« monierte in Nr. 40/1959, S. 41, die Bereitwilligkeit, mit der sich Nordhoff in Industriekapitän-Pose als »Mannequin« für Werbeaufnahmen zur Verfügung stellte. Selbstdarstellungsdrang bewies Nordhoff 1959 auch bei der Eheschließung seiner Tochter Elisabeth mit dem dreißigjährigen Porsche-Enkel Anton Piëch. Für das Brautpaar organisierte er durch die Straßen Wolfsburgs einen Korso von zwanzig schneeweißen VW-Kabrioletts. Auf Initiative Nordhoffs wurden in Wolfsburg zahlreiche Gemäldeaustellungen veranstaltet. Prunkstück der Wolfsburger Kunstschau 1959 war eine Nordhoff-Büste (!) des Bildhauers Bernhard Heiliger. Anläßlich des fünfmillionsten Käfers wurde im Dezember 1961 eine Goldmedaille mit dem Profil von Heinrich Nordhoff und dem VW geprägt.

3 Insbesondere »Der Spiegel« war ein ständiger Wegbegleiter und widmete Nordhoff allein zwei Titelgeschichten: (Nr. 33(1955), Nr. 48(1959). Eine reine Nordhoff-Biographie legten K. A. Schenzinger, H. Simon und A. Zischka (Heinrich Nordhoff, München 1969) vor. Der populärste Schriftsteller in dieser Autoren-Troika war Schenzinger, der sich schon vor 1933 in den Dienst der Nazipropaganda gestellt hatte. In seinem Roman »Hitlerjunge Quex« (1932) verherrlichte Schenzinger die faschistische Jugendorganisation und trug nazistische Auffassungen in breite Leserschichten.

4 Die wichtigsten Daten folgen einem Lebenslauf, welchen die Presseabteilung der Volkswagenwerk AG 1967 zusammenstellte (Archiv der Stiftung AutoMuseum Volkswagen Wolfsburg, ohne Signatur).

5 Laudatio der Universität Göttingen aus Anlaß der Verleihung des Doktors der Wirtschaftswissenschaften ehrenhalber am 24. Januar 1964 (Archiv der Stiftung AutoMuseum Volkswagen Wolfsburg, Signatur PN pu 447).

6 Vgl. Hans C. Graf von Seher-Thoss: Die deutsche Automobilindustrie. Stuttgart 1979, 2. korrigierte u. erw. Auflage, S. 322.

7 Archiv der Adam Opel AG, Rüsselsheim. Auflistung der beruflichen Stationen von Heinrich Nordhoff in der Adam Opel AG bis 1945 (ohne Signatur).

8 Adam Opel AG (Hg.): Das neue Werk, Brandenburg/Havel 1936, S. 3

9 Hans-Jürgen Schneider: Die Geschichte des Opel Blitz, in: Historischer Kraftverkehr, Nr. 3(1988), S. 20.

10 Ebd., S. 20.

11 Brandenburger Anzeiger vom 27.6.1942

12 Die zahlreichen »Blitz«-Varianten werden in einer kurzen Monographie vorgestellt von Eckhart Bartels: Opel im Kriege, in: Waffenarsenal, Bd. 82, Friedberg o.J.

13 Brandenburger Anzeiger vom 7.1.1943.

14 Ebd.

15 Genaueres Material über Zwangsarbeiter und Kriegsgefangene im Brandenburger Opel-Werk wird die von Heidrun Edelmann-Ullmann angekündigte Nordhoff-Biographie vorlegen. Die Autorin veröffentlichte bereits: Nordhoff. Reden und Aufsätze. Zeugnisse einer Ära, Düsseldorf 1992. Ein ausführliches Register mit Quellenangaben zum Thema Zwangsarbeit und Zwangsarbeiterlager in der Provinz Brandenburg enthält Dietrich Eichholtz (Hg.): Brandenburg in der NS-Zeit, Berlin 1993. Dieses Register bietet jedoch keine speziellen Informationen über Zwangsarbeiterlager und -einsätze beim Opel-Werk Brandenburg.

16 Vgl. Anita Kugler: Die Behandlung des feindlichen Vermögens in Deutschland und die »Selbstverantwortung« der Rüstungsindustrie. Dargestellt am Beispiel der Adam Opel AG von 1941 bis 1943, in: 1999 – Zeitschrift für Sozialgeschichte des 20. und 21. Jahrhunderts, April 1988, Heft 2, S. 67. Kugler glaubt, daß die konservative, keinesfalls antisemitische Tradition der Adam Opel AG eine Rolle bei der Ablehnung des Einsatzes von KZ-Häftlingen in der Opel-Produktion gespielt hat. Zudem hätte ein überproportionales Anwachsen von »Sklavenarbeitern«, generell in schlechter körperlicher Verfassung, die Effektivität der Produktion beeinträchtigt sowie eine Anwesenheit von SS-Wachleuten die im Werk latent vorhandenen Konflikte verschärft.
Umgekehrt hat Nordhoff als vom Rüstungsminister Speer berufener industrieller Sonderausschußleiter für die in Bran-

denburg vertretene Kraftfahrzeugindustrie bereits in einer Sitzung im März 1943, zusammen mit Karl C. Müller von der Daimler-Benz Motoren GmbH Genshagen, mehr KZ-Häftlinge – jedoch nicht speziell für die Opel-Werke – angefordert: »Bei der Verengung des Arbeitsmarktes an deutschen und ausländischen Arbeitskräften wird auf die bisher völlig ungenügende Ausschöpfung der Arbeitskraft von vielen tausend KZ-Häftlingen hingewiesen, mit denen Heinkel, Oranienburg, die allerbesten Erfahrungen gemacht hat. Rüstungskommando wird gebeten, sich nachdrücklichst bei der Inspektion (der Konzentrationslager) für den Einsatz der männlichen und weiblichen KZ-Häftlinge zu verwenden...« (Quelle: Rüstungskomando Potsdam, 26.3.1943, zit. nach: Dietrich Eichholtz, wie Anm. 15, S. 82.)

17 Bundesarchiv Abtlg. III (ehemals Berlin Document Center), Bestand III Z 1, Briefwechsel zwischen der NSDAP-Reichsleitung und der NSDAP-Gauleitung Mark Brandenburg vom November 1943.

18 Vgl. Hans-Jürgen Schneider, wie Anm. 9, S. 23.

19 Schreiben der ehemaligen Werkskontoristin Ingeburg Krüger vom 22.8.1994 an den Verfasser.

20 Vgl. dazu Volkmar Köhler: Heinrich Nordhoff 1899–1968, in: Niedersächsische Lebensbilder, Bd. 9. Hg. Edgar Kalthoff im Auftrag der Historischen Kommission für Niedersachsen und Bremen, Hildesheim 1976, S. 256: »Die Familie hatte nur das Nötigste bei sich.«

21 Schreiben des ehemaligen Werksfahrers Alfred Grothe vom 19. 12.1994 an den Verfasser.

22 Privatarchiv Georg Lutter, Brandenburg / Havel; Schreiben des Vorstandes der Adam Opel AG vom 5.10.1945, unterzeichnet von Heinrich Nordhoff, an Georg Draisbach, Brandenburg / Havel.

23, 24 Ebd. Schreiben des Vorstandes der Adam Opel AG vom 6.10.1945, unterzeichnet von Heinrich Nordhoff, an Rechtsanwalt Adalbert Bauer, Brandenburg / Havel.

25 Vgl. K. A. Schenzinger, wie Anm. 3, S. 34.

26 »Nordhoff arbeitete zu diesem Zeitpunkt als einfacher Mechaniker in einer Hamburger Garage«, behauptet Peter Lanz: Das große Käfer-Buch, München 1985, S. 138.

27 Walter Henry Nelson: Small Wonder, Boston 1965, zit. nach: Das Buch. Von Volkswagen 1938–1988. Hg. Volkswagenwerk AG, Wolfsburg 1988, S. 71.

28 Arthur Railton: Der Käfer, Pfäffikon 1985, S. 111.

29 Archiv der Stiftung AutoMuseum Volkswagen Wolfsburg: Die VW-Geschichte – kurzgefaßt. Hg. Volkswagen AG/Public Relations, Wolfsburg 1977.

30 Einen Überblick zur Historie des KdF-Wagens und der Gründung der »Stadt des KdF-Wagen« (dem heutigen Wolfsburg) bietet die Buchpublikation der Volkswagen AG anläßlich des 50. Jubiläumstages des VW-Käfer: siehe Anm. 27. In romanhafter Form berichtet Horst Mönnich, Die Autostadt, München 1951, über die Frühgeschichte des Volkswagenwerks.

31 Wie Anm. 29.

32 Der Spiegel, Nr. 33/1955, S. 16.

33 Der Spiegel, Nr. 40/1959, S. 41.

Fernsehen als Waffe

Militär und Fernsehen in Deutschland 1935-1950

von Joseph Hoppe

Mitarbeiter der Reichspostforschungsanstalt bei der Auswertung von Fernsehbildern im Flugzeug. (MVT)

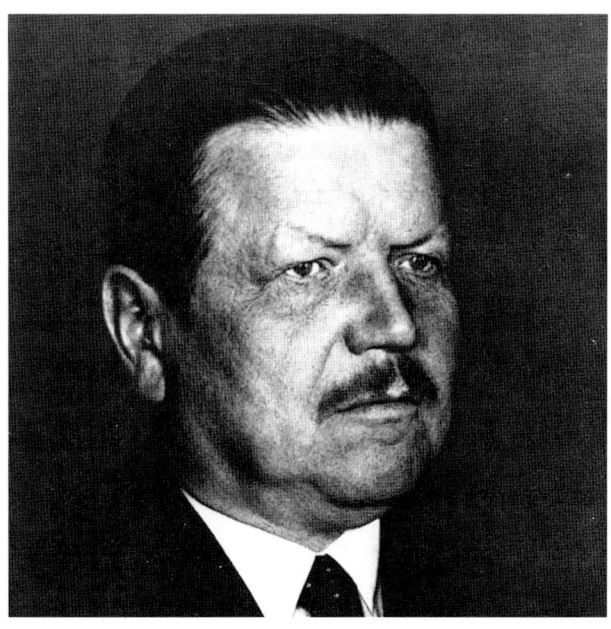

Dr. Ing. E.h. Wilhelm Ohnesorge (8.6.1872 - 1.2.1962), von
Hitler am 3.2.1937 zum Reichspostminister ernannt. (MVT)

Dr. Ing. E.h. Wilhelm Ohnesorge

1890	Nach Besuch eines Gymnasiums in Frankfurt/M. Eintritt in den Postdienst
1897	Aufnahme eines Studium der Mathematik und Physik in Kiel und Berlin
1902–1914	Tätig beim Telegraphenversuchsamt, beim Stadtfernsprechamt und der Oberpostdirektion in Berlin
1914–1918	Bei der Obersten Heeresleitung verantwortlich für Fernmeldetechnik
1920–1923	Gründer der ersten Ortsgruppen der NSDAP im Ruhrgebiet und Beteiligung am Ruhrkampf
1924	Abteilungsdirektor bei der Oberpostdirektion Berlin
1929	Dr. Ing. ehrenhalber der Technischen Hochschule Stuttgart
1929	Ernennung zum Präsidenten des Reichspostzentralamts in Berlin
1933	Berufung zum Staatssekretär im Reichspostministerium
1933	Ohnesorge gründet den bewaffneten Postschutz
1937	Ernennung zum Reichspostminister durch Hitler
1937	Gründung der Forschungsanstalt der Reichspost, einem Zentrum für Grundlagenforschung und Waffenprojekte in Berlin und Kleinmachnow
1940	Vorschlag zur Entwicklung von Fernsehwaffen in einem Brief an Hitler
1945	Gefangennahme durch US-Streitkräfte in Bad Gastein. Ohnesorge wird nicht in Nürnberg als Kriegsverbrecher angeklagt.
1948–1955	Im Entnazifizierungsverfahren wird Ohnesorge zunächst als Hauptschuldiger eingestuft, letztlich jedoch entlastet und erhält eine hohe Pension.
1948–1962	Nach Entlassung aus der Gefangenschaft lebt Ohnesorge bis zu seinem Tod zurückgezogen in Bayern

»Die ab 1935 einsetzenden großen Aufträge der Reichsregierung zum Ausbau der Luftwaffe, des Heeres und der Marine erzeugten neben vielen anderen Programmen einen immer stärker werdenden Aufwärtstrend auf allen Gebieten der Technik in Deutschland.

Für den Wissenschaftler, den Ingenieur, den Techniker begann eine faszinierende Zeit.«[1]

Einleitung

Im Jahre 1948, als in Deutschland froh war, wer einen halbwegs funktionierenden Radioapparat besaß und kaum jemand an die Einführung des Fernsehens dachte, erschien in der Wiener Zeitschrift »Radiotechnik« zwischen Bastelanleitungen und Beschreibungen erster Serienradios ein Artikel über die »Reportagenlagen der Fernseh GmbH«. Die wenigen Fachleute, die mit der unhandlichen und stromverschlingenden Fernsehtechnik der Vorkriegszeit zu tun hatten, werden mit Interesse vernommen haben, daß es inzwischen sehr kleine und leichte Fernsehkameras und Empfänger gab, die nicht nur »ortsbeweglich« waren, sondern sich auch »unter rauhen Betriebsbedingungen«[2] einsetzen ließen. Eingehend werden in diesem Aufsatz eine miniaturisierte Kamera sowie »höchsten Belastungen standhaltende« Empfänger beschrieben, mit denen es möglich war, »Fernsehübertragungen zwischen Fahrzeugen aller Art durchzuführen«. Schon der winzige Bildschirm des Spezialempfängers mit einer Diagonalen von 12 Zentimetern konnte allerdings vermuten lassen, daß für eine »gegenüber dem üblichen Fernseh- und Rundfunk völlig veränderte Problemstellung«[3] entwickelt worden war.

Für welchen »Spezialzweck« die detailliert beschriebene Fernsehübertragungsanlage während des Krieges bestimmt gewesen war, geht aus keiner Zeile des Autors hervor, der im und nach dem Krieg Patentexperte der Fernseh GmbH war. Diskret wird verschwiegen, daß es hier um die unter den Tarnnamen »Tonne« und »Seedorf« konzipierten Kameras und Empfänger ging, die ausschließlich und mit dem Einsatz beträchtlicher Mittel für den Einbau in fernlenkbare Waffen produziert worden waren. Die neuartige Verbindung von Gleitbomben und Fernsehlenkhilfen zählte zu den »Geheimwaffen« des »Dritten Reiches«.

Daß auch die deutschen Fernsehtechniker während der gesamten Kriegszeit in Programme zur Entwicklung von sogenannten Wunderwaffen involviert waren, ist bisher vor allem in einigen militärhistorischen Veröffentlichungen zur Sprache gekommen.[4] Fernsehhistoriker haben die Umorientierung der deutschen Fernsehtechnik seit 1940 thematisiert, aber den daraus erwachsenen organisatorischen Konsequenzen und den materiellen Resultaten wenig Aufmerksamkeit gewidmet.[5] Über den Werdegang und das Ausmaß dieser Arbeiten soll hier berichtet werden.

Im Unterschied zu den meisten anderen Beiträgen dieses Bandes steht bei der Rekonstruktion des Fernsehwaffenprogramms weniger eine einzelne Person im Vordergrund. Der in den ersten Jahren bei diesem Programm federführende Reichspostminister Wilhelm Ohnesorge wird biographisch nur so weit behandelt, wie es zum Verständnis seiner Rolle notwendig erscheint.

Gerade weil letztlich alle Versuche, das vergleichsweise junge Fernsehen der NS-Kriegführung dienstbar zu machen, trotz eines beträchtlichen Einsatzes in Entwicklung und Produktion ohne einsetzbare Ergebnisse blieben, läßt sich an diesem Beispiel die Frage erörtern, ob es tatsächlich eine zweckrationale, »moderne« nationalsozialistische Rüstungspolitik gegeben hat. Für die engere Thematik der Geschichte des Fernsehens in Deutschland ist zu fragen, ob nicht die Aussicht auf einen militärischen »Spin-off«-Effekt der Fernsehentwicklung bei den wichtigsten Protagonisten, insbesondere bei Wilhelm Ohnesorge, eine bedeutendere Rolle gespielt hat als bisher angenommen.

Wilhelm Ohnesorge und das Fernsehen

1928 demonstrierten die Deutsche Reichspost und die Firma Telefunken zum ersten Mal auf einer Funkausstellung in Berlin Fernsehbilder. Ihre Stände erfreuten sich großer Aufmerksamkeit, doch war schon bald absehbar, daß der Weg zu einem Fernsehsystem, das mit dem Radio würde konkurrieren können, weit und sehr kostspielig wäre. Ohne bedeutende Investitionen in weitere Forschungen und aufwendige Probeläufe war das Fernsehen als Medium unattraktiv. Minimale Bildschirmgröße, schwache Bildhelligkeit und -auflösung sowie der Mangel an Kameras und Aufzeichnungsgeräten machten eine zusätzliche Entwicklungsarbeit von Jahrzehnten wahrscheinlich. Ohne Aussicht auf Rentabilität in einem überschaubaren Zeitrahmen hätte vermutlich kein Unternehmen in Deutschland sich weiterhin ernsthaft mit dem Fernsehen befaßt. So wurde die Arbeit an der technischen Optimierung seit dem Ende der zwanziger Jahre von einer staatlichen Einrichtung, der Reichspost, initiiert und vorangetrieben.

Bis 1945 hat Wilhelm Ohnesorge (8.6.1872 – 1.2.1962), zuletzt als Reichspostminister, die Arbeit am Fernsehen in besonderer Weise verfolgt und gefördert. Da die spätere Militarisierung des Fernse-

Verkehrsminister Freiherr von Eltz-Rübenach (rechts) und sein Staatssekretär Wilhelm Ohnesorge (2. von links) nehmen am 11.4.1934 im Berliner Reichspostmuseum eine Briefmarkensammlung entgegen. (Postmuseum Berlin)

Ohnesorge in der Uniform des NSKK bei einem Besuch Passaus, 1939. (Museum für Post und Kommunikation, Frankfurt)

hens im wesentlichen sein Werk ist, soll zunächst kurz auf seine Person und Funktion eingegangen werden.[6]

Ohnesorge trat, wie es für viele Söhne zu Ende des letzten Jahrhunderts typisch war, beruflich in die Fußstapfen seines Vaters. Doch während dieser beim Ausscheiden aus dem aktiven Dienst bei der Reichspost lediglich den Rang eines Telegraphensekretärs bekleidet hatte, wurde der Sohn in sehr kurzen Abständen befördert. Schon 1905 ernannte man ihn zum Oberpostinspektor bei der Oberpostdirektion Berlin. Als fähiger, vergleichsweise junger Mann wurde Ohnesorge Referent für Nachrichtenwesen bei der Obersten Heeresleitung im Ersten Weltkrieg. Ein Jahr darauf war er schon Leiter der Telegraphenbaudirektion im Großen Hauptquartier und damit für den Ausbau und Erhalt der technischen Verbindungswege im deutschen Heer und zum Hinterland verantwortlich. In den ersten Monaten des Weltkriegs bereiteten die mangelhaften Telephon- und Funkverbindungen der deutschen Kriegführung viele Sorgen.

Ohnesorge schuf sich später nie vergessene Meriten mit der Herstellung von Weitverkehrsverbindungen, die bis dahin für nicht realisierbar gehalten worden waren. So gelang es ihm, mit Hilfe der unter seinem Namen patentierten Vierdrahtschaltung und des Einsatzes von Elektronenröhren zur Verstärkung des Sprechstroms Telephonleitungen zwischen dem östlichen (Konstantinopel) und dem westlichen Kriegsschauplatz (Nordfrankreich) aufzubauen. Dafür erhielt er aus der Hand Ludendorffs das Eiserne Kreuz I. Klasse. Weitere Orden folgten und ließen um Ohnesorge den Nimbus eines überaus begabten Fernmeldetechnikers und fronterprobten Kämpfers mit besten Kontakten zu den Köpfen des kaiserlichen Heeres wachsen.

Die Erfahrung des Krieges machte aus dem bis dahin unpolitischen Beamten einen Mann, der bereit war, sich über die Verbindung zu Freikorpsmitgliedern auch in die innenpolitischen Auseinandersetzungen der Weimarer Republik einzumischen. Man kann annehmen, daß Ohnesorge, wie viele Angehörige seiner Generation, davon überzeugt war, der deutsche Soldat sei 1918 »im Felde unbesiegt« geblieben und nur dank des Verrats der Politik zur Anerkennung des Versailler Friedens gezwungen worden. Seine Erfahrungen in der Heeresleitung haben in ihm ein besonderes Gespür für die Bedeutung funktionierender Nachrichtenwege im Kriegsfall entstehen lassen.

Sofort nach dem Krieg wurde Ohnesorge an die Oberpostdirektion Dortmund berufen, wo er 1920 seine Beförderung zum Oberpostrat erlebte. Im gleichen Jahr gründete er die NSDAP-Ortsgruppe Dortmund und zählte zu den regelmäßigen Besuchern Adolf Hitlers in München. »Ich fuhr nach München, suchte den Führer auf und gehörte seitdem ihm an, ihm ergeben. Ich kehrte als erster außerbayrischer Nationalsozialist nach Dortmund zurück.«[7]

Dank dieser frühen Verbindung zur nationalsozialistischen Bewegung und aufgrund seiner aktiven Beteiligung am Ruhrkampf 1923 war es möglich, daß er 1934 rückwirkend zum 1. April 1925 erneut in die NSDAP aufgenommen wurde. Offensichtlich war Ohnesorge nach dem Verbot der NSDAP bei ihrer Neugründung 1925 nicht wieder beigetreten. Er erhielt die niedrige Mitgliedsnummer 42 zugesprochen, was gleichwohl spätere Kontroversen mit der NS-Presse nicht verhinderte, die ihm das Attribut eines »alten Kämpfers« nicht ohne weiteres zugestehen wollte.[8]

In allen seinen öffentlichen Bekundungen zwischen 1933 und dem Ende des Krieges tat sich Ohne-

sorge mit ausgesprochen hymnischen Ergebenheits-
adressen an Hitler hervor. Zur Jahreswende 1941/42
hieß es in seinem Aufruf an die »Gefolgschaft« der
Reichspost:

»Das Genie und Wollen des Führers und das
Heroentum des deutschen Soldaten gehen dem
gewaltigsten, – nach bisherigem Maß gemessen –
übergeschichtlichen Erfolg entgegen! Die Losung auf
diesem Weg ist die alte, die seit 1920 noch nie getro-
gen hat:
Arbeit und Leben und Hoffen und Glauben – alles für
den Führer!«[9]

Öffentliche Bekundungen Ohnesorges zu Hitler
zwischen 1924 und dem Machtantritt am 30. Januar
1933 sind nicht bekannt; es kann nur spekuliert
werden, ob dies mit dem weiteren Fortgang seiner
Karriere zu tun hatte. Als auch international angese-
hener Fachmann des Fernmeldewesens erfuhr Ohnesorge zahlreiche Anerkennungen. 1929 verlieh ihm die
Technische Hochschule Stuttgart den Dr. Ing. ehrenhalber und im gleichen Jahr wurde er zum Präsidenten des Reichspostzentralamtes (RPZ) berufen. Damit
hatte er den höchsten und angesehensten Posten
erreicht, den ein ehrgeiziger Techniker innerhalb der
Reichspost anstreben konnte. Im RPZ wurden alle
Weichen für technische Entwicklungen und größere
Beschaffungen gestellt, die der verzweigte Betrieb der
Reichspost benötigte. Von der Briefzustellung über die
Vermittlungstechnik der Fernsprechämter bis zur Festlegung der Anforderungen an neue Sender oder Fernsehkameras reichte der Verantwortungsbereich der
zwölf Abteilungen dieser Behörde.

In den klassischen Arbeitsgebieten der Post
eröffneten sich einem erfolgshungrigen neuen Mann
nur in Details nennenswerte Veränderungsmöglichkei-
ten, da hier die technischen und organisatorischen
Innovationsmöglichkeiten weitgehend ausgereizt
waren. Dagegen vermittelte das Fernsehen die Aussicht, wissenschaftliches Neuland zu bearbeiten und
die Weichen zugunsten eines neuen, massenwirksa-
men und damit politisch bedeutsamen Mediums zu
stellen. Die positive Beurteilung der Chancen des
Fernsehens, die auch im Reichspostministerium nur
von wenigen geteilt wurde, übernahm Ohnesorge von
seinem Amtsvorgänger August Kruckow. Durch geziel-
te Auftragsvergabe an Firmen wie Telefunken und die
1929 gegründete Fernseh A.G. sorgte Ohnesorge bzw.
der zuständige Abteilungsleiter Fritz Banneitz dafür,
daß in Deutschland fernsehtechnisches Know-how
entstand. Mit Hilfe eines eigenen kleinen Fernsehsenders unternahm das RPZ seit 1929 zwar nur pro-
grammlich unbedeutende Versuchssendungen. Immerhin wurde aber so auch in Deutschland parallel zu

Reichspostminister Wilhelm Ohnesorge zu Besuch
bei Mussolini im Oktober 1941. (Museum für Post und
Kommunikation, Frankfurt)

Arbeiten in den USA und England die Umstellung von
mechanischen auf elektronische Verfahren der Bildabtastung und -wiedergabe in Angriff genommen.

Bei der Besetzung strategisch wichtiger Positionen im ersten Hitler-Kabinett entsann man sich des
alten Vertrauten des neuen Reichskanzlers. Im lakonisch abgefaßten Protokoll einer Ministerbesprechung
vom 7. Februar 1933, in dem es fast ausschließlich
um Entlassungen, Versetzungen und Beförderungen
geht, heißt es unter Punkt 18: »Präsident Ohnesorge
zum Staatssekretär im Postministerium«.[10] Tatsächlich
wurde Ohnesorge mit Wirkung zum 1. März 1933
Staatssekretär beim Verkehrsminister Freiherr von Eltz-
Rübenach, der für Reichspost und Reichsbahn verantwortlich war.

Im gleichen Jahr wurde Ohnesorge auch zum Vorsitzenden des Verbandes deutscher Elektrotechniker
gewählt. 1934 verpflichtete er im Rahmen der Gleichschaltung von Standesorganisationen die Vorsitzenden
der VDE-Ausschüsse »zu einer von voller Verantwortung getragenen Mitarbeit im Sinne Adolf Hitlers...
Während Wirtschaft und Technik vor der Machtergreifung, als die politische Kraft Deutschlands vernichtet
war, glaubten deren Stelle einnehmen zu können,
rückte Reichsminister Ohnesorge Forschung und Technik, die die höchste Entwicklungsstufe anzustreben
haben, hinter die politische Zielsetzung.«[11]

Die Reichspost unter Ohnesorge beteiligte sich
auch an den Maßnahmen gegen jüdische Mitbürger.
Seit 1933 war es Juden nicht mehr gestattet, innerhalb der Reichspost Dienst zu tun. Ab 1940 verord-
nete die Reichspost, daß sie bis auf wenige Ausnahmen keinen Radioapparat und kein Telefon mehr
besitzen durften.[12]

Im Februar 1937 ernannte Hitler Ohnesorge zum

Mitarbeiter der Reichspostforschungsanstalt (RPF) bauten während des Krieges zwischen ihren Institutsgebäuden Gemüse an. Im Hintergrund ist ein Teil der zur Hälfte unterirdischen Verbindungsgänge zwischen den Gebäuden zu erkennen. (MVT)

Reichspostminister; damit stand dem personell zweitstärksten Staatsbetrieb nach der Reichsbahn wieder ein eigener Minister vor. Die Reichspost hatte Ende 1939 bereits 542 000 Mitarbeiter, deren Zahl bis Mitte 1944 gar auf 631 000 stieg.[13]

In einer Ansprache an die Postgefolgschaft Berlin in der Deutschlandhalle am 22. Januar 1939 rühmte Ohnesorge unverblümt die von ihm vollbrachten personalpolitischen Leistungen:

»Als ich am 1. März 1933 das Reichspostministerium als Staatssekretär betrat, war ich dort der einzige Nationalsozialist von rund 500 beschäftigten Personen. Die anderen stellten ein buntes Gemisch dar aus der überwundenen Parteien-Ära, aus Logenangehörigen und im Bürokratismus Großgewordenen ... Es kam also zunächst und vor allem auf eine Konzentration nationalsozialistischer Kräfte hinaus und auf den Einsatz dieser Kräfte im Reichspostministerium und in allen Schlüsselstellungen der Direktionen... Mit welchem Erfolg diese Konzentration stattgefunden hat, möge daraus entnommen werden, daß zur Zeit im Reichspostministerium bei rd. 800 Gefolgschaftsleuten 330 Parteigenossen, darunter 11 Ehrenzeichenträger eingesetzt sind...«[14]

Im Jahre 1945 war der Anteil von NSDAP-Mitgliedern auf 689 bei 843 insgesamt Beschäftigten gestiegen. 15 Prozent der Parteimitglieder waren sogenannte Alt-Parteigenossen, die vor allem wegen ihrer besonderen Verdienste um die NS-Bewegung eingestellt bzw. befördert worden waren.[15]

Als Staatssekretär gliederte Ohnesorge die Zuständigkeit für Fernsehfragen im Reichspostzentralamt neu. 1935 wurden alle Fernsehfachleute in der neugeschaffenen Abteilung XIII zusammengefaßt, die innerhalb von eineinhalb Jahren auf 300 Mitarbeiter anwuchs und damit die umfangreichste Abteilung darstellte. Da »innerhalb der Abteilung XIII die Forschungs- und Entwicklungsarbeit am lebendigsten im Gange war und so den besten Nährboden für ein neues Unternehmen mit dem Ziel forschender Tätigkeit gab«[16], überführte Ohnesorge 1937 die Abteilung XIII in die neugegründete Forschungsanstalt der Deutschen Reichspost (RPF), die ihm als Minister unmittelbar unterstand.

Die RPF konnte über scheinbar unbegrenzte Mittel verfügen; ihr Personalstand lag am 31. März 1945, als eigentlich jeder wehrfähige männliche Erwachsene eingezogen war, bei 1124 Mitarbeitern, also noch über dem des gesamten Reichspostministeriums (843 Mitarbeiter).[17] In Kleinmachnow bei Berlin wurden bis 1942 auf einem Gelände von über 500 000 Quadratmetern sechs Institutsgebäude, ein Maschinenhaus, fünf Wohnhäuser und drei Baracken errichtet. Die in unmittelbarer Nachbarschaft gelegene Hakeburg, ursprünglich auch als Institutsgebäude vorgesehen, wurde nach den Vorgaben des Ministers zur Dienstwohnung ausgebaut. Die Nähe der Dienstwohnung zur RPF wie die zahlreichen von Ohnesorge angeregten und verfolgten Projekte der RPF lassen darauf schließen, daß der Minister sich hier den Traum einer wissenschaftlich-technischen Denkfabrik realisiert hat, die ihm auch in der Konkurrenz mit den NS-Rüstungsforschungen eine respektable Hausmacht verschaffen sollte. Noch Anfang 1945 wurde sie konsequenterweise in »Forschungsanstalt des Reichspostministers«[18] umbenannt, wie dem Grailer-Bericht zu entnehmen ist.

Der Grailer-Bericht von 1945/46 kommt zu dem Schluß, daß über »persönliches Betreiben des ehemaligen Reichspostministers Dr. Ohnesorge diese Anstalt zuerst mit sehr hohem Kostenaufwande den Absichten und Plänen des Vierjahresplanes dienstbar gemacht, später zu einem getarnten Rüstungsunternehmen ausgebaut und fast ausschließlich den steigenden Bedürfnissen der operativen Kriegsführung untergeordnet« wurde.[19] Diese Formulierungen aus der unmittelbaren Nachkriegszeit erscheinen ein wenig zu drastisch, denn immerhin beschäftigten sich RPF-Mitarbeiter auch 1945 noch mit Ionosphärenforschung, kosmischer Strahlung, Antennenkonstruktionen, geophysikalischen Instrumenten und ähnlicher Grundlagenforschung[20], aber von den zuletzt zwölf Abteilungen des RPF haben mindestens sechs in erster Linie militärisch relevante Fragestellungen bearbeitet. Darunter befanden sich Arbeitsgebiete wie Sprachverschlüsselung, Spionageabwehr, Radar und Fernlenktechnik.

Neben der Arbeit in eigenen Instituten schloß das RPF Verträge mit externen Auftragnehmern ab. Der heute noch berühmteste war der schon in den dreißiger Jahren renommierte Hochfrequenzspezialist Manfred von Ardenne, dem atomphysikalische Forschungen finanziert wurden und dessen Einrichtung in internen Papieren der RPF als »angegliedertes Institut« bezeichnet wurde.[21]

Laut von Ardenne hatte Ohnesorge »am Anfang des Krieges zwei kernphysikalische Institute errichtet. Eines neben meinem Lichterfelder Grundstück und das zweite meines Wissens in der Nähe von Zossen in Miersdorf. Mein Institut widmete sich ausschließlich der friedlichen Anwendung der Kernenergie (Isotopenmethode) zur Analyse von Stoffwechselvorgängen. Zur Herstellung von Radioisotopen wurde bei mir das erste 60 t-Zyklotron gebaut, welches bei Kriegsende gerade fertig war und dann von den Russen nach Moskau geholt wurde. Daß unsere Thematik friedlich war, darauf ist meine Buchveröffentlichung (1944, Springer) über die Verwendung von Radioisotopen ein Symptom. Nach den Gesprächen, die ich mit Otto Hahn und Planck hatte, vermied ich alle Arbeiten, die etwa in Richtung einer Atombombenentwicklung führen konnten. Alle Gedanken von Ohnesorge, die in diese gefährliche Richtung führten und die ihn auch zu seinem Vortrag bei Hitler veranlaßten, stammen meines Wissens aus seinem zweiten Institut in Zeuthen«.[22]

Wie ernsthaft und aussichtsreich Ohnesorge die Entwicklung atomarer Waffen betrieb, kann hier nicht geklärt werden. Immerhin zeugen die Einrichtung einer eigenen Abteilung XI »Physikalische Sonderfragen« sowie die Finanzierung von zwei Instituten nicht gerade von einem peripheren Stellenwert dieses Themas innerhalb der Forschungsanstalt.[23]

Ohnesorges Ehrgeiz war offenkundig darauf gerichtet, im polykratischen Machtgefüge[24] des »Dritten Reiches« eine Rolle zu spielen, die sich nicht allein auf die bloße Servicefunktion eines reibungslos arbeitenden Post- und Feldpostbetriebs stützen konnte.

Dies läßt sich auch durch die Geschichte des bewaffneten Postschutzes belegen, den Ohnesorge ins Leben rief, als er gerade einen Monat lang Staatssekretär im Verkehrsministerium war.

»Dieser Postschutz bestand aus ehemaligen Soldaten des 100 000-Mann-Heeres, die nach Ablauf ihrer Verpflichtung bei der Reichspost nun als Beamte übernommen worden waren. Selbstverständlich war dieser Postschutz nicht etwa eine hauptamtliche Einrichtung. Nach der militärischen Seite hin war alles in Ordnung. Die Aufgabe bestand in Friedenszeiten darin, daß posteigene Anlagen von besonderer Wichtigkeit ... besonders bewacht und vor Zugriffen aller Art geschützt wurden. Besonderen Schutz genoß die Forschungsanstalt von Dr. Ohnesorge, der selbst 42 Patente hatte und in Strahlenforschung neben der Zentrale in Prag an der Spitze in der ganzen Welt auf diesem Gebiet stand ... Hitler genehmigte die Aufstellung des Postschutzes mit einem milden Lächeln, da er Dr. Ohnesorge sehr hoch einschätzte, und ohne die Existenzberechtigung zu bejahen, sagte: ›Ja, jeder seine eigene Uniform, jeder seine eigene Armee, jeder sein eigener Feldherr‹.«[25] Bei Ausbruch des Krieges verfügte Ohnesorge mit dem Postschutz über 45 000 bewaffnete Kräfte, die mit Zunahme der Wehrmachtsverluste zu einem Faustpfand in Auseinandersetzungen mit SA, Sicherheitsdienst und SS wurden. Ohnesorge unterstellte den Postschutz 1942 der SS und versicherte Himmler in mehreren Schreiben sein Interesse an einer engen Zusammenarbeit, wobei er auch auf seine Waffenprojekte anspielte.[26]

Im weiteren Verlauf des Kriegs stellte das RPM noch die »Fronthilfe Deutsche Reichspost SS-Kraftfahrstaffel« sowie das »SS-Sicherungs-Bataillon Deutsche Reichspost« auf. Beide gehörten organisatorisch zur Waffen-SS. Die Posteinheiten unterstanden dem Chef des SS-Hauptamtes Gottlob Berger, über den auch der Transfer beträchtlicher Summen aus dem RPM an die SS abgewickelt wurde. Er resümiert: »Außer bei diesen Staffeln hatte der Postschutz nicht unerhebliche Verluste in der Südsteiermark und bei den Sendeanlagen in Polen.«[27]

Als Anerkennung des weit über die Pflichten seines Amtes hinausgehenden militärischen Engagements erhielt Ohnesorge noch im November 1944 das Ritterkreuz zum Kriegsverdienstkreuz mit Schwertern verliehen.[28] Dies war der höchste Orden, den das »Dritte Reich« an Nichtmilitärs verleihen konnte.

In Kreisen der Post genießt Ohnesorge noch heute einige Sympathie aufgrund der von ihm eingeführten sozialen Leistungen für die Mitarbeiter. Es kann ihm auch nicht abgesprochen werden, daß er sein Amt in fachlicher Hinsicht kompetent ausgefüllt hat. Gleichwohl erlag er, verblendeter, als man es bei seiner Lebenserfahrung und seinem praktischen Verstand hätte vermuten können, der Verführung, skrupellos und weitgehend ungehindert durch ethische Erwägungen von seiner Macht Gebrauch machen zu können. Bis zum Schluß der NS-Zeit setzte er alle Mittel seines Amtes ein, um an der NS-Politik des Krieges und der Eroberung beteiligt zu sein.

Ohnesorge wurde 1945 in Nürnberg nicht als Hauptkriegsverbrecher angeklagt. Auch die Einstufung als Hauptschuldiger durch die oberbayrische Berufungskammer für Entnazifizierungsverfahren wurde 1955 auf gerichtlichem Wege revidiert. Danach erhielt Ohnesorge eine Beamtenpension der Besoldungsgruppe B 7a, klagte aber noch auf Zahlung »mindestens der Staatssekretärspension.«[29]

Wie sehr er von der Technik fasziniert war, die ihm einst Macht geben sollte, läßt sich daran ablesen, daß er 1952 als Achtzigjähriger zusammen mit Herman Roemmer ein noch heute lesbares Buch mit dem Titel »Funk und Fernsehen« publizierte. Das erste große Kapitel des Buches, wahrscheinlich von Ohnesorge verfaßt, ist überschrieben mit »Das Strahlungszeitalter«. Mit diesen drei Stichworten sind die beherrschenden Themen des letzten Amtes von Wilhelm Ohnesorge angesprochen.

Das Buch war sein letzter Kontakt mit der Öffentlichkeit nach 1945.

Der schöne Schein – Fernsehen 1933–1940

Bei der Machtübernahme durch die Nationalsozialisten am 30. Januar 1933 war das Radio das elektronische Medium, in dem sich vorrangig die Ereignisse in Berlin widerspiegelten. Die Medienpolitik der NSDAP richtete sich vor allem am Interesse aus, den ohnehin schon staatsorientierten Rundfunk vollständig unter Kontrolle zu bringen. Dies gelang durch Unterordnung der Reichs-Rundfunk-Gesellschaft (RRG) unter das Ministerium für Volksaufklärung und Propaganda sowie durch den Aufbau von Zensurbehörden wie die Reichssendeleitung und Selektionsmechanismen für das Personal wie die Reichsrundfunkkammer. Das Fernsehen spielte in den Überlegungen der Medienstrategen zu diesem Zeitpunkt eine untergeordnete Rolle.[30] Auf der Großen Deutschen Rundfunkausstellung in Berlin im Herbst 1933 stand nicht etwa das Zukunftsmedium Fernsehen im Vordergrund, sondern der Volksempfänger VE 301, ein relativ einfaches Radio für den Empfang der starken Ortssender.

Während der nächsten Jahre führte die Reichspost über das Reichspostzentralamt Regie bei den weiter andauernden Versuchen, einen Fernsehbetrieb mit allen dafür erforderlichen Komponenten einzurichten. Im Jahre 1933 konnten bereits 90zeilige Fernsehbilder auf Ultrakurzwelle übertragen werden. Zu sehen waren immer wieder die gleichen Filmbilder; Ton war nicht zu hören, da eine zweite Frequenz für einen Tonsender nicht zur Verfügung stand. Im gleichen Jahr wurde zwar auch bei der Goebbels unterstehenden Reichs-Rundfunk-Gesellschaft eine Fernsehbetriebsstelle eingerichtet. Diese hatte jedoch nur wenige Mitarbeiter und beschränkte finanzielle Ressourcen, so daß sie bei ihren Fernsehexperimenten auf die Unterstützung der Reichspost angewiesen blieb.

Während des Jahres 1934 liefen die Bemühungen von Reichs-Rundfunk-Gesellschaft und RPZ um einen Fernsehversuchsbetrieb weitgehend parallel. Die mittlerweile mit 180 Zeilen ausgestrahlten Bilder konnten auch mit Ton untermalt werden. Das RPZ konzentrierte seine Versuchssendungen auf die Morgen- und Nachmittagsstunden, während am Abend ein eineinhalbstündiges RPZ-Programm zu sehen war. Ende 1934 versuchte das RPZ die Versuchssendungen durch das Engagement einer Ansagerin aufzuheitern. Ursula Patzschke bereicherte das Programm durch selbstverfaßte kleine Sketche und lockere Moderationen.

Den Darbietungen waren immer noch enge Grenzen gesetzt, da die Akteure bei einer sogenannten direkten Sendung in einer 1,5 mal 1,5 Meter großen Dunkelzelle Platz nehmen mußten, wo sie vom Lichtstrahl einer mit Nipkowscheibe arbeitenden Aufnahmevorrichtung abgetastet wurden. So waren nur Großaufnahmen im Brustbildformat und die Präsentation kleinerer Objekte möglich. Schnitte, Veränderungen des Bildausschnitts oder Kamerafahrten waren ausgeschlossen. Bildgestaltungen, wie man sie heute vom Fernsehen kennt, waren nur durch die Abtastung von speziellen Kopien kommerzieller Filme zu erreichen, die während dieses Versuchsstadiums von der Ufa noch bereitwillig zur Verfügung gestellt wurden.

Als sich im Jahre 1934 abzeichnete, daß auch in anderen Ländern wie Großbritannien und Japan der Schritt aus den Fernsehlabors vor ein größeres Publikum geplant war, faßten dies vor allem die Hauptverantwortlichen der NS-Medienpolitik als Herausforderung auf. Ohne über wirklich mehr als die Voraussetzungen für weitere Versuchsläufe zu verfügen, feierten sie am 22. März 1935 in Berlin mit einigem propagandistischen Aufwand die Eröffnung des ersten Fernsehprogrammbetriebes der Welt. Unter der Überschrift »Deutschland an der Spitze« berichtete der »NS-Funk« über die Eröffnung und brachte Auszüge der Rede von Reichssendeleiter Eugen Hadamovsky:

»Einer der kühnsten Menschheitsträume ist verwirklicht worden ... Dank der geistigen Schöpferkraft unserer Wissenschaftler, Ingenieure und Techniker, dank der hingebungsvollen, fleißigen und gewissenhaften Präzisionsarbeit unserer deutschen Arbeiter und dank der organisatorischen Kraft meiner Mitarbeiter im Rundfunk vollziehen wir in diesem Augenblick auf deutschem Boden einen Kulturfortschritt, der einmal als die Krönung vieler technischer Einzelentwicklungen der letzten Jahrzehnte angesehen werden wird. Während wir hier im Saale atemlos lauschen und schauen, hat die Zeit eines neuen unbegreiflichen Wunders begonnen ... In dieser Stunde wird der Rundfunk berufen, die größte und heiligste Mission zu erfüllen:

Nun das Bild des Führers unverlöschlich in alle deutschen Herzen zu pflanzen.«[31]

Ganz im Gegensatz zu den temperierten Äußerungen des Reichssendeleiters reagierte der durch ein Telegramm informierte Reichskanzler recht reserviert auf die Neuigkeit eines Fernsehprogramms. Die Antwort Hitlers lautete: »Ich danke Ihnen für Ihre Meldung über den Beginn des ersten regelmäßigen Fernsehprogrammbetriebs. Ich begrüße diesen großen technischen Fortschritt und wünsche Ihrer Arbeit weiter guten Erfolg.
gez.: Adolf Hitler«.[32]

Die Skepsis des Reichskanzlers war nur zu berechtigt, waren doch die technischen Möglichkeiten noch immer sehr unzulänglich. Zwar standen immerhin etwa 50 Empfänger zur Verfügung, die mit der Braunschen Röhre ausgestattet waren, und es sollte auch im gleichen Jahr noch ein Übertragungswagen für Außenaufnahmen in Betrieb genommen werden, doch gab es immer noch keine brauchbare Kamera. Außerdem konnten die 180 Zeilen und 40 000 Bildpunkte des Fernsehbildes nicht wirklich zufriedenstellen und an eine Serienproduktion von Empfängern konnte wegen der Bedienungsschwierigkeiten und der mangelhaften Betriebssicherheit nicht gedacht werden.[33]

Die regelmäßigen Sendungen des Fernsehprogrammdienstes richteten sich also nach wie vor an ein Publikum, das sich aus Mitarbeitern der Reichspost und des Fernsehbetriebs sowie einigen wenigen Mitgliedern der NS-Nomenklatura zusammensetzte.

Dies mußte nicht nur die Rundfunkhändler verärgern, denen eine neugierig gewordene Kundschaft Fernsehempfänger abverlangte, die ihnen die Industrie nicht zur Verfügung stellen konnte. Die Rundfunkhörer, überzeugt davon, daß das Fernsehen nicht wesentlich komplizierter als das Radio sein könne, artikulierten ihre Unzufriedenheit über ein nicht zu empfangendes Medium in Leserbriefen an den Reichsverband deutscher Rundfunkhörer.

Um Abhilfe zu schaffen, wurden im Laufe des Jahres 1935 durch Reichspost und NS-Organisationen die ersten Fernsehstuben eingerichtet, in denen gegen ein geringes Entgelt befristet das Programm verfolgt werden konnte. Reichssendeleiter Hadamovsky persönlich nahm die Eröffnung der Fernsehstube im Berliner Wedding (Reinickendorfer Straße 113) vor. In seiner Ansprache mußte er zum wiederholten Mal Hoffnungen auf einen in nächster Zeit käuflichen Fernsehvolksempfänger dämpfen. Immerhin habe man die Fernsehstuben bevorzugt in Arbeiterquartiere gelegt, damit auch das einfache Volk am Kulturfortschritt durch das Fernsehen partizipieren könne. (Tatsächlich waren nur zwei von vier Fernsehstuben in klassischen Arbeitergegenden Berlins gelegen.)[34]

Im weiteren Verlauf des Jahres 1935 meldeten sich skeptische Stimmen zu Wort, die unabhängig vom erreichten technischen Stand die Akzeptanz des Mediums Fernsehen bezweifelten. Ähnlich wie beim Rundfunk, so die Kritik, erfolge doch die Informationsaufnahme in erster Linie nach wie vor durch das Ohr, und bei vielen Gelegenheiten sei das zusätzliche Bild eher störend. »Nur dort, wo sich psychologisch der Wunsch nach Gleichzeitigkeit von akustischem und optischem Erleben ergibt, wird das Fernsehen als diensteifriger Bruder bei der Übertragung mitwirken dürfen.«[35]

Überzogene Erwartungen wurden so fürs erste herabgestimmt. Gleichwohl war es das Interesse von Reichssendeleitung und Reichspost, vor allem auch im Hinblick auf die Konkurrenz in England und den USA, immer wieder deutlich zu machen, daß man mit der deutschen Industrie auf einem künftigen Weltmarkt des Fernsehens einen bedeutenden Platz einnehmen werde. Die Olympischen Sommerspiele in Berlin im Jahre 1936 boten sich an, um diesen Anspruch vor der Weltöffentlichkeit zu untermauern.

Tatsächlich gelang es mit Hilfe erstmals eingesetzter elektronischer Kameras, die nach amerikanischen Patenten entstanden waren, und durch das sogenannte Zwischenfilmverfahren[36] während der Olympischen Spiele erste Live-Übertragungen großen Formats zu realisieren. Während der 16 Tage der sportlichen Wettbewerbe konnten 96 Stunden Programm in die insgesamt 33 öffentlichen Fernsehstuben und Fernsehtheater übertragen werden, in denen 190 000 Besucher gezählt wurden. Wenn auch die elektronischen Kameras schon bei bedecktem Himmel nur noch flaue Bilder lieferten, konnte dem Unternehmen propagandistischer Erfolg nicht abgesprochen werden.[37]

Es hatte sich jedoch gezeigt, daß die 180-Zeilen-Bilder auf längere Sicht nicht ausreichen würden, um dem Fernsehen in der Auseinandersetzung mit Rundfunk und Kino ernsthaft Chancen einzuräumen. In den folgenden Jahren stand die Verbesserung der Bildauflösung und der Aufbau einer Studiotechnik, mit der auch anspruchsvolle Programme produziert werden konnten, im Vordergrund der Bemühungen von Reichspost und Reichssendeleitung.

Einen Abschluß erreichten diese Arbeiten erst bei der 15. Großen Deutschen Rundfunkausstellung des Jahres 1938. Die Zahl der Bildzeilen war auf 441 erhöht worden, und es standen auch brauchbare Kameras der beiden großen Firmen Telefunken und Fernseh A.G. zur Verfügung. Mit diesen Kameras wurden vornehmlich Unterhaltungsprogramme aufgenommen, die die besondere Publikumsattraktion dieser Funkausstellung darstellten. Der Umzug in ein großes, vollelektronisch arbeitendes Studio im Deutschland-Haus am Adolf-Hitler-Platz (heute Theodor-Heuss-Platz) und die Eröffnung eines Programmbetriebs nach der neuen Fernsehnorm machten jedoch nur langsam Fortschritte. Erst im Verlauf des Jahres 1939 kam es wieder zur regelmäßigen Ausstrahlung von Fernsehspielen, eigenen Filmberichten und Informationssendungen aus dem neuen Studio. Der gleichzeitige Aufbau von fünf verschiedenen Bühnenbildern auf der runden Studiofläche gestattete die Inszenierung aufwendiger Sendungen, da in der Regie rasch von einem auf einen anderen Schauplatz umgeschaltet werden konnte.

Auf der Funkausstellung 1939, die zum ersten Mal den erweiterten Namen »16. Große Deutsche Rundfunk- und Fernsehrundfunk-Ausstellung« führte, konnte auch der lange versprochene Fernseh-Einheitsempfänger E 1 vorgestellt werden, der 650 Reichsmark kosten sollte – das entsprach dem doppelten Monatseinkommen eines Arbeiters. Zu einer Produktion über eine Vorserie hinaus kam es wegen des Kriegsausbruch jedoch nicht mehr.

Obwohl schon der 22.3.1935 offiziell als Eröffnung des ersten Fernsehprogrammbetriebes der Welt gefeiert worden war, häufen sich in den Akten des Reichspostministeriums und in den öffentlichen Verlautbarungen des Jahres 1939 Erörterungen über die erst jetzt unmittelbar bevorstehende Freigabe des Fernsehrundfunks. »Im kommenden Herbst wird, wie der Reichspostminister verkündet hat, der Fernsehrundfunk für die Reichshauptstadt freigegeben werden. Weitere Fernsehsender sind auf dem Brocken und dem Feldberg im Taunus im Bau«, heißt es 1939 in einer offiziösen Publikation über Wilhelm Ohnesorge.[38]

Trotz aller Brüche und Schwierigkeiten beim Aufbau eines funktionierenden Programmbetriebs zwischen 1935 und 1939 läßt sich konstatieren, daß die technischen, studiobaulichen, dramaturgischen, programmgestalterischen und personellen Probleme eines regelmäßigen Fernsehbetriebs nach unserem heutigen Verständnis im Herbst 1939 weitestgehend gelöst waren. Die Ausgereiftheit des Unternehmens wird auch durch die regelmäßigen Produktionen in den ersten Kriegsjahren belegt, die vor allem für die Verwundeten in den Lazaretten von Berlin und Umgebung bestimmt waren. Die Ressourcen reichten sogar für die Inbetriebnahme eines deutsch-französischen Fernsehens in Paris, das bis 1944 sendete.

Trotz häufiger anderslautender Äußerungen von Fernsehhistorikern ist die Phase bis 1939 eher als eine überaus kostenträchtige Versuchsphase zu betrachten. Allein der Ausbau des Studios im Deutschlandhaus hat bis zum Jahr 1940 die Reichspost 1,4 Millionen Reichsmark gekostet.[39] Die Aussicht auf ein neues Massenmedium, das statistisch relevante Teile der Bevölkerung erreichen könnte, mag wohl für die Programmverantwortlichen im Propagandaministerium hinreichende Motivation ihres Engagements gewesen sein. Doch noch bei Ausbruch des Krieges war unübersehbar, daß es an einem teuren, flächendeckenden Sendernetz fehlte. Die Breitbandverkabelung für die Programmverteilung war erst zu einem Teil realisiert, und es schien eher zweifelhaft, ob der angekündigte, relativ moderate Preis für den Fernseh-Einheitsempfänger sich halten lassen würde.

Welche weiteren Überlegungen vor allem seitens der Reichspost bei der Protektion der Fernsehentwicklung im Spiel waren, zeigen der Streit um die administrative Zuständigkeit und ein Blick in zeitgenössische Akten.

Fernsehen zwischen Luftfahrt, Post und Propaganda

Die Verlautbarungen der dem Propagandaministerium unterstehenden Reichssendeleitung bei der Eröffnung des Fernsehprogramms am 22. März 1935 weckten Erwartungen, die erst zu einem wesentlich späteren Zeitpunkt hätten eingelöst werden können. Allerdings setzten sie einen für den nationalsozialistischen Machtapparat typischen Kompetenzstreit um die Zuständigkeit für die Fernsehentwicklung in Gang.

Daß das Goebbels-Ministerium eine potentielle mediale Trumpfkarte wie das Fernsehen nicht anderen überlassen wollte, deren nationalsozialistische Gesinnungstreue angezweifelt werden konnte, ist einleuchtend. Das Postministerium galt wegen seiner personellen Zusammensetzung in den Augen der NSDAP-Hardliner immer noch als eine Insel der unpolitischen Beamtenschaft. Das Interesse, alle wichtigen Medien von einer zentralen Stelle aus steuern zu können, stand im Vordergrund der Politik des Ministeriums und seiner Dienststellen Reichs-Rundfunk-Gesellschaft und Reichssendeleitung.

Daß wiederum Reichspostminister Ohnesorge die Früchte der bislang von seinem Haus investierten Arbeit in die Fernsehentwicklung und die Kontrolle über den Fortgang der technischen Optimierung nicht preisgeben mochte, ist ebenfalls einleuchtend.

Überraschend muß dagegen erscheinen, daß mit dem von Hermann Göring geleiteten Reichsluftfahrtministerium (RLM) ein dritter Interessent auf den Plan trat, der Anspruch auf die Zuständigkeit für das Projekt Fernsehen anmeldete. Seine Motive gehen aus der Formulierung eines Erlasses hervor, der durch den »Führer und Reichskanzler« am 12. Juli 1935 verabschiedet wurde:

»Die weitere Entwicklung des Fernsehwesens erfordert dringend eine Zusammenfassung der staatlichen Zuständigkeiten in einer Hand.

Mit Rücksicht auf die besondere Bedeutung des Fernsehens für die Flugsicherung und den nationalen Luftschutz ordne ich daher an:

Die Zuständigkeiten auf dem Gebiete des Fernsehwesens gehen auf den Reichsminister der Luftfahrt über, der sie im Benehmen mit dem Reichspostminister ausübt.«[40]

Dieser Erlaß war ursprünglich nicht für die Veröffentlichung bestimmt, doch durch Intervention des verärgerten Goebbels-Ministeriums wurde unfreiwillig publik, daß das Postministerium beim Luftfahrtministerium Hoffnungen auf eine militärische Nutzung des neuen Mediums geschürt hatte, die letztlich im erfolgreichen Coup der beiden in diesem Fall verbündeten Häuser gegen die Interessen des Propaganda-Ministeriums gipfelten.[41] Möglicherweise hat beim Zustandekommen dieser Koalition eine Idee des bei der RPF für Fernsehentwicklung zuständigen Postrats Dr. Weiß eine gewisse Rolle gespielt. Mit einer Patentanmeldung vom 15. Juli 1935 hatte er sich das Konzept eines Fernsehtorpedos schützen lassen wollen. Ohne daß dieser Gedanke sich in einem realen Konstrukt niederschlug, glaubte Ohnesorge, mit dem Fernsehen auch militärisch Bedeutung erlangen zu können.[42]

Die Niederlage ließ die Politiker im Propagandaministerium nicht ruhen. Während des gesamten weiteren Jahres 1935 liefen Verhandlungen über eine neue Formulierung des mittlerweile von Hitler suspendierten Erlasses. Auch das Kriegsministerium schaltete sich in die Gespräche ein. In der neuen Fassung wurde die Kompetenz für das Fernsehen scheinbar salomonisch dreigeteilt:
»Zweiter Erlaß ... Vom 11. Dezember 1935...

I. Der Reichsminister der Luftfahrt ist zuständig für alle zur Sicherung der Luftfahrt, des Luftschutzes und der Landesverteidigung erforderlichen Maßnahmen auf dem Gebiete des Fernsehwesens; soweit die Landesverteidigung berührt wird, ist er innerhalb der Wehrmacht federführend. Die Aufgabe des Reichsministers für Luftfahrt umfaßt ... auch die Genehmigung zur Herstellung und zum Inverkehrbringen von Fernsehaufnahmen aus Luftfahrzeugen und von Geräten oder Mitteln für das Fernsehen sowie im Einvernehmen mit dem Reichsminister für Volksaufklärung und Propaganda die Genehmigung zu Veröffentlichungen aller Art über die vorbezeichneten Geräte und Mittel durch Wort, Schrift, Bild oder Ton ...

II. Dem Reichspostminister ist die technische Entwicklung auf dem Gebiete des Fernsehwesens und die Regelung aller technischen Angelegenheiten des zivilen Bedarfs allein vorbehalten. Er hat in Fragen, die die Landesverteidigung berühren, das Einvernehmen mit dem Reichsminister für Luftfahrt herbeizuführen. Für die Zwecke des öffentlichen Bedarfs und des Reichsministeriums für Volksaufklärung und Propaganda ... stellt die Deutsche Reichspost die Geräte bereit, wartet und bedient sie nach einer gemeinsam zu erlassenden Dienstanweisung.

III. Dem Reichsminister für Volksaufklärung und Propaganda obliegt die darstellerische Gestaltung von Fernsehübertragungen ... Er hat in Fragen, die die Landesverteidigung betreffen, das Einvernehmen mit dem Reichsminister für Luftfahrt herbeizuführen.«[43]

Mit dieser Regelung war nicht nur der Keim für einen immerwährenden Streit zwischen den Vertretern der Reichspost und der Reichssendeleitung gelegt, da sich nunmehr entlang einer unsichtbaren Front in allen Studiobereichen immer wieder Kompetenzstreitigkeiten ergaben; es wurde auch unmißverständlich festgehalten, daß das Fernsehen nicht wie die anderen Medien des NS-Staates behandelt werden sollte. Luftfahrtministerium und Reichspost sollten in den nächsten Jahren die Vorgaben der Arbeit in den Fernsehlabors definieren. Schon im Interesse einer eventuellen zukünftigen Vermarktung der dabei gewonnenen Patente und Forschungsergebnisse in einem Wirtschaftsgroßraum Europa lag das Schwergewicht zunächst in der Verbesserung der Studio- und Übertragungstechnik.

Daß der Verweis auf militärische Verwertung jedoch nicht allein ein taktisch geschicktes Hilfsargument war, um die Machtkonkurrenten vom Propagandaministerium ins Abseits zu rücken, hatte sich für eine der beiden führenden deutschen Fernsehfirmen schon vor den Auseinandersetzungen um den Zuständigkeitserlaß gezeigt.

Da mangels eines regelmäßigen und zufriedenstellenden Fernsehprogramms und wegen unzureichender Senderkapazitäten mit dem Verkauf von Fernsehempfängern kein Massengeschäft zu machen war, konnten sich nur diejenigen Firmen in Deutschland mit dieser Technik befassen, die entweder über einen eigenen Forschungsetat verfügten oder ihre Arbeiten durch staatliche Zuwendungen finanziert bekamen. Damit war der Kreis der in Frage kommenden Gesellschaften eng begrenzt. Eine nicht sehr bedeutende Rolle, vor allem beim Empfängerbau, spielten die Berliner Firmen C. Lorenz A.G. und D.S. Loewe A.G. sowie die Nürnberger Firma TeKaDe. Die Technologieförderung der Reichspost konzentrierte sich jedoch auf die Berliner Firmen Telefunken und Fernseh A.G.

Telefunken, 1903 als Tochterfirma von AEG und Siemens gegründet, war schon 1928 auf der Funkausstellung mit einem eigenen Fernsehstand vertreten, auf dem die Entwicklungen des Leipziger Professors August Karolus gezeigt wurden. Diesen hatte das Unternehmen unter Vertrag genommen, um seine Patente auszuwerten. Als Weltunternehmen mit einer führenden Stellung auf dem heimischen Rundfunkmarkt verfügte Telefunken über beträchtliche Ressourcen und hervorragende Fachleute wie Fritz Schröter und Rudolf Urtel.

Die Fernseh A.G. wurde dagegen mit sanfter Unterstützung des Reichspostzentralamtes erst 1929 gegründet, um nicht allein Telefunken als übermächtigem Vertragspartner der Reichspost das Feld des Fernsehens überlassen zu müssen. Die vier Teilhaber der Fernseh A.G. brachten nicht nur jeweils 25 000 Reichsmark in die Aktiengesellschaft ein, sondern auch besondere Erfahrungen: Die Bosch AG, Stuttgart, hatte Weltruf auf dem Gebiet der Elektrotechnik, die Zeiss Ikon A.G., Dresden, hatte auf optischem und kinematographischem Gebiet eine führende Stellung, die D.S. Loewe A.G., Berlin, war eine der innovativsten deutschen Rundfunk- und Röhrenfirmen, und die britische Baird Television Ltd., London, gehörte dem Fernsehpionier John Logie Baird, der schon 1924 erste Fernsehbilder demonstriert hatte. Damit war ein Unternehmen entstanden, das innerhalb weniger Jahre dank engster Beziehungen zum Reichspostzentralamt einen großen Teil der von dort vergebenen Aufträge akquirieren konnte. Es entstanden Film- und Personenabtaster, das Zwischenfilmverfahren, Empfänger und eigene Kameraentwicklungen.[44]

Zu Anfang des Jahres 1935 schien das bis dahin ausgezeichnete Verhältnis zum wichtigsten Auftraggeber, der Reichspost, schlechter zu werden. In einem als »streng vertraulich« bezeichneten Aktenvermerk des Direktors der Fernseh A.G., Paul Goerz, wird konstatiert, daß ein größerer Auftrag über einen UKW-Sender wider Erwarten an den Konkurrenten Telefunken gegangen sei. Daraufhin habe er um ein Gespräch mit dem Staatssekretär Ohnesorge ersucht, das am 31. Januar 1935 stattfand.

»Ich stellte Herrn Staatssekretär Ohnesorge die gegenwärtige Situation der Fernseh A.G. vor und fragte ihn, ob sie in dieser Zusammensetzung tatsächlich bei Auftragserteilungen gegenüber rein deutschen Firmen benachteiligt würde. Herr Ohnesorge hielt seinen mir bereits durch Herrn Dr. Banneitz bekannten Standpunkt voll aufrecht, nämlich dass die Fernseh-Entwicklung für militärische Zwecke eine enorme Bedeutung bekommen würde und dass er es nicht mit ansehen könne, dass diese Entwicklungen den Engländern durch ihre Beteiligung an einer deutschen Firma zugänglich gemacht würden. Er erklärte, daß im übrigen auch das Reichswehrministerium in dieser Frage einen sehr viel schärferen Standpunkt als bisher einnehmen würde. Ich machte Herrn Staatssekretär Ohnesorge klar, dass es der Fernseh A.G. unmöglich sei, die Baird Television auszuschiffen, da ein solches Vorgehen die nachteiligsten Folgen für die deutschen Firmen im Ausland haben könne. ...

Ich deutete daraufhin Herrn Staatssekretär Ohnesorge an, dass wir in den letzten Jahren dauernd gewisse Meinungsverschiedenheiten mit der Firma Loewe gehabt hätten. Herr Ohnesorge war sehr erstaunt, dass wir nicht im letzten Jahr bereits den Versuch gemacht hätten, Loewe aus der Fernseh A.G. herauszudrängen, wo dies ohne weiteres möglich gewesen wäre. Herr Ohnesorge sprach sich im übrigen über die Firma Loewe ausserordentlich abfällig aus.

Da ich nunmehr wusste, dass Herrn Ohnesorge weder Baird noch Loewe als Partner in der Fernseh A.G. genehm wären und er auf der andren Seite erklärte, dass er unbedingt als Gegengewicht gegen Telefunken eine zweite starke Fernseh-Gesellschaft in Deutschland brauche, sagte ich ihm, dass die Firmen Zeiss Ikon und Bosch mit dem Gedanken umgingen, eine eigene Fernseh-Gesellschaft zu gründen, und fragte ihn gleichzeitig, ob eine solche Gesellschaft von seiten der Reichspost in gleichem Maße unterstützt würde wie es bisher der Fernseh A.G. gegenüber der Fall war. Herr Ohnesorge gab mir die Zusicherung, dass die Gründung einer solchen Gesellschaft von ihm ausserordentlich begrüsst würde und dass diese Gesellschaft mit einer stärkeren Unterstützung rechnen könne als die Fernseh A.G. in ihrer bisherigen Zusammensetzung.

Da ich wusste, dass Herrn Staatssekretär Ohnesorge insbesondere die militärische Entwicklung des

Fernsehens interessierte, orientierte ich ihn über alles, was wir bisher auf diesem Gebiet gearbeitet haben.«[45]

Unter anderem berichtete Goerz von einem in Aussicht gestellten Luftwaffenauftrag über eine »komplette Sendestation aus der Luft (Auftragswert ca. 300 000)«, der nicht recht vorankomme. Ohnesorge erklärte sich bereit, den Auftrag kurzerhand selbst zu übernehmen, falls das RLM nicht innerhalb kürzester Zeit zu einer Entscheidung gelange. Für die hemdsärmelige Amtsführung des Postministers ist bezeichnend, daß er den Präsidenten des RPZ, Banneitz, »beauftragte, ... auch die in allernächster Zeit zu bestellenden Abtastsender und ferner 10 komplette Empfangsgeräte bei uns in Auftrag zu geben.«[46]

Die abfälligen Bemerkungen des Postministers über die Firma Loewe sind wahrscheinlich darauf zurückzuführen, daß der Inhaber jüdischer Abstammung war.

Der für die Firma Fernseh A.G. alles in allem beruhigende Ausgang des Gesprächs wurde im nachhinein dadurch gerechtfertigt, daß schon am 7. März 1935 die Aktien der britischen Baird Television Ltd. zwischen Bosch und Zeiss Ikon aufgeteilt werden konnten, die jetzt jeweils 37,5 Prozent des Kapitals hielten. Die Bosch-Direktoren überredeten Baird zur Aufgabe seiner Rechte, indem sie prognostizierten, das Verhältnis zum Teilhaber Loewe werde Komplikationen schaffen.[47] Loewe wurde an den übernommenen Aktien nicht beteiligt und hielt weiterhin 25 Prozent, so daß er bei allen wichtigen Entscheidungen der Fernseh A.G. überstimmt werden konnte. Die Entscheidung, Loewe nicht an den übernommenen Baird-Anteilen zu beteiligen, wurde durch finanzielle Engpässe bei Loewe erleichtert, unter denen die Firma 1935 zu leiden hatte.[48]

Diese finanziellen Probleme wurden in den folgenden Monaten zum Anlaß fortwährender Auseinandersetzungen mit Loewe, dem von seiten der Fernseh A.G. auch zum Vorwurf gemacht wurde, daß er heimlich die Kooperation mit Telefunken suche und außerdem der Fernseh A.G. auf ihrem eigenen Geschäftsgebiet Konkurrenz mache. Mit häufigen Kapitalerhöhungen wurde Loewe finanziell unter Druck gesetzt. Da aber Loewe nicht freiwillig seine Anteile zur Verfügung stellen mochte, zogen die Bosch-Direktoren auch eine Liquidation und anschließende Neugründung der Fernseh A.G. in Betracht, ganz im Sinne der oben zitierten Besprechung mit dem Reichspostminister Ohnesorge.

»Leider sind alle unsere Versuche, an die Loewe Aktien heranzukommen, vorläufig gescheitert und es ist ernstlich zu überlegen, ob man nicht noch einmal nach der Rückkehr von Herrn Dr. Loewe aus Amerika Mitte Juli einen schärferen Vorstoß versucht«, mußte der Fernseh A.G.-Direktor Goerz ein Jahr später konstatieren.[49]

Erst zu Beginn des Jahres 1938 erklärte sich Loewe bereit, seine Anteile an die Mehrheitseigner abzutreten. Diese Entscheidung ist im Zusammenhang mit seinem gleichzeitigen Weggang aus Deutschland zu sehen, wo die Existenzbedingungen für einen jüdischen Unternehmer immer unerträglicher wurden. Die damaligen Vorgänge erfuhren viel später eine offenherzige Beleuchtung durch einen Brief des Generalinspekteurs der Luftwaffe, Erhard Milch, an Rüstungsminister Speer:

»Trotz der zwischen den deutschen Firmen getroffenen Vereinbarung, hat Bosch im Einvernehmen mit der zum gleichen Konzern gehörenden Zeiss-Ikon die Baird-Anteile im Jahre 1935 erworben, ohne Löwe[50] hieran zu beteiligen. Da die Inhaber der Löwe Juden waren, konnten sie mit ihrem Protest gegenüber der Firma Bosch nicht durchdringen. Im Zuge dieser Entwicklung sah sie sich vielmehr gezwungen, im Jahre 1938 auch ihre eigenen Anteile an Bosch abzugeben. Damit wurde die Robert Bosch GmbH, nachdem sie im Jahre 1939 auch die restlichen Fernseh-Anteile von Zeiss-Ikon übernommen hatte, alleiniger Inhaber der Fernseh GmbH. Da die Firma Löwe dringend für die Luftrüstung benötigt wurde, sah ich mich kurz darauf genötigt, die Firma Löwe zu arisieren, was seinerzeit nur dadurch möglich war, dass die gesamten Anteile vom Reichsminister der Luftfahrt getarnt im Ausland übernommen wurden. Dies geschah, bevor eine gesetzliche Möglichkeit zur Arisierung bestand.«[51]

Die vollständige Übernahme der Geschäftsanteile der Fernseh A.G. durch Bosch wurde am 19. Oktober 1939 durch den Eintrag einer Fernseh GmbH beim Amtsgericht Berlin besiegelt. Das Grundkapital betrug 410 000 Reichsmark; als Geschäftsführer fungierten Dr. Paul Goerz, Rudolf Höhne, Dr. Rolf Möller und Dr. Ing. Georg Schubert.[52]

Damit war eine Entwicklung zum Abschluß gekommen, die in einem denkwürdigen Gespräch mit Postminister Ohnesorge ihren Anfang genommen hatte. Wie willfährig sich die Firma Bosch gegenüber Ohnesorge verhalten hatte, ist einem Brief der Geschäftsleitung vom 19. Januar 1944 zu entnehmen: »Die Firma Baird ist nicht aus grundeigenem Wunsch aus der Fernseh ausgetreten, sondern auf den kategorischen Wunsch des Herrn Reichspostministers ausgekauft worden...

Die Abgabe der Loewe-Anteile an Zeiss-Ikon und Bosch erfolgte ebenfalls auf Wunsch des Herrn Reichspostministers.«[53]

Mit einer Junkers W 34 der Deutschen Versuchsanstalt für Luftfahrt unternahmen Mitarbeiter der RPF seit 1940 Flüge zur Messung der Reichweite von Fernsehbildern. (MVT)

Kurz vor Beginn des Kriegs stand der Reichspost damit eine leistungsfähige und in ihren rechtlichen Verhältnissen überschaubare Firma als Forschungs- und Geschäftspartner in Fernsehfragen zur Verfügung. Die Fernseh GmbH hatte keine aus Ministersicht verdächtigen jüdischen Eigner mehr und war auch frei von jedem Einfluß ausländischen Kapitals.

Nach einer Schätzung von Frithjof Rudert sind bis 1939 von den Anteileignern etwa 20 Millionen Reichsmark in das Unternehmen investiert worden, während nur 8 Millionen Reichsmark durch Exporte und Lieferungen von Fernsehtechnik eingenommen werden konnten.[54] Das würde bedeuten, daß bei Ausbruch des Krieges ungefähr 12 Millionen Reichsmark Kapital unamortisiert in der Firma angelegt waren, die mit dem Stop des Ausbaus von zivilem Fernsehen bei Ausbruch des Krieges verloren gewesen wären. Dank der Bemühungen des Postministers jedoch, die von ihm gelenkten Forschungs- und Entwicklungseinrichtungen für den Krieg nutzbar zu machen, sollte die Fernseh GmbH während des Kriegs keinen Abschwung, sondern eine erhebliche Ausweitung des Geschäfts erfahren.

Fernsehen für den Krieg

Es gibt wenige Hinweise darauf, daß bis 1939 bei den deutschen Fernsehfirmen und in der Reichspostforschungsanstalt folgenreich über eine militärische Verwendung des Fernsehens nachgedacht worden war. Zwar hatte schon der 1928 vom Reichspostzentralamt verpflichtete Denes von Mihaly auf einen potentiellen militärischen Nutzen hingewiesen, jedoch hatten seine Überlegungen wenig praktikable Bedeutung. »Besonderes Gewicht kommt dem Telehor als Kundschafterinstrument bei der Armee zu. Eine auf einem Flugapparat angebrachte Bildaufnahmestation, welche auf drahtlose Uebermittlung eingerichtet ist, gibt sofort auf beliebigen Stellen die genauen Stellungen des Feindes zu wissen, die Artilleriestellungen, Truppenbewegungen, Einschläge der eigenen Artillerie, und gibt somit zahlreiche Möglichkeiten zum ‚Einschießen‘ der eigenen Artillerie. Nicht minder wichtig ist der Umstand, daß der Generalstab zu jeder Zeit innerhalb Sekunden sich über die genaue Verteilung der eigenen Truppen informieren kann und gibt somit die Möglichkeit einer vollkommen zentralisierten Leitung.«[55]

Daß jedoch auch das Wissen um den Stand der zivilen Fernsehtechnik durch Reichspost und Luftfahrtministerium wie ein militärisches Geheimnis behandelt wurde, zeigt beispielhaft der Fall eines Journalisten. Der Mann namens Gulliland hatte sich im Jahr 1935 mit einer »auffälligen fernmündlichen Anfrage« beim Leiter des Fernsehlaboratoriums, Dr. Banneitz, gemeldet. Daraufhin wandte sich das Reichspostministerium an das Luftfahrtministerium, welches über das sogenannte Forschungsamt, hinter dem sich Görings Telephonabhörzentrale versteckte, die Überwachung des Telephons von Gulliland veranlaßte. »Es darf bei dieser Gelegenheit darauf aufmerksam gemacht werden, dass die Meldungen über Gulliland nur an Herrn Staatssekretär Ohnesorge als Auftraggeber gehen, also eine andere Stelle... nicht in Frage kommt«, heißt es in dem Begleitschreiben zu den Abhörprotokollen.[56] Diese Maßnahmen brachten kein belastendes Material zutage und wurden nach einigen Monaten eingestellt. Die auch während des Krieges sich immer wieder bewährende enge Zusammenarbeit zwischen Reichspost und RLM fällt schon hier bei einer vergleichsweise unbedeutenden Angelegenheit ins Auge.

Mit großer Sorgfalt überprüfte die Forschungsanstalt der Reichspost alle Lieferwünsche der Fernsehfirmen und Anträge auf Veröffentlichungen von deren Mitarbeitern. Jeder Export- und Publikationswunsch mußte den zuständigen RPF-Mitarbeitern vorgelegt werden, um sicherzustellen, daß dem feindlichen Ausland nicht eventuell verwertbares Wissen zur Verfügung gestellt würde.[57] Die Forschungsanstalt hatte so umfassenden Einblick in die Aktivitäten der Fernsehfirmen und konnte von zentraler Stelle dirigierend und kontrollierend in den Gang der Geschäfte eingreifen.

Neuen Diskussionsstoff für eine mögliche Zusammenarbeit zwischen Fernsehtechnikern und Wehrmacht bot 1938 ein Artikel in einer französischen Militärzeitschrift, der beim Oberkommando der Wehrmacht und beim Reichspostministerium kursierte. In diesem Beitrag wird das Fernsehen als Erweiterung der gegebenen Kommunikationswege innerhalb des Heeres aufgefaßt. Kartenausschnitte, schriftliche Befehle, Photos von Landschaften, Personen und dergleichen sollen als Fernsehbild in kürzester Zeit gefunkt und beim Empfänger mit geeigneten Mitteln empfangen und gespeichert werden. Sowohl die Schnelligkeit des Verfahrens sowie die Schwierigkeiten beim Anpeilen und beim Dechiffrieren verschlüsselter Nachrichten bedeuten einen Vorteil gegenüber bekannten Verfahren, urteilte der Autor.[58] Ob diese Gedanken bei den Heeresstellen weitergehende Konsequenzen hatten, ist nicht zu eruieren. Immerhin wurden in den folgenden Monaten, ordnungsgemäß genehmigt durch die Forschungsanstalt, mindestens zwei Fernsehempfänger vom Heer angekauft.[59]

Der Start des umfangreichsten Fernsehrüstungsprojekts ist jedoch erst in die Wochen nach Beginn des Krieges gegen Polen zu datieren. Am 19. September 1939 fand eine Besprechung zwischen Vertretern der Reichspostforschungsanstalt, der Fernseh GmbH und der Luftwaffe statt. Bei diesem Gespräch erörterte man offenkundig die Möglichkeiten einer neuartigen Verbindung geplanter Waffen mit der Fernsehtechnik.[60]

Schon drei Tage nach diesem Gespräch beantragte der Präsident der RPF zusätzliche Haushaltsmittel in Höhe von 250 000 Reichsmark mit folgender Begründung: »Ich beabsichtige, gemeinsam mit dem Reichsluftfahrtministerium und der Fernseh-AG eine Kleinbild-Übertragungsanlage zu entwickeln, die für die Reichsverteidigung von außerordentlicher Wichtigkeit sein kann. Nähere Ausführungen kann ich an dieser Stelle nicht machen. Ich habe jedoch dem Herrn Reichspostminister hierüber mündlichen Vortrag gehalten (21.9.1939), der sich mit der Ausführung dieses Vorhabens und mit der Höhe der hierfür aufzuwendenden Kosten einverstanden erklärt hat.«[61]

Worin bestand nun die Idee einer neuen Waffe, die von Postminister Ohnesorge gern als »sehende Bombe« bezeichnet wurde? In der bereits zitierten Aktennotiz der Peenemünder Luftwaffen-Erprobungsstelle wird als Zweck die »automatische Steuerung vom Flugzeug abgeworfener Körper ins Ziel« angegeben. Er soll erreicht werden durch »Fernsehsteuerung, d.h. Kombination einer Fernsehübertragung des vom abgeworfenen Körper gesehenen Blickfeldes auf das Trägerflugzeug mit einer Fernsteuerung«.[62]

Die Fernsteuerung mit Hilfe eines Fernsehbildes wurde als besonders vorteilhafte Lösung im Vergleich zu anderen Zielfindungs- bzw. Zielweisungsverfahren betrachtet, da sie »die universelle Lösung aller in Entwicklung befindlicher Fernsteuerungsprobleme (gestattet. J.H.). Ein in die Fall- oder Gleitbombe eingebauter Bildfänger mit Sender (Fernsehsender) überträgt zum Trägerflugzeug dauernd das in Flugrichtung der Bombe vorausliegende Blickfeld. Die Steuerung des Körpers erfolgt in bekannter Weise auf dem F.T.-Wege durch eine Knüppelsteuerung. Durch den zusätzlichen Einbau der Fernsehübertragung entfallen die der Knüppelsteuerung bislang anhaftenden Nachteile, die darin bestehen, daß mit zunehmender Entfernung die Bombe vom Träger, deren Erkennung und Beurteilung ihrer Lage zum Ziel immer schwieriger und schließlich unmöglich wird. Die Begrenzung der Angriffsentfernung ist bei reiner Knüppel-Fernsteuerung gegeben durch das begrenzte Auflösungsvermögen des Auges und durch die optische Sicht (Wetterlage). Im Gegensatz hierzu wird bei der Fernsehsteuerung mit zunehmender Annäherung der Bombe ans Ziel das Bild desselben im Empfänger größer und deutlicher. Dem Bombenschützen wird dadurch eine immer genauere Einsteuerung möglich, da der Beobachtungsort gleichsam vom Flugzeug in die Bombe verlegt ist. Ausserordentlich vorteilhaft bei diesem Verfahren ist, daß das Trägerflugzeug sofort nach dem Abwurf der Bombe seine volle Bewegungsfreiheit wieder erlangt und z.B. eine schützende Wolkendecke aufsuchen kann.«[63]

Zu diesem Zeitpunkt, also im Mai 1940, waren bei der Fernseh GmbH die ersten Muster einer kleinen Kamera (16 x 16 x 32 cm) fertiggestellt worden, wovon der Reichspostminister Hitler in einem vierseitigen Schreiben stolz Mitteilung machte: »Ich bitte, Ihnen im Nachfolgenden über das Ergebnis von Entwicklungsarbeiten berichten zu dürfen, die unter meiner Förderung und Ermunterung in der Forschungsanstalt der Deutschen Reichspost in Erwartung von Kriegsnotwendigkeiten s.Z. begonnen und mit dem Datum dieser Meldung zum Abschluß gekommen sind.«[64] Zusammen mit einer anderen Technik, die nicht näher beschrieben wird, unter der man sich aber Radar oder ein Nachtsichtverfahren vorstellen muß, sei »damit eine Kriegsmaschine gegeben..., welche jedem Gegner fürchterlich sein muß.«[65]

Die meisten Teile eines Systems, das in der beschriebenen Weise eingesetzt werden konnte, waren

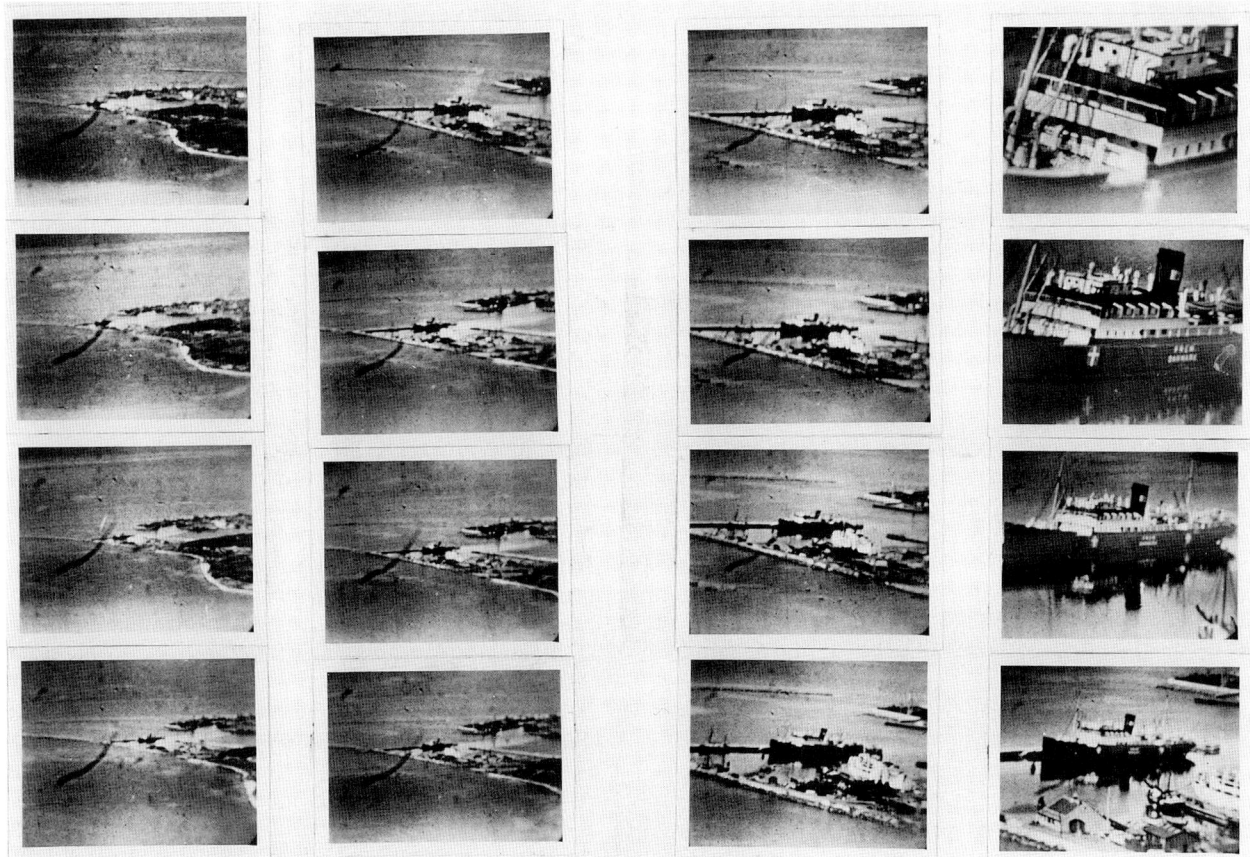

Vom Fernsehbildschirm aufgenommene Bilder bei einem simulierten Anflug einer Fernsehgleitbombe auf ein Schiff, entstanden 1942. (MVT)

jedoch noch nicht existent, Ohnesorges Vollzugsmeldung also ein wenig voreilig. Es gab keinen kleinen Sender und ebensowenig einen so kleinen Empfänger, daß man ihn im Flugzeug hätte einsetzen können. Auch der Träger selbst, eine Gleit- oder Fallbombe, war noch in den ersten Stadien der Entwicklung. Bevor wir auf die Details der Realisierung eingehen, soll der zeit- und militärhistorische Kontext dieses Waffensystems beschrieben werden.

Rettung durch Fernlenkung

Bei Ausbruch des Zweiten Weltkrieges war das Vorgehen der deutschen Wehrmacht in ihren ersten Feldzügen von der sogenannten Blitzkrieg-Strategie gekennzeichnet. Sie bestand im wesentlichen aus einer neuartigen Verbindung des Einsatzes großer gepanzerter, motorisierter Verbände mit punktuellen unterstützenden Einsätzen der Luftwaffe. Dadurch waren, wie in Polen und Frankreich, sehr rasche Raumge-

winne und die Einnahme von wichtigen Zielen wie Festungen, Häfen, Flugplätzen und Verkehrsknotenpunkten möglich. Die Verlagerung der kriegerischen Auseinandersetzung in die Luft – wie bei den Angriffen auf die britische Insel im Herbst 1940 – zeigte, daß die Luftwaffe weder für die Luftkämpfe mit gegnerischen Jägern noch für größere Flächenbombardements ausreichend gerüstet war. Die großen Schwierigkeiten, den Luftbombardements des deutschen Territoriums seit 1942 wirkungsvollen Widerstand zu leisten, ließ bei Kriegsmitte völlig neue Überlegungen für die Luftkriegsführung aufkommen. Bei den Auseinandersetzungen im Mittelmeer hatte sich zudem erwiesen, daß Luftangriffe gegen Seeziele zu unvertretbaren Verlusten führten. Da aber die Aktionen der westlichen Alliierten zu großen Teilen von der Beherrschung der Seewege im Mittelmeer und Atlantik getragen und der U-Boot-Einsatz dank neuer Abwehrmaßnahmen (Radar) immer fragwürdiger wurden, war spätestens 1942 absehbar, daß die Lufthoheit nur mit neuen Waffen oder gar nicht mehr zurückgewonnen werden konnte.

In diesem Zusammenhang muß eine Konferenz der Deutschen Akademie für Luftfahrtforschung gesehen werden, die am 5. November 1942 unter strengster Geheimhaltung in Berlin stattfand. Sie war dem Thema »Sonderprobleme der Fernlenkung« gewidmet und versammelte die führenden Experten aus Wissenschaft und Technik. Unter ihnen befanden sich auch die Posträte Dr. Weiß und Dr. Heimann von der Forschungsanstalt der Reichspost sowie Dr. Möller und Dr. Schubert von der Fernseh GmbH.

Einleitend erläuterte der im Luftfahrtministerium für Gleitbomben verantwortliche Rudolf Brée den Kontext der folgenden Vorträge. In seinen Ausführungen findet sich eine eigentümliche Mischung von sachlich-nüchterner Betrachtung und einer visionär-pathetischen Rhetorik, die für das Selbstverständnis der Techniker jener Zeit typisch ist.

Brée stellte die fernlenkbare Waffe vor einen mythischen Hintergrund. »Was in alten Heldenliedern als Wunder, als hilfreiche Tat der Götter verzeichnet wurde, wird in unserer Generation ein von Menschengeist und Menschenhand beherrschtes Mittel, das uns in dem Ringen um die Existenz unseres Volkes zu einer bedeutenden Waffe werden kann.«[66] Die »für uns mit am wertvollsten Ziele sind in diesem Kriege Schiffe«[67], die zum damaligen Zeitpunkt jedoch nicht mehr mit akzeptablen Trefferquoten aus der Luft attackiert werden konnten. Damit sei der »geradezu ungeheure Aufwand, der die Voraussetzung für einen Bombenangriff bildet«[68], vergeblich investiert. »Jahrelange Forschungsarbeit in allen Instituten für Luftwissen, der Entwurf, die Konstruktion und der Bau der Flugzeuge, Motoren, des Geräts, ihre unermüdliche Erprobung, die Schaffung der gesamten Bodenorganisation mit Flugplätzen, Hallen, Startbahnen, Funküberwachung. Ein riesiges Heer von Flugzeugführern, Navigatoren, Funkern, Mechanikern, Schützen und der zu ihrer Ausbildung und ihren Einsatz benötigte Führungsapparat. Der ganze Aufwand an Bordwaffen und Munition, an Treibstoff, an dafür nötigem Herstellungs- und Verteilungsapparat, dazu das Netz des Wetterdienstes«[69], dies alles sei vergebens, wenn die Bombe des Fliegerangriffs ihr Ziel verfehle oder aufgrund der Abwehrmaßnahmen des Gegners gar nicht abgeworfen werden könne.

Damit hat Brée das Dilemma der deutschen Luftkriegsführung Ende 1942 zutreffend beschrieben. Zu diesem Zeitpunkt glaubte er jedoch noch hoffen zu können, daß mit neuartigen Waffen ein Ausweg zu schaffen sei. Als Ziel wird lakonisch definiert: »Der Soldat soll treffen können, ohne selbst getroffen zu wer-

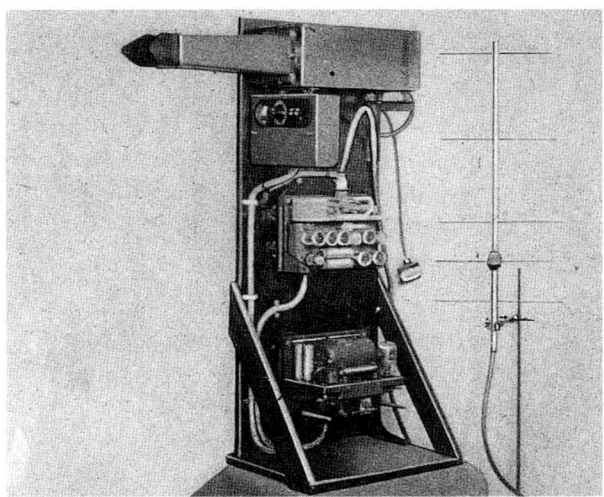

Fernsehempfänger FB 2 für den Einbau in Flugzeuge. Gut zu erkennen ist die Winzigkeit des Bildschirms. (MVT)

den.«[70] Diesem Ideal entspreche die Gleitbombe am besten, die in sicherer Entfernung von einem rasch abdrehenden Flugzeug abgeworfen werde und dann durch Zielfindung (Wärme- oder optische Sensoren) oder Zielweisung (eingebaute Fernsehkamera und -sender) ins Ziel gesteuert werde.

Funktioniere dieses neue Waffensystem, das ohne eine »innige Verflechtung von verschiedenen Zweigen der Technik« nicht zu realisieren sei, trete damit eine erhebliche »Wirkungssteigerung der Luftwaffe« ein, »ohne daß die Arbeiterheere, die Baulichkeiten und maschinellen Einrichtungen der Rüstungswerke und die Zahl der Flugzeuge entsprechend vervielfacht werden müßten«. Damit entspreche man »den zwingenden Forderungen unserer heutigen Kriegslage.

Dem gegnerischen Versuch der Wirkung durch die Masse wird mit der Beherrschung ferngelenkter Geräte die Wirkung durch die höchste geistige Leistung entgegengesetzt.«[71]

Besonders in diesem letzten Satz tritt eine heute kaum nachvollziehbare Hybris hervor, denn vor allem die westlichen Alliierten hatten dank ihrer in vielen Fällen überlegenen und ausgereifteren Kriegstechnik (Flugzeugkonstruktion, Radar, Funkleittechnik) entscheidende Vorteile in der Hand.

Das Konzept der Gleitbombe, der meistgebauten der hier so gelobten Fernlenkwaffen, entstammte einer besonderen deutschen Tradition des Flugwesens, das durch die Auflagen des Versailler Vertrages für die Flugtechnik gefördert worden war. Da dem motorisierten Flug enge Grenzen gesetzt waren, konzentrierte sich die Ausbildung und damit auch die Forschung auf

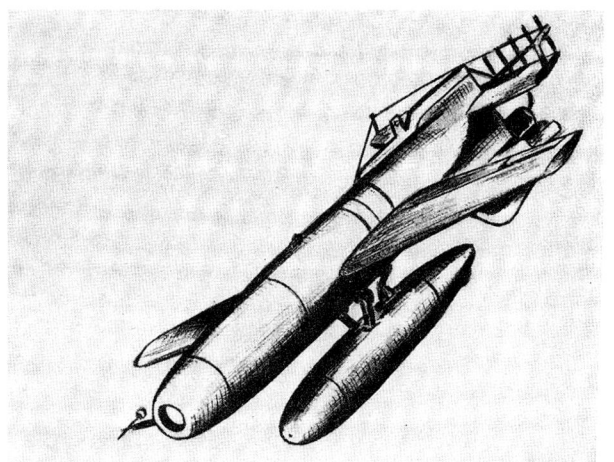

Gleitbombe Henschel Hs 293 D mit Fernsehkopf. Am Heck Antennen für die Ausstrahlung des Fernsehbildes. (MVT)

Bestückung von Zellen der Gleitbombe Hs 293 mit Fernsehköpfen bei der Firma Elektro-Optik GmbH in Teltow, 1944. (MVT)

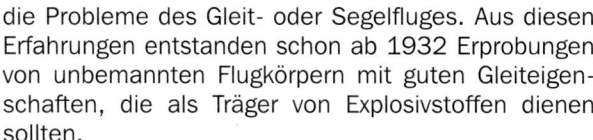

die Probleme des Gleit- oder Segelfluges. Aus diesen Erfahrungen entstanden schon ab 1932 Erprobungen von unbemannten Flugkörpern mit guten Gleiteigenschaften, die als Träger von Explosivstoffen dienen sollten.

Die folgenreichste Entwicklung dieser Art war die Hs 293, eine Gleitbombe nach einem Konzept von Herbert Wagner. Wagner hatte den Auftrag zur Optimierung früherer Konzepte erst nach Beginn des Zweiten Weltkrieges von der Firma Henschel (Berlin-Schönefeld) erhalten.[72] Innerhalb des Jahres 1940 entstanden verschiedene Muster, die einem kleinen Flugzeug mit einer Spannweite von etwa 3,10 Metern und einer Länge von etwa 3,80 Metern glichen. Um die Geschwindigkeit und damit die Reichweite zu erhöhen, war unter der Gleitbombe eine Walter-Rakete angebracht. Damit konnte das Projektil auf bis zu 860 Stundenkilometern beschleunigt werden; der Flugweg der Gleitbombe war abhängig von der Höhe des abwerfenden Flugzeugs. Die Länge des Flugweges und damit der Sicherheitsabstand für die attackierende Flugzeugbesatzung lag bei sieben bis zwölf Kilometern.[73]

Die ersten Generationen der Gleitbombe sollte der Bombenschütze durch optische Sichtsteuerung ins Ziel bringen. Um die Gleitbahn der Bombe besser sichtbar zu machen, wurde nach dem Abwurf eine Magnesiumfackel im Heck gezündet. Die Übertragung der Steuersignale erfolgte drahtlos auf dem Funkwege oder über einen Draht, der das Flugzeug mit dem Projektil verband und der trotz der hohen Geschwindigkeit abgewickelt werden konnte.

Kriegsspiele am Bildschirm – Reichspost und Luftwaffe kooperieren

Über den Beginn der Arbeit an den Fernsehwaffen in der Reichspostforschungsanstalt existieren nur wenige Dokumente, da die meisten Unterlagen dieser Einrichtung das Ende des Kriegs nicht überstanden haben oder danach vernichtet wurden. Ein früherer Mitarbeiter der Forschungsanstalt, Willi Scheurel, hat in seinen letzten Lebensjahren Erinnerungen zu Papier gebracht, in denen auch die Umorientierung der Arbeiten seit 1940 behandelt wird. »Als der Krieg ausbrach, änderte sich Verschiedenes. Wir bekamen inbezug auf das Fernsehen neue Aufgaben, und die waren so eilig, daß wir Überstunden machen mußten. Wir mußten Empfänger entwickeln, die in die verschiedenen Flugzeuge paßten. Jetzt hatte ich, oder wir, nicht nur in Johannisthal, sondern auch in Werneuchen zu tun... Wenn ich mich geweigert hätte, für den Krieg zu arbeiten, das hätte auch nicht genutzt...

Als die Militärs einen Empfänger zur Probe hatten, wollten sie 50 Stück davon haben. Als ich den Offizieren sagte, wir sind doch keine Fabrik, zuckte er nur mit den Achseln. Dasselbe machte auch mein Chef. Also machte ich Zeichnungen, schrieb Bestellungen aus, aber die Hauptarbeit gab ich unserem Bestellbüro, die gaben die Arbeiten an andere Firmen weiter.«[74]

Willi Scheurel war unter anderem bei der Erprobung der ersten Fernsehsender und Kameras eingesetzt, die in der Forschungsanstalt für Messungen von Reichweite und Empfangsqualität von Fernsehsignalen

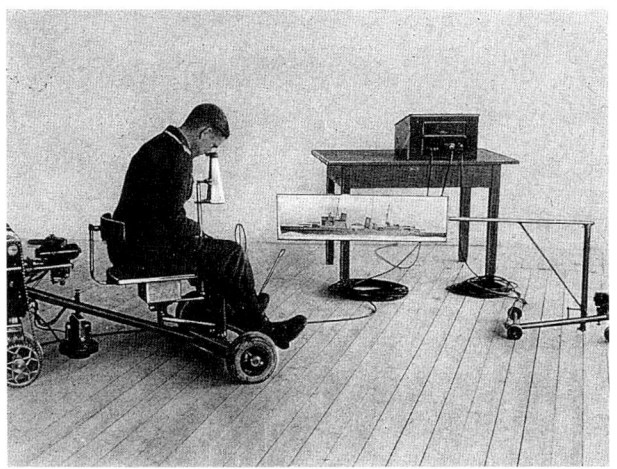

Modellanlage für die Schulung von Bombenschützen, die Gleitbomben nach Fernsehbild steuern sollten. Entwickelt bei der Deutschen Forschungsanstalt für Segelflug, Ainring 1943. (MVT)

Kommandoknüppel für die Funkfernsteuerung einer Gleitbombe Hs 293, einem heutigen »joy stick« nicht unähnlich. (MVT)

in der Luft gebaut wurden. Teilweise handelte es sich dabei um Anlagen, die ursprünglich für den zivilen Fernsehbetrieb in Berlin vorgesehen waren. So heißt es in einem Schreiben der Forschungsanstalt vom 24. August 1940, daß zwei UKW-Sender mit 20 bzw. 100 Watt Leistung »zur Zeit für Zwecke der Luftwaffe eingesetzt sind. Nach Beendigung des Krieges werden sie wahrscheinlich für Versuche oder Sendungen in kleinen Bezirken eingesetzt werden können.«[75]

Für die Messungen standen Flugzeuge zur Verfügung, die in Johannisthal oder Werneuchen starteten und in denen überprüft werden sollte, mit welchen Frequenzen die größten Reichweiten und die besten Empfangsergebnisse erzielt werden konnten.

Im einzelnen mußten folgende Aufgaben gelöst werden, wenn tatsächlich größere Serien von Gleitbomben mit einem Fernsehkamerakopf zur Unterstützung der Zielsteuerung ausgerüstet werden sollten:

1. Es mußte eine Kameraeinheit mit integriertem Taktgeber und geringem Stromverbrauch entwickelt werden.

2. Für die Übertragung des Fernsehbildes wurde ein batteriegespeister Fernsehsender mit möglichst großer Reichweite und geringen Störungsmöglichkeiten benötigt.

3. Dem Bombenschützen im Trägerflugzeug mußte ein Fernsehempfänger mit einer ausreichenden Bildqualität und genügend großem Bild zur Verfügung stehen.

Alle Geräte mußten möglichst klein und leicht sein, einfach zu warten und zu reparieren, batteriegespeist und robust sowie auch in großen Höhen noch

betriebssicher. Die Entwicklungsarbeiten an diesen Komponenten wurden seit Ende 1939 zum einen in der Reichspostforschungsanstalt selbst, zum anderen bei der Fernseh GmbH und deren früheren Miteigentümerin, der Loewe-Radio, im Werk Berlin durchgeführt. Als Auftraggeber für die Fernseh GmbH fungierte die RPF, bei Loewe-Radio übernahm diese Aufgabe das Reichsluftfahrtministerium.

Erst im Oktober 1942 war ein Stadium erreicht, das die technische Machbarkeit des Konzepts einer fernsehgesteuerten Fernlenkwaffe belegen konnte. In einem zusammenfassenden Bericht der Versuchsstelle der Luftwaffe in Peenemünde-West vom 10. Oktober 1942 wurden die in den vergangenen drei Jahren erzielten Fortschritte beschrieben und die bislang produzierten Geräte bewertet.[76]

Die RPF hatte Kameras und Sender entwickelt, die sich zum Einbau in eine Gleitbombe zu eignen schienen; zumindest ließen die äußeren Abmessungen dies vermuten. Da aber die RPF bislang nur eigene Versuche unternommen hatte (an deren Durchführung der oben zitierte Willi Scheurel teilnahm), konnte die Verwendungsmöglichkeit durch die Erprobungsstelle der Luftwaffe nicht definitiv bestätigt werden. Die Apparate der RPF erzeugten ein Bild, das einfacher war als der Standard der damaligen zivilen Fernsehnorm (220 Zeilen bei 50 Bildwechseln ohne Zeilensprungverfahren). Der dazugehörige Sender mit einer Leistung von 10 Watt arbeitete auf einer Wellenlänge von ungefähr 2 Metern und lieferte brauchbare Bilder bis zu einer Reichweite von 20 bis 30 Kilometern.

Von den zwanzig als Vorserie in Auftrag gegebenen Exemplaren waren jedoch nur zwei fertiggestellt. Versuche mit Apparaten, die in eine Gleitbombe eingebaut waren, konnten bis Oktober 1942 noch nicht unternommen werden.

Die direkt vom Luftfahrtministerium beauftragte Loewe-Radio[77] hatte die Ansprüche an die Fernsehanlage noch weiter als die RPF heruntergeschraubt. Ihre Kameras konnten nur Bilder mit einer Auflösung von 50 Zeilen liefern. Das Bild sollte nicht zeilenweise horizontal oder vertikal, sondern mit einem Spiralraster abgetastet werden.

Sowohl die spiralförmige Bildabtastung als auch die selbstentwickelte Aufnahmeröhre waren jedoch im Oktober 1942 noch mit so vielen Mängeln behaftet, daß von einem akzeptablen Ergebnis nicht gesprochen werden konnte. Auch die notwendige Verkleinerung der Komponenten war Loewe-Radio nicht im erforderlichen Maße gelungen.

Am weitesten war die Fernseh GmbH gekommen, die aufgrund ihrer langjährigen Entwicklungsarbeit für die Fernsehstudios ohnehin das qualifizierteste Personal und einen beträchtlichen Wissensvorsprung auf dem Fernsehsektor mitbrachte.[78] Die von ihr in Peenemünde zur Erprobung abgelieferten Anlagen hatten bereits die Größe, die für den geplanten Einbau in die Gleitbombe erforderlich war. Außerdem lieferten sie Bilder mit einer Auflösung, die der des zivilen Fernsehens entsprach (441 Zeilen bei 50 Bildwechseln pro Sekunde mit Zeilensprungverfahren).

Wenn auch die Reichweite des eingebauten Fernsehsenders bei einer Wellenlänge von 73 Zentimetern nicht ganz die Reichweite des RPF-Senders hatte, schien die Konstruktion jedoch erheblich ausgereifter zu sein als die der anderen Institute. Immerhin bestellte das RLM bereits im Januar 1942 einhundert Fernsehanlagen für Versuchszwecke, von denen die ersten im Laufe des Jahres 1942 für Tests in Peenemünde zur Verfügung standen.

Besonders einfallsreich hatten sich die Ingenieure der Fernseh GmbH bei der Lösung einiger bis dahin unüberwindlicher Probleme gezeigt. Da der Synchronimpuls des Fernsehsenders bei den stark schwankenden Empfangsbedingungen eines Bildes aus einem sich entfernenden Objekt nicht immer mit Sicherheit übertragen werden konnte, mußte der Gleichlauf von Sende- und Empfangsapparat auf andere Weise erreicht werden. Die Fernseh GmbH arbeitete deswegen mit einem auf beiden Seiten vorhandenen Taktgeber mit Quarzsteuerung. Eventuelle Bildverschiebungen ließen sich leicht per Hand ausregeln. Die Fernseh GmbH hatte sogar noch zwei weitere Verfahren zur Lösung des Synchronproblems vorgeschlagen.

Bei dem einen wurde ein zusätzlicher, stationärer Sender benötigt, bei dem anderen Verfahren erzeugte ein eingebauter Generator die benötigte Zeilensynchronisierfrequenz.[79]

Technisches Neuland beschritt man insbesondere bei der extrem kompakten Bauweise der Kamera/Sender-Einheit, die sich in ihren wesentlichen Funktionen selbst stabilisierte, also ohne Einwirkung von außen funktionieren konnte. Eigens für diesen Kamerakopf mußte eine neue Bildaufnahmeröhre mit anderer Beschichtung entwickelt werden, deren Empfindlichkeit Bilder noch bei einer Beleuchtungsstärke von nur 50 Lux ermöglichte.

Für den Bombenschützen entstanden zwei verschiedene Empfangsgeräte. Der sogenannte Universalempfänger hatte einen Bildschirm von 8 x 9 Zentimetern, der Hochleistungsempfänger lieferte ein Bild mit den Maßen 11 x 12 Zentimeter. Die Bauweise beider Geräte bestimmten zum einen die Maße einer neugeschaffenen Bildröhre, zum anderen die Notwendigkeit eines Einbaus in den engen Raum eines Flugzeugs. Der Hochleistungsempfänger sollte nicht nur höhen-, sondern auch tropenfest sein. Beide Empfänger kamen mit nur wenigen verschiedenen Röhrentypen aus, was die Wartung wesentlich erleichtern sollte. Empfänger und Sender wurden mit einer Spannung von 24 Volt betrieben.

Um zu sehen, wie weit eine stark vereinfachte Sendeanlage noch sinnvoll eingesetzt werden konnte, hatten die Techniker der Fernseh GmbH zusätzlich eine sehr kleine Anlage geschaffen, die ein 50-Zeilen-Bild lieferte. Das Bild stellte sich jedoch als so wenig detailliert heraus, daß an einen Einsatz zur Zielweisung für einen Bombenschützen nur unter den günstigsten Sichtverhältnissen zu denken war.

Die ersten Versuche, über die der Bericht der Luftwaffenerprobungsstelle Auskunft gibt, bestanden aus simulierten Zielanflügen über dem Meer auf ein vor der Insel Usedom gelegenes Wrack.[80] Dabei hatte sich als grundlegendes Empfangsproblem herausgestellt, daß die horizontal polarisierten Wellen in der Nähe der Meeresoberfläche sehr starke Reflexionen zeigten, die den Zusammenbruch des Empfangsbildes bewirkten. Bei vertikaler Polarisation waren diese Störungen wesentlich geringer.

Weitere Tests galten der Betriebssicherheit der Anlage unter den besonderen klimatischen Bedingungen eines Einsatzfluges. Dabei wurde ihr Verhalten bei schwankender Batteriespannung sowie großen Temperatur- und Luftfeuchtigkeitsunterschieden beobachtet. Es stellte sich heraus, daß die Kamera/Sender-Einheit nicht ohne Klimatisierung auskommen würde; außerdem mußte die Scheibe vor der Kameraoptik beheizbar sein, um die Bildung von Kondensfeuchtigkeit zu verhindern.

Diese und viele andere Verbesserungen im Detail, die der Leiter der Peenemünder Arbeitsgruppe, Kurt Wemheuer, in seinem Bericht vom 10. Oktober 1942 anmahnte, ließen ihn eine weitere Erprobungsphase von zwei Jahren erwarten. Daneben formulierte Wemheuer eine Reihe von offenen Fragen, die nicht unmittelbar mit dem technischen Subsystem Fernsehsteuerung zu tun hatten, jedoch geklärt werden mußten, wenn es zu einem Einsatz des Gesamtsystems Fernsehlenkwaffe kommen sollte. Er wies darauf hin, daß es schon jetzt Probleme mit den zur Verfügung stehenden Trägerflugzeugen gebe, weil die Anbringung der Gleitbombe mit der Fernsehantenne und dem erhöhten Gewicht schwer möglich sei. Weiterhin schien ihm die Frage noch ungeklärt, ob es überhaupt möglich sei, allein nach einem Fernsehbild ein Projektil mit der geforderten Präzision ins Ziel zu steuern.

Diese ersten Versuche in Peenemünde wurden von Mitarbeitern der Reichspostfernsehgesellschaft (RFG) durchgeführt, die ursprünglich als reine Betriebsgesellschaft für das Berliner Fernsehstudio gegründet worden war. Auch der Verfasser des hier wiedergegebenen Berichts der Luftwaffen-Erprobungsstelle, Dipl. Ing. Kurt Wemheuer, war Technischer Abteilungsleiter der RFG mit dem respektablen Monatseinkommen von 700 Reichsmark.[81] Während also Koordination und Auftragserteilung der Entwicklungsarbeiten bei der Reichspostforschungsanstalt lagen, war die RFG mit ihren qualifiziertesten Mitarbeitern vor allem in die Erprobung der Fernsehwaffen involviert.

Das Projekt einer Fernsehsteuerung für Gleitbomben hatte Ende 1942 die Dringlichkeitsstufe SS, war also in die höchste Dringlichkeitsstufe während der ersten Kriegsjahre eingeordnet. Mittlerweile, also bei Abschluß der ersten Erprobungsphase, war eine neue, höhere Dringlichkeitsstufe DE gebildet worden. Damit standen die Entwickler und Tester der neuen Waffe zunächst nicht mehr an vorderster Stelle bei der Zuteilung von kriegsbedingt rarem Material und ausgebildetem Personal. Gleichwohl konnten die Versuche fortgeführt werden und im Jahr 1943 die Serienproduktion der Kameras, Sender und Monitore der Fernseh GmbH begonnen werden.

Nach 1942 wurden die Versuche mit fernsehgelenkten Waffen mehr und mehr bei der Deutschen Forschungsanstalt für Segelflug (DFS) konzentriert. Hinter dieser unverfänglichen Bezeichnung verbarg sich ein weitgespanntes Forschungsunternehmen, das in erster Linie für die Luftwaffe arbeitete und in aerodynamischen und hochfrequenztechnischen Fragen eine der avanciertesten Einrichtungen in Deutschland darstellte. Schon 1941 waren beim Flugfunk-Forschungsinstitut Versuche mit einer offensichtlich im eigenen Haus entstandenen Anlage unternommen worden, bei denen die Übertragung von Zeichen auf dem Fernsehwege getestet wurde.[82] Diese Versuche blieben schon aufgrund der verwandten atavistischen Technik (Nipkow-Scheibenabtaster mit 30 Zeilen) ohne brauchbares Ergebnis.

1941 bekam die DFS sogenannte Kleinbildgeräte der Fernseh GmbH zur Verfügung gestellt, mit denen analog zu den Peenemünder Versuchen Messungen zur Reichweite bei Boden-Luft- und Luft-Luft-Übertragungen von Fernsehbildern unternommen wurden.[83]

In den folgenden Monaten konzentrierte sich die Arbeit der DFS-Wissenschaftler darauf, die überaus komplizierte Aufgabe der Steuerung einer Gleitbombe nach einem Fernsehbild aus dem sich bewegenden Flugkörper zu untersuchen. Da der DFS keine Gleitbomben mit eingebauten Fernsehanlagen zur Verfügung standen, wurden die Lenkungsprozesse zunächst modellhaft durchgespielt.[84]

Mit Hilfe einer kleinen Anlage, bei der Trägerflugzeug, Bombe und das Ziel als kleine Wagen ausgebildet waren, konnten die Resultate einer Fernsteuerung durch Bewegungen der Komponenten im Raum simuliert werden. Im Maßstab 1 : 1000 und bei Einhaltung eines realistischen Zeitbudgets wurden die Angriffe auf Schiffe und andere Ziele immer wieder neu nachvollzogen, um eine Theorie aufzustellen, die den Zusammenhang zwischen den zweidimensionalen Wahrnehmungen des Bombenschützen und den Bewegungen von Bombe und Schiff im dreidimensionalen Raum verständlich machen konnte. Dabei hatte sich herausgestellt, daß die Aufgabe für den Bombenschützen nicht unbedingt erleichtert wurde, wenn er die Gleitbombe nicht mit eigenen Augen aus dem Trägerflugzeug beobachten und steuern konnte, sondern als einziges Hilfsmittel ein Fernsehbild aus dem Projektil erhielt.

Das Fernsehbild konnte nur in längsaxialer Richtung der Flugbewegung aufgenommen werden. Da die Gleitbombe sich ihrem Ziel aber in einer langgezogenen Kurve näherte, konnte das Ziel leicht aus dem Blickfeld der Kamera geraten und mußte durch eine eingeblendete Zielmarke ersetzt werden. Als andere Möglichkeit wurde eine bewegliche Aufhängung der Kamera erprobt, die unabhängig von der Lage der Gleitbombe immer die Ausrichtung auf das Ziel erlaubte. Dann mußte vom Bombenschützen ständig die Differenz von Blickachse und Längsachse des Flugkörpers berücksichtigt werden. Obendrein vollzog die Kamera auch alle Bewegungen des Flugkörpers in der Querlage mit und lieferte bei stärkerer Kurvenneigung ein schrägliegendes Bild.[85] Auch diese komplizierten flugmechanischen Bewegungen konnten bei der DFS in einer verbesserten Modellanlage nachvollzogen werden. Der Sinn einer solch aufwendigen Installation bestand nicht nur darin, die Flugmanöver zu erforschen; sie sollte auch den späteren Bombenschützen für die Ausbildung an die Hand gegeben werden, da das Lernen am realen Flugkörper unweigerlich mit dem Verlust teurer Waffen verbunden war.

Über Flugversuche mit den Kleinbildgeräten der Fernseh GmbH berichtet einer der beteiligten Testpiloten, Erich Klöckner, in biographischen Aufzeichnungen: »Man rüstete einen Lastensegler DFS 230 mit einem Fernsehsender aus und eine Ju 52 mit einem Bildempfänger. Nach dem Ausklinken des Lastenseglers konnte dieser von der Ju 52 aus über ein Fernsehbild auf ein Ziel zugesteuert werden.

Ein Großteil der Flugerprobung wurde nach einem Start von Peenemünde oder Kolberg aus durchgeführt. Ich hatte Anteil an diesen Flügen als Pilot in der He 111, Ju 52 oder Do 17. Um möglichst wenig durch zivilen oder militärischen Funkverkehr, Rundfunksender oder dergleichen gestört zu werden, führten unsere Kurse vorwiegend über die Ostsee hinaus. Vornehmlich in der zweiten Jahreshälfte 1943 waren wir fast täglich weit draußen über der See mit der He 111 CQ+VZ und der Do 17 AO+AI unterwegs. Hierbei kamen noch Fernsehbilder bis über 400 km Entfernung zustande und ferngelenkte Zielanflüge bis zu 50 km. Das war für damalige Verhältnisse eine Sensation! Bei Gleitbomben mit einem Gleitwinkel von 1 : 10 bedeutete dies, daß sie aus einer Höhe von 4000 m geworfen auf eine Entfernung von 40 km ins Ziel gelenkt werden konnten.«[86]

Noch vier Jahre nach Beginn der Arbeiten an einer neuen Waffengeneration mit Fernsehausrüstung war es also nicht möglich, die von Postminister Ohnesorge bereits im Jahre 1940 als einsatzbereit bezeichneten Geräte einsatzähnlich zu testen. Immer noch wurde an der Verbesserung der Komponenten geforscht. So wurden die Bildaufnahmeröhren vom Typ Super-Ikonoskop so gebaut, daß sie stärker für die roten oder blauen Lichtanteile empfindlich waren, um auch bei Dunst und ungünstigen Lichtverhältnissen gute Bilder zu ermöglichen.[87] Alle bei der DFS geprüften Fernsehanlagen kamen nur noch von der Fernseh GmbH, die in dieser Phase des Krieges als einzige Firma in Deutschland mit dem Bau und der Entwicklung solcher Geräte befaßt war.

Damit war zumindest die Produktion in einem Unternehmen konzentriert worden, während die Erprobung nach wie vor in der Reichspostforschungsanstalt an verschiedenen Orten in Deutschland, bei der Luftwaffe in Peenemünde und der Forschungsanstalt für Segelflug in Ainring bei Salzburg stattfand. Soweit bei den Forschungsberichten der DFS Verteiler vorhanden sind, ist zu entnehmen, daß von den Ergebnissen zwar die Fernseh GmbH sowie das Luftfahrtministerium und seine Forschungseinrichtungen, nicht aber die RPF informiert wurden.

Die Reichspost mit einer anderen ihrer Tochtergesellschaften trat wieder mehr in den Vordergrund, als im Jahr 1943 mit der Bestückung der nunmehr speziell für eine Steuerung nach dem Fernsehverfahren umgerüsteten Gleitbomben begonnen werden konnte. Die Flugzellen der Bomben wurden von den Henschel-Flugzeug-Werken in Schönefeld bei Berlin zur Elektro-Optik GmbH in Teltow geschafft, wo die über die Reichspost bestellten Fernsehköpfe eingebaut wurden.[88]

Die Elektro-Optik war am 27. September 1941 von der Reichspost und den Berliner Physikalischen Werkstätten gemeinsam gegründet worden; jede der Gründerfirmen brachte 50 Prozent des Kapitals ein, das bei Kriegsende über 2,4 Millionen Reichsmark betrug.[89] Anfang 1943, also wahrscheinlich in Erwartung dieses Auftrages, wurde Friedrich Stumpf, Direktor der Reichspost-Fernseh-Gesellschaft, von dieser Aufgabe weitgehend entbunden und als Geschäftsführer bei der Elektro-Optik installiert, um »die Förderung der Aufbauarbeiten und des Einflusses der DRP auf die Firma« voranzutreiben.[90] Damit hatte ein weiterer führender Mitarbeiter des zivilen Fernsehdienstes der Reichspost eine tragende Funktion in den Rüstungsanstrengungen der Post erhalten. Die Versetzung von Stumpf geschah mit ausdrücklicher Genehmigung des Reichspostministers.

Die in Teltow fertiggestellten Henschel-Gleitbomben mit der Typenbezeichnung Hs 293 D , die nur für fernsehgesteuerte Flugkörper galt, gelangten im Lauf des Jahres 1944 zur Luftwaffenerprobungsstelle Karlshagen, nachdem vorherige Einsatzversuche am Madusee bei Stargard und in Jesau bei Königsberg mit geringen Stückzahlen wenig erfolgreich verlaufen waren.[91] Gegenüber den auf Sicht gesteuerten Gleitbomben hatte sich das Gewicht um etwa 130 bis 150 Kilogramm auf über eine Tonne erhöht; die Länge des Rumpfes betrug mit dem etwa einen Meter messenden Vorbau für Kamera und Sender sowie der Antenne fünf Meter.

Mittlerweile hatten die ersten Einsätze von sichtgelenkten Hs 293 im Mittelmeerraum verhältnismäßig gute Trefferquoten erzielt, die in den beteiligten Kampfgeschwadern Euphorie aufkommen ließen. Die angegriffenen Alliierten stellten sich jedoch schnell auf die neue Waffe ein und attackierten sehr früh die unterlegenen deutschen Trägerflugzeuge. Diese konnten sich ihren Zielen nicht bis auf eine Entfernung nähern, bei der die Gleitbombe auf Sicht an die alliierten Schiffe hätte gelenkt werden können. Ohne ein neues Zielweisungsverfahren wie das Fernsehbild war die mit so großen Erwartungen verknüpfte »Wunderwaffe Gleitbombe« nur noch bei hohen eigenen Verlusten einsetzbar.[92] Diesen hohen Verlusten sollte durch die rasche Einführung des Fernsehkopfes Einhalt geboten werden, der ein rasches Abdrehen des Trägerflugzeugs in sichere Entfernungen ermöglichen konnte.

Die unter den Bedingungen eines militärischen Einsatzes erfolgenden Probeläufe mit den neuen Fernsehwaffen fielen jedoch nicht so aus, wie man nach den langen Vorarbeiten hätte erwarten können. So wurden in Karlshagen in der Zeit vom 7. bis zum 20. August 1944 fünf Abwürfe einer Gleitbombe Hs 293 mit dem Fernsehkopf Tonne 4a und der Empfängereinheit Seedorf 3 vorgenommen.[93] Immerhin traten bei diesen Abwürfen keine Ausfälle der Fernsehanlage auf, doch nur einer der Abwürfe endete mit einem Treffer auf das vor der Insel Usedom gelegene Ziel, ein Schiffswrack. Diesen Abwurf steuerte der Chefentwickler der Gleitbombe, Herbert Wagner von den Henschel-Flugzeug-Werken, persönlich.[94] In den nächsten Tagen kamen weitere sieben Gleitbomben zum Abwurf. Dabei stellten sich deutlicher verschiedene Schwachpunkte heraus.

Die »FB-Übertragungsverhältnisse bei Geradeauswurf sind stark abhängig von dem Einbauort der FB-Empfangsantennen sowie der Antennenbauart selbst und lassen sich voraussichtlich noch verbessern. Die Betriebssicherheit der FB-Geräte ist, verglichen mit den Geräten der Fernlenkanlage, befriedigend. Von 12 Abwürfen stürzten 2 Körper ab, 8 Körper waren fernlenkseitig, fernseh- und übertragungsmäßig vollkommen in Ordnung und konnten nach FB auf das Zielschiff gelenkt werden. Es wurde ein Volltreffer erzielt, alle anderen Einschläge lagen mehr als 100 m vom Ziel.

Die durch den Einfluß von Seitenwind sowie durch Justierfehler des Bildfängers einschl. Verstelloptik bedingte Abweichung von der gradlinigen Flugbahn erschwert den Lenkvorgang kurz vor dem Einschlag wegen der stark zunehmenden Krümmung der Flugbahn (Hundekurve) und ist neben der erforderlichen Umschulung des Bombenschützen vom Beschleunigungsprinzip des Fernseh-Zielverfahrens der Hauptgrund für die schlechten Trefferergebnisse.

In einer zusammenfassenden Stellungnahme zur FB-Erprobung verneint die E-Stelle die Einsatzfähigkeit der Hs 293 D bei der Truppe oder im Sondereinsatz für die nächste Zeit.«[95]

Insgesamt sind im Jahr 1944 etwa siebzig Abwürfe von Fernseh-Gleitbomben vor Usedom unternommen worden, doch das Ergebnis fiel nicht anders aus als in dem oben zitierten Bericht.

Damit stand fest, daß fünf Jahre nach dem Beginn des ehrgeizigen Fernsehwaffenprojekts des Reichspostministeriums und seiner Institute keine neue »Wunderwaffe« zur Verfügung stand. Der Versuch, alle wissenschaftlichen und technologischen Potenzen der Fernsehtechnik in Deutschland auf militärische Aufgaben umzuorientieren, war jedenfalls bis zum Ende des Krieges ohne greifbaren Erfolg geblieben. Sicherlich ist dies weniger auf die rein fernsehtechnischen Probleme des Projekts zurückzuführen. Hier wurde offensichtlich kurz vor dem Ende des Krieges eine funktionsfähige Apparatur geschaffen. Doch diese war nur ein Teil eines hochkomplexen Systems, das auf Basis der Kooperation von sehr verschiedenen Instituten und Firmen nicht realisierbar war, zumal in einer Phase des Krieges, als viele dieser Einrichtungen aus Luftschutzgründen über ganz Deutschland verstreut wurden. Die Protagonisten des Projekts unterschätzten zum einen die Schwierigkeit, alle technischen Systemteile in gleicher Qualität und Funktionalität unter Kriegsbedingungen herstellen zu können. Zum anderen wurde anscheinend zu spät erkannt, daß die Bombenschützen ihrer Aufgabe kaum gewachsen sein konnten, weil die ihnen mit dem Fernsehbild gelieferten Informationen nicht ausreichten, die rasanten Lageveränderungen des Flugkörpers im Raum korrekt zu interpretieren und gleichzeitig fehlerfrei zu steuern.

Wie die Konzepte und Erprobungsberichte zeigen, basiert die Idee einer Fernsehwaffe auf eher naiven Allmachtsphantasien. Hier sollte der Angreifer zugleich nah am Ziel, vermittelt über die Fernsehtechnik, und trotzdem in einer risikofreien Entfernung operieren können. Im Kern ähnelt diese Vorstellung einem in märchenhaften Erzählungen oft vorkommenden Topos – der gewitzten und unüberwindlichen Figur unter der Tarnkappe, die sieht, ohne gesehen zu werden, und zuschlägt, ohne geschlagen werden zu können. Dies allein auf Basis eines winzigen Fernsehbildschirms mit Bildern aus einem mit 540 Stundenkilometern dahinrasenden Flugkörper zu realisieren, scheint bis heute nicht möglich zu sein und hätte schon früher als am Ende des Jahres 1944 als Irrweg erkannt werden können. Doch die Eigendynamik der einmal mit diesem Projekt befaßten Institutionen sowie die vage Aussicht, mit der Arbeit an einer »Wunderwaffe« der Einberufung an die Front entgehen zu können, konnten Skepsis kaum zulassen. Der besondere Ehrgeiz des Reichspostministers Ohnesorge, mit eigenen Waffen einen Beitrag zum Endsieg leisten zu wollen, erschloß dem Projekt eine fast unerschöpfliche Finanzquelle aus den reichen Einkünften der Reichspost.

Andere Fernsehprojekte

Die Idee einer Steuerung von Waffen mit Hilfe des Fernsehbildes wurde während des Zweiten Weltkriegs nicht nur auf die oben beschriebene Gleitbombe bezogen. Die gleiche Anlage, die in die Hs 293 eingebaut war, sollte auch in einen fernsteuerbaren Panzer vom Typ Goliath eingebaut werden, der Sprengladungen an bestimmte Bodenziele heranzubringen hatte. Die Reichweite des eingebauten Senders betrug immerhin noch maximal sieben Kilometer. Von einem Einsatz dieses Projektes ist nichts bekannt.

Eine ähnliche Kamera wie die »Tonne« war für den Einbau in eine der zu Ende des Krieges entwickelten Flugabwehrraketen vorgesehen, die ein Mittel gegen die Luftüberlegenheit der Alliierten sein sollten, jedoch ebenfalls nie mit Fernsehausrüstung eingesetzt werden konnten. Hingegen wurden Fernsehanlagen erfolgreich seit 1941 bei der Beobachtung von V2-Raketenstarts in Peenemünde eingesetzt.[96]

Für die Fernaufklärung aus der Luft entstand schon 1940 bei der Fernseh GmbH ein hochauflösendes Fernsehbild mit 1029 Zeilen, das in der Folgezeit auch bei der Reichspostforschungsanstalt weiterbearbeitet wurde. Eine Kamera mit dieser Leistung konnte nie fertiggestellt werden. Allerdings wurde noch im Jahr 1941 bei einer Besprechung zwischen Vertretern der Reichspost und der Fernseh GmbH ernsthaft erwogen, auf Basis dieser Entwicklung »in etwa fünf Jahren« eine neue Fernsehnorm für den zivilen Progammdienst einzuführen.[97]

Für die Übertragung von Skizzen, Karten und ähnlichem entstand bei der Fernseh GmbH eine Schnellbildanlage, bei der innerhalb einer 1/25 Sekunde ein komplettes Bild übermittelt und mit einem speziellen Photopapier aufgezeichnet werden konnte.[98]

Bei der Reichspost-Forschungsanstalt und der Fernseh GmbH versuchte man auch, die Führung der Nachtjäger durch den Einsatz des Fernsehens zu unterstützen. Eine Leuchtkarte mit den Standorten anfliegender, feindlicher Flugzeuge sollte durch eine Fernsehkamera abgetastet und das so gewonnene Bild den Nachtjägerpiloten auf einem eingebauten Monitor sichtbar gemacht werden. Auch dieses Verfahren erlebte keinen Einsatz außer in Berlin, wo Luftlagebilder mit Hilfe einer Dezimeterwellen-Verbindung zum Flak-Bunker im Tiergarten übertragen wurden.[99]

In der RPF widmeten sich zahlreiche Mitarbeiter der Frage, wie mittels Restlichtverstärkung oder Anstrahlung durch infrarotes Licht auch nachts oder bei dunstigem Wetter noch erfolgreiche Angriffe unternommen werden konnten. Die Fertigung dieser Geräte lag bei der oben schon erwähnten Firma Elektro-Optik, die jedoch über die Produktion kleiner Stückzahlen von ungefähr 2400 Geräten nicht hinauskam, da die Wehrmacht wenig Interesse zeigte.[100]

Konten und Unterkonten – Die Kosten der Fernsehwaffen

Die radikale Umstellung in den Arbeitsprogrammen der Forschungseinrichtungen und Fernsehfirmen 1939/40 auf die Vorbereitung von waffenbezogenen Projekten vollzog sich unbemerkt von der ohnehin durch Siegesmeldungen trunkenen deutschen Öffentlichkeit. Nach einer kurzen Unterbrechung wegen des Angriffs auf Polen nahm der Berliner Fernsehsender sein Programm wieder auf und schien zur Normalität der Vorkriegszeit überzugehen. Die Verteilung des Programms erfolgte jedoch aus Luftschutzgründen nur über Kabel in die angeschlossenen Fernsehstuben.[101]

Im Programm ergaben sich trotz des Kriegs zunächst keine bemerkenswerten Veränderungen. Unbemerkt vom Publikum wurden allerdings nach und nach immer größere Teile des technischen Personals für sogenannte Sonderaufgaben abgezogen, die zum Teil auch in den Räumen des Deutschlandhaus-Studios bearbeitet wurden. So konnte im April 1941 eine Aufstockung der Zahl der Mitarbeiter mit »zusätzlich übertragenen kriegswichtigen Aufgaben« begründet werden, die »in engster Verbindung mit der Forschungsanstalt der Deutschen Reichspost und dem Oberbefehlshaber der Luftwaffe« durchgeführt werden sollten.[102]

Im Geschäftsbericht 1942/43 der Reichspost-Fernseh-Gesellschaft, die ursprünglich eigens gegründet worden war, um qualifiziertes Personal für das Fernsehstudio besser bezahlen zu können, wird schon ausdrücklich zwischen einem zivilen und einem wehrwirtschaftlichen Sektor unterschieden. Über den letzteren hält sich der Bericht in der Schilderung von Einzelheiten zurück. Immerhin ist ihm zu entnehmen, daß eine in Spandau gelegene Wagenhalle für die Abwicklung von Wehrmachtsaufgaben umgebaut und eingerichtet worden war. Auffällig ist, daß von beantragten 420 000 Reichsmark für die Erweiterung der Studioanlagen nur 10 Prozent ausgegeben werden konnten. Bei einem Gesamtetat von 3,8 Millionen Reichsmark im Geschäftsjahr 1942 kann vermutet werden, daß Haushaltsgelder des zivilen Fernsehens in den Rüstungsbereich geflossen sind.[103]

Im Haushaltsvoranschlag der RFG für das nächste Rechnungsjahr 1943 findet sich als zweitgrößter Posten nach den Betriebsmitteln der Antrag auf Erwerb von »Geräten für militärische Sonderaufgaben« in Höhe von 950 000 Reichsmark. Der gesamte Etat sollte in diesem Jahr bei 2,94 Millionen Reichsmark liegen.

Diese Proportionen machen deutlich, daß selbst der zivile Fernsehbetrieb, der vor allem wegen der Erwartungen an ein zukünftiges europäisches Fernsehen nach deutscher Norm aufrechterhalten wurde, zu einem sehr erheblichen Teil für Zwecke der Rüstung umfunktioniert worden war.

Offen wurde in Erläuterungen der Reichspost-Fernsehgesellschaft zum Haushaltsvoranschlag 1943 eingestanden, daß der Fernsehbetrieb in Berlin »nur noch für Zwecke der Lazarettbetreuung durchgeführt« wurde.[104] Der Betrieb sei schon zu 60 Prozent auf den Einsatz von weiblichen und ausländischen Hilfskräften abgestellt. Im Benehmen mit der Forschungsanstalt seien neunzehn für den kriegswichtigen Fernseheinsatz besonders geschulte Kräfte abgezogen und in einer besonderen Arbeitsgruppe zusammengestellt worden. Zur Zeit bearbeite man insgesamt fünf Aufgaben; eine sei mit der Dringlichkeitsstufe DE, die anderen mit der Dringlichkeitsstufe SS bewertet.

Über die Ausgaben bei der Reichspostforschungsanstalt, bei der die Koordination für alle Fernsehrüstungsprojekte lag, existieren nur fragmentarische Unterlagen.

Eine handschriftlich immer wieder korrigierte »Zusammenstellung der kriegswichtigen Sonderaufgaben«[105] faßt für das Rechnungsjahr 1940 Ausgaben von 937 018 Reichsmark zusammen, für das Rechnungsjahr 1941 steigen die geplanten Ausgaben bereits auf zunächst errechnete 2,958 Millionen Reichsmark, die dann laut handschriftlicher Zusätze auf 4,316 Millionen Reichsmark aufgestockt wurden. Tatsächlich scheinen bereits 1941 durch die Forschungsanstalt über 5,3 Millionen Reichsmark im Sachgebiet J, unter dem die Fernsehwaffen erfaßt wurden, ausgegeben worden zu sein. In den Folgejahren sind noch weit mehr Gelder in die Rüstungsforschung der Post geflossen; in den Akten finden sich für einzelne Projekte bereits Ansätze von 8 und 12 Millionen Reichsmark pro Jahr.[106]

Welche Größenordnung die Aufträge der Reichspostforschungsanstalt an die Fernseh GmbH nach den Probeläufen für das Fernsehlenkverfahren annahmen, läßt sich auch ohne Einblick in alle damals abge-

schlossenen Verträge aus einem Vorgang im Jahr 1943 entnehmen. In einem Aktenvermerk von Ministerialrat Flanze aus dem RPM wird über eine Unterredung mit dem Direktor der Fernseh GmbH, Dr. Goerz, berichtet. Dieser habe vorgetragen, daß die Firma einen vorübergehenden zusätzlichen Geldbedarf habe, den sie nicht selbst aufbringen könne. Gründe dafür seien:

»1. Der Auftrag der RPF für das Gerät ‚Tonne‘ im Umfang von rd. 16 Mill. RM bedarf einer über das normale Maß der Fernseh GmbH weit überschreitenden Festlegung für die Teilebeschaffung.

2. Mit Rücksicht auf die Luftgefährdung der jetzigen Fabrik in Zehlendorf soll mit Einverständnis der RPF und dem Ministerium Speer ein Ausweichbetrieb eingerichtet werden.«[107]

Deswegen bitte die Firma Bosch als Eigentümerin darum, daß ihrem Tochterunternehmen ein Vorschuß von fünf Millionen Reichsmark gezahlt werde, für den als Sicherheit die Verpfändung von einem Viertel der Geschäftsanteile angeboten werde. In einem weiteren Vermerk findet sich noch die Begründung für die wohlwollende Behandlung dieser Bitte: »Mit Rücksicht auf das Interesse, das die DRP an dem Bestehen dieser Firma und an der rechtzeitigen Erledigung des ihr über die RPF erteilten Kriegsauftrages hat, ist die Hergabe des Vorschusses von Min und St grundsätzlich genehmigt worden.«[108]

In dem Vertrag, der für die Vorschußzahlung entworfen wurde, ist von einer Rückzahlungsfrist bis zum Ende des Jahres 1949 die Rede, falls nicht vorher Lieferungen in einem adäquaten Umfang geleistet würden.

Die bemerkenswerte Höhe dieses Auftrages läßt sich am besten durch den Vergleich mit den Kosten des Forschungsprogramms für die deutsche Atombombe illustrieren, die z.B. im Jahr 1943 bei einer Summe von drei Millionen Reichsmark lagen.[109]

Zwischen der Reichspost und dem Luftfahrtministerium wurde bei Beginn des Kriegs eine Vereinbarung getroffen, nach der Mehrausgaben der Forschungsanstalt, die wegen ihrer Arbeiten für die Wehrmacht entstanden waren, aus dem RLM-Etat erstattet werden sollten. Zu diesem Zweck mußten alle Ausgaben für die Waffenentwicklungen besonders gebucht werden.[110] In welchem Umfang das RLM tatsächlich Zahlungen an die Reichspost geleistet hat, ließ sich nicht ermitteln. Nur in einem Fall fand sich die Anweisung von 125 000 Reichsmark an die Forschungsanstalt in den Akten des Potsdamer Bundesarchivs.

Gefährliche Geschäfte –
Die Fernseh GmbH im Krieg

Die Fernseh GmbH hatte ihren Firmensitz seit der Gründung in der Zehlendorfer Goerzallee 299, wo anfangs nur zwei Räume im oberen Geschoß des dortigen Zeiss-Ikon-Werkes in Anspruch genommen wurden. Die sich stetig verbessernde Auftragslage hatte nicht nur eine erhebliche Ausweitung der Produktpalette zur Folge, sondern erforderte auch die Belegung des gesamten Stockwerks im Jahre 1939. Bei Ausbruch des Krieges betrug die Zahl der Mitarbeiter etwa 350, von denen 50 Akademiker waren, was für den hohen Anteil an Forschungsarbeit bei der Fernseh GmbH spricht.[111] Die Firma war in der Lage, fast alle Komponenten eines Fernsehsystems zu liefern.

Die Hausmitteilungen der Gesellschaft erschienen im Jahr 1939 in mehreren ästhetisch gediegenen Heften, in denen über die Neuentwicklungen berichtet wurde. So waren 1939 nicht nur der Einheitsempfänger unter wesentlicher Beteiligung der Fernseh GmbH, sondern auch aufwendigere Empfänger bis hin zu einer Heimprojektionsanlage HPE 5 R entstanden.[112] Dem Wunsch nach großen Fernsehbildformaten für die Fernsehstuben wurde durch die Entwicklung eines neuen Großprojektionsempfängers GPE 4 Rechnung getragen, der ein Bild von den Maßen 3 x 3,6 Meter lieferte. Für die Studios entstand ein mechanischer Filmabtaster, der zwei verschiedene Filme in unmittelbarem Wechsel abtasten konnte. Eine neue Kamera konnte in immerhin so kompakter Ausführung geliefert werden, daß an einen Einsatz für Reportagen zu denken war. »So ist das Jahr 1939, das zehnte Arbeitsjahr der Fernseh Aktiengesellschaft im Wirbel sich überschlagender Entwicklungsarbeit herangekommen, und wir stehen in Deutschland am Vorabend der Einführung des Fernsehrundfunks. Die in zäher Arbeit in den Laboratorien geschaffenen Apparaturen werden zum ersten Mal im Dienst einer großen Öffentlichkeit arbeiten und nunmehr ihre Lebensfähigkeit beweisen müssen«, heißt es in einem Resümee zum zehnten Firmenjubiläum.[113] Die Aussichten, auch in den nächsten Jahren dank der guten Beziehungen zur Reichspost über genügend Aufträge zu verfügen, standen nicht schlecht. So war gerade seitens des Reichspostministers Ohnesorge beschlossen worden, die für Helsinki geplanten Olympischen Spiele von 1940 zu einer Demonstration der Überlegenheit deutscher Fernsehtechnik zu nutzen, und eine Ausstellung in Südamerika mit deutschen Fernsehanlagen hatte dort anscheinend gute Resonanz.[114]

Mit Ausbruch des Weltkriegs wurden jedoch die Olympischen Spiele in Finnland abgesagt, und statt der Aufträge für Kameras, Mischpulte etc. nahm die Geschäftsleitung der Fernseh GmbH, bestehend aus Dr. Rolf Möller, Dr. Georg Schubert und dem Kaufmann Rudolf Höhne, Aufträge für die Produktion von waffengeeigneten Fernsehanlagen an. »Unsere langjährigen geschäftlichen Beziehungen zur Post erleichterten den Übergang zur Kriegswirtschaft erheblich und erlaubten es, Aufgaben selbst vorzuschlagen, meist in dem Sinne, daß die Ergebnisse auch für das zivile Fernsehen nützlich erschienen.«[115] Der Hinweis auf eine mögliche und gewünschte zivile Nutzung der Entwicklungsarbeiten nach 1939 findet sich in allen Äußerungen von Mitarbeitern der Fernseh GmbH, wenn sie sich überhaupt zu dieser Epoche des Unternehmens äußerten. Solche legitimatorischen Sätze können nicht darüber hinwegtäuschen, daß spätestens mit der Umsiedlung des Betriebs in den Sudetengau ausschließlich für den Krieg produziert wurde.

Schon im August 1940 mußte man beim Fernseh GmbH-Konkurrenten Telefunken erkennen, daß ein eventuell in der Vorkriegszeit noch vorhandener Vorsprung im Fernsehgeschäft inzwischen verloren gegangen war, weil die Fernseh GmbH stärkere Unterstützung genoß. »Im Gegensatz zu Telefunken hat die Fernseh G.m.b.H. während des Krieges mit Unterstützung der Reichspost, unter bewußter Duldung des RLM (LC 4/1) die Fernsehforschung mit einem gegenüber Telefunken erdrückend starken Aufgebot von 300–400 Mitarbeitern vorangetrieben.«[116] Die Stärke der Fernseh GmbH wurde vom Autor der Ausarbeitung als so gravierend eingeschätzt, daß er abschließend empfahl, entweder den Geschäftsbereich Fernsehen ganz aufzugeben oder beträchtliche Anstrengungen zur Überwindung des Rückstands zu unternehmen. Im Verlauf des Krieges wurde bei Telefunken allerdings mit dem Bau von Radaranlagen ein rentablicher Ersatz für den Ausfall der Fernsehaktivitäten gefunden.

Unabhängig von der Klärung der Frage, ob das Konzept von fernsehgesteuerten Waffen realistische Aussichten auf einen Einsatz haben könnte, begann im Jahr 1943 der Aufbau einer Serienproduktion von »Tonne« und »Seedorf«-Geräten bei der Fernseh GmbH. Zur gleichen Zeit hatten die alliierten Bombenangriffe auf Berlin den Gebäuden der Reichspost-Forschungsanstalt bereits schwere Schäden zugefügt und die Verlagerung von großen Teilen des Instituts an andere Orte erforderlich gemacht. Um die Fabrikation von Fernsehwaffen nicht dem gleichen Risiko auszusetzen, wurde die rechtzeitige Verlegung in eine wenig bombengefährdete Gegend beschlossen.

Dr. Georg Schubert, einer der Geschäftsführer der Fernseh GmbH, der in Gablonz aufgewachsen war,

Spinnerei der Gebr. Priebsch in Morchenstern bei Tannwald, erbaut 1897. Hier wurden während des Krieges durch die Fernseh GmbH Fernsehköpfe für Gleitbomben gebaut. (MVT)

Unterstand aus Beton für einen Wachposten am Eingang des Werks der Fernseh GmbH in Morchenstern, heute Smrzovka, Tschechien. (MVT)

schlug das heimatliche Isergebirge vor[117], wo vor dem Krieg hauptsächlich Textilien produziert wurden. Diese Region, heute im Dreiländereck Deutschland-Polen-Tschechien gelegen, befand sich während des Weltkriegs am äußersten Rand der Reichweite alliierter Bomber und war aus der Luft wegen der schmalen Taleinschnitte schlecht zu erkunden. In einer schloßähnlich gebauten Baumwollspinnerei der Gebrüder Priebsch aus dem Jahr 1897 wurde ein geeignetes Ausweichquartier gefunden und für die als kriegswichtig bezeichnete Produktion der Fernseh GmbH requiriert. Das Gebäude befand sich versteckt in der Nähe der Gemeinden Tannwald (heute Tanvald) und Morchenstern (heute Smrzovka) und verfügte über mehrere Geschosse mit großen Fabriksälen, die nur durch Säulenreihen gegliedert wurden. Hier wurde mit aus Berlin herbeigeschafften Maschinen und dem ebenfalls verlagerten Personal auf einer Betriebsfläche von 12 000 Quadratmetern[118] eine Fertigungsstrecke eingerichtet, die unter anderem auf den Bau von jährlich 1000 Superikonoskopen ausgelegt war.[119] Diese sehr komplizierten Bildaufnahmeröhren wurden in der Vorkriegszeit bestenfalls in zweistelligen Stückzahlen pro Jahr hergestellt; die enorme Ausweitung der Kapazität macht deutlich, daß in Tannwald ein arbeitsteiliger Rüstungsbetrieb projektiert wurde. Dazu entstanden Konstruktionsbüros, Verwaltungsräume und Werkstätten. Als Generalfeldmarschall Milch vom RLM die neue Fabrik besichtigte, soll er wegen der ihm luxuriös erscheinenden Ausstattung einen Wutanfall bekommen haben.[120] Ohne besondere Vorkehrungen z.B. für die Staubfreiheit der Luft hätte aber die geplante Produktion nicht aufgenommen werden können.

Die Lebensumstände der Berliner Spezialisten hatten sich durch den Umzug in das Sudetenland eher verbessert. Mit Bombenalarm war nicht mehr zu rechnen, die Familien konnten nachgeholt werden, und die Versorgungssituation in der ländlichen Gegend warf keine Probleme auf. Ohnehin mußten die Mitarbeiter der Fernseh GmbH keine Einberufung an die Front befürchten, da sie sämtlich mit Aufnahme der Rüstungsforschung über die Reichspost UK (unabkömmlich) gestellt worden waren.[121]

Es zeigte sich schnell, daß die etwa 400 aus Berlin gekommenen Spezialisten der Fernseh GmbH nicht ausreichten, um die Lieferwünsche der Reichspost zu befriedigen. So wurden frühere Mitarbeiter der Firma Priebsch, darunter auch Tschechen, als Hilfskräfte angelernt, um repetetive und feinmechanische Arbeiten ausführen zu können. Vor allem weibliche Hilfskräfte wurden damit beschäftigt, Drahtverbindungen zu löten und Spulen zu wickeln. Die Hilfsarbeiter

Fernsehkamera »Tonne« für den Einbau in fernlenkbare Waffen, seit 1943 in Serie gebaut. (MVT)

Universalempfänger »Seedorf« zum Empfang von Fernsehbildern aus fernlenkbaren Waffen. Geeignet für den kompakten Einbau in Flugzeuge, 1943. (MVT)

Spezial-Fernsehempfänger der Fernseh GmbH in höhen- und tropenfester Ausführung, 1944. (MVT)

erhielten Arbeitsverträge und wurden nach Stundenlohn bezahlt. Sie wußten zwar, daß sie in einer Fabrik beschäftigt waren, die etwas mit Fernsehen zu tun hatte, konnten sich aber vom Zweck der Produkte keine Vorstellung machen.[122]

In der Nähe des Werks in Morchenstern befand sich ein Lager schlecht versorgter sowjetischer Kriegsgefangener, die gelegentlich für Aufräumarbeiten und ähnliches bei der Fernseh GmbH eingesetzt wurden. In der Produktion selbst konnte nur qualifiziertes oder angelerntes Personal verwandt werden.[123]

Dank der bis zum Schluß des Krieges anhaltenden Nachfrage der Reichspost nach Fernsehköpfen stieg die Zahl der Mitarbeiter gegenüber dem Status bei Beginn des Krieges um über 100 Prozent an und lag zum Schluß bei 850 Personen.

Auch nach dem negativen Ausgang der Testreihen mit der Fernseh-Gleitbombe wurde die Produktion anscheinend nicht gedrosselt, sondern bis zum Einmarsch der sowjetischen Armee und darüber hinaus unverändert fortgesetzt. Wie viele Sets von Kamera »Tonne« und Empfänger »Seedorf« fertiggestellt wurden, läßt sich nicht mit letzter Sicherheit sagen. Die genannte Zahl von 400 Exemplaren[124] scheint nach Aussagen früherer Mitarbeiter eher zu niedrig gegriffen[125]; jedenfalls wurden weit mehr Geräte produziert, als für die Testreihen benötigt wurden.

Spezialisten der Fernseh GmbH wurden auch zu den Erprobungen der Luftwaffe in Karlshagen eingeladen. In Morchenstern stand ihnen ein kleiner Panzer für Testfahrten mit der speziell für diese Fahrzeuge entwickelten »Tonne P« zur Verfügung.[126]

Die Reichspost finanzierte nicht nur die Entwicklungsarbeiten durch ihre Aufträge, sondern bezahlte jeden der gelieferten Fernsehköpfe bis zum Ende des Jahres 1944 mit 32 000 RM. Danach ermäßigte die Fernseh GmbH den Preis auf die Hälfte.[127]

So profitabel das Geschäft mit den Fernsehwaffen aus Sicht der Muttergesellschaft Robert Bosch GmbH sich darstellte, schuf es doch bald nach Ausbruch des Krieges beträchtliche Probleme wegen der Begehrlichkeiten des Reichsluftfahrtministeriums, das mit allen Mitteln an der Fernseh GmbH beteiligt werden wollte. Das RLM bediente sich dabei der von ihm kontrollierten Firma Loewe, die noch vor dem Krieg durch Bosch aus der Fernseh AG herausgedrängt worden war. Schon Ende 1940 wurden erste Ansprüche auf eine Beteiligung an Bosch gerichtet[128], aber rundheraus abgewiesen. Unterstützung für ihren Wunsch nach alleinigem Eigentum an der Fernseh GmbH erfuhr die Geschäftsleitung von Bosch durch den Reichspostminister, der sich im Februar 1941 mit einem längeren Schreiben an den Staatssekretär im RLM,

Erhard Milch, wandte. Darin wies er darauf hin, daß die Reichspost bislang allein die Entwicklung der Fernsehtechnik mit beträchtlichen Mitteln vorangetrieben habe. Die Fernseh GmbH habe »Entwicklungsaufträge im Wert von jährlich mehreren Millionen«[129] erhalten, während die bei Ausbruch des Krieges begonnenen Arbeiten »zur Lösung wichtiger militärischer Aufgaben« zunächst beim RLM wenig Unterstützung erfahren hätten. Er werde es nicht hinnehmen, daß das Unternehmen seinem Interessenbereich entzogen werde und bitte darum, von »der beabsichtigten Einflußnahme auf die Fernseh G.m.b.H. Abstand zu nehmen«.

Die Motive des RLM kommen in einem Schreiben Milchs an den Reichspostminister zur Sprache: »Die Arbeiten auf dem Fernsehgebiet berühren so stark die Interessen der Luftwaffe, daß in der hier gewählten Form die notwendige Einflußnahme der Luftwaffe sichergestellt wäre. Die Forderungen, Wünsche und Anregungen der Luftwaffe sind wohl auch geeignet, der Fernsehentwicklung wertvolle Möglichkeiten zu eröffnen.

Es liegt auch im allgemeinen deutschen Interesse und insbesondere im Reichsinteresse, wenn das so zukunftsreiche Gebiet des Fernsehens nicht durch ein Monopol einseitig verbaut wird.«[130]

Die Gründe für die hartnäckigen Versuche des RLM, auf immer wieder neuen Wegen Einfluß auf die Fernseh GmbH zu gewinnen, sind neben den vorgebrachten, übergeordneten militärischen Gesichtspunkten auch in den partikularen Interessen der RLM-eigenen »arisierten« Loewe-Opta AG zu suchen. Diese befürchtete zu Recht, bei einer zukünftigen zivilen Fernsehnutzung auf die Patente der Fernseh GmbH angewiesen zu sein. »Es ist aber unbedingt notwendig, daß wir über alle Schutzrechte der Fernseh GmbH ... verfügen können, wenn wir die von uns für den Frieden beabsichtigte großzügige Aufnahme einer Tätigkeit auf dem Fernsehgebiet durchführen wollen.

Insbesondere erscheint es uns untragbar, daß wir als RLM-eigene Firma und als eine der ersten Firmen, die auf dem Fernsehgebiet gearbeitet hat und im Interesse der Kriegswirtschaft ihre Arbeiten auf dem Fernsehgebiet einstellte, später in Friedenszeiten von der Fernseh GmbH mit Schutzrechten bekämpft werden, die auf Grund von im Auftrage des RLM gemachten Entwicklungsaufträgen, d.h. wieder auf Kosten des RLM, entstanden sind und auch auf dem zivilen Sektor angewandt werden können.«[131]

Von diesen RLM-internen Überlegungen ist in dem umfangreichen Briefwechsel zwischen Reichspost, Luftfahrtministerium, Bosch GmbH und Fernseh GmbH nichts zu lesen.[132] In den mehrfach entstandenen Verträgen für eine neue Gesellschafterzusammensetzung bei der Fernseh GmbH waren nur Vertreter der Wehrmachtsteile und des Postministeriums vorgesehen, das endlich auch Ansprüche angemeldet hatte.

Einen starken Verbündeten bei ihrem Versuch, das alleinige Eigentum an der gut verdienenden Tochter Fernseh GmbH zu erhalten, fand die Bosch GmbH in Reichsminister Speer, dem daran gelegen war, die Kompetenzen für die Produktion von Rüstungsgütern wieder stärker in die Hand der Privatwirtschaft zu legen.[133] Ende 1943 schrieb Speer in dieser Sache an Milch: »Aus grundsätzlichen Erwägungen muss ich darum bitten, von einer Kapitalbeteiligung des Reichs an einem bisher rein privaten Unternehmen abzusehen. Die besonderen Erfordernisse der Luftverteidigung und der allgemeinen technischen Entwicklung des Fernsehens können bei der Fernseh GmbH, auch ohne eine Kapitalbeteiligung des Reichs in ausreichendem Umfange durchgesetzt werden.«[134]

Doch auch Speer konnte auf Dauer das RLM nicht zu einem Verzicht auf seine Ansprüche bewegen, die im März 1944 erneut in massivster Form über den Kriegsgerichtsrat Voigt in den Räumen des Feldgerichts Stuttgart an die Bosch GmbH herangetragen wurden. Die Bosch-Geschäftsleitung hegte Sorge, es sei nun ein feldgerichtliches Verfahren eröffnet worden. Die Sorge war unbegründet, aber der Ton der Auseinandersetzungen hatte an Schärfe deutlich gewonnen.[135]

Gleichwohl konnte sich das Luftfahrtministerium während des Krieges nicht mehr gegen die Politik des Verzögerns und Taktierens seitens der Bosch GmbH durchsetzen, die vom Reichspostministerium immer unterstützt wurde. Die Bosch GmbH blieb alleinige Eigentümerin der Fernseh GmbH, mußte allerdings nach dem Krieg lange damit rechnen, daß die wieder in die Hände der Familie Loewe gelangte Loewe-Opta AG auch ihre früheren Anteile an der Fernseh GmbH zurückerstattet bekäme. Die Rückerstattung wurde 1964 durch den Abschluß eines Vergleichs verhindert.[136]

»... der Friede wird furchtbar sein!«[137]

Anfang 1945 war auch den Mitarbeitern der Fernseh GmbH in Berlin und Tannwald klargeworden, daß mit einem baldigen Ende des Krieges und an beiden Orten mit einem Einmarsch der Roten Armee gerechnet werden mußte. Seit Februar 1945 waren in Morchenstern und den umliegenden Gemeinden, wo die Mitarbeiter der Fernseh GmbH untergebracht waren, die Kanonen der letzten hinhaltenden Gefechte zwischen der Wehrmacht und der Roten Armee in Schlesien zu hören.

Gleichwohl blieb die Gemeinde selbst bis zum Schluß des Kriegs von Kampfhandlungen unberührt.

Im April 1945 verließ eine kleine Gruppe leitender Angestellter mit Unterlagen und Geräten das Sudetenland und machte sich auf den Weg nach Niederbayern, wo in der kleinen Gemeinde Taufkirchen eine Filiale der ebenfalls zum Bosch-Konzern gehörenden Firma Blaupunkt ihren Sitz hatte. Dort traf man sich mit weiteren Experten, die aus Peenemünde evakuiert worden waren und ebenfalls beträchtliche Mengen an Material in neun Güterwaggons mitgebracht hatten.

Bald stellten sich Wissenschaftler und Offiziere des angloamerikanischen Combined Intelligence Objective Subcommittee (CIOS) ein, die Interviews mit den Fernsehspezialisten durchführten und sich von ihnen beschreiben ließen, was während des Krieges gebaut worden war.[138] Dem vom CIOS erstellten Bericht ist nicht zu entnehmen, ob man auf amerikanischer und englischer Seite vom Konzept der Fernsehwaffen beeindruckt war. Zwar wurde der Bericht als »secret« eingestuft, was nicht oft bei diesen Auswertungen vorkam, aber keiner der Fernsehspezialisten wurde aufgefordert, sein Wissen einer alliierten Firma oder Behörde zur Verfügung zu stellen. Immerhin versuchten die Alliierten an allen Stellen der Erprobung und Entwicklung Informationen zu sammeln. Noch im November 1945 wurden die Ingenieure Frithjof Rudert und Walter Dillenburger angehalten, ausführliche Exposés zu den in der Kriegszeit entstandenen Geräten zu verfassen.[139]

Gleichzeitig suchten sich die Fernsehexperten neue Beschäftigung und Einkommensmöglichkeiten durch die Reparatur von alten Radios und Senderöhren. Nach außen hin trat der latinisierend in »Farvis« umbenannte Betrieb nicht mit Fernsehentwicklungen in Erscheinung. Man hatte das Gesetz Nr. 25 des Kontrollrats in Deutschland zur Regelung und Überwachung der naturwissenschaftlichen Forschung so interpretiert, daß es die Befassung mit Fernsehtechnik verbiete. Dies war auch richtig, soweit »angewandte wissenschaftliche Forschung ... rein oder wesentlich militärischer Natur« war[140]; auch war der Betrieb von Fernsehsendeanlagen ausdrücklich verboten, doch gegen eine Beschäftigung mit ziviler Fernsehtechnik war das Gesetz nicht gerichtet. Farvis baute bis zur Gründung der Bundesrepublik Deutschland Meßgeräte für die Rundfunkhändler, siedelte 1949 nach Darmstadt in die Nähe des Fernmeldetechnischen Zentralamtes um, das die Nachfolge des Reichspostzentralamtes angetreten hatte, und begann mit der Ausrüstung der ersten Fernsehstudios in der Bundesrepublik. In den ersten gelieferten Kameras befand sich die Bildaufnahmeröhre IS 9, die in ihrer kompakten und lichtstarken Bauform für den Fernsehkopf der Gleitbombe entwickelt worden war.

Unter dem wieder angenommenen Namen Fernseh GmbH wuchs das Unternehmen zu einem auch international hoch angesehenen Lieferanten für alle Bereiche der Studiotechnik heran. In der personellen Zusammensetzung der Geschäftsleitung gab es in den ersten Nachkriegsjahren keine Veränderungen gegenüber der Zeit bis 1945. Eine Ausnahme bildete Dr. Georg Schubert, über dessen Schicksal im folgenden berichtet wird.

Der Betrieb in Tannwald wurde nach dem Abzug der Führungsebene nach Taufkirchen zunächst weitergeführt, als sei nichts geschehen. Als Betriebsleiter fungierte der langjährige Direktor Dr. Georg Schubert. Erst nach der Kapitulation des Deutschen Reiches am 8. Mai 1945 wurde das Werk von russischen Truppen besetzt. Sogar Übergabeverhandlungen wurden noch geführt. Während schon die ersten Sudetendeutschen mit Handgepäck ihre Heimat verlassen mußten, blieben das Werk und seine Belegschaft weitgehend unbehelligt. Mit dem verbliebenen Material nahmen die Mitarbeiter die Produktion wieder auf und versuchten, die zur Inspektion angereisten Tschechen und Russen mit Vorführungen von Fernsehtechnik zu beeindrucken. So kombinierten die Techniker jeweils eine Fernsehkamera und einen Empfänger in zwei Zellen mit einem Telephonapparat, um Bildtelephonie vorzuführen. Selbst der Bau eines einfachen Fernsehübertragungswagens wurde in Angriff genommen. Die Mitarbeiter erhielten weiterhin ihre Löhne und konnten ihre Wohnungen behalten.

Voraussetzung für diese Regelung war, daß Direktor Schubert am 13. Mai 1945 in Prag bei der neugebildeten tschechischen Regierung erreicht hatte, daß das Werk in Morchenstern/Tannwald zum tschechischen Staatsbetrieb erklärt wurde. Dieser Status konnte noch bis zum 1. Dezember 1945 aufrechterhalten werden. Danach begannen die Demontage des kompletten Werks sowie der Versand von Maschinen und Inventar nach Moskau und Leningrad. Ein Teil der Mitarbeiter wurde genötigt, mit ihren Familien ebenfalls die Reise in die Sowjetunion anzutreten.

Der andere Teil der Belegschaft mußte im Februar 1946 nach Arnstadt in Thüringen ausreisen, wo ihnen Arbeit in einem früheren Siemens-Werk zugewiesen wurde. Dort entstand in den Jahren bis 1948 eine komplette Fertigungsstrecke für Fernsehempfänger, die im April 1948 in die Sowjetunion verbracht wurde. Ein großer Teil der nach Arnstadt gekommenen früheren Mitarbeiter der Fernseh GmbH sah sich gezwungen, ebenfalls die Reise in die Sowjetunion anzutreten. Sie bekamen Arbeitsverträge in Labors und Fabriken in Moskau bzw. Friasino und Leningrad, wo die Technik für das sowjetische Fernsehsystem der Nachkriegszeit entstand. Oft trafen sich an diesen Orten frühere Mitarbeiter der Fernseh GmbH, die sich noch aus Berlin und Tannwald kannten.

Um 1950 kehrten alle diese Menschen nach Deutschland zurück und bekamen zum großen Teil Arbeit in den zwischenzeitlich entstandenen Fernsehstudios in Berlin und Hamburg oder bei der Fernseh GmbH.[141]

Das Gefühl, zu einer Elite von Technikern und Wissenschaftlern zu gehören und erfolgreich auf einem Gebiet zu arbeiten, das von wenigen verstanden wurde, aber eine große Zukunft haben würde, hat die relativ kleine Gruppe der Fernsehspezialisten eng zusammenwachsen lassen. Weniger politische Motive als die oft leidenschaftliche Verbundenheit mit einem Arbeitsgebiet, das man nicht aufgeben wollte, hat auch den Einsatz für die Fernsehwaffen möglich gemacht.

Schon lange vor allen Tannwalder Mitarbeitern gelangte der Werksdirektor Schubert in die Sowjetunion. Er wurde am 26. Mai 1945 ohne weitere Erklärung von sowjetischen Soldaten abgeholt und erhielt, wahrscheinlich in Moskau, ein Strafverfahren wegen der Beschäftigung sowjetischer Kriegsgefangener im Betrieb der Fernseh GmbH. Erst Anfang 1954 kehrte er nach Deutschland zurück, gesundheitlich gezeichnet von einem langjährigen Aufenthalt in sibirischen Arbeitslagern. Ob Schubert auch die Herstellung von Kriegswaffen zum Vorwurf gemacht worden war, konnte mangels Einblick in die Verfahrensakten nicht geklärt werden.[142] Dies wäre der einzige Fall, in dem die Arbeit an den Fernsehwaffen bei der Fernseh GmbH mit Sanktionen belegt worden wäre.

Zumindest in den ersten Nachkriegsmonaten wurde in Reichspostminister Ohnesorges Forschungsanstalt wesentlich schärfer mit den Mitarbeitern verfahren. Der Sonderbeauftragte für die Abwicklung des Reichspostministeriums und seiner Dienststellen, Dr. Grailer, hatte insbesondere bei der Bestandsaufnahme der RPF größte Schwierigkeiten zu überwinden. »Bei der RPF stießen alle Nachforschungen auf größte Schwierigkeiten, weil die an sich unzulänglichen Geschäftsformen noch durch eine befremdende Lässigkeit in deren Handhabung erhöht worden sind.«[143] Bei der Frage der Weiterbeschäftigung früherer Mitarbeiter hatte das Kriterium einer Zugehörigkeit zur NSDAP vorrangige Bedeutung. Inwieweit die Art der früheren Tätigkeit, also zum Beispiel die Verwicklung in Rüstungsforschung, von Bedeutung war, bleibt unklar. Das Ergebnis der Abwicklung der RPF war jeden-

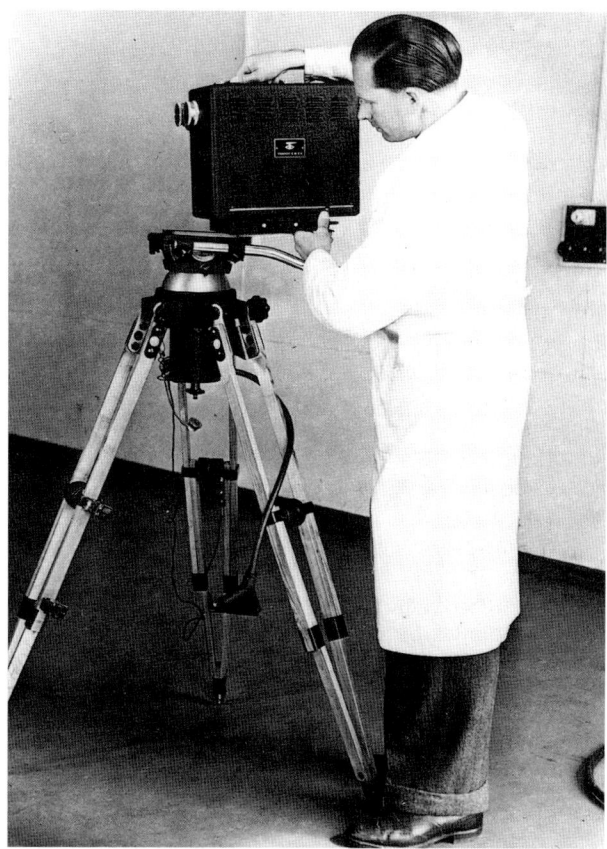

Erste Rieselikonoskop-Kamera der Fernseh GmbH aus dem Jahre 1950 mit der Aufnahmeröhre IS 9 aus der »Tonne.« (MVT)

falls, daß von den 1124 am 31. März 1945 Beschäftigten drei Monate später nur noch 37 als »kassenmäßiger Personalstand« geführt wurden.[144] Gleichwohl sind zahlreiche Mitarbeiter nach dem Abschluß der Entnazifizierungsmaßnahmen wieder in den Postdienst aufgenommen worden.

Die architektonisch auch heute noch beeindruckenden Bauten der Forschungsanstalt wurden 1946 durch einen Befehl des sowjetischen Militärkommandanten für den Kreis Teltow der SED zur Verfügung gestellt, die hier alsbald eine Parteihochschule einrichtete. Diese Hochschule war bis zum Jahr 1990 in Betrieb und hat Generationen von Parteifunktionären ausgebildet.

1943 hatten gravierende Bombenschäden an den Gebäuden der Forschungsanstalt in Kleinmachnow die Auslagerung der Institutsabteilungen vor allem in den süddeutschen Raum erforderlich gemacht. Eine Bestandsaufnahme des Jahres 1945 listet insgesamt 23 verschiedene Ausweichstellen auf.[145] Die alliierten

Investigatoren hatten Mitte 1945 nur neun dieser Stellen entdeckt.[146] In Aach stießen sie auf die Gruppe der Fernsehwaffenspezialisten um Dr. Georg Weiß, der ihnen neben anderer Fernsehtechnik auch eine funktionierende »Tonne« vorführte und ihren Zweck erläuterte. Die Schilderung der alliierten Offiziere beschränkt sich auf rein technische Aspekte und gipfelt in der nüchternen Feststellung: »The picture was very steady and phase adjustment appeared to be easy. Contrast on the receiver tube was good.«[147]

Deutlich größere Erregung seitens der alliierten Offiziere und Fachleute erzeugte der Besuch bei der Deutschen Forschungsanstalt für Segelflug, die das Konzept der Gleitwaffen inklusive der Fernsehsteuerung durch ihre Untersuchungen vorangebracht hatte. Im Vorwort zu ihrem ausführlichen Bericht sahen sich die Experten genötigt, einige grundsätzliche Bemerkungen zu machen. Der sehr hohe Stand des Wissens bei den interviewten deutschen Wissenschaftlern werfe die Frage auf, in welcher Weise und zu wessen Nutzen diese weiterhin Gebrauch von ihren Fähigkeiten machen dürften. Das Verbot von Luftfahrtforschung nach dem Ersten Weltkrieg habe offensichtlich nur das Ergebnis gehabt, daß in Deutschland neue Waffen wie Raketen oder lenkbare Flugkörper entwickelt worden seien. So sei ein außerordentlich gefährliches wissenschaftliches Potential entstanden, dessen physische Liquidation sich aus politischen Erwägungen verbiete. Die Verfasser schlugen vor, die hundert besten bzw. gefährlichsten deutschen Wissenschaftler auszusieben »and to establish them in or near allied research circles under conditions which would inhibit return to Germany or contact with the wrong elements in that country«[148], womit das Programm der gleichzeitig anlaufenden »Project Paperclip«[149] in knappster Weise beschrieben wurde.

Tatsächlich fand im April 1956 in München eine Tagung der Advisory Group for Aeronautical Research and Development der NATO statt, die sich in englischer Sprache mit der Geschichte und Entwicklung von Lenkwaffen in Deutschland befaßte. Dabei kamen auch die Gleitbomben mit Fernsehlenkung ausführlich zur Sprache. Einer der Referenten kam zu dem Ergebnis: »In summing up, it can be stated that television-aided guiding of missiles had, under the then existing conditions, already attained promising efficiency.«[150]

Aufschlußreich ist ein Blick auf die im Band enthaltenen Kurzbiographien der Referenten. Der Herausgeber Theodor Benecke war während des Krieges Abteilungschef im RLM und 1957 Leiter der Unterabteilung Luftwaffentechnik im Bonner Verteidigungsministerium. Herbert Wagner, bei Henschel verantwortlich für die Gleitbombe Hs 293, trat als Chef eines eigenen Unternehmens in Kalifornien auf. Prof. Dr. Eduard Fischel, bei der DFS unter anderem verantwortlich für die Versuche mit der Fernsehsteuerung, war Chef eines Labors für Navigationsinstrumente in Klifton, New Jersey, geworden. Fritz Münster, früher wie Wagner bei den Henschel-Werken beschäftigt, arbeitete jetzt bei der Deutschen Versuchsanstalt für Luftfahrt, und Kurt Wemheuer, der die ersten Peenemünder Berichte geschrieben hatte, war 1957 beim Fernmeldetechnischen Zentralamt der Bundespost in Darmstadt beschäftigt.

Resümee

Dem zurückschauenden Betrachter stellt sich die Geschichte des Fernsehwaffenprogramms als Beispiel für eine extreme wissenschaftliche, technische und organisatorische Anstrengung dar, wie es sie zu Dutzenden im Rahmen des Rüstungswettlaufs während des Zweiten Weltkriegs gegeben hat. Es läßt sich erkennen, daß die Geschichte des Fernsehens in Deutschland schon seit 1935 insgeheim auch von der Erwartung eines militärischen Nutzens bestimmt worden war. Dies kam zwar in den vielen zeitgenössischen Publikationen über die Aufgabe des neuen Mediums kaum zur Sprache, stellte sich aber um so deutlicher bei Ausbruch des Krieges heraus.

Die Militarisierung des Fernsehens geht eindeutig auf die Ambitionen eines Reichspostministers zurück, der die reichlichen Überschüsse aus dem Monopolbetrieb der Post in eigener Machtvollkommenheit zur Finanzierung von Waffen für Hitlers Kriege benutzte. Die Abhängigkeit der deutschen Fernsehindustrie von den Zuwendungen der Reichspost wurde geschickt ausgenutzt, um sie auf ein hybrisartiges Programm von »Wunderwaffen« einzuschwören.

Das Elitebewußtsein der Fernsehtechniker ließ sich anscheinend ohne besondere Friktionen mit den Visionen der Waffenentwickler in den verschiedenen beteiligten Ministerien verkoppeln. Der Wunsch, mit großen Hoffnungen gegründete Firmen wie die Fernseh GmbH und die in ihr arbeitenden Menschen nicht für den Krieg aufgeben zu müssen, kann heute verständlich erscheinen, er war aber nur erfüllbar durch die Unterordnung unter ein alles erfassendes Rüstungsprogramm, das der Rettung eines schon früh verlorenen Krieges dienen sollte. Auch im Bewußtsein vieler beteiligter Fernsehtechniker hatte damit ihre bis dahin auf friedliche Zwecke ausgerichtete Arbeit die Unschuld verloren.

Der Autor bedankt sich bei den folgenden Personen für wichtige Hinweise und hilfreiche Gespräche: Andrea Brunnen-Wagenführ, Gauting; Jana Zilova und Jaroslava Kolinska, Smrzovka; Dipl.-Ing. Frithjof Rudert und Dipl.-Ing. Rolf Maly, beide Darmstadt-Eberstadt; Rudolf Richter, Berlin; Dr. Wolfgang Lotz, Dieburg; Herbert Leclerc, Friedberg; Dr. Werner Lampe, Köln; Peter Grosz, Princeton, New Jersey; Jaroslav Rydl, Tanvald; Manfred Romminger, Schwäbisch Hall. Gerhart Goebel, der die Entstehung des Manuskripts besonders gefördert hat, ist leider am 14. Januar 1995 verstorben.

Anmerkungen

1 Theodor Benecke, Karl-Heinz Hedwig und Joachim Hermann: Flugkörper und Lenkraketen, Koblenz 1987, S. 14.

2 Richard von Felgel-Farnholz: Fernsehen zwischen bewegten Objekten. Die Reportageanlagen der Fernseh GmbH, in: Radiotechnik 11/1948, S. 596.

3 Ebd., S. 594

4 Zur Technik informiert Fritz Trenkle: Die deutschen Funklenkverfahren bis 1945, Heidelberg 1987. Zur Anwendung vgl. T. Benecke, K.-H. Hedwig und J. Hermann, wie Anm. 1. Die beste Darstellung im Rahmen der Fernsehgeschichtsschreibung findet sich nach wie vor bei Gerhart Goebel: Das Fernsehen in Deutschland bis zum Jahre 1953, in: Archiv für das Post- und Fernmeldewesen, 5/1953, S. 259 ff. Vgl. auch Ferdinand Müller: Leitfaden der Fernlenkung. Eine systematische Zusammenstellung der Verfahren und Anlagen der Fernlenkung, Garmisch-Partenkirchen 1955.

5 Den Stand der Diskussion geben am besten die Aufsätze von Hempel und Uricchio, in: William Uricchio (Hg.): Die Anfänge des Deutschen Fernsehens, Tübingen 1991, wieder. Vgl. auch die Vorarbeiten bei Manfred Hempel: Der braune Kanal. Die Entstehung und Entwicklung des Fernsehens in Deutschland bis zur Zerschlagung des Hitlerregimes, hg. von der Karl-Marx-Universität Leipzig, 1969 sowie ders.: Fernsehen unterm Hakenkreuz, in: Mitteilungen des Postmuseums der DDR, Band 3/4, 1970 , S. 31 ff. und Band 5, 1981, S. 49 ff.

6 Die fraglos bemerkenswerte Vita von W. Ohnesorge ist biographisch bis jetzt nur im Aufsatzformat beschrieben worden. Einen guten Überblick liefern die Artikel von Herbert Leclerc: Dr. Ohnesorge und die Deutsche Reichspost, in: Archiv für deutsche Postgeschichte, 2/1988, S. 120 ff. und Gerd Ueberschär: Die Deutsche Reichspost im Zweiten Weltkrieg; in: Deutsche Postgeschichte, hg. von Wolfgang Lotz, Berlin 1989, S. 289 ff.

7 Zitiert nach Leclerc, wie Anm. 6, S. 121.

8 Zur Parteikarriere Ohnesorges vgl. das nur einen Hefter umfassende Dossier im Bundesarchiv, Document Center, Berlin, und die Unterlagen zum Grailer-Bericht im Bundesarchiv Potsdam, Akte 53 40/DM 3/798-800. Ministerialrat Dr. Grailer war mit der Abwicklung des Reichspostministeriums und seiner Dienststellen unmittelbar nach dem Ende des Krieges befaßt. Er sammelte umfangreiches Material zur Geschichte der Reichspost während des Hitler-Regimes. Die Personalakte Ohnesorges hat sich bis heute nicht auffinden lassen.

9 Veröffentlicht in: Die Deutsche Post, 3.1.1942.

10 Akte Kube, 13.11.87, ORPO, Bundesarchiv/Document Center, Berlin.

11 Leitartikel »Reichsminister Ohnesorge 70 Jahre«, in: Elektrotechnische Zeitschrift, Heft 21/22, Jg. 1942, S. 249.

12 Vgl. Herbert Leclerc, wie Anm. 6, S. 137.

13 Zahlen aus dem Aufsatz von G. Ueberschär, wie Anm. 6, S. 304.

14 Die Ansprache stand übrigens unter dem bezeichnenden Titel »Dienen und nichts als dienen – dem geliebten Führer und seiner NSDAP«, in: Die Deutsche Post, 4.2.1939.

15 Zahlen des Grailer-Berichts, einer Bestandsaufnahme der Reichspost nach dem Zusammenbruch des NS-Regimes, Bundesarchiv Potsdam, Akte 53 40/ DM 3/789.

16 G. Flanze: Die Forschungsanstalt der Deutschen Reichspost, in: Telegraphen-, Fernsprech- und Funktechnik, 5/1937, S. 97.

17 Grailer-Bericht, Bundesarchiv Potsdam, 53.40. DM 3/798.

18 Ebd., 53.40. DM 3/800.

19 Ebd., 53.40. DM 3/799.

20 Vgl. die Bestandsaufnahme in: »The Establishments of the Forschungsanstalt der Deutschen Reichspost«, CIOS-Report XXXI-I, Archiv Deutsches Museum.

21 Der Präsident der RPF; Ämter, Gruppen und Sachgebiete der RPF und angegliederte Institute, BA Potsdam, 47.05.22996.

22 Manfred von Ardenne in einem Brief an den Autor vom 25.5.1992. Eine ausführlichere Darstellung, die aber auch nicht alle Fragen zum Verhältnis Ohnesorge-Ardenne beantwortet, findet sich in: Manfred von Ardenne: Die Erinnerungen, Neuschrift, München 1990, S. 158 ff. Vgl. auch den Aufsatz von Maria Osietzki: The Ideology of Early Particle Accelerators: An Association between Knowledge and Power, in: Renneberg/Walker (Hg.): Science, Technology, and National Socialism, Cambridge University Press 1994, S. 262 ff.

23 Vgl. zu Ohnesorges Ambitionen David Irving: Der Traum von der deutschen Atombombe, Gütersloh 1967, S. 78 ff. und Dietrich Eichholtz: Geschichte der deutschen Kriegswirtschaft, Berlin 1985, Bd. 2, S. 347.

24 Zur Debatte um Polykratie vgl. Klaus Hildebrand: Monokratie oder Polykratie? Hitlers Herrschaft und das Dritte Reich, in: Bracher, Funke und Jakobsen (Hg.): Nationalsozialistische Diktatur 1933–1945. Eine Bilanz, Bonn 1986, S.73ff.

25 Gottlob Berger: Lebenserinnerungen, Umschrift einer Tonbandaufzeichnung, Kassette 5.9., Robert-Bosch-Archiv, Stuttgart.

26 Teile des Briefwechsels befinden sich im Bundesarchiv, Document Center, Aktenband 259.

27 Gottlob Berger; wie Anm. 25.

28 G. Ueberschär; wie Anm. 6, S. 315.

29 Brief von W. Ohnesorge vom 14.7.1959, Archiv Goebel, MVT Berlin.

30 Zur Gleichschaltung des Rundfunks s. Ansgar Diller: Rundfunkpolitik im Dritten Reich, München 1980. Eine gute Zusammenfassung liefert auch Klaus Winker: Fernsehen unterm Hakenkreuz. Eine Studie zu seiner Organisations-, Programm- und Personalgeschichte, Diss. Mainz 1993 (1994 in gekürzter Fassung als Buch im Böhlau-Verlag, Köln erschienen).

31 NS-Funk, Folge 14, 1935, S. 3.

32 Abgedruckt in: Funktechnischer Vorwärts, Gruppe I, Heft Nr. 7 vom 3.4.1935, S. 28.

33 Vgl. Friedrich Kirschstein: Der Stand der Fernsehtechnik in Deutschland. Vortrag, gehalten anläßlich der ersten Sitzung des Technischen Ausschusses der Deutschen Fernseh-Gemeinschaft am 29. Mai 1935, in: Funktechnischer Vorwärts, Gruppe II, H. 13, 26.6.1935.

34 Bericht „Der Fernsehfunk kommt zum Arbeiter", in: NS-Funk, Folge 22, 1935, S. 8. Die Adressen der anderen Fernsehstuben: RdR-Geschäftsstelle, Potsdamer Str. 3; Haus des Rundfunks, Masurenallee; Lichtenberg, Parkaue 6-7.

35 Funktechnischer Vorwärts, Gruppe I, Heft 14, 10.7.1935, S. 46.

36 G. Schubert, W. Dillenburger und H. Zschau: Das Zwischenfilmverfahren, in: Hausmitteilungen der Fernseh A.G., Bd. 1, Hefte 3, 5 und 6, 1939.

37 Vgl. Klaus Winker, wie Anm. 30, S. 87 ff.

38 Reichspostminister Dr. Ing. e.h. Wilhelm Ohnesorge, in: Unsere Reichsregierung, hg. von H.H. Sadila-Mantau, Berlin 1939 (²1940), S. 270.

39 Vgl. Klaus Winker, wie Anm. 30, S. 124.

40 Reichsgesetzblatt 1935, Teil I, S. 1059.

41 Zur Auseinandersetzung um die Zuständigkeit s. Goebel, wie Anm. 4, S. 326; Diller, wie Anm. 30, S. 188 ff. Vgl. auch Winfried B. Lerg: Die Entstehung des Fernsehens in Deutschland, in: Rundfunk und Fernsehen, 4/1967, S. 360 ff.

42 Die Patentanmeldung wird erwähnt in einem Brief Ohnesorges an Hitler vom 28. Mai 1940, BA Potsdam 47.01.20819. Da die Anmeldung offensichtlich sogleich unter strikte Geheimhaltung gestellt wurde, liegen heute beim Deutschen Patentamt Berlin keine Unterlagen mehr vor. Alle vergleichbaren Unterlagen müssen als verschollen gelten. So läßt sich auch nicht mehr klären, ob es zur Erteilung eines Patents kam.

43 Reichsgesetzblatt 1935, Teil I, 13. Dezember 1935, S. 1429.

44 Vgl. Frithjof Rudert: 50 Jahre „Fernseh", 1929-1979, in: Bosch Technische Berichte, H. 5/6, 1979, S. 236 ff.

45 Aktenvermerk Goerz vom 31.1.1935, Robert Bosch Archiv, Stuttgart, G 10/3.

46 Ebd.

47 Vgl. Aktenauszug betr. Fernseh vom 8.11.1949, Robert Bosch Archiv, Stuttgart, G 10/3, S. 3.

48 Vgl. Aktenauszug betr. Fernseh vom 8.11.1949, Robert Bosch Archiv, Stuttgart, G 10/3, S. 7.

49 Ebd., S. 9.

50 Der Wechsel der Schreibweise von „Loewe" zu „Löwe" erklärt sich durch die „Arisierung". Während des Krieges wurde die Firma in Opta umbenannt, woraus nach dem Kriege die Firmenbezeichnung „Loewe-Opta" entstand. Außer bei Zitaten wird in diesem Text die ursprüngliche Schreibweise beibehalten.

51 Brief von Milch an Speer vom 6.12.1943, BA Potsdam, 47.01.20817.

52 Auszug aus dem Deutschen Reichsanzeiger vom 27.10.1939, BA Potsdam, RPM 5230/0.20809.

53 Brief von Direktor Raßbach, Bosch, an das RLM vom 21.1.1944 (Abschrift), Robert Bosch Archiv, Stuttgart, G 10/3.

54 F. Rudert, wie Anm. 44, S. 237.

55 Denes (Dionys) von Mihaly: Das elektrische Fernsehen und das Telehor, Berlin 1923, S. 113.

56 Alle Zitate aus Schriftwechsel RLM-RPM in BA Potsdam 47.01.20819.

57 Vgl. die umfangreiche Sammlung von Vorgängen im BA Potsdam 47.01.20811a.

58 Übersetzung des Artikels und Schriftwechsel zwischen OKH und RPM in BA Potsdam, RPM 5230-0/1/B.20810.

59 BA Potsdam, RPM 5230-0/1/B.20810.

60 Aktennotiz »Automatische Zielansteuerungsgeräte ...« von LC 7 (d.i. Theodor Benecke), E-Stelle Peenemünde-West, vom 31.5.1940, abgedruckt in: Benecke, Hedwig und Hermann, wie Anm. 1, S. 14 ff.

61 BA Potsdam, RPM 5230/0.20809.

62 Aktennotiz LC 7, wie Anm. 60, S.1.

63 Aktennotiz LC 7, wie Anm. 60, S 2/3.

64 Schreiben von Ohnesorge an Hitler vom 28. Mai 1940, S. 1, BA Potsdam 4701.27017. In dem Schreiben wird eine Patentanmeldung mit dem Aktenzeichen R 93 787 XI/62c vom 15. 7.1935 des Postrats Dr. Weiß erwähnt. Wahrscheinlich wurde diese Anmeldung als Staatsgeheimnis behandelt, denn Unterlagen lassen sich im Deutschen Patentamt wie bei anderen vergleichbaren Anmeldungen nicht mehr nachweisen. Alle damals für geheim erklärten Unterlagen gelten als Kriegsverlust.

65 Ebd., S. 4.

66 Rudolf Brée: Taktisch-technische Aufgabenstellung für Gleitbomben, in: Sonderprobleme der Fernlenkung, Deutsche Akademie der Luftfahrtforschung, Berlin 1942, S. 3, Archiv Deutsches Museum, München, DAL 1054/42 S.

67 Ebd., S. 4.

68 Ebd., S. 3.

69 Ebd., S. 3/4.

70 Ebd., S. 4.

71 Ebd., S. 9/10.

72 Benecke, Hedwig und Hermann, wie Anm. 1, S. 106.

73 Die verschiedenen Varianten der HS 293 werden ausführlich beschrieben von Fritz Hahn: Deutsche Geheimwaffen 1939– 1945, Heidenheim 1963, S. 368 ff.

74 Willi Scheurel: Willi's Erzählungen, Band Nr. 5, Post und Forschung, hg. von K.D. Scheurel, unveröffentlichtes Manuskript, Berlin 1990.

75 Schreiben der RPF an RPM vom 24.8.1940, BA Potsdam 47.01. Bd. 20819.

76 Versuchsstelle der Luftwaffe Peenemünde-West, Entwicklung und Erprobung von Fernsehgeräten für ferngesteuerte Körper. 1. Teilbericht zu E-Nr. 415/40, B.Nr. 2267/42 E 4 g.Kdos., Archiv Deutsches Museum, München.

77 Ebd., S.6.

78 Ebd., S. 5 f.

79 Details finden sich bei: H. Bähring, W. Dillenburger u.a.: Über die Entwicklung der Fernsehtechnik bei der Fernseh G.m.b.H 1939–1945, in: Fernmeldetechnische Zeitschrift, 8/1950.

80 Im Museum für Verkehr und Technik Berlin befindet sich die Kopie eines Filmes, der das Monitorbild eines Fernsehempfängers während eines Zielanflug zeigt.

81 Vgl. Liste der bei der RFG übernommenen früheren Mitarbeiter der Reichspost mit ihrem alten und neuen Einkommen im BA Potsdam, 47.01.20815. Wemheuer wurde in Peenemünde assistiert von den als Übertragungstechnikern bei der RFG geführten Gerhard Caliebe und Gerhard Krey. Zur Arbeitsgruppe von Wemheuer in Peenemünde gehörten noch drei weitere Mitarbeiter der Reichspost. Vgl. Brief von Botho Stüwe an Gerhart Goebel vom 13.12.1980, in: Archiv Goebel, MVT Berlin, Bd. TV, To-Z.

82 Richter: Fernseh-Flugversuche mit niederer Bildpunktzahl, Deutsche Luftfahrtforschung, Forschungsbericht Nr. 1342 vom 31.1.1941, Archiv Deutsches Museum, München.

83 T. Fölsche: Zwischenbericht über die Fernsehübertragung zwischen Flugzeugen mit den Kleinbildgeräten der Fernseh GmbH, DFS-Forschungsbericht FB 2/2/1, FB Sen/1, FB HFE 2, 15.3.1941, Archiv MVT Berlin.

84 E. Fischel, K. Bach: Die Lenkung von Flugbomben im Modellversuch, DFS-Hausbericht Nr. 20, Archiv Deutsches Museum, München.

85 Staiger: Das Zielen mit Flugbomben nach dem Fernsehverfahren im Modellversuch, DFS-Forschungsbericht Nr. 1897, Dezember 1943, Archiv Deutsches Museum, München.

86 Erich Klöckner: Fernseh-Lenkung gesteuerter Gleitbomben, in: Wolfgang Späte (Hg.): Testpiloten, Planegg 1993, S. 104.

87 T. Fölsche: Die Erkennbarkeit von Land- und Seezielen mit rot- und blauempfindlichen Ikonoskopen bei natürlichen Beleuchtungs- und Dunstverhältnissen, DFS-Forschungsbericht, 15.7.1943, Deutsche Luftfahrtforschung, Untersuchungen und Mitteilungen Nr. 3506, Archiv Deutsches Museum, München.

88 G. Goebel, wie Anm. 4, S. 379.

89 Vermerk über die Elektro-Optik im Grailer-Bericht, BA Potsdam DM 3, Bd. 798, S. 263 f.

90 Vermerk von MinRat Gerwig (RPM) vom 17. März 1943, BA Potsdam RPM 5230-0, 6/8/1, Bd. 20809.

91 Vgl. Fritz Hahn, wie Anm. 73, S. 382.

92 Vgl. Fritz Hahn, wie Anm. 73, S. 380. S. auch Heinrich Schmetz: Einsatzerfahrungen mit Hs 293 und »Fritz X«, in: Benecke, Hedwig und Hermann, wie Anm. 1, S. 13 ff.

93 Einsatzerprobung der Hs 293 D, 3. Teilbericht zu E-Nr. 415/40, Erprobungsstelle der Luftwaffe, Karlshagen, 22.8.1944, Archiv Deutsches Museum, München.

94 Joachim Hermann: Die ferngelenkte Gleitbombe Hs 293, in: Benecke, Hedwig und Hermann, wie Anm. 1, S. 111.

95 Erprobungsbericht Hs 293 D, 4. Teilbericht zu E.-Nr. 415/40. Erprobungsstelle der Luftwaffe Karlshagen, 10.10.44, Archiv MVT Berlin.

96 Vgl. F. Müller: wie Anm. 4, S. 176 und 180. Walter Bruch: Peenemünde 1942: Die Anfänge des »Industriefernsehens«, in: Funkschau (5)1974, S. 142ff.

97 BA Potsdam 47.01. Bd. 20822.

98 F. Rudert, wie Anm. 44, S. 252.

99 G. Goebel, wie Anm. 4, S. 377.

100 Ebd., S. 380.

101 Winker, wie Anm. 30, S. 194 ff.

102 Brief des Präsidenten der RPF vom 12. 4.1941, Sachbearbeiter Dr. Weiss, BA Potsdam 47.01.20816.

103 BA Potsdam, 47.01.20816.

104 BA Potsdam, 47.01.20816.

105 BA Potsdam, RPF 3250-0, Bd. 2, 22986.

106 BA Potsdam, RPF 3250-0, Bd. 2, 22986.

107 BA Potsdam 47.01.20817.

108 Ebd.

109 Vgl. Mark Walker: Die Uranmaschine. Mythos und Wirklichkeit der deutschen Atombombe, Berlin 1992, S. 161. Walker weist darauf hin, daß der Reichsforschungsrat diesen Betrag nicht einmal ausgeben konnte.

110 Verfügung des Präsidenten der RPF vom 17.101939, BA Potsdam 47.05.22985.

111 Rolf Möller: 25 Jahre Fernseh GmbH, in: Hausmitteilungen der Fernseh GmbH, Dezember 1954, S. 4.

112 Rolf Möller, Georg Schubert: Die Weiterentwicklung unserer Empfangs- und Bildaufnahmegeräte im Jahre 1939, in: Hausmitteilungen der Fernseh A.G., H. 5, August 1939, S. 153 ff.

113 Rolf Möller, Georg Schubert: 10 Jahre Fernsehtechnik, in: Hausmitteilungen der Fernseh A.G., H. 4, Juli 1939.

114 Vgl. Briefwechsel und Aktenvermerke im BA Potsdam »Fernsehen auf Ausstellungen und Sonderveranstaltungen« 47.01/20814.

115 F. Rudert, wie Anm. 44, S. 250.

116 Interner Vermerk von Telefunken, »EB 14«, »Ausarbeitung über Aufgaben und Ausrichtung der Fernseh-Entwicklung bei Aufnahme der Friedensarbeit« vom 10.8.1940, Archiv MVT Berlin.

117 Interview des Autors mit Dipl. Ing. Frithjof Rudert, Darmstadt-Eberstadt, am 25.5.1994. Herr Rudert war Leiter der Hochfrequenzabteilung der Fernseh GmbH und in der Nachkriegszeit einer ihrer Geschäftsführer.

118 Reichsbetriebskartei des RMRuK, BA Koblenz R3/2019/1134 (6580).

119 Vgl. F. Rudert, wie Anm. 44, S. 250.

120 Interview des Autors mit Rudolf Richter, Berlin, am 15.1.1995. Herr Richter war bei der Fernseh GmbH als Elektromechaniker in der Entwicklung beschäftigt.

121 Interview des Autors mit F. Rudert, Darmstadt-Eberstadt, am 25.5.1994.

122 Briefliche Auskunft von Jaroslava Kolinska, Smrzovka, die bei der Fernseh GmbH beschäftigt war; Brief an den Autor vom 12.12.1994.

123 Interview des Autors mit Rudolf Richter, Berlin, am 15.1.1995.

124 G. Goebel, wie Anm. 4, S. 378.

125 Interview des Autors mit Rudolf Richter, Berlin, am 25.3.1993. Er berichtet, daß an jedem Arbeitstag mindestens eine Kamera fertiggestellt wurde.

126 Mündliche Mitteilung von Rolf Maly, Darmstadt-Eberstadt, am 20.6.1994.

127 G. Goebel, wie Anm. 4, S. 378.

128 Vgl. interne Vermerke der Bosch GmbH, Bosch Archiv, Stuttgart, G 10/3.

129 Schreiben von Ohnesorge an Milch vom 17.2.1941, BA Koblenz R 48/142.

130 Brief von Milch an Ohnesorge vom 17.10.1941, Abschrift im Bosch Archiv, Stuttgart, G 10/3.

131 Brief der Opta Radio AG an das RLM vom 7.7.1943, Durchschlag im Bosch Archiv, Stuttgart, G 10/3.

132 Vgl. den betr. Aktenband im BA Potsdam 47.01.20817.

133 Vgl. zu Speers Politik den Aufsatz von Hans-Erich Volkmann: Zum Verhältnis von Großwirtschaft und NS-Regime im Zweiten Weltkrieg, in: Bracher/Funke/Jakobsen (Hg.), wie Anm. 24, S. 487 ff.

134 Brief von Speer an Milch vom 15.11.1943, BA Potsdam 47.01.20817.

135 Bericht über eine am 28. März von 10-12 Uhr abgehaltene Besprechung mit Herrn Kriegsgerichtsrat Voigt ..., Robert Bosch Archiv, Stuttgart, G 10/3.

136 Vgl. Verhandlungen über Rückerstattung, Robert Bosch Archiv, Stuttgart G 10/4.

137 Unter den Waffenspezialisten kursierte während des Krieges der denkwürdige Ausspruch: »Genieße den Krieg, der Friede wird furchtbar sein«.

138 The ITT, Siemens and Robert Bosch Organizations, CIOS-Report, File XXXI-38, Archiv MVT Berlin. Indiz einer nicht besonders gründlichen Arbeit der alliierten Experten ist die Tatsache, daß fast kein Name der Interviewten richtig wiedergegeben wurde.

139 Rudert, Dillenburger: Exposés zu den Zielbildübertragungsanlagen, Fernsehsendern und Empfängern der Fernseh GmbH vom 10.11.1945, Archiv MVT Berlin.

140 Amtsblatt des Kontrollrats in Deutschland, Nr. 6, vom 30. 4. 1946, S. 41.

Joseph Hoppe

141 Die Darstellung der Nachkriegszeit folgt weitgehend dem im Bosch Archiv, Stuttgart, aufgefundenen anonymen Manuskript eines Zeitzeugen (G 10/2) und den mündlichen Berichten von Rudolf Richter, Berlin, am 25.3.1993, der nach Leningrad kam.
142 Vgl. Kurzmitteilungen der Fernseh GmbH, H.4/5, 1955, S. 70. Ein Schreiben des Autors an die zuständige russische Archiverwaltung blieb bis jetzt (Januar 1995) ohne Antwort.
143 Grailer-Bericht im BA Potsdam, RM 3/800a.
144 Ebd.
145 Ebd.
146 Establishments of the Forschungsanstalt der Deutschen Reichspost, CIOS Report File Nr. XXX-I, Archiv Deutsches Museum, München.
147 Television Development and Application in Germany, 16.2. – 20.3.1946, BIOS Report Nr. 867, Archiv Deutsches Museum, München.
148 Deutsche Forschungsanstalt für Segelflug, Ainring, CIOS-Report File Nr. XXXII-66, Archiv Deutsches Museum, München.
149 Vgl. Tom Bower: Verschwörung Paperclip. NS-Wissenschaflter im Dienst der Siegermächte, München 1987.
150 Fritz Münster: A Guiding System Using Television, in: History of German Guided Missiles Development, ed. by Th. Benecke & A.W. Quick, Brunswick 1957.

Textiltechnik:
Zwei »Karrieren«?

von Anna Döpfner

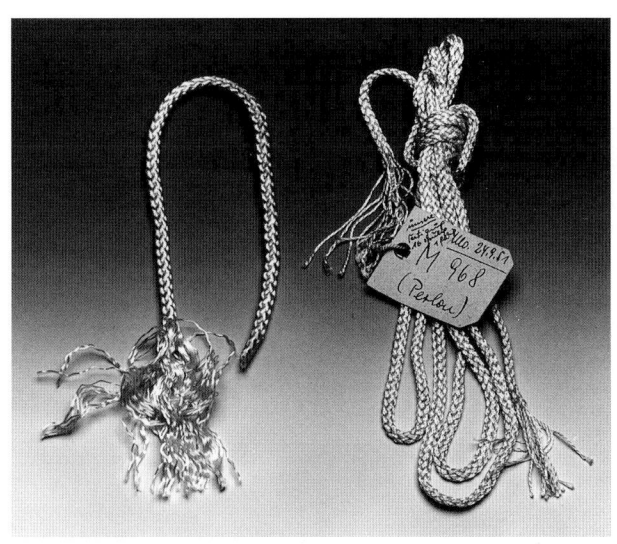

Kriegs- und Friedensproduktion aus Perlon:
links Fallschirmschnur, 1943; rechts Gardinenschnur,
1951. (C. Kirchner/MVT)

Paul Schlack um 1962 (Hoechst AG)

Paul Schlack, Erfinder des Perlon

1897	Geboren am 22. Dezember in Stuttgart	Frühjahr 1945	Promotion über Polyamide (Perlon); Verlagerung des Labors Berlin nach Bobingen in Süddeutschland
1914	Beginn des Chemiestudiums		
1915–1918	Soldat		
1921	Abschluß des Chemiestudiums	1946	Aufbau der Perlon-Fabrikation in Bobingen (IG Farben, später Hoechst AG)
1922	Chemiker in einem wissenschaftlichen Labor in Kopenhagen		
		1946–1960	Wissenschaftliche Begleitung der Friedensproduktion von Perlon
1923	Stipendium der Hoechst AG		
1924–1945	Chemiker bei Agfa-Wolfen (IG Farben)	1953	Verdienstorden der Bundesrepublik Deutschland
1926	Leiter des Labors der Kunstseidenfabrik Aceta in Berlin-Lichtenberg (Zweigwerk der Afga-Wolfen)		
		1955–1960	Leiter der Faserforschung der Hoechst AG in Frankfurt am Main
Januar 1938	Erfindung des Perlon		
1939–1945	Wissenschaftliche Begleitung der Kriegsproduktion von Perlon	1961	Professor an der Technischen Hochschule in Stuttgart
1944	Kriegsverdienstkreuz I. Klasse	1987	Gestorben am 19. August

Dieser Text handelt von zwei Personen, einem Mann und einer Frau, deren Leben durch die Beschäftigung mit Textiltechnik bestimmt und unterschiedlich geprägt wurde. Paul Schlack war der Erfinder des Perlon, Ruth M. war Strickmeisterin. Beide haben versucht, ihren Platz in der Textiltechnik zu finden. Beide haben sich aus der jeweils unterschiedlichen Ausgangslage heraus überdurchschnittlich für ihre Arbeit eingesetzt. Die Anstrengungen des Mannes waren erfolgreich, die der Frau nicht. Das hat mit Herkunft, Geschlecht, Qualifikation und Position innerhalb der Gesellschaft zu tun, die für beide Personen sehr verschieden waren. Es ist keine größere gesellschaftliche Spanne denkbar als zwischen dem »bedeutenden« Mann und der »unbedeutenden« Frau. Paul Schlack »diente nur der Technik«, Ruth M. nicht. Die beiden textilen Lebensgeschichten sind dennoch zwei Seiten der gleichen Medaille. Während Paul Schlack als Erfinder und Wissenschaftler zum Fortgang des Krieges beitrug, mußte sich Ruth M. wie Millionen anderer Menschen mit den Folgen dieser Forschung auseinandersetzen. Die Auswirkungen des von den Wissenschaftlern erst möglich gemachten Krieges auf die »unbedeutenden« Menschen bestanden in Evakuierung, Flucht und Hunger. Bezogen auf die berufliche Qualifikation der beiden hier beschriebenen Personen bedeutete der Krieg für den Forscher einen Qualifikationsschub, für die »normale« Textilfrau wie für die meisten erwerbstätigen Menschen dagegen eine Ausbildungs- und Qualifikationsverzögerung, die erst in Friedenszeiten aufgeholt werden konnte. Während Paul Schlack zu Kriegsende bereits auf dem Weg in den Westen war, um dort nahtlos auf seinem Forschungsgebiet weiterarbeiten zu können, begann für Ruth M. nach halbjähriger Flucht durch Ostdeutschland der Einstieg in das Berufsleben unter dem vorrangigen Aspekt der Überlebenssicherung. Beide »Karrieren« sind gleichermaßen Bestandteil der Kriegs- und Nachkriegsgeschichte.

In unserer Ausstellung geht es um Technik und Macht zwischen 1940 und 1950. Technik wird von Menschen gemacht, Macht von Menschen ausgeübt. Das »Menschliche« hinter diesen großen Begriffen führt ein eigenartiges Doppelleben. Auf der einen Seite ist es uns oft nicht bewußt, daß konkrete Menschen Technik erfinden und Macht ausüben, z. B. wenn wir von einer Eigendynamik der Technik ausgehen, die menschlich nicht mehr zu beeinflussen wäre. Hier erscheint es sinnvoll, in der Ausstellung technologische Entwicklung mit konkreten Biographien zu verknüpfen, um bewußt den menschlichen Hintergrund von Technik und Macht darzustellen. Die andere Seite unserer Sicht auf Technik und Macht offenbart jedoch auch, daß die Beschäftigung mit dem Thema immer schon auch die Erwartung sowohl von Ausstellungsmachern als auch Besuchern trifft, bedeutende Technik im Zusammenhang mit bedeutenden Männern zu behandeln. Diese bedeutenden Männer sind es dann auch, die für die Auswirkungen von Technik verantwortlich gemacht werden können. Dabei besteht die Tendenz innerhalb unserer hochtechnisierten Gesellschaft, jede Form von Technikentwicklung eher als »Wohl« zu idealisieren bzw. im Zweifelsfall als gut in der Sache, jedoch als schlecht in der Anwendung zu betrachten.

Auch in unserer Ausstellung stehen die großen Männer im Mittelpunkt. Die großen Erfindungen bzw. deren Anwendungen wurden von ihnen aktiv in die Wege geleitet. Sich mit ihnen zu beschäftigen, wie kritisch auch immer, bedeutet, sie in das Zentrum des Interesses zu stellen. Besuchern der Ausstellung werden ihre Lebensschwerpunkte vorrangig vor anderen vermittelt. Für eine Verbreitung hauptsächlich ihrer Werte wird gesorgt . Wenn Technik und Macht aber nur das Thema bedeutender Männer wäre, hieße das, alle unbedeutenden Männer und alle Frauen aus der Betrachtung auszuschließen. Eine solche Auswahl zu treffen, hieße einseitig zu bestimmen, welches Leben wert wäre, erzählt zu werden, und welches nicht. Nur eine umfassende Darstellung von Technik und Macht zwischen 1940 und 1950 kann für Ausstellungsbesucherinnen und -besucher ein weiterer Mosaikstein zur Formung des eigenen Geschichtsbildes sein. Und eine umfassende Darstellung berücksichtigt den Umgang von unterschiedlichsten Männern und Frauen mit Technik. Gewöhnliche Frauen haben während des Zweiten Weltkriegs in den Fabriken Waffen hergestellt; gewöhnliche Männer haben sie an der Front verwendet. Was unterscheidet diese Menschen von den in der Ausstellung vorrangig dargestellten großen Persönlichkeiten? Haben sie ebenso wie die Erfinder der kriegsnotwendigen Technologien aktiv an der Fortsetzung des Krieges und Aufrechterhaltung des Unrechtstaates mitgewirkt?

Bei der Beschäftigung mit der Frage von Technik und Macht zwischen 1940 und 1950 zieht die Frage nach der Schuld immer mit. Die großen Männer scheinen auf schwerwiegendere Art schuldig geworden zu sein als die kleinen Leute. Die Kenntnisse und Fähigkeiten der Erfinder, ihre Möglichkeiten, die wissenschaftlichen Begabungen zu entfalten und zu nutzen, hatten große Auswirkungen auf die ökonomische und politische Entwicklung Nazideutschlands. Aber die Schuldfrage, die außerhalb des juristisch nachweisbaren Verbrechens liegt, ist individuell sehr unterschiedlich zu betrachten. Menschen, die beobachtet und nicht eingegriffen haben, als in ihrer Straße Juden zusammengetrieben wurden, können mehr Schuld mit sich tragen als die Antreiber. Und Juden, die das KZ überlebt haben, fühlen sich unschuldig schuldig. Zwischen aktiver und passiver Schuld eine genaue Linie zu ziehen, ist nicht möglich, insbesondere wenn die passiv schuldig Gewordenen die Masse ausmachen. Diese letzte Frage ist von großer Aktualität und müßte sich doch verbieten, wenn nur nach großer, spektakulärer Schuld gefragt würde. Die Geschichte aller Menschen, die technische Entwicklungen vorangetrieben und die deren Auswirkungen gespürt haben, ist Grundlage der Geschichtsschreibung. Insbesondere aber der Geschichte von Frauen, die aus der Geschichte der Erfinder ganz ausgespart ist, würde durch eine Geschichtsschreibung der großen Männer jede Existenz abgesprochen werden.

In unserer konkreten Gegenüberstellung der Geschichte eines Mannes und einer Frau ist die Quellenlage ganz unterschiedlich. Während die Frau persönlich befragt werden konnte, war die Biographie des Mannes nur über Archivmaterial zugänglich, ergänzt durch die Auskünfte eines Freundes. Im Nachruf dieses Freundes auf den Tod des Erfinders 1987 wird erst in einem Nebensatz deutlich, daß Paul Schlack verheiratet war (Schlack wollte 1924 eine Stelle bei Hoechst antreten, nahm aber »notgedrungen« ein Angebot der Agfa an, weil er »ja seine junge Familie ernähren mußte.«[1] Aus der Personalakte ist seine Verheiratung nicht ersichtlich. Paul Schlack hat kaum Fachliches und nichts Persönliches veröffentlicht. Es ist aufgrund der Quellenlage nicht möglich, den Menschen Schlack umfassend zu beschreiben. Dadurch bleibt er trotz seiner großen Bekanntheit als Erfinder eine »Nicht-Person«. Er bleibt unbekannt, trotz der Beschreibungen seines beruflichen Werdegangs und Erfolgs anläßlich vielfältiger Würdigungen. In der Literatur beschränkt sich die Darstellung seines Lebens auf sein Werk; die Person tritt hinter der Arbeit zurück. So ist nur ein schmaler Ausschnitt eines ganzen Menschenlebens erhalten.

Die im Vergleich dazu festgehaltene Lebensgeschichte der »unbedeutenden« Frau entsteht aus der eigenen Erinnerung. Die Frau vermittelt ihre eigene umfassende Geschichte. Der Mann, der doch mehr Einfluß auf das Weltgeschehen hatte als »einfache« Menschen, hat sein Werk, aber nicht seine Person vermitteln können. Auf diese Weise wird er ebenso »namenlos« wie die »unbedeutende« Frau.

Weder die eine noch die andere Lebensbeschreibung ist beliebig. Das Strukturelle ist auch in den hier im Rahmen der Textiltechnik ausgewählten Biographien sichtbar. Die Biographie der Frau ist geprägt von ihrer Herkunft und ihrem Geschlecht. Ihre Kindheit wird beeinflußt von der Wohnungs- und Arbeitslosigkeit der Eltern, die diese Situation 1930 mit unzähligen anderen Menschen teilen. Im Krieg und nach dem Krieg erlebt unsere Protagonistin Pflichtjahr, Flucht und Angst vor Vergewaltigung ebenfalls als Teil der Erfahrung einer ganzen Generation von Frauen. Während dieser Zeit als Jugendliche und junge Frau erfährt sie aber auch Unterstützung von Fremden in der extremen Situation der Flucht und Solidarität innerhalb von Familie und Nachbarschaft.

Die Nachkriegszeit verdeutlicht exemplarisch die Konflikte von Arbeiterinnen und Frauen, die bis heute aktuell sind. Als Arbeiterin ist die hier vorgestellte »unbedeutende« Frau vielfältigen Versuchen der unter Konkurrenzdruck stehenden mittelständischen Arbeitgeber ausgesetzt, ihren Lohn zu drücken, z. B. mit der Begründung der Minderjährigkeit, der Probezeit oder zu geringer Produktion trotz Ausbildertätigkeit. Sie ist offenen Ungerechtigkeiten und krankmachenden autoritären Verhältnissen ausgesetzt. Dabei wird insbesondere ihre für eine Frau »zu hohe« Qualifikation zum Problem.

Als Frau wiederum steht sie vor dem Dilemma der Unvereinbarkeit von Familien- und Erwerbsarbeit. Die patriarchalische Haltung des Mannes zu ihrer Erwerbsarbeit und die an der nahezu unbegrenzten Verfügbarkeit von Männern orientierten Erfordernisse im Beruf machen es ihr unmöglich, gemäß ihrer Ausbildung zu arbeiten. Für sie bliebe trotz aller Qualifikation nur angelernte Akkordarbeit, wenn sie Haus- und Erwerbsarbeit verbinden wollte. Auf ihre Weise wollte sie ebenso wie der »bedeutende Mann« sinnvoll arbeiten. An Kenntnis und Engagement hat es nicht gefehlt. Es war aber aufgrund der auf männliche Lebensplanung ausgerichteten gesellschaftlichen Bedingungen nicht möglich, den Rahmen zu sprengen.

Die Biographie des Mannes ist nicht weniger beispielhaft als die der Frau. Für Paul Schlack wie für viele Männer ist das Persönliche dem Allgemeinen nachgeordnet. In einer der wenigen Anmerkungen über sich selbst läßt er auf seine Geburt gleich das Studium folgen.[2] Informationen über seine Kindheit würden uns in diesem Zusammenhang befremden, obwohl wir auf der persönlichen Ebene der Kommunikation im allgemeinen wissen, daß in der vom Erfinder übergangenen Zeitspanne seines Lebens die entscheidende Prägung der Persönlichkeit stattfindet. Aber diese Trennung von Öffentlichem und Privatem ist soweit fortgeschritten, daß sie zu unserem Selbstverständnis gehört. Paul Schlack bringt in seiner persönlichen Randbemerkung die in unserer Gesellschaft übliche Konzentration auf den Mythos der Objektivität

Ruth während der Ausbildung in der Fachschule für Textil-industrie und Mode am Warschauer Platz, 1947–49. (R.M.)

Paul Schlack und die Synthese von Perlon. (BASF)

zum Ausdruck. Die dabei versuchte, möglichst hohe Abstraktion bei Ausklammern von Emotion ist eine Grundvoraussetzung für beruflichen Erfolg, insbesondere im naturwissenschaftlichen Forschungsbetrieb. Paul Schlacks außergewöhnliche Begabung und seine wissenschaftliche Neugierde ermöglichen ihm im Lauf der Forschungsjahre vor und während des Zweiten Weltkriegs, seine großen Aufgaben zu lösen. Dabei sucht er sich als hochmotivierter Wissenschaftler seine Ziele selbst und nicht in unmittelbarer Abhängigkeit von seinem Arbeitgeber. Mit 41 Jahren gelingt ihm seine entscheidende Erfindung, an deren Vervoll-kommnung er weiterarbeitet. Seine schriftlichen Äußerungen beziehen sich auch in hochpolitischen Zeiten fast ausschließlich auf Forschungsdetails. Alle Bemühungen Schlacks, die über seine Forschungstätigkeit hinausgehen, sind Mittel zum Zweck: Er drängt geradezu auf die Einstufung seiner Forschung als kriegswichtig, um weiterarbeiten zu können; er spricht sich gegen die Einberufung von Mitarbeitern aus, damit deren Arbeitskraft für das Labor erhalten bleibt. Seine bahnbrechenden Entdeckungen und die darauf folgende anerkennende Belobigung durch den Konzern sichern ihm ein gutes Einkommen, Prämien und die

frühe Garantie einer Pension. Was er über die Umstände seiner Arbeit denkt, wird nicht sichtbar. Die Planung des sofortigen Einsatzes seiner Erfindungen in der Luftwaffe, die Verwendung enormer Summen für den Bau von zwei Perlon-Fabriken in den letzten Kriegsmonaten, die Rekrutierung der Arbeiterschaft aus Zwangsarbeitern und deren unwürdige Unterbringung, der Abtransport von Juden vom Gelände seiner Arbeitsstelle, der ihm nicht unbemerkt geblieben sein kann – all das tritt zurück gegenüber der großen Aufgabe, die er sich gestellt hat: eine synthetische Faser zu entwickeln, mit der Deutschland an frühere Erfolge auf dem Gebiet der Chemie anknüpfen kann. Nach dem Krieg wird die Erfindung nahtlos für eine andere Produktion unter anderen Produktionsbedingungen verwendet. Paul Schlack steigt beruflich und gesellschaftlich weiter auf. Sein Schicksal ist nicht außergewöhnlich. Es spricht für eine im Leben jedes einzelnen früh erfolgte Trennung von Rationalität und Emotionalität als Garant für die Stabilität einer Gesellschaft, in der der Fortschritt von Naturwissenschaft und Technik in der Nachfolge bürgerlicher Aufklärung als wichtigste Voraussetzung für die Weiterentwicklung des menschlichen Geschlechts gehalten wird.

»Es ist schwieriger der Namenlosen zu gedenken als der Berühmten.«
Walter Benjamin (1892–1940)

Eine weibliche Textilkarriere: Ruth M.

Strickliesl (Vorkrieg)

Ruth wurde 1930 in Berlin geboren. Ihre Eltern kamen wie viele Berliner aus Schlesien. Ruths Mutter war seit 1928 in Berlin, um im Haushalt zu arbeiten. Ruths Vater war ihr gefolgt. Als Ruth geboren wird, haben sie keine gemeinsame Wohnung, und der Vater ist arbeitslos. Aus verschiedenen Gründen wollen sie nicht heiraten; der materielle Grund ist, daß der Verdienst der Mutter auf das Arbeitslosengeld des Vaters angerechnet würde. Ihre persönlichen Gründe sind, daß die Mutter glaubt, sich auf den Vater nicht verlassen zu können, und der Vater meint, er wolle zum Heiraten nicht gezwungen werden.

Weil die Mutter für sich selbst sorgen muß, gibt sie ihr Kind in eine Pflegefamilie nach Wittenberge. Während ihrer Zeit in Wittenberge entfremdet sich Ruth von ihrer Mutter, die alle vier Wochen zu Besuch kommt.

Ruths Mutter lernt in dem Berliner Haushalt, in dem sie arbeitet, ihren späteren Ehemann kennen. Er arbeitet dort als Gärtner. 1934 sterben Onkel und Tante dieses Mannes und hinterlassen ihm ihre Wohnung in der Melanchthonstraße 18 in Moabit. Die Mutter und der spätere Stiefvater können nun heiraten und holen Ruth zu sich.

In diese Zeit der Wiederbegegnung mit der Mutter fällt Ruths erstes Interesse an Textilarbeit. Sie ist jetzt fünf Jahre alt. Während der Schwangerschaft mit der späteren Halbschwester häkelt die Mutter ein Kleid für Ruth. Es ist pinkrosa und wird nach unten breiter, glockiger. Ruth findet sich in diesem Kleid sehr schön. Während der Arbeit zeigt ihr die Mutter, wie man mit einer Strickliesl stricken kann. Die Strickliesl hatten sie in einem Wolladen in der Kirchstraße in Moabit gekauft.

1935 wird Ruths Schwester geboren. Kommt Besuch, so versteckt sich Ruth mit ihrer Strickliesl hinter der Gardine. Wenn sie am Wollhaus Pamin in Alt-Moabit vorbeigehen, bettelt Ruth – wie andere Kinder um Süßigkeiten – um eine Docke Wolle von fünf Gramm für einen Groschen. Zwei Jahre später, mit sieben Jahren, bringt ihr die Mutter das Stricken bei.

Ruth fühlt sich in ihrer Familie beiseite geschoben. Als sie 1940 ihren ersten Fliegeralarm in Berlin erlebt, fährt sie in den Herbstferien zu ihrer Oma nach

Ruth, 6 Jahre, Einschulung 1936. Sie lernt stricken. (R.M.)

Schlesien. Bei dieser Frau, der Mutter ihrer Mutter, fühlt sie sich wohl. Die Oma lebt, von ihrem Mann geschieden, aber im selben Dorf, zusammen mit ihrer Tochter. Diese Tochter, die Schwester der Mutter, hatte Ruth schon in der Pflegefamilie in Wittenberge besucht. Ruth entschließt sich mit zehn Jahren, nach den Herbstferien bei der Oma zu bleiben. Sie schreibt der Mutter, ihr die Schulmappe nachzuschicken. Sie hat kein Bedürfnis, nach Berlin zurückzugehen. Zu Ostern war sie dort in die 4. Klasse versetzt worden, jetzt gab es in der Einklassenschule in Schlesien nur noch zwei Kinder in ihrem Alter; beide wiederholten die Klasse. Ruth wird zwar leistungsmäßig nicht mehr gefordert, aber sie liebt die Landwirtschaft und ist bei Oma und Tante zufrieden. Im Nachbardorf wird zur gleichen Zeit, als sie zur Oma kommt, ihr leiblicher Vater zum Militär eingezogen. Nur einmal begegnet sie ihm. Der Hinweis anderer, dort ginge ihr Vater, verwirrt sie.

Auch in diesem Lebensabschnitt zeigt Ruth großes Interesse an Textilarbeit. Sie strickt seit drei

Ruth mit Mutter und Stiefschwester in der Laube in Haselhorst. Ruth ist auf dem Foto sieben Jahre alt. In diese Laube kommt sie 1945 nach der Flucht, um auf Ihre Familie zu warten. (R.M.)

Jahren und stellt zehnjährig ihre ersten schwarzen, kratzenden Wollsocken fertig. Und sie näht auf der Nähmaschine Schürzen. Die Stoffe lassen sich Oma und Tante vom Versandhaus Quelle schicken. Von einer fertigen Schürze, ebenfalls von Quelle, nehmen sie den Schnitt ab und nähen sie nach.

Von Oma, Tante und Mutter hat Ruth die textilen Grundfertigkeiten im Nähen und Stricken gelernt, bevor sie zehn Jahre alt war. Das Vorbild zum Stricken war die Mutter. 1942 – zwölfjährig – strickt sie sich ihre erste Jacke.

Stricknadeln (Krieg)

Im Januar 1943 muß Ruth zurück nach Berlin. Der Stiefvater ist eingezogen worden, und die Mutter will ihre beiden Töchter nun bei sich haben. Im Februar 1943 erlebt Ruth erneut Bombenangriffe auf Berlin, und ab Ostern findet deshalb keine Schule mehr statt. Ruth hat in diesen Monaten in Berlin schlechtere Zensuren als in der Dorfschule in Schlesien. Sie wird erst wieder im Spätherbst – dann noch mal in Schlesien – zur Schule gehen, denn bis dahin bleiben Mutter und Töchter trotz der vermehrten Bombenangriffe in Berlin. Erst nachdem sie in der Nacht vom 22. auf den 23. November 1943 ausgebombt werden, zieht die Familie nach Schlesien, und zwar Mutter und Stiefschwester zur Tante und Ruth wieder zur Oma. Ruth geht bis März 1944 zur Schule und hat damit die Volksschulzeit beendet. Sie möchte nun ein Landjahr machen; die Mutter vermittelt jedoch ein Pflichtjahr in einem Haushalt in Bunzlau. Auch sie hatte ja im Haushalt gearbeitet.

Ruth geht als Vierzehnjährige nach Bunzlau. Die Familie, in die sie kommt, hatte wegen dreier nicht schulpflichtiger Kinder ein Pflichtjahrmädchen zugesagt bekommen. Der Familienvater war bei der Polizei, später hörte Ruth, bei der SS, und zusammen mit der Mutter und den Kindern hat Ruth Flucht und Kriegsende erlebt. Ruth kümmert sich zunächst um die drei Kinder und strickt ihnen Kleidung. Im Januar 1945, als sich die russischen Truppen Bunzlau nähern, verläßt sie mit der Pflichtjahrfrau und den drei Kindern Bunzlau im letzten Zug über den Viadukt aus der Stadt.

Bis zum Kriegsende wohnen sie in Losdorf bei Děčín in einer Gastwirtschaft. Nach dem Mai 1945 setzen sie die Flucht mit einem Hand- und einem Sportwagen fort. Sie marschieren in einem Treck mit 21 Menschen wieder nach Osten in Richtung Zittau, um bei der Schwester der Pflichtjahrfrau in Zittau unterzukommen. Ruth erinnert sich daran, daß sie auf diesem Treck zum ersten Mal Berge kennengelernt hat. Die Gruppe läuft 21 Kilometer am Tag, sieben Tage lang. Auf ihrem Weg von Děčín nach Zittau übernachten sie auch bei einem Bauern, der den Frauen und Kindern Stroh und Zudecken für die Nacht gibt. Als Russen zu ihm kommen und nach den Frauen fragen, verrät er deren Aufenthalt nicht und wird dafür erschossen. Ruth sieht, wie der tote Bauer aus dem Haus getragen wird. Die Soldaten gehen danach zu den Frauen und vergewaltigen sie. Auch die Pflichtjahrfrau ist unter den Opfern. Sie wird bei der Vergewaltigung verletzt und muß sich deshalb später in Zittau wiederholt behandeln lassen. Aus Angst vor erneuter Vergewaltigung bleibt die kleine Gruppe vier Wochen bei der Schwester der Pflichtjahrfrau im östlichen Teil von Zittau. Erst als polnische Soldaten diesen Stadtteil einnehmen, ziehen Ruth, die Pflichtjahrfrau, deren Schwester und die drei Kinder zu Fuß weiter nach Dresden. Dort leben sie in einem Flüchtlingslager. Ruths Aufgabe ist es, mit dem Flüchtlingsausweis Lebensmittel zu beschaffen. Als sie hört, daß im Lager die Ruhr ausgebrochen sein soll, möchte sie nicht länger bleiben. Sie bittet die Pflichtjahrfrau um ein Zeugnis, zieht sich siebenfach übereinander Kleidung an und packt den Rest ihrer Habe in einen Rucksack und zwei Taschen. Sie geht zusammen mit einem Mann los (»ach Kleene, komm mit mir mit«). Vom Flüchtlingslager in Dresden laufen sie zunächst nach Riesa, von wo Züge abfahren sollen. Die Eisenbahnbrücke über die Elbe ist für Züge nicht mehr befahrbar. Ruth hat große Angst, die Brücke zu Fuß zu überqueren. Ihr Begleiter hilft ihr (»guck nicht nach unten, guck immer nach vorn«). Sie bleibt mit diesem Mann zusammen; sie wechseln die Züge oder laufen.

Die Verpflegung, zum Beispiel Rüben klauen sie sich aus Gärten. Als sich ihre Wege trennen, besorgt ihr der Mann einen Platz zwischen den Puffern eines Eisenbahnwaggons und gibt sie in die Obhut eines anderen Mannes. Der Zug soll am nächsten Morgen losfahren. Während die Menschen warten, kommen in der Nacht russische Soldaten, um sich Frauen zu holen. Ruths neuer Begleiter deckt sie mit einer Decke zu. Als sie eine Hand zwischen ihren Beinen fühlt, schreit sie laut und hält sich an dem Mann neben ihr fest. Die anderen Frauen fangen auch an zu schreien, und die Soldaten gehen wieder weg.

Am 4. Juli 1945 kommt Ruth auf dem Bahnhof in Lichtenrade an. Sie war ein halbes Jahr unterwegs. Sie läuft von Lichtenrade nach Norden in Richtung Yorckstraße bis zur Bautzener Straße 2. Dort wohnt eine Cousine ihrer Mutter. Deren Mann ist zu Hause und kocht Ruth eine Suppe. Sie will weiter in die Laube der Eltern in der Gartenfelder Straße in Haselhorst, weil sie hofft, ihre Familie dort wiederzufinden. Der Onkel weiß, daß die U-Bahn zwischen Kurfürstendamm und Ruhleben fährt. Ruth läuft dorthin, fährt mit der U-Bahn und läuft weiter nach Haselhorst in die Kolonie Hoffnung Nr. 36. Ihre Familie ist nicht da. Die Laube ist zum Teil zerstört und von Russen besetzt. Ruth schläft in der Nachbarlaube bei Bekannten und läuft am nächsten Tag noch einmal zur Bautzener Straße, um ihr Gepäck zu holen. Ihr macht das Laufen nach den langen Märschen auf der Flucht nichts mehr aus. Als sie nach Haselhorst zurückkommt, ist die Laube geräumt. Die Amerikaner haben am 4. Juli das zunächst von den Russen besetzte Gebiet übernommen. Ruth wartet sieben Tage lang in der Nachbarlaube, bis am 11. Juli ihre Mutter mit Halbschwester und dem Großvater aus Schlesien eintreffen. Die Schwester der Mutter war mit der Großmutter in eine andere Richtung – nach Sachsen – geflüchtet. Alle hatten den Einmarsch der Russen in Schlesien erlebt und sich durch die Freundschaft der Mutter mit einem russischen Offizier sicher gefühlt. Erst nach Kriegsende mußten sie Polen verlassen.

Ruths Stiefvater traf im Oktober 1945 ebenfalls in der Laube in Haselhorst ein. Zwischen ihm und Ruths Mutter kam es seit dieser Zeit zur Entfremdung; zum einen war Ruths Mutter durch den Krieg selbständiger geworden, und zum anderen gab es Auseinandersetzungen um Ruths Zukunft.

Strickmaschine (Nachkrieg)

Nach Kriegsende beginnt Ruth als Fünfzehnjährige, sich ihren Lebensunterhalt mit Textilarbeit zu verdienen.

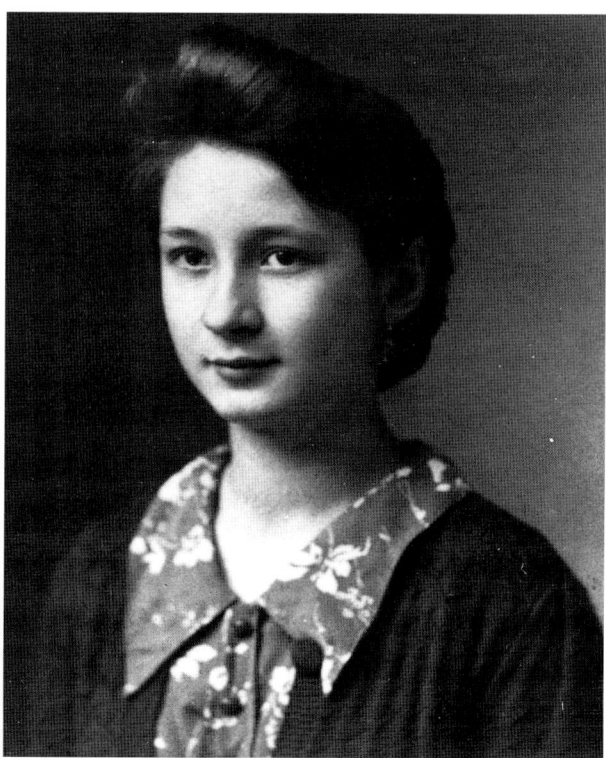

Ruth 1945, 15jährig. Sie trägt die Jacke, die sie sich mit 12 gestrickt hatte. (R.M.)

Sie strickt mit der Hand für einzelne Privatleute im Tausch gegen Lebensmittel. Ruth hätte lieber Geld als Naturalien, denn mit einem Heimarbeiterinnenverdienst von 150 Mark im Monat hätte sie ein Anrecht auf die Lebensmittelkarte Nr. 4. So bekommt sie nur die schlechteste Karte Nr. 5 für Hausfrauen.

Die Kunden für das Stricken gegen Lebensmittel vermittelt ihr eine Frau, bei der sie sonntags für 50 Pfennig pro Stunde und ein Mittagessen Wäsche flickt. Diese Frau bringt sie auch mit einer Kunstgewerblerin in der Wexstraße zusammen, unter deren Aufsicht sie für 20 Mark pro Woche stricken soll. Ruth ist der tägliche Weg durch das zerstörte Berlin jedoch bald zu weit. Als in einem Handarbeitsgeschäft in Haselhorst Leute gesucht werden, legt sie Strickproben vor und kann in Heimarbeit arbeiten. Sie bekommt 22,50 Mark für einen Pullover und 5 Mark für ein Paar Socken. Sie strickt mit Nadeln Nr. 3. Zusätzlich zu diesen Arbeiten repariert sie Hemdenkragen von Kollegen ihres Stiefvaters und geht wöchentlich einmal zur Berufsschule.

Die ständige Überbelastung zerstört ihre Gesundheit. Sie weint, sobald jemand sie anspricht. Der Stiefvater will ihr helfen und macht sie auf eine Annonce

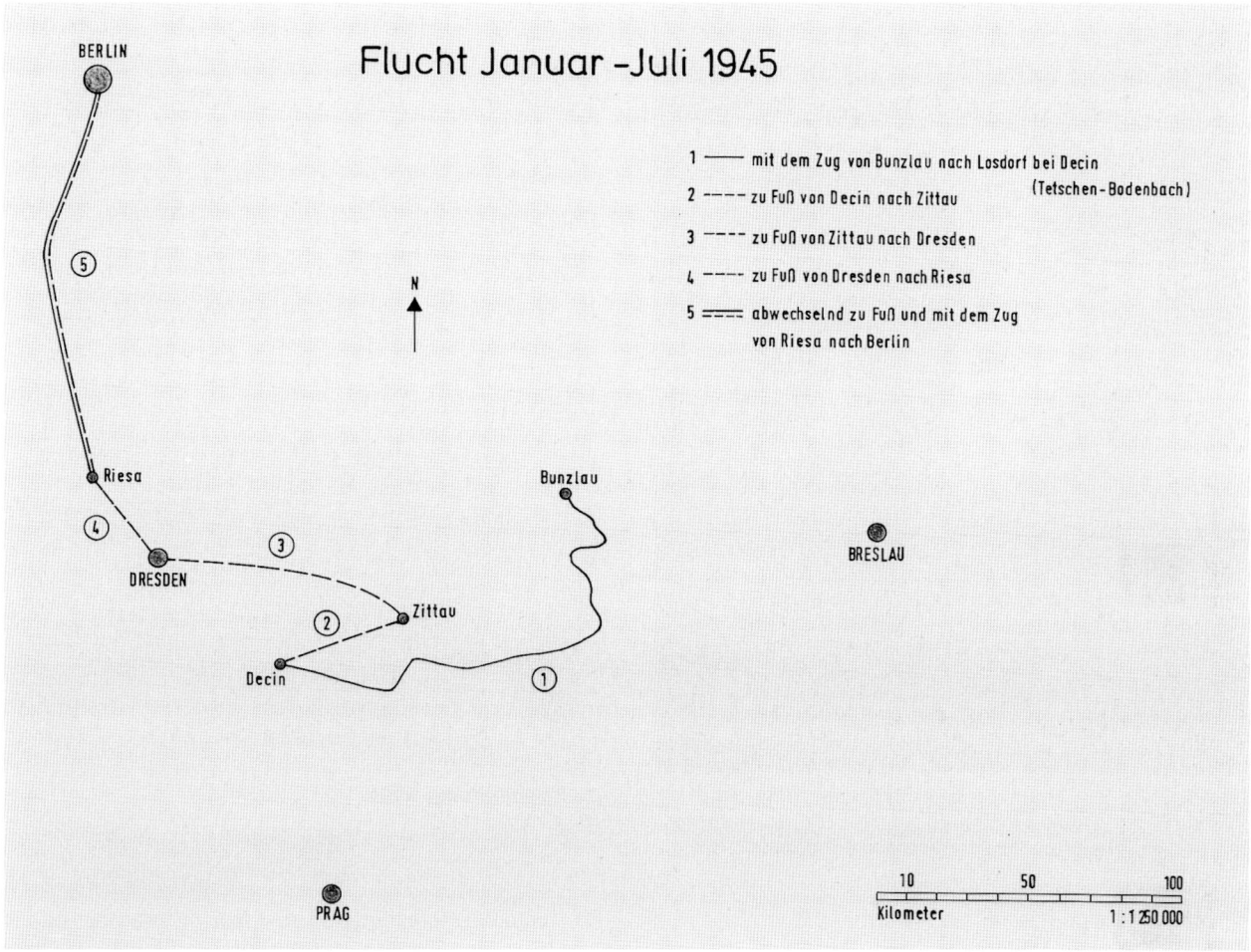

Ruths Fluchtweg von Januar bis Juli 1945.

aufmerksam, auf die ihn wiederum Kollegen hinge-wiesen haben. In der Fachschule für Textilindustrie und Mode am Warschauer Platz gibt es Ausbildungsplätze für Maschinenstrickerinnen und -wirkerinnen. Ruth bewirbt sich dort und auch bei Siemens, macht wei-terhin Heimarbeit, erhält die Zusage für die Schule und lernt dort zwischen 1947 und 1949 ihren Beruf mit Unterstützung des Stiefvaters und gegen den Willen der Mutter. Nach Auffassung der Mutter sollte Ruth wie sie selbst im Haushalt arbeiten. Der Stiefvater hatte nach Ruths Einschätzung fortschrittlichere Gedanken als ihre Mutter. Ruth hat diese Unterstützung aner-kannt. Sie hat sich ihm gegenüber bis zu seinem Tod 1965 wie eine leibliche Tochter gefühlt. Auch während ihrer Erwerbstätigkeit nach der Ausbildung hat sie der Stiefvater bestärkt, ihr jedoch in Konflikten bei der Durchsetzung ihrer Interessen nicht praktisch geholfen.

Die Zeit zwischen 1949 und 1959 ist geprägt von Arbeit, Weiterbildung und Konflikten im Beruf. Zunächst sammelt Ruth bis 1950 berufliche Erfahrung in der Strickerei Gawlik in Neukölln. Der Sohn der Besitzerin war ihr Mitschüler in der Modeschule gewe-sen. Er hatte nach der Ausbildung das Geschäft sei-ner Mutter übernehmen können. Obwohl Ruth schon im Februar 1950 ihre Gesellenprüfung macht, soll sie bis Jahresende in der Strickerei weiterarbeiten. Sie ist nicht damit einverstanden und wechselt im August zur Strickerei Rothe im Siemens-Werner-Werk (wo die Firma Räume gemietet hatte) in Spandau. Dort arbei-tet sie im Stücklohn. Ihr Stiefvater gibt ihr den Rat, den Akkord nicht hochzutreiben und sich zu wehren, als sie 10 Pfennig weniger pro Stück bekommt als die anderen mit der Begründung, sie sei noch nicht voll-jährig. Er erkundigt sich für sie, daß sie als Minder-

Im Stücklohn bei Firma Rothe in Spandau, 1951. Ruth bekommt pro Stück 10 Pfennig weniger als die anderen mit der Begründung, sie sei noch nicht volljährig. (R.M.)

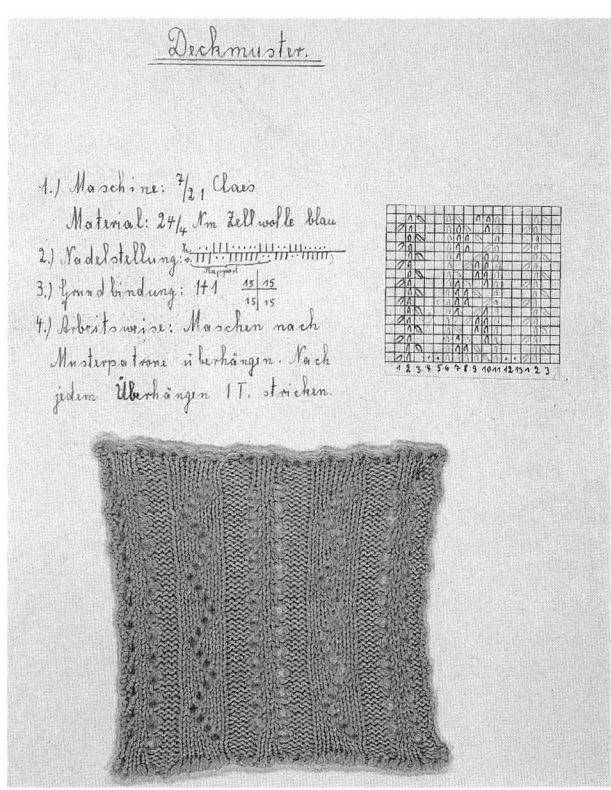

Gesellenprüfung, 1951.
(C. Kirchner/MVT)

jährige eigentlich gar keinen Akkord arbeiten dürfe. Die Firma zahlt schließlich das volle Gehalt, aber Ruth sucht sich eine neue Stelle und arbeitet ab 1951 im Wollhaus Pamin in Alt-Moabit 86, wo sie als Kind von ihrer Mutter Wolle bekommen hatte. Der Chef möchte, daß sie drei Tage probestrickt, aber Ruth lehnt selbstbewußt ab. Im Hintergrund sagt jemand, wenn die nicht stricken kann, dann keiner. Es ist ein ehemaliger Mitschüler.

Ruth bekommt die Stelle. Sie sucht sich ein eigenes Zimmer in der Bredowstraße 13, später 26. Sie arbeitet fünf Jahre im Wollhaus Pamin und lernt dort 1955 ihren Mann kennen. Aber auch hier gibt es berufliche Schwierigkeiten. Der Chef ist der Meister, aber Ruth fühlt sich ihm in der Sache oft überlegen. Als der Konflikt bei ihr zu Magenschleimhautentzündung führt, rät ihr ein Arzt zum Arbeitgeberwechsel. Sie hatte im Wollhaus Pamin bereits andere Stricker ausgebildet. Ihre Meisterprüfung macht sie aber erst, nachdem sie im gleichen Jahr – 1956 – zur Firma Kotschkin in der Bredowstraße in Moabit gewechselt hatte. Der Strickerei war empfohlen worden, Ruth für

die Lehrlingsausbildung einzustellen. Sie erhält jedoch keinen Meisterlohn, nur eine Zulage, obwohl sie zwei Lehrlinge ausbildet. Ruth wird im Gegenteil kritisiert, daß sie wegen ihrer Ausbildungstätigkeit zu wenig produziere, obwohl auch die Lehrlinge schon an den Maschinen arbeiten.

1958 heiratet Ruth und ist bis zur Geburt ihrer Tochter 1959 erwerbstätig. Ruths Mann ist der Ansicht, sie brauche nicht zu arbeiten. Ruth litt unter der daraus entstandenen Abhängigkeit, sah jedoch keinen Ausweg aus dem Konflikt zwischen Familien- und Erwerbsarbeit. Als Meisterin zu arbeiten, hätte einen Einsatz im Betrieb erfordert, mit dem die Familie nicht zu vereinbaren gewesen wäre. Ein »Zuverdienst« als einfache Strickerin hätte dagegen immer harte und wenig lohnende Akkordarbeit bedeutet und Ruths umfassendere Qualifikation brachgelegen. So hat sie, besonders nachdem ihre Tochter größer war, Aushilfen in ganz unterschiedlichen Bereichen gemacht, um ihre berufliche und familiäre Krise zu mildern. Sie ist erst nach dem Tod ihres Mannes 1984 in ihrem erlernten Beruf wieder erwerbstätig geworden.

»Ich überließ mein Wissen den Machthabern, es zu gebrauchen, es nicht zu gebrauchen, es zu mißbrauchen, ganz, wie es ihren Zwecken diente.«
Bertolt Brecht, Leben des Galilei
(Galileo Galilei lebte von 1564 bis 1642. Bertolt Brecht schrieb das Stück 1938/39, als Paul Schlack das »Perlon« erfand.)

Eine männliche Textilkarriere: Paul Schlack (1897–1987)

Paul Schlack hat 1938 das »Perlon« erfunden. Er hat dafür von seinem Arbeitgeber, der IG Farben, 20 000 Mark bekommen. Das ist wenig im Verhältnis zu der Bedeutung, die seine Erfindung für die Entwicklung der synthetischen Fasern und ihre Verwertung durch den Konzern hatte. Paul Schlack hat damals großen Einfluß darauf genommen, was Millionen Menschen heute auf ihrer Haut tragen.

1938 wurde in Deutschland keine Faser produziert, deren Ausgangsstoff durch chemische Reaktion entstanden und die für die textile Verarbeitung geeignet war. Heute sind 68 Prozent aller in Deutschland hergestellten Fasern Chemiefasern. Der Chemiefaseranteil liegt bei technischen Textilien mit 89 Prozent am höchsten, bei Bekleidung mit 52 Prozent am niedrigsten. Wichtiger noch als für Deutschland und andere Industrieländer ist die Chemiefaserproduktion in Ländern der Dritten Welt. Heute beherrschen drei Chemiefasern den Markt: Neben dem von Paul Schlack erfundenen Perlon und dem zur gleichen Gruppe der Polyamide gehörigen Nylon sind dies Polyester (Trevira) und das wollähnliche Polyacryl (Dralon). Diese drei Fasergruppen wurden zwischen 1938 und 1942 erfunden. Polyester kann heute als die wichtigste Chemiefaser angesehen werden, weil seine Einsatzbreite am größten ist. Die zweitgrößte Produktklasse unter den Chemiefasern sind die Polyamide.

Die Vorgeschichte

Die Voraussetzungen für die Arbeit aller Chemiker, die sich mit Kunststoffen befassen, also auch für Paul Schlack, sind die Erkenntnisse des Chemikers Hermann Staudinger (1881–1965). Staudinger erforschte und erkannte die makromolekulare Struktur der Zellulose. Die Moleküle der Zellulose sind sehr große Kohlenstoffverbindungen, deren Moleküleinheiten (Monomere) sich kettenförmig zu Makromolekülen (Polymere) aneinanderreihen können. Staudinger war von Naturfasern (Wolle, Seide, Baumwolle) ausgegangen und wollte deren Struktur auf synthetische Produkte übertragen: Es sollten andere Stoffe nach

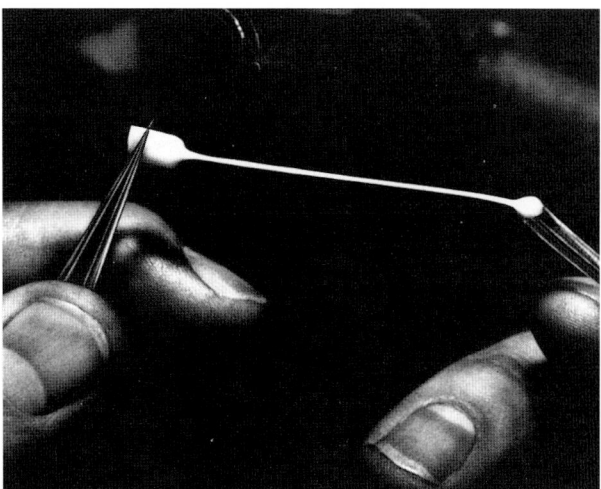

Polyamid-Fadenbildung.
(Vereinigte Glanzstoff Fabriken)

dem gleichen makromolekularen Aufbauprinzip gefunden werden. Diese synthetischen makromolekularen Substanzen könnten dann auch die Eigenschaft besitzen, Fäden zu bilden.

Staudinger beschäftigte sich mit den Bedingungen, unter denen sich die Moleküle bestimmter Gase zu Makromolekülen aneinanderlagern. Dieser Vorgang wird mit Polymerisation bezeichnet. Die Polymerisation zur Schaffung von Makromolekülen ist die Voraussetzung, um einen Ausgangsstoff für synthetische Fasern bereitzustellen.

Was Staudinger im Experiment bewiesen hatte, setzten die Chemiker der IG Farben großtechnisch im Werk der Agfa/Wolfen um. Schon 1930 wurde dort ein synthetischer Faden hergestellt, dessen Produktion jedoch zu teuer war. Auch die verbesserte Variante, die sogenannte PeCe-Faser von 1934, war noch nicht optimal: Sie erwies sich zwar als besonders resistent gegenüber aggressiven Chemikalien, aber nicht geschmeidig genug, um versponnen zu werden, und sie schmolz bei 80 Grad Celsius, das heißt, sie war für Bekleidungstextilien nicht brauchbar. Insofern sind trotz der Vorarbeiten auf dem Gebiet der Herstellung synthetischer Fasern erst die Polyamide in Form von Nylon und Perlon die ersten in der Textilindustrie wirtschaftlich verwertbaren Fasern. Bei der Entwicklung dieser Fasern war der Amerikaner W. H. Carothers seinem deutschen Kollegen Paul Schlack etwas voraus.

W. H. Carothers (1896–1937) leitete seit 1928 die wissenschaftliche Versuchsabteilung des amerikanischen Chemiekonzerns DuPont. Er hatte zunächst kein Interesse, eine wirtschaftlich verwertbare synthetische Faser zu finden, sondern er wollte und sollte in der Nachfolge von Staudinger Grundlagenforschung auf dem Gebiet der synthetischen Hochpolymere betreiben. Zunächst konnte Carothers unter der Fragestellung experimentieren, warum sich einige Substanzen zu Makromolekülen polymerisieren lassen, andere dagegen Ringe bilden. Er fand heraus, daß die Kettenbildung eintritt, wenn die Moleküle eine bestimmte Anzahl von Atomen aufweisen und wenn eine Verbindung von Atom zu Atom möglich ist. Als »Funktionsgruppen«, die diese Verbindung herstellen können, boten sich nur bestimmte Stoffe an, die Carothers daraufhin untersuchte, ob sie einerseits Fäden bilden konnten, andererseits aber nicht so leicht schmelzen würden wie die PeCe-Faser aus Wolfen. Bei seiner Suche fand Carothers 1935 das AH-Salz, aus dem er ein Polyamid entwickelte, dessen Schmelzpunkt erst bei 250 Grad Celsius lag. Es wurde zunächst Polyamid 6.6 genannt, später Nylon. Die technischen Voraussetzungen zur wirtschaftlichen Herstellung der neuartigen synthetischen Faser waren bei DuPont noch nicht gegeben. Erst 1939 stellte DuPont Nylon der Öffentlichkeit vor. 1940 kamen die ersten Nylonstrümpfe in den USA auf den Markt und waren nach wenigen Stunden ausverkauft.

Warum wurde bei dem durchschlagenden Erfolg des Nylon trotzdem noch Perlon erfunden? Perlon ist in bezug auf den Rohstoff und die Produktionskosten billiger als Nylon. Nylon dagegen ist etwas dehnbarer als Perlon, so daß es sich für die Herstellung bestimmter Produkte, z. B. hochwertiger Damenstrümpfe, besser eignet. Die Wahl für die eine oder andere Faser wird also bestimmt von Kosten, Qualitätsanforderungen und Anwendungsgebieten. Im Weltmaßstab gesehen ist die Mehrzahl der Polyamid-Produkte aus Perlon, nicht aus Nylon.

Die Erfindung

Als die Patente von DuPont, die sich auf Nylon bezogen, bekannt wurden, intensivierte auch die IG Farben ihre Arbeiten mit Polyamiden. Es sollte ein Stoff gefunden werden, der dem Nylon gleichwertig, aber chemisch anders zu gewinnen war. Auf diese Weise würde sich auch Deutschland Patente auf die Herstellung von Polyamiden sichern. Einer der Chemiker bei IG Farben, der sich mit dieser Aufgabe am Rande beschäftigte, war Paul Schlack, der in der Zweigstelle der Agfa/Wolfen in Berlin-Lichtenberg arbeitete. Er experimentierte in einer Richtung, die Carothers ausprobiert, aber verworfen hatte. Carothers hatte angenommen, daß die Herstellung einer synthetischen Faser aus Aminocapronsäure nicht möglich sei, weil sie keine Ketten, sondern Ringe, nämlich Caprolactam, bildet. Dieser

Irrtum beruhte darauf, daß der Versuch bei DuPont ohne die schwer herzustellende, reine Aminocapronsäure gemacht worden war. Schlack fand heraus, daß aus dem Caprolactam selbst und nicht nur aus der Aminocapronsäure Makromoleküle hergestellt werden konnten. Die erste Polymerisation von Caprolactam durch Schlack gelang am 29. Januar 1938. Schlack beschrieb den Vorgang später so:

»Das Laktam und der Katalysator wurden über Nacht bei 240° C in einem geschlossenen Rohr erhitzt. Als wir am Morgen des 29. Januar 1938 das Glasrohr öffneten, fanden wir ein leicht lohfarbenes Stück Polymeres, hochelastisch und vollkommen löslich in konzentrierter Essigsäure. Die Schmelze konnte zu einem Faden ausgezogen werden, der nach Kaltverstreckung eine Festigkeit von 4,3 g/den (1 den = 9.000 m/1g; A. D.) besaß. Es war kaum daran zu zweifeln, daß dieser neue Prozeß auch für eine technische Produktion praktikabel sein würde, möglicherweise auch unabhängig von fremden Patenten.«[3]

Damit dieser einmalige Vorgang in Zukunft wiederholt und wirtschaftlich genutzt werden konnte, war es erforderlich, genügend Caprolactam bereitzustellen und in »Perlon« umzuwandeln.

Caprolactam ist ein Steinkohleprodukt. Bei der Verbrennung von Kohle wird unter anderem Phenol und Benzol gewonnen, die als Ausgangsprodukte für die Gewinnung von Caprolactam genutzt werden können. Durch eine Reihe chemischer Reaktionen entsteht über Cyclohexanol und Cyclohexanon Cyclohexanonoxim. Im geschmolzenen Cyclohexanonoxim bewirkt Schwefelsäure als Katalysator eine Umlagerung der Atome zu Caprolactam. Die Molekülringe des Caprolactam müssen dann unter Druck, Hitze und Luftabschluß aufgebrochen und zu Makromolekülen aneinandergereiht werden. Dafür wird Caprolactam kontinuierlich in einem Rohr geschmolzen und in ein Polyamidband verwandelt. Dieser Prozeß ist die Polymerisation. Die Länge der verschiedenen Makromoleküle ist nicht gleich, deshalb kann nur von einem mittleren Polymerisationsgrad gesprochen werden. Während der Polymerisation sind laufende analytische Untersuchungen notwendig, um diesen mittleren Polymerisationsgrad zu bestimmen und den noch tragbaren Restgehalt an monomerem Caprolactam zu prüfen. Mit diesen Prüfungen und weiteren Differenzierungen des Herstellungsprozesses hat sich Schlack nach seiner Erfindung intensiv beschäftigt.

Nach der Polymerisation wird das fertige Polyamidband abgekühlt, abgehaspelt, geschnitzelt, ausgewaschen und getrocknet. Die Schnitzel werden erneut geschmolzen und bei 250 Grad Celsius durch feine Löcher von Spinndüsen gepumpt. Das spezifi-

Die Spinnmasse wird durch die Öffnungen der Spinndüse gepreßt. Die Fäden erstarren an der Luft. (Vereinigte Glanzstoff Fabriken)

gegen schwache Säuren und Laugen und besitzt ein hohes Wärme- und Elektro-Isolationsvermögen. In Mischungen mit Naturfasern kann es überall dort eingesetzt werden, wo ein hoher Gebrauchswert verlangt wird. Die möglichen allgemeinen Anwendungsgebiete von Perlon wurden schon bei der Erfindung ins Auge gefaßt: Dies waren neben der Bekleidung, besonders Damenstrümpfe, auch technische Textilien wie Seile, Schnüre, Netze, Reifen, Benzinbehälter und Kabelüberzüge.

Obwohl Perlon und Nylon als erste Synthesefasern in der gesamten Textilindustrie hätten verarbeitet werden können, ist es zu einer umfassenden Nutzung zunächst nicht gekommen, da die Erfindung der Polyamide am Vorabend des Zweiten Weltkriegs stattfand.

Die Verwertung

Die Verwertung der Erfindung von Perlon steht in engem Bezug dazu, daß sie in einem Betrieb der IG Farben stattfand. Die IG Farben Industrie AG war ein seit der Jahrhundertwende gewachsener Verbund von chemischen Fabriken in Deutschland, der 1925 seinen Höhepunkt fand in dem Zusammenschluß von BASF, Bayer, Hoechst und Agfa. Das Agfa-Stammwerk für Film- und Faserproduktion befand sich in Wolfen (hier wurden die Entscheidungen über Perlon getroffen), die zugeordnete Aceta GmbH für Faserproduktion war in Berlin-Lichtenberg (hier wurde Perlon erforscht), und ab 1943 gab es eine Fabrik für Film- und Faserproduktion in Landsberg/Warthe, heute Gorzow/Polen (hier wurde Perlon produziert). Für die weitere Geschichte des Perlon ebenfalls wichtige Chemiefaserbetriebe der IG Farben befanden sich in Premnitz westlich von Berlin und in Bobingen bei Augsburg. Alle diese Betriebe gehörten zur Hauptgruppe III der IG Farben. Leiter dieser Gruppe war Fritz Gajewski; er unterschrieb alle wichtigen mit Perlon im Zusammenhang stehenden Angelegenheiten.

Begabte Chemiker wie Paul Schlack waren von den Arbeitsbedingungen in den Betrieben der IG Farben angezogen, weil nur dort genügend Mittel für Grundlagenforschung zur Verfügung standen. Allerdings waren die Forschungsbedingungen für Schlacks Konkurrenten und Erfinder des Nylon, Carothers, bei DuPont in den USA besser; Carothers konnte mehrere Jahre völlig frei arbeiten, Schlacks Forschungen wurden dagegen aus Geldmangel wiederholt unterbrochen oder verlangsamt. Bei der IG Farben herrschte starker Konkurrenzdruck. Die Arbeit der Wissenschaftler wurde halbjährlich ausgewertet und beurteilt, bei Mißerfolg drohte Entlassung, bei Erfolg gab es jähr-

sche Schmelzspinnverfahren mußte trotz der grundsätzlichen Ähnlichkeit des Spinnprozesses mit dem der Kunstseide für die Herstellung der Polyamide erst entwickelt werden. Beim Abkühlen der gewonnenen Spinnfäden erstarren die Fäden, werden aufgewickelt und gestreckt. Jetzt heißt das Produkt Perlon. Die Fäden werden noch gedreht, gewaschen und getrocknet.

Die Eigenschaften dieser neuentwickelten Faser machten sie in vieler Hinsicht bis dahin bekannten Fasern überlegen. Perlon ist spezifisch leichter als Naturfasern und hat trotzdem in trockenem und nassem Zustand eine höhere Festigkeit als Gußstahl. Es ist stark dehnbar, biege- und scheuerfest und kann durch feuchte Wärmebehandlung in eine konstant bleibende Form gebracht werden. Es ist beständig

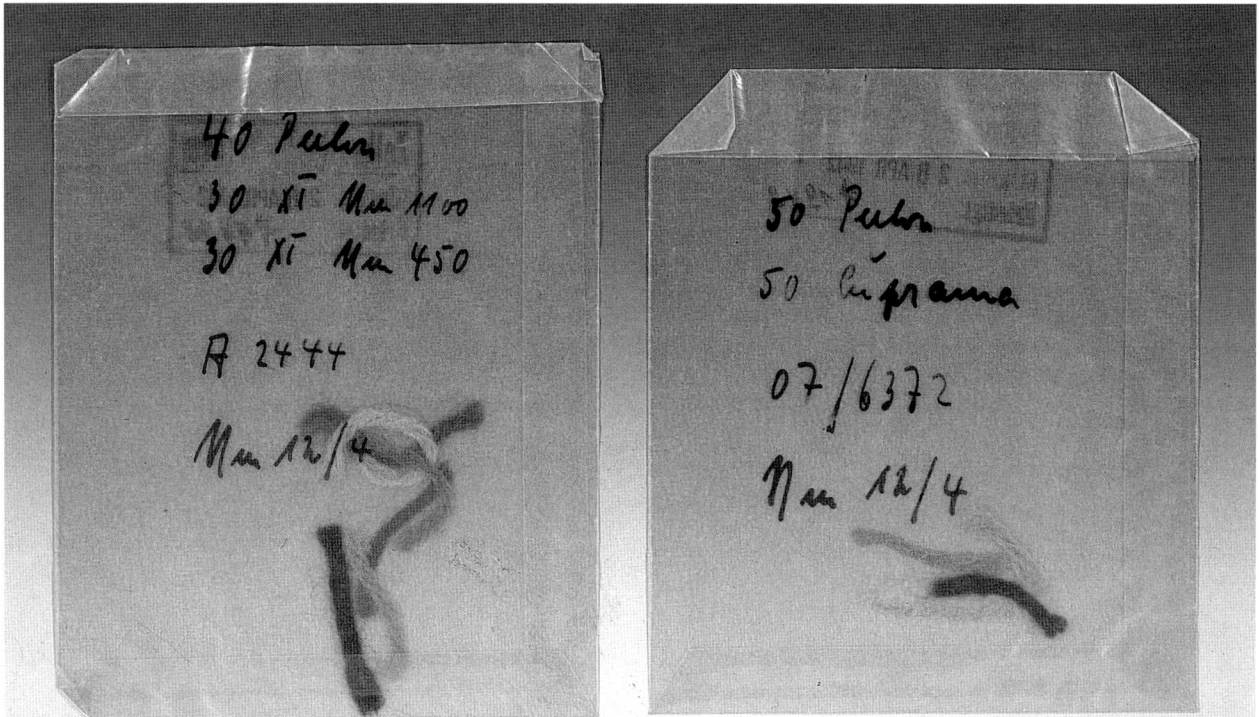

Original Perlon-Fäden von 1942. (C. Kirchner/MVT)

liche Prämien, Sonderprämien oder – als besondere Belohnung – eine Betriebsrente.

Zwischen den einzelnen Betrieben der IG Farben bestanden sehr gute Kommunikationsstrukturen, so daß keine doppelte Arbeit geleistet wurde und in bezug auf Perlon bis zum Kriegsende und darüber hinaus die betreffenden Betriebe und die dort beschäftigten Wissenschaftler in Kontakt miteinander bleiben konnten. Wenn in dieser Zeit zweigleisig gearbeitet wurde, und das geschah auch bei Perlon, so war das eher dem Eifer und Konkurrenzstreben der Beteiligten zuzuschreiben als unsinniger Organisation. Zwischen den Betrieben wurde viel gereist, so daß die guten Kontakte es ermöglichten, ohne großen Zeitverlust ein Produkt aus Perlon in Lichtenberg zu entwickeln, in Wolfen darüber zu entscheiden und es in Landsberg herzustellen. Als in Landsberg zu Kriegsende Bomben fielen, wurde die Produktion nach Premnitz verlagert; als in Berlin der Fortgang der Forschungsarbeiten bedroht war, brachte Schlack die Laboreinrichtung über Wolfen nach Bobingen.

Das Arbeitsethos der mit Perlon befaßten Wissenschaftler war hoch, ihr Stolz nicht unbegründet: Im Mai 1939 wurde ein Lizenzvertrag zwischen DuPont und IG Farben unterzeichnet, in dem festgehalten wird, daß die Laktampolymerisation zur Herstellung

von Perlon nicht von DuPont übernommen werden darf, wohl aber die von DuPont entwickelte Technologie der Verspinnung und Verstreckung der Polyamide durch die IG Farben. Die oft beschriebene Begegnung zwischen den Vertretern des amerikanischen und des deutschen Konzerns war den deutschen Chemikern eine Bestätigung, denn sie hatten Gleiches geleistet trotz der besseren Ausstattung der Amerikaner.

Nachdem so und durch weitere kleinere Perlon-Verträge die Patente und Lizenzen zwischen den potentiellen Herstellern aufgeteilt waren, konnte mit der Produktion begonnen werden. Noch im Februar 1943 wurde von seiten der IG Farben auf den gleichermaßen möglichen Einsatz von Perlon für militärische und zivile Zwecke hingewiesen:

»Perlon ist ein Sammelbegriff für vollsynthetische Fasern auf der Grundlage verschiedener Polyamide. Alle Perlone können in Form von fortlaufenden Fasern (Perlonseide), von Schnittfasern (Perlonfasern) und von Drähten und Borsten hergestellt werden. Im Laufe der Zeit wird sich der Einsatz im technischen Sektor auf alle diese Materialien erstrecken. Die Möglichkeit, die Perlone im technischen Sektor sowohl für militärische wie für zivile Zwecke einsetzen zu können, ist durch die physikalischen und chemischen Eigenschaften der Perlone bedingt. Die wichtigsten Eigen-

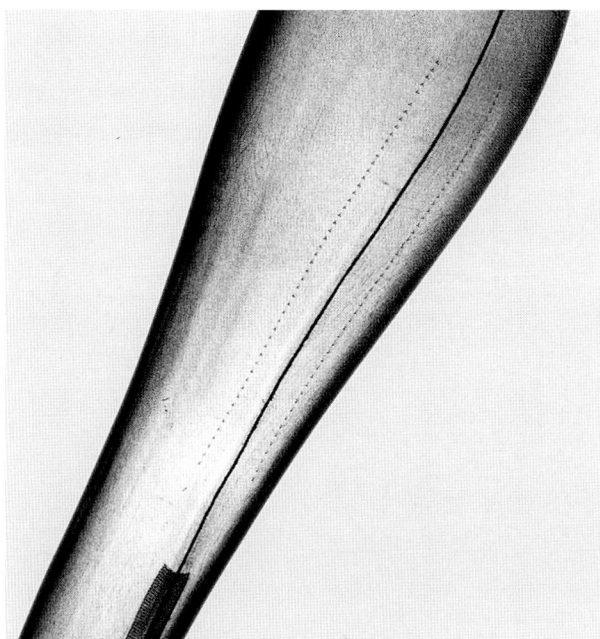

Polyamid-Nahtstrumpf. (C. Kirchner/MVT)

schaften werden im folgenden kurz zusammengefaßt: geringes spezifisches Gewicht, außerordentlich hohe Festigkeit, Dehnbarkeit und außerordentlich hohe Elastizität.«[4]

Vorgeschlagen wurde der Einsatz von Perlon unter anderem bei der Herstellung von »Förderbändern für Heer, Luftwaffe, Marine, Industrie und Bergbau«, von »Schnüren, Seilen, Gurten und Riemen für Heer, Luftwaffe, Marine, Industrie und Bergbau«, von Reifencord und technischen Schwergeweben, von Geweben für Fischereizwecke, Nähseiden, Kabelumspinnungen und von Socken und Strümpfen.[5]

Im besonderen sollten Damenstrümpfe und durch Perlon-Beimischungen haltbar gemachte Herrensocken produziert werden. Zu diesem Zweck gab es großangelegte Trageversuche unter Soldaten und Zivilisten. Eine Strumpfsendung mit typischem Begleitschreiben ging an Förster Kühne: »Anbei sende ich Ihnen zwei Paar Versuchsstrümpfe, die ich Sie bitten möchte, zu tragen. Ihre Erfahrungen, die Sie mit den Strümpfen machen, wollen Sie, bitte, zur bestimmten Zeit, d. h. bis 1. 8. nächsten Jahres in das beiliegende Formular eintragen. Mit Waidmanns Heil!«[6]

Erste Perlon-Damenstrümpfe wurden als Weihnachtsgeschenke 1943 und 1944 an die Damen des IG Farben-Vorstandes verschickt. Otto Ambros bedankte sich 1943 bei Fritz Gajewski: »Eben landete als das begehrteste Geschenk des Weihnachtstisches der Perlon-Gruß der Sparte III bei uns. Jedes Jahr werden

die Perlon-Artikel feiner und ausgewählter. Sie ermuntern den Synthetiker zu neuen Anstrengungen nach Menge und Qualität der Vor- und Zwischenprodukte. ... Möge 1944 den Frieden bringen, für Heim und Familie, für die freie Forschung auf unseren schönen gemeinsamen Arbeitsgebieten.«[7]

Ein weiteres Vorstandsmitglied der IG Farben, E. Weber-Andreae, schreibt nach Erhalt der Strumpfsendung: »Meine Frau läßt Ihnen vielmals danken für die Perlon-Strümpfe. Sie sind 1a! Wäre es sehr unbescheiden, wenn ich Sie bitten würde, mir ,unter dem Tisch' auch für Lily ein solches Paar Strümpfe Größe 9 1/2 zu schicken? Meine Bitte soll Ihnen aber den Urlaub nicht stören.«[8]

In den Begleitbriefen zu den Perlon-Sendungen Weihnachten 1944 deutet sich der Zusammenbruch der Wirtschaft an. Schlacks Chef schreibt an die Frau eines Vorstandsmitglieds: »Gleichzeitig lasse ich Ihnen zwei Paar Perlonstrümpfe zugehen. Gern hätte ich Ihnen mehr geschickt; es ist jedoch leider nicht möglich, da die Chemnitzer Strumpfindustrie die Ware für uns nicht mehr anfertigt und wir nur auf einem kleinen Versuchsstuhl geringe Mengen Versuchsware herstellen können.«[9]

Die IG Farben war zu diesem Zeitpunkt ganz mit Kriegsproduktion beschäftigt, eine reguläre Herstellung von Damen-Perlonstrümpfen hatte es bis zu diesem Zeitpunkt nicht gegeben. Es bestand aber während des gesamten Krieges das Bewußtsein, »daß nach dem Kriege besonders auf dem Gebiete der Strümpfe und Socken ein erheblicher Anwendungsbereich des Perlons liegen wird«.[10]

Die Nachkriegszeit wurde von seiten des Konzerns nie aus den Augen verloren. Es wäre kaufmännisch kurzsichtig gewesen, über die Kriegsproduktion die längerfristige Planung zu vernachlässigen. Aus den Unterlagen geht nicht hervor, daß der Konzern vorsätzlich auf die Entwicklung von Kriegstechnik hingearbeitet hat. Aber mit Beginn des Krieges war nur mit der Produktion von Kriegstechnik Produktion überhaupt möglich.

Die Einstufung der Kriegsdringlichkeit der Perlon-Produktion ging deshalb sehr stark von den kaufmännischen Leitern und von den Wissenschaftlern der IG Farben-Betriebe selbst aus. Briefe wie der folgende aus dem Werk Wolfen an einen Vertreter der Luftwaffe waren unter wirtschaftlichen Gesichtspunkten geschrieben:

»Zur Sicherung unserer Perlonseide-Fertigung für die Zwecke des RLM (Reichsluftfahrtministerium; A.D.) sehen wir uns genötigt, Sie darum zu bitten, daß uns ein entsprechender Kriegslieferungsauftrag mit höchstmöglicher Dringlichkeitseinstufung für die in unseren

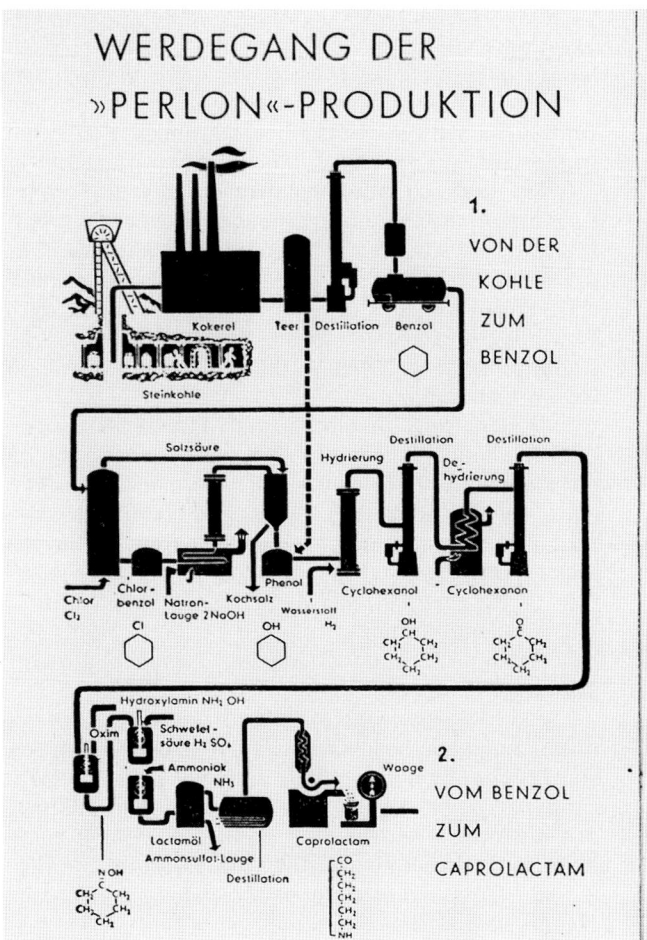

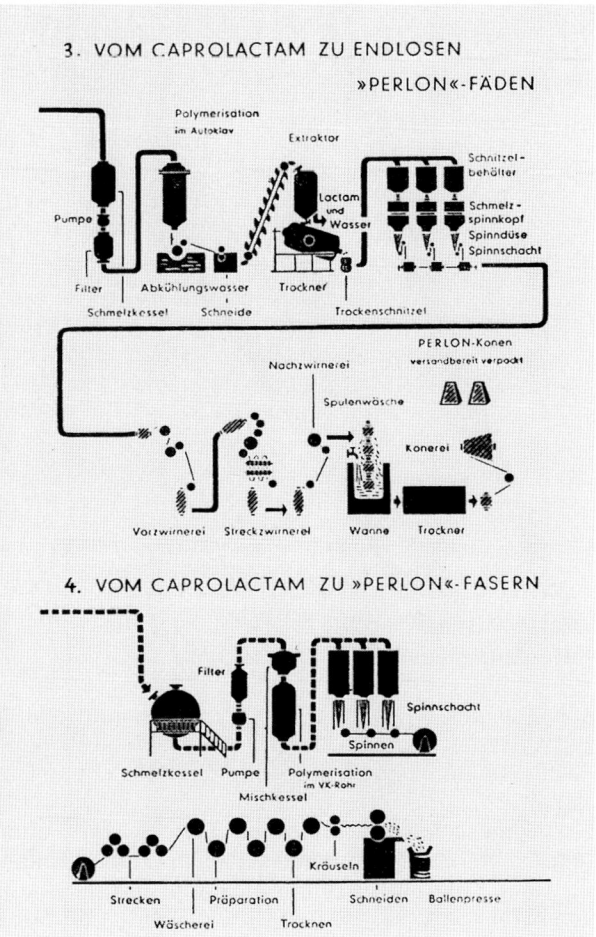

Werdegang der »Perlon«-Produktion (Goldmann)

Werken Lichtenberg und Landsberg laufende Fertigung der Perlonseide erteilt wird.«[11]

Auch der Wissenschaftler Schlack bestand ausdrücklich auf der Dringlichkeit: »Die Situation ist also so, daß wir praktisch nur über den von Dunlop-Conti weitergegebenen Entwicklungsauftrag verfügen. ... Es wäre aber sehr erwünscht, wenn wir nicht alles auf diesen einen und einzigen (offiziellen) Auftrag buchen müßten, auch wenn er zur Zeit relativ gesichert erscheint.«[12] (Es geht bei diesem Auftrag um die Entwicklung von Reifencord für Flugzeugreifen.)

Die Bitten und Forderungen blieben nicht ungehört, weil sie mit dem Interesse des Militärs korrespondierten: In rascher Folge wurden Dringlichkeiten bescheinigt für Fallschirmwerkstoff, Cordgewebe, Hochdruckschlauchgewebe, Perlonschnur für Luftwaffe und Marine, Perlongewebe für Gasschutzstoffe und Perlonborsten für die Reinigung von Geschützen.[13]

Tatsächlich produziert wurde die gesamte Fallschirmpalette: Stoff (Weberei), zusammengenäht mit Perlon-Nähgarn (Garnhersteller), Fangleinen (Flechterei) und Gurte (Bandweberei). Auch als am 1. März 1945 aufgrund der Verknappung alle Dringlichkeitseinstufungen vom Reichsminister für Rüstung und Kriegsproduktion Speer außer Kraft gesetzt wurden, blieben Lichtenberg und Premnitz (die noch vor Kriegsende geplante Produktionsstätte für Perlon) im »Führernotprogramm von vollsynthetischen Erzeugnissen für Wehrmachts- und technischen Bedarf, insbesondere von Perlonseide und Perlonborsten«.[14] Im Werk Landsberg wurde zu diesem fortgeschrittenen Zeitpunkt des Krieges schon nicht mehr produziert, obwohl es als »Rüstungsbauvorhaben« beschleunigt vorangetrieben worden war. Bis zuletzt galt für die Perlonproduktion die Einschätzung des Reichsministeriums für Rüstung und Kriegsproduktion: »Die Perlonerzeugnisse werden zu Spitzenleistungen bei der Luftwaffe unbedingt benötigt. Eine Nichtzurverfügungstellung bedeutet, daß bestimmte Jägertypen nicht zum Einsatz kommen bzw. die Besatzungen nicht mit dem erforderlichen Rettungsgerät ausgestattet werden können. Ein anderer Textilrohstoff, der den gestellten Anforderungen nur in etwa entspricht, ist nicht vorhanden und eine absolute Neuentwicklung, die dem Gegner bereits seit geraumer Zeit zur Verfügung steht. Der vorhandene Vorsprung muß eingeholt werden.«[15] Der Vorsprung des »Feindes« wurde nie eingeholt. Im Frühjahr 1942 hatte DuPont bereits seine zweite Produktionsanlage für Nylon in den USA aufgebaut; erst ein Jahr später war die Großproduktion in Landsberg angelaufen. Eine ausreichende Versorgung der deutschen Truppen mit Schnüren und Seilen aus Perlon mag es gegeben haben, schwieriger einzuschätzen sind dagegen die Erfolge auf dem Gebiet der Fallschirme und problematisch die Entwicklung des Reifencords für Flugzeugreifen. Fallschirme sollten für Personen und Lasten gewebt werden. Die Vorteile gegenüber Naturseide lagen darin, daß die Perlongewebe reißfester und bei Nässeeinwirkung leichter und grundsätzlich weniger anfällig gegenüber Fäulnis waren. Noch im Januar 1945 urteilte Wolfen jedoch zurückhaltend über Fallschirme aus Perlon: »Die Entwicklung mit Perlon ist (als Gewebe) noch im Fluß ... Jetzt spielt Perlon im Einsatz für Fangleinen und Nähseiden, insbesondere aber für Gurte eine besondere Rolle. Die Perlongurte sind den bisher gebräuchlichen Hanfgurten, hinsichtlich Elastizität und Haltbarkeit weit überlegen.«[16] (Die Firma Güth & Wolf stellte bei Scheuertouren-Untersuchungen an Gurten fest, daß Leinen bei 3300 Touren durchgescheuert war, während Perlon 585000 Touren aushielt.)[17] Weiter heißt es in der oben erwähnten »Aktennotiz über den Einsatz von Kunstseide zur Herstellung von Fallschirmgeräten«, daß nach Mitteilung von Vertretern der Luftwaffe Viscoseseide (und nicht Perlon) zur Herstellung aller Lasten-Fallschirmgeräte diene.

Auch für die Bereifung von Flugzeugen scheint sich Perlon während des Krieges als Wundermaterial nicht bewährt zu haben. Obwohl schon früh Beutereifen von über Deutschland abgestürzten amerikanischen Flugzeugen analysiert worden waren, gab es Mitte 1944 noch die Einschätzung der Werksleitung: »Bei den derzeitigen hochbelasteten Flugzeugen hält der Flugzeugreifen den Belastungen nicht mehr stand. Die inzwischen mit Perlon-Seide durchgeführten Versuche haben nun eine außerordentliche Steigerung der Laufzeit gebracht, jedoch liegt die Dehnung der Seide noch zu hoch.«[18] Im Mai 1944 kam es in der Reifenentwicklung zu »überraschenden Änderungen

nach der positiven Seite, die erstmalig und allein von den Dunlop erreicht worden sind im Gegensatz zu sämtlichen anderen Reifenherstellern«.[19] Die Versuche wurden fortgesetzt, denn »aufgrund der Tatsache, daß in amerikanischen hochbelasteten Flugzeugen und neuerdings auch in Kampfflugzeugen in der Karkasse Nylon festgestellt wurde, hat der Jägerstab den sofortigen Einsatz von Perlon-Seide für diese Zwecke verlangt.«[20]

Die Erfüllung dieser Forderung war jedoch nicht mehr einfach, denn gleichzeitig wurde »von seiten des RLM seit einigen Wochen die Notwendigkeit einer Verlagerung (der Fabrik. A.D.) betont.«[21] Der Krieg war soweit vorangeschritten, daß eine Produktion im Osten Deutschlands keine Zukunft mehr hatte. Im Februar 1945 wurde deshalb das IG Farben-Zweigwerk Bobingen bei Augsburg innerhalb des »Notprogramms der Rüstungsendfertigung« mit der »Herstellung von Festkunstseide für Gewebeeinlagen zur Flugzeug-, Panzer- und Autoreifen-Fertigung«[22] betraut. Hier in Bobingen fand auch Paul Schlack nach dem Krieg eine neue Wirkungsstätte.

Beispiel Fallschirmschnüre

Die Quellenlage zur Produktion und Weiterverarbeitung von Perlon ist unterschiedlich gut. Angaben über den Umfang der Herstellung können durch die Unterlagen in den Archiven der IG Farben als gesichert gelten. In Lichtenberg, dem Standort von Paul Schlack, wurden z.B. 1943 und 1944 jeweils 300 Tonnen Perlonborsten produziert. In Landsberg ist für 1943 die Produktion von 74 Tonnen Perlonseide, für 1944 nach Anlaufen des Werks die Produktion von 347 Tonnen Perlonseide belegt. Diese letzte Zahl blieb weit hinter den Erwartungen der Agfa in Wolfen von 900 Tonnen zurück. Belegt sind auch die Lieferungen von Perlonseide an weiterverarbeitende Betriebe: Strumpffirmen im Chemnitzer Raum (z.B. Kuhnert und Elbeo), Webereien im Ruhrgebiet (z.B. Gebrüder Colsmann), Flechtereien in Wuppertal (z.B. Firma Kellermann) und Garnfirmen in Süddeutschland (z.B. Mez).[23] Auch Lieferungen für Spezialentwicklungen wie ein besonders stabiler Reißverschluß für Munitionsbeutel aus einem aufgewebten Perlonfaden, der die einzelnen Kettenglieder des Reißverschlusses darstellte (Firma Prym), sind nachgewiesen.[24] Die weiterverarbeitenden Betriebe waren im allgemeinen führend auf ihrem Gebiet. Sie verfügen zum Teil bis heute über Werksarchive. Trotzdem war es bisher nicht möglich, die Weiterverarbeitung von Perlon für militärische Zwecke während des Krieges in einem dieser Betriebe mit Hilfe von Archivmaterial nachzuweisen. Die Auskünfte sind unsicher und ungenau; schriftliche Unterlagen liegen nicht vor. Es ist im Augenblick nicht möglich zu beurteilen, ob der Verlust des Archivmaterials über diese erste Produktion von Perlon bewußt oder unbewußt herbeigeführt worden ist. Nur mündliche Berichte bestätigen, daß alle aus Perlon hergestellten Bestandteile von Fallschirmen tatsächlich produziert worden sind. Zeitzeugen berichten aus der Nachkriegszeit von Kinderkleidern aus einem damals »unbekannten« Fallschirmstoff.[25] Fallschirmschnüre sind nach dem Krieg aufgeribbelt und zu Unterwäsche verarbeitet worden. Ein damaliger Träger erinnert sich noch heute an das neuartige Materialgefühl.[26] Fallschirmschnüre gehörten zu den am meisten aus Perlon produzierten Produkten. Am Beispiel der Firma Kellermann aus Wuppertal kann der Produktionshergang im Winter 1942/43 nachvollzogen werden. Die Firma Kellermann taucht in den Perlon-Lieferlisten der IG Farben wiederholt auf. Ebenfalls bei IG Farben ist für den Winter 1942/43 die Fabrikation für die »Schnellaktion Versorgungsabwurf« dokumentiert.[27] Hinter diesem Begriff verbirgt sich die Versorgung der in Stalingrad von November 1942 bis zur Kapitulation Anfang Februar 1943 eingeschlossenen deutschen Soldaten. Verpflegung und Munition sollten in den Kessel eingeflogen bzw. über dem Kessel mit Fallschirmen abgeworfen werden. Für die Herstellung der Schnüre für diese Fallschirme wurde bei Kellermann »Tag und Nacht« gearbeitet. Zwei Flechterinnen erinnern sich, daß die Produktion durch polnische und holländische Zwangsarbeiter geschah, die täglich von einer der Flechterinnen vom Lager zur Fabrik und zurück begleitet worden sind.[28] Die hergestellten Fallschirmschnüre wurden von der Wehrmacht geprüft und die Ladungen täglich auf Lastwagen abtransportiert. Nach der Kapitulation in Stalingrad nahm die Nachfrage ab. Die fieberhafte Produktion von Fallschirmschnüren für Stalingrad war sinnlos, denn »die Vorbereitungen der Luftversorgung krankten an fehlerhafter Information: die Aufgabe gehörte nicht zu den traditionellen Heeresaufgaben. Rund 250000 Mann brauchten täglich, wenn jeder 1,225 kg erhielt, 306 t Verpflegung. Rund 1800 Geschütze, täglich 10 Geschosse verfeuernd zu 30 kg, verbrauchten 540 t. Rund 10000 Motoren, z.T. stillgelegt, zu 10 l täglich brauchten 100 t. Die notwendige Versorgungsmenge lag insofern zwischen 900 bis 1200 t.«[29]

Die tatsächlich erfolgten Abwürfe von knapp 100 Tonnen waren ein Tropfen auf den heißen Stein. Schon im November 1942 waren die Essensrationen für die Soldaten auf die Hälfte bzw. bis auf ein Drittel gekürzt worden.[30] Als die 6. Armee im Februar kapitulierte, war sie »dem Hunger erlegen und an-

Fallschirmspringer in Naturfaser-Ausrüstung, 1941. Bis Kriegsende wurden Stoff, Fangleinen und Gurte aus Perlon entwickelt. (H. Hubmann/Bildarchiv Preußischer Kulturbesitz)

schließend von der Roten Armee militärisch überwältigt worden«[31].

Die Produktion

Die ersten Perlon-Produkte wurden in Berlin-Lichtenberg hergestellt. Der Arbeitsplatz des Erfinders befand sich dort innerhalb der Kunstseidenfabrik Aceta. Paul Schlack leitete das wissenschaftliche Labor und konnte – begünstigt durch die militärische Dringlichkeit – Einfluß auf die Einrichtung der Maschinen für die Herstellung des neuen Materials nehmen. Jeder Schritt der Produktion mußte labormäßig vorbereitet und überwacht werden. In Lichtenberg wurden überwiegend Perlon-Borsten hergestellt, wobei die Nachfrage nicht gedeckt werden konnte. Perlon-Borsten waren im Vergleich mit Naturborsten um ein fünffaches haltbarer. In bezug auf die Herstellungsmengen von Perlon-

Stalingrad, Anfang 1943. Die eingeschlossenen Soldaten wurden aus der Luft versorgt. Die Fallschirmschnüre, an denen die Versorgungscontainer hingen, waren aus Perlon. (Bildarchiv Preußischer Kulturbesitz)

Seide wurde 1943 vor Eröffnung des Werkes in Landsberg festgestellt, »daß es sich in Lichtenberg lediglich um eine Versuchsfabrikation handele«.[32] Für 1945 waren in Lichtenberg monatlich 6 Tonnen, in Premnitz (anstelle des dann schon aufgegebenen Landsberg) dagegen 30 Tonnen Perlon geplant.[33]

Wichtiger als die eigentliche Produktion von Perlon war in Lichtenberg die Planung der Großfabrikation in Landsberg, und zwar wissenschaftlich, technisch und im Hinblick auf die Ausbildung. Im Labor von Schlack wurden alle anstehenden Probleme auch nach Inbetriebnahme der Landsberger Fabrik behandelt, eine Gruppe von Technikern aus Lichtenberg hat Landsberg aufgebaut, und die Arbeiterinnen für Landsberg wurden in Lichtenberg angelernt. Auch für diese Leistungen wurde Lichtenberg 1943 zum Kriegsmusterbetrieb erklärt.[34] Paul Schlack und seine Mitarbeiter haben sich in diesem Betrieb während des gesam-

ten Krieges ausschließlich mit Kunststoff-Forschung befaßt. Auf der 5. Polyamid-Besprechung in Frankfurt/Main äußerte sich Schlack zur Einwirkung von Gerbstoffen auf Polyamide, zu Versuchen mit Polyaxamiden, Polysulfamiden und Polyester.[35] Zwei Jahre später nimmt er Stellung zur Entwicklung von Reifencord und chirurgischem Nahtmaterial aus Perlon.[36] Für das letzte Kriegsjahr (!) faßt der Leiter der Abteilung Faserstoff in Wolfen als Forschungsaufgaben zusammen: »Niedere Dehnungen bei Seide, Seide licht- und wetterfest, höhere Steifheit von Faser und Borsten, Faser mit größerer Wasseraufnahmefähigkeit und Fasern mit größerer Bügelfestigkeit.«[37] Paul Schlack war auf diese Weise bis zum Kriegsende und darüber hinaus mit Arbeit eingedeckt.

Währenddessen war in Landsberg/Warthe die Produktion angelaufen. Zunächst für die Herstellung von Filmen geplant, wurden im Mai 1940 von der Technischen Abteilung der IG Farben Kosten in Höhe von 6,5 Millionen Reichsmark für eine Perlon-Fabrik bewilligt. »Begründung: Aufgrund der inzwischen abgeschlossenen Versuche soll in Landsberg eine Perloran-Seide-Fabrikation errichtet werden.«[38] Zwei Jahre später wurde diese Summe auf 21 Millionen Reichsmark erhöht und ergänzt durch Forderungen zum Straßenbau und zum Bau von Unterkunfts- und Aufenthaltsbaracken der Arbeiter. 1943 kamen die Neuanträge einer Borstenfabrik und weiterer Baracken hinzu, und seit 1944 die Anträge auf Schutzeinrichtungen wie Luftschutzbunker.[39] Der Reichsminister der Luftfahrt hatte der IG Farben AG in Wolfen schon 1943 mitgeteilt, daß »Ihr Rüstungsbauvorhaben in Landsberg (Warthe) in die Wehrkreisrangfolgenliste aufgenommen« worden war.[40] Mit den Neubauten für die Perlon-Fabrik war schon 1942 begonnen worden, entsprechend der Kriegssituation in Deutschland jedoch wurde der Bau verzögert und war auch 1944 noch nicht abgeschlossen: »Es wurde in Landsberg abgesprochen, zunächst die Textilhalle mit Anbau möglichst bald im Rohbau, dagegen den Innenausbau zunächst nur für die 1. Hälfte der 2. Halle fertigzustellen. Die 2. Hälfte der Halle sollte zunächst für Lagerzwecke und als Aufenthaltsraum für Arbeitskräfte verwendet werden, wodurch das Gesamtbauvolumen in Landsberg um weitere RM 100 000 gesenkt werden kann (Verzicht auf die Aufenthaltsbaracke).«[41] Der weitere Aufbau von Polymerisation, Spinnerei und Streckzwirnerei war im Gange, ohne Bewußtsein des nahenden Kriegsendes: »Der Höchstdruckdampf soll, da die entsprechenden Kessel vor Mitte 1945 nicht geliefert werden können, mittels Gas erzeugt werden.«[42] Trotz dieses verzögerten »Ausbaus Perlon« wurden seit Mitte 1943 bereits 7 Tonnen monatlich produziert, ein Jahr später waren es 25 Tonnen.[43] Die Produktion wurde beeinträchtigt durch schlechte Rohstofflieferungen aus Leuna/Bitterfeld und Lichtenberg, von technischen Störungen, von Stromausfall und Mangel an deutschem Aufsichtspersonal für die ausländischen Arbeiter. Das Verhältnis zwischen Aufbau- und Produktionsleistung kam auch darin zum Ausdruck, daß 1250 Personen mit Bau und Montage beschäftigt waren, knapp 600 dagegen mit der Produktion.[44] Die Angaben über die Belegschaft in Landsberg sind nicht eindeutig. Sie liegen zwischen 600 und 2000 Personen, deren Arbeitsgebiet jedoch nicht genau nachgewiesen ist. Die Angaben können durch Zuweisung bzw. Abzug größerer Gruppen von Kriegsgefangenen besonders im Baubereich erheblich schwanken. Sicher zu sein scheint die Auslastung des Barackenlagers mit 2000 Personen.[45]

Noch während der Aufbauarbeiten in Landsberg wurde die Fabrik unter die Betreuung der Wehrmacht gestellt, so daß »unsere Produktion mengen- und qualitätsmäßig ungestört zu laufen hat«.[46] Parallel dazu lief bereits die Verlagerung der Perlon-Produktion nach Premnitz, wo schon Ende 1942 von Wolfen aus 12 Millionen Reichsmark für die Entwicklung einer neben Landsberg zweiten Fabrik für die Perlon-Produktion bewilligt worden waren.[47] Die Planung war insofern vorausschauend, als Landsberg als östlichste Perlon-Fabrikationsstätte Anfang 1945 als erste aufgegeben wurde. Auf der letzten protokollierten Direktionskonferenz in Wolfen am 21. März 1945 wird »streng vertraulich« weitergeplant. Nur die Weisungen zur »Auslagerung wichtiger Chemikalien und Rohstoffe, die zur Erhaltung der Substanz unseres Werkes unbedingt notwendig sind«, künden von leiser Endzeitstimmung.[48]

Die Arbeiter

Die Perlon-Produktion lief erst an, als die deutschen Männer bereits im Krieg waren, so daß in Lichtenberg und Landsberg die Herstellung der neuen deutschen Erfindung überwiegend durch ausländische Zwangsarbeiter geleistet wurde. Sie mußten in den Rüstungsbetrieben, zu denen auch die Perlon-Betriebe gehörten, Produkte herstellen, die im Kampf gegen ihre Heimatländer eingesetzt wurden.

Die deutschen Juden und Jüdinnen waren 1943, als die Produktion anlief, schon aus den Fabriken abgeholt worden. Am 27. Februar 1943 hatte diese Aktion auch in Lichtenberg stattgefunden: »In Begleitung von Meistern und Vorarbeitern holten die SS-Männer die Juden und Jüdinnen aus den Betrieben und versammelten sie auf dem Fabrikhof. Gegen 1/2

10 Uhr waren die im Werk befindlichen Juden restlos erfaßt und wurden abtransportiert. Das gleiche geschah mit den jüdischen Arbeitern, die um 14 bzw. um 22 Uhr die Arbeit aufnehmen wollten.«[49] Fünf Tage vor dem Abtransport war eine Anweisung vom Leiter der Perlon-Produktionsabteilung an den Wachschutz ergangen, die Pausen der Jüdinnen und Polinnen während der Nachtschicht besser zu kontrollieren.[50] Vier Monate später wurde der Werksleitung in Aussicht gestellt, fünfzig privilegierte, mit »Ariern« verheiratete jüdische Frauen für die Perlon-Borsten-Produktion »zugewiesen zu erhalten«. Es sei »an sich wohl bedauerlich, daß wir wiederum jüdische Arbeitskräfte hereinnehmen mußten, aber in Anbetracht der derzeitigen Unmöglichkeit deutsche bzw. ausländische weibliche Arbeitskräfte zu bekommen, blieb uns wohl keine andere Wahl übrig.«[51]

In Lichtenberg haben neben den »normalen« Ausländerinnen 120 Polinnen gearbeitet, die auf den Einsatz in Landsberg vorbereitet werden sollten. Alle Polinnen waren mit dem P auf ihrer Kleidung gekennzeichnet; das Fehlen dieser Kennzeichnung mußte nach Anweisung des Leiters der Perlon-Abteilung der Polizei gemeldet werden.[52]

Auch in Landsberg wurde die Produktion von Ausländern, insbesondere von Polinnen und später von italienischen Kriegsgefangenen, getragen. Im Oktober 1943 trafen 750 Kriegsgefangene im Werk Landsberg ein.[53] Alle ungelernten Ausländerinnen und Ausländer mußten angelernt und überwacht werden. Das erschien der Werksleitung als schwerwiegendes Problem. Für Landsberg erging deshalb ein Aufruf an andere Chemiefaserbetriebe der IG Farben, »daß von jedem Werk für den Textilbetrieb je eine erfahrene männliche und weibliche Aufsicht, die geeignet sind, sich in den neuen Betrieb schnell einzuarbeiten und fremdländische Arbeitskräfte anzulernen und zu überwachen«, abgegeben werden sollen.[54] Aus dem gleichen Grund wurde versucht, die Einberufung der für den Aufbau der Fabrik unentbehrlichen Handwerker abzuwehren. Diesem Ziel kam auch die Einstufung der Fabriken als Rüstungsbetriebe entgegen. Letztlich waren die Bemühungen, qualifizierte Facharbeiter zu behalten, durch den Verlauf des Krieges nicht erfolgreich. Für alle neu zu errichtenden Fabrikbauten wurden deshalb die Einrichtungen für Ausländerinnen und Ausländer mitgeplant: Baracken als Aufenthalts-, Umkleide-, Wasch- und Duschräume, Anlagen zur Desinfizierung der Arbeitskräfte oder Erstellung eines ganzen »Frauenlagers«: »Zur Unterbringung der in unserem Werk beschäftigten Frauen, besonders der Arbeiterinnen des Perlon-Betriebes, wird das Lager II erstellt. Es umfaßt 9 Wohnbaracken zur Unterbringung von rd. 1000 Frau-

**Die beiden Wirkungsstätten von Paul Schlack:
Aceta Berlin und Bobingen. (C. Kirchner/MVT)**

en, ferner Wirtschaftsbaracke, Verwaltungs- und Sanitätsbaracke, Wasch- und Abortbaracken« (18. Oktober 1943, ergänzt am 1. April 1944 um Aufenthaltsbaracken für 2000 Arbeitskräfte).[55] Ein Unrechtsbewußtsein über diese unwürdige Art der Nutzung fremder Arbeitskraft ist aus den Akten nicht ersichtlich.

Der Erfinder

Im Herbst 1994 beschreibt ein über dreißig Jahre mit Paul Schlack befreundeter Chemiker den Erfinder mit folgenden Worten: »Herr Professor Schlack war eine bescheidene, liebenswerte Persönlichkeit, die von allen, die ihn kannten, sehr geschätzt wurde. Er war nicht der ‚Manager‘ klassischen Typs, sondern der zurückhaltende, arbeitsame und seine für richtig erkannte Ideen konsequent verfolgende Forscher. Menschen, die ihm auf seinem langen Lebensweg begegnet sind, werden sich sicher gerade wegen seiner Menschlichkeit gern an ihn erinnern.«[56]

Paul Schlack wurde 1897 in Stuttgart geboren und hat dort auch studiert. Für den zu seiner Zeit ungewöhnlichen Studienwunsch Chemie soll er über sein Interesse für Photographie gekommen sein. Er mußte sein Studium unterbrechen, um als Soldat am Ersten Weltkrieg teilzunehmen. Schlack muß ein außergewöhnlich guter Student gewesen sein, denn sein Professor schlug ihn für ein von Hoechst gestiftetes Stipendium vor »als den befähigtsten von allen meinen Doktoranden, ein geschickter Experimentator und in der Literatur so bewandert, daß alle anderen Praktikanten des Laboratoriums seine Kenntnisse in dieser Hinsicht anerkennen und bewundern. Ich selbst habe noch keine wissenschaftlich schon bearbeitete Frage an Schlack gerichtet, ohne – und zwar sofort – einen kurzen Überblick über das Wesentliche derselben zu erhalten. Auch erstreckt sich sein Wissen und Können auf das Gebiet der anorganischen und physikalischen Chemie in gleichem Maße, wovon das glänzende Diplom-Hauptexamen, welches Herr Schlack abgelegt hat, Zeugnis gibt.«[57]

Schlack hatte zu diesem Zeitpunkt bereits Berufserfahrung in einem Labor in Kopenhagen gesammelt und sich dort mit den damals neuen Makromolekülen befaßt. Nach seiner Rückkehr nach Deutschland wollte Schlack bei Hoechst arbeiten, konnte aber nur eine Stelle bei der Agfa in Wolfen bekommen. Er wollte sich mit Photochemie befassen, wurde jedoch mit der Faserforschung betraut. Er war darüber enttäuscht. Seine Aufgabe bestand in der Untersuchung der Färbemöglichkeiten von Zellulose-Fasern. Mit der Entwicklung von synthetischen Fasern befaßte er sich nebenbei, obwohl ihm nach der Kenntnis der Patente von DuPont die »verlorenen Chancen« bewußt waren. »Alle erfolgversprechenden Wege schienen (dadurch) versperrt.«[58] Schlack war drei Jahre vor seiner Erfindung bei DuPont in den USA gewesen. Sein Vorgesetzter hatte damals einen Verbindungsmann in New York um eine Empfehlung gebeten. »Herr Dr. Schlack wird auch die Firma DuPont besuchen. Vielleicht könnten Sie ihm auch bei dieser Firma Eintritt verschaffen.«[59] Offenbar dauerte der Agfa der Aufenthalt von Schlack in den USA zu lange – ohne die »Autoreifen« wurde »umgehende Rückkehr erwünscht«.[60] Vermutlich war Schlack an der Nylon-Einlage in den Reifen interessiert. Er selbst hat sich Jahre später intensiv mit Cordseide für Flugzeugreifen befaßt.

Bei Agfa/Wolfen forschten zwei rivalisierende Männer über Polyamide. Schlack wurde um unabhängigen Rat gebeten. Er erinnerte sich daran über zwanzig Jahre später in einem Vortrag in Tokio: »Now I had to reveal myself and so my answer was: ‚As a matter of fact I am not neutral in this affair, on the contrary I am myself seriously interested in polyamide research and I have already started active work.‘ The boss hesitated a moment, then he decided wisely: ‚This field is of utter importance. You may go ahead, all three of you.‘ So practically it turned out to be a horserace.«[61]

Schlack gewann schließlich das Rennen. Seiner eigenen Erfinderleistung im Januar 1938 haftet eine große Leichtigkeit an, denn mit geringerem Aufwand und Personalbestand als im Labor von Carothers gelang die Polymerisation, Verspinnung und Verstreckung des Caprolaktams zu Perlon. Er führte seinem Chef die Erfindung vor. Dessen Reaktion war

»enthusiastisch«. »Sie haben exzellente Arbeit geleistet, um die wir Sie nicht gebeten hatten. Sicher wird dies Ihr Lebenswerk werden.«[62] Schlack war sich angesichts fremder Patentrechte und noch nicht bewiesener Wirtschaftlichkeit dessen nicht sicher. Aber schon 1939 konnten die ersten Perlon-Borsten hergestellt und das technische Know-how von DuPont übernommen werden. In diesem Jahr erhielt Schlack eine einmalige Sonderzahlung für seine Leistungen auf dem Gebiet der Superpolyamide von 6000 Reichsmark zusammen mit der Gewährung einer Pension im Falle von Erwerbsunfähigkeit.[63] Schlack bedankte sich: »Sehr geehrter Herr Doctor! Für die mir gewährte Verbesserung meiner Einkommens- und Pensionsverhältnisse und für die durch Gratifikation und Sondervergütung zum Ausdruck gebrachte Anerkennung meiner Leistung im vergangenen Jahr möchte ich Ihnen, Herr Doctor, auch noch schriftlich meinen ergebensten Dank abstatten. Es wird mein Bestreben sein, die Arbeiten auf dem Polyamid-Gebiet auch weiterhin mit allen Mitteln voranzutreiben. Heil Hitler! Paul Schlack.«[64] Vom Anfang des nun beginnenden Krieges bis zum Zusammenbruch arbeitete Schlack unermüdlich. »Forschung und Entwicklung wurden während des Krieges aktiv fortgesetzt. In unserem 1942 errichteten Labor in Berlin arbeiteten wir intensiv bis 4 Wochen vor Kriegsende, bis wir kein Gas, Wasser, Elektrizität mehr hatten. Ich würde sagen, trotz intensiver Bombardierung gab es vorbildlichen Kooperationsgeist und Enthusiasmus, ganz im Gegensatz zu dem immer näher rückenden Desaster.«[65] 1944 erhielt Schlack das Kriegsverdienstkreuz I. Klasse und im März 1945 (!) nahm er seine Promotionsurkunde entgegen.[66] Er hatte noch die Zeit gefunden, eine Doktorarbeit über Polyamide zu schreiben, »auf meinen Antrag geheim«, »so daß sie zumindestens nicht vor Kriegsende Dritten zugänglich wird. Es befindet sich nur ein Exemplar in Jena und dieses ist im Panzerschrank des Chem. Techn. Inst. verwahrt... Ausdrücklich möchte ich noch bemerken, daß die Arbeit nichts enthält, was nicht durch Patentanmeldungen vorläufig geschützt wäre.«[67] Paul Schlack hat im Laufe seiner Tätigkeit 300 Patente entwickelt, und er war gut informiert über die Konkurrenz (»Wir müssen jedenfalls versuchen, auch auf dem hier angeschnittenen Arbeitsgebiet alle uns vorliegenden Beobachtungen anzumelden, um zu verhindern, daß wir später durch Schutzrechte der Phrix gestört werden«[68]). Er brachte während der gesamten Zeit bei Agfa seine Interessen in bezug auf Ausrüstung des Labors mit Apparaten und Fachpersonal zum Ausdruck. Ein Bezug zwischen ihm und anderen Personen wird nur dort deutlich, wo er den Personalbestand seines Labors bedroht sieht.

»Noch folgeschwerer ist der Verlust des einzigen Glasbläsers (von mir nicht freigegeben). Es muß fest damit gerechnet werden, daß von den dienstälteren Chemotechnikern, die für mich außerordentlich wertvoll sind, auch noch mindestens der eine eingezogen wird. Ihr Abgang würde mich schwerer treffen als die Wiedereinberufung des Herrn B.«[69] Ein Jahr später: »Aus meiner Abteilung sind in den letzten Tagen zwei weibliche Angestellte als Flak-Helferinnen eingezogen worden. Die Einberufung einer dritten Angestellten (Halbjüdin) steht bevor. Ferner wird ein Laboratoriums-Angehöriger (Student der Chemie, nicht angestellt, da Halbjude) zum Freitag zur OT einberufen. Damit scheiden allein vier durch ihre Vorbildung qualifizierten Kräfte aus.«[70] Jede Bescheinigung der Kriegswichtigkeit von Forschung und Produktion ist Schlack deshalb in diesem Zusammenhang recht, ermöglicht es doch unter allen Umständen die Fortsetzung seiner Arbeit. Auch für ihn selbst war die militärische Dringlichkeit seiner Forschung lebenswichtig, da »die für kriegswichtige Forschung zurückgerufenen Chemiker und Diplom-Ingenieure von der neuen Einziehungsaktion nicht betroffen werden (sollen)«.[71] Schlack hatte Ende 1942 zur »bevorstehenden Aufnahme der Großfabrikation in unserem Werk Landsberg« eine einmalige Gratifikation von 20 000 Reichsmark für seine Arbeit auf dem Gebiet der vollsynthetischen Perlonfaser erhalten.[72] Inhalt und Art der Produktion hat er von Berlin aus wissenschaftlich begleitet. Als Landsberg aufgegeben und die wissenschaftliche Arbeit bedroht war, sorgte er für den Erhalt seiner Arbeitsergebnisse: »So hat er z. B. Bücher, Laborberichte, Kleinstmaschinen sowie Roh- und Hilfsstoffe zum Teil eigenhändig vom einen Bahnsteig zum anderen transportiert. Er war immer gewissenhaft und unermüdlich – selbst beim Transport seines ›Handwerkszeuges‹.«[73]

Nach dem Krieg

Die Jahre zwischen 1945 und 1950 waren geprägt von den Versuchen der Überlebenden des Krieges, sich neu zurechtzufinden. In bezug auf die Chemiefaser-Produktion hieß das, den Verlust von Fabriken zu akzeptieren und die Auflösung und Neuaufteilung der verbliebenen IG Farben-Betriebe durch die Alliierten abzuwarten. Paul Schlacks neuer Arbeitsplatz in Bobingen wurde 1950 der Hoechst AG zugeordnet. Nun konnten die vor der Währungsreform nicht zu realisierenden Pläne der Perlonseide-Herstellung über das IG Farben Control Office beantragt werden. Seit 1946 waren Borsten, Draht und Fasern aus Perlon hergestellt worden. Jetzt sollte durch eine Investition von 10

Thüringisches Kunstfaserwerk Wilhelm Pieck, 1947. Hier begann die Perlon-Produktion in der späteren DDR.
(Bildarchiv Preußischer Kulturbesitz)

Millionen Deutsche Mark die Großproduktion für Feinseide (Strümpfe) und Grobseide (technische Gewebe) anlaufen.[74] Paul Schlack selbst trat nun ganz konkret in Vorträgen für seine Erfindung ein, z.B. mit den Hinweisen auf die Wirtschaftlichkeit der Mischung von Perlon und Wolle, die Anwendungsgebiete und die Haltbarkeitsergebnisse.[75] Nach dem Abschluß der Vorbereitungsarbeiten für die Produktion in Bobingen ging Schlack als Leiter der Faser-Forschung zu Hoechst. Er hat sich dort wieder ausschließlich der Forschung gewidmet, wurde 1953 mit dem Verdienstorden der Bundesrepublik Deutschland geehrt und 1961 zum Professor an der Technischen Hochschule Stuttgart ernannt. Er war Mitglied im wissenschaftlichen Beirat für die Vergabe von Forschungsmitteln in Baden-Württemberg und erhielt als »ganz ergebener« Paul Schlack Antwortschreiben des großen Hermann Staudinger als »sehr geehrter Herr Kollege«.[76]

Was war aus den Betrieben und den Kollegen geworden, die Schlack hinter sich gelassen hatte? Seinen Arbeitsplatz bei der Aceta in Berlin-Lichtenberg gab es nicht mehr, der Betrieb wurde demontiert und erst 1951 als VEB Kunststoffwerk Aceta wieder aufgebaut. Hier wurden Perlon-Nähseide, Schnürsenkel

und Perlon-Draht hergestellt. Landsberg war ebenfalls demontiert worden, Premnitz zum Teil. In Wolfen wurde eine Gruppe von Polyamid-Spezialisten zur Aufbauarbeit in die Sowjetunion verpflichtet; unter anderem bauten diese Forscher bis 1947 die demontierte Landsberger Anlage bei Klien nördlich von Moskau wieder auf. 1949 kehrte die Gruppe in die DDR zurück. In Wolfen wurden seit 1950 Perlon-Borsten hergestellt; ein früher nicht zur IG Farben gehörendes Werk auf dem Gebiet der DDR war Wolfen jedoch in der Perlonfaser-Produktion zuvorgekommen. Die Thüringische Zellwoll AG, später Thüringisches Kunstfaserwerk Wilhelm Pieck in Schwarza, hatte schon 1942 als ein Werk innerhalb der Zellwolle- und Kunstseidenring GmbH einen Lizenzvertrag mit der IG Farben über die Zusammenarbeit auf dem Perlon-Gebiet getroffen. Auf der Grundlage des Vertrages zwischen DuPont und IG Farben kamen IG Farben und die Zellwolle- und Kunstseidenring GmbH überein, »auf diesem Gebiet eine vertrauensvolle und enge Zusammenarbeit zu pflegen, insbesondere ihre Kenntnisse und Erfahrungen gegenseitig auszutauschen, ihre Fabrikationsvorhaben aufeinander abzustimmen und sich gegenseitig bei der Verwirklichung dieser Fabri-

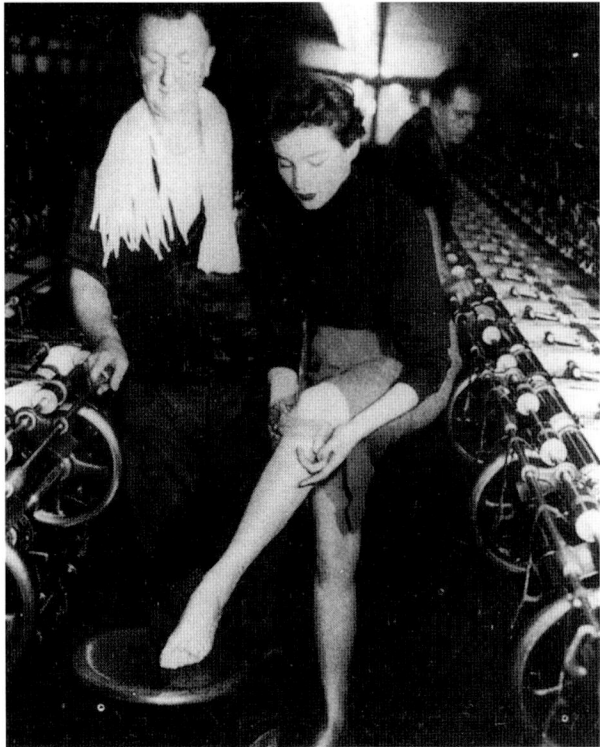

Wirkmaschinen zur Herstellung von Perlon-Strümpfen. Der Arbeiter hat sich Perlon-Strumpflängen um den Hals geschlungen. (Deutsche Presse-Agentur)

kationsvorhaben nach besten Kräften zu unterstützen«.[77] Auch für die Zeit nach dem Krieg waren die Marktanteile schon so aufgeteilt, daß Perlonseide zu 60 Prozent von der IG Farben und zu 20 Prozent von der Zellwoll- und Kunstseidenring GmbH hergestellt werden sollte. Die restlichen 20 Prozent sollten an die Vereinigte Glanzstoff Fabriken AG gehen, mit der die IG Farben 1943 einen Lizenzvertrag abgeschlossen hatte.[78] Während das Thüringische Kunstfaserwerk als erstes die Perlon-Fabrikation in der späteren DDR aufnahm, waren es in der Bundesrepublik die Vereinigten Glanzstoff Fabriken in Wuppertal. Beide Fabriken profitierten davon, daß sie nicht zur IG Farben gehört hatten. Die Vereinigten Glanzstoff Fabriken ließen 1950 eine große Fabrik in Oberbruch bei Aachen vom damaligen Bundeswirtschaftsminister Erhard eröffnen. In Abgrenzung zur gerade aufgelösten IG Farben AG wies Erhard darauf hin, daß »ein Unternehmen wie Glanzstoff nie eine wirtschaftliche Macht im gefährlichen Sinne bedeuten könnte, die etwa aufgeteilt werden müsse. Es sei eine Macht, die aus ehrlicher Leistung erwächst, und eine Kraft, die sich schöpferisch entfaltet.«[79] Aufgrund der Entwicklung auf dem Perlon-

Bereich verdoppelte sich bei Glanzstoff bis 1953 der Gewinn.[80] Zumindest ein weiterer Perlon-Betrieb verdient nach 1950 Erwähnung: die Bayer Farbenfabriken, deren Werk Dormagen der ehemalige Leiter der Fabrik in Landsberg übernommen hatte. Zwar war die Faser bei Bayer nicht eingeführt worden, aber »die verlorene Zeit wurde benutzt, um technisch neue Wege zu gehen mit dem Ergebnis, daß das heutige Bayer-Perlon qualitativ ein Spitzenprodukt geworden ist.«[81]

In den im Aufbau befindlichen Perlon-Fabriken der Nachkriegszeit ging es unter neuen Vorzeichen wieder militärisch zu. Eine »kurze, aber vielsagende Notiz aus der Zeitung Welt am Sonntag vom 10.9.1950 beinhaltete, daß amerikanische Kreise Londons für die nahe Zukunft große alliierte Aufträge für die süddeutsche Perlon-Industrie voraus(sagten), deren Einbeziehung in die Produktion von Uniformen und Ausrüstungen für die westlichen Streitkräfte bereits abgeschlossen sei… Im Rahmen der allgemeinen Überlegungen über die Einschaltung der deutschen Industrie in die westliche Rüstungsproduktion wurde der deutschen Perlon-Fabrikation besondere Bedeutung beigemessen.«[82] In Deutschland waren für Uniformen von Polizei und Bundesbahn Perlon-Anteile vorgeschrieben[83]; weiterverarbeitende Betriebe, die Aufträge für diese Produkte erhielten, hatten gute Startchancen in die Marktwirtschaft.

Perlon wurde trotz seiner Verwendung während des Krieges für die Verbraucher ein Symbol des Neubeginns. Nur wenige hatten das Material bis dahin kennengelernt. Es vermittelte nach schweren Kriegsjahren den Eindruck von Leichtigkeit. Allerdings wurde bald auch seine Begrenztheit im Tragekomfort deutlich, und andere, besser mit Naturfasern zu vermischende synthetische Materialien ersetzten die Polyamide. Nur im Bereich der Damenstrümpfe und der technischen Textilien blieb ihre Bedeutung erhalten. Damenstrümpfe gab es in Deutschland seit 1950 zu kaufen, teuer und weniger elastisch als heute. Aber auch in Form der Strumpfhose haben Perlon und mehr noch Nylon bis heute ihren Platz in der Strumpfindustrie. Technische Verwendung finden die Polyamide in der Fischerei-Industrie, im Sportbereich, als Bodenbelag, als Reifencord, Seile und Drähte sowie als Dübel und Zahnräder.

Die eigentliche Entwicklung des Materials hat erst nach dem Zweiten Weltkrieg stattgefunden. Während des Krieges waren übereilte und zwischen Staat und Unternehmen unkoordinierte Entscheidungen, blinder Kapitaleinsatz und überhöhte Erfolgserwartungen Gründe dafür, daß im Verhältnis zum Aufwand von Forschung und Produktion noch relativ unbefriedigende Arbeitsergebnisse zustande kamen. In diesem Fall war der Krieg nicht der Vater der Technik. Die Grundlagen waren schon zwischen den beiden Weltkriegen entwickelt worden. Der Krieg beschleunigte auch nicht die Entwicklung, denn in »Friedenszeiten« ist mit weniger Aufwand mehr Qualität hergestellt worden. Das Perlon der Nachkriegszeit war griffiger und vergilbte weniger.

Das Prinzip, auf dem die Entwicklung von Perlon in Kriegs- und Nachkriegszeit beruht, geht weit vor unser Jahrhundert zurück. Es besteht in der Zerstückelung der Natur in kleinste Teilbereiche, mit denen sich der Forscher beschäftigen kann, ohne die übrige Welt bzw. die Anwendung seiner Forschungen in seine Betrachtungen einzubeziehen. Die beharrliche Wiederholung von Experimenten auf einem isolierten Arbeitsgebiet als Voraussetzung zu naturwissenschaftlicher Erkenntnis ist mit umfassendem Denken nicht vereinbar, denn bei der Einbeziehung der Anwendung in die Forschung müßte Wissenschaft eine andere Richtung einschlagen. Diese Richtung verspricht nicht das gleiche Maß an Ruhm und Ehre wie die Anpassung an traditionell betriebene Naturwissenschaften.

Für die Diskussion dieser ethischen Dimension und Problematik naturwissenschaftlichen Denkens bieten konkrete Lebensgeschichten von Männern wie Paul Schlack die Grundlagen.

Archive

Unternehmensarchiv der Filmfabrik Wolfen GmbH (FiWo)
Firmenarchiv der Hoechst AG (ArHoe), Frankfurt am Main
Landesarchiv Berlin
Unternehmensarchiv Akzo-Nobel, Wuppertal
Deutsches Museum, Archive, Sondersammlungen und Dokumentationen (DM, ASD), München
Museum für Verkehr und Technik (MVT), Feldhaus-Archiv, Berlin

Anmerkungen

1 W. Albrecht: Paul Schlack zum Gedächtnis, CTI 10/87.
2 Brief Schlacks an Feldhaus vom 17.1.1957, Feldhaus-Archiv 10883, MVT.
3 Persönliche Mitteilung Paul Schlacks an Hermann Klare, veröffentlicht in: Ders.: Geschichte der Chemiefaserforschung, Berlin 1985, S. 172.
4 Über den Einsatz von Perlon für technische, militärische und zivile Zwecke, IG Farben, Wolfen, 17.2.1943, FiWo A 16431.
5 Ebd.
6 FiWo A 1510.
7 Ebd.; Ambros war u.a. Betriebsführer in Buna-Auschwitz. Er wurde in den Nürnberger Prozessen zur Rechenschaft gezogen.
8 Ebd.
9 Ebd.
10 FiWo A 16430.
11 Schreiben Kleine an Henking v. 25.2.1944, FiWo A 5168.
12 Streng vertrauliches Schreiben Schlacks an Kleine vom 4.12.44, FiWo A 5168.
13 Z. B. vom Oberkommando des Heeres am 14.1.1944, FiWo A 5168.
14 Speer an IG Farben, 8.3.1945, FiWo A 5168.
15 Geheimes Schreiben an IG Farben vom 22.9.1944, FiWo A 5168.
16 Aktennotiz über den Einsatz von Kunstseide zur Herstellung von Fallschirmgeräten vom 23.1.1945, FiWo A 12438.
17 Vertraulicher Bericht über die Perlon-Sitzung in Premnitz am 12.5.1944, FiWo A 12572.
18 Geheimes Schreiben Kleines an Dunst vom 11.7.1944, FiWo A 6161.
19 Wie Anm. 17.
20 Wie Anm. 18.
21 Ebd.
22 Schreiben des Produktionsausschusses Chemische Fasern an IG Farben vom 16.2.1945, FiWo A 5168.
23 Z. B. Geheimes Schreiben über Versand an Perlonseide ab Landsberg, aufgeteilt nach Empfängern, 1943, FiWo A 5970.
24 FiWo A 12584.
25 Persönliche Mitteilung von Herrn Orlowski, Firma Wülfing, Remscheid.
26 Persönliche Mitteilung von Herrn Reichelt, Berlin.
27 Schreiben Agfa Wolfen an Gauleitung Halle, FiWo A 5970.
28 Mitteilungen von Frau Schm., Frau So. und Frau D., Firma Kellermann, Wuppertal.
29 A. Kluge: Schlachtbeschreibung, Frankfurt am Main 1983, S. 185.
30 W. Wette, G. Ueberschär, Stalingrad: Mythos und Wirklichkeit einer Schlacht, Frankfurt am Main 1992, S. 135.
31 Ebd., S. 144.
32 Schreiben Meyers an Kleine vom 20.1.43, FiWo A 5970.
33 Fertigungsbescheide Speers vom 8.3.1945, FiWo A 5168.
34 Streng vertrauliches Protokoll der Direktionskonferenz vom 18.1.1944, FiWo A 5168.
35 ArHoe, Tea Nr. 44, 1939-42, Archiv-Nr. 84.
36 Wie Anm. 17.
37 Ebd.
38 ArHoe, Tea Nr. 34, K.A., 1941-1943, Archiv-Nr. 462.
39 Ebd.
40 Schreiben vom 5.3.1943, FiWo A 5168.
41 Schreiben Ausbau Perlon, Stand 31.7.1944, FiWo A 6161.
42 Ebd.
43 Wie Anm. 23.
44 Kurzbericht über das Werk Landsberg vom 21.8.1944, FiWo A 5272.
45 Ebd.
46 Geheimes Schreiben Hofmanns an Kreisleitung NSDAP.
47 ArHoe, Tea Nr. 41, K.A., 1936-45, Archiv-Nr. 470.
48 Wie Anm. 34.
49 Schreiben Lichtenbergs an Wolfen vom 1.3.1943, FiWo A 5168.
50 Landesarchiv Berlin, Akte Aceta.
51 Schreiben Lichtenbergs an Wolfen vom 9.6.1943, FiWo A 5168.
52 Wie Anm. 50.

53 Schreiben Landsbergs an das Reichsluftfahrtministerium vom 18.10.1943, FiWo A 5168.
54 Gajewski und Kleine am 20.11.43, FiWo A 5168.
55 Wie Anm. 38.
56 Persönliche Mitteilung von Prof. Wilhelm Albrecht, Wuppertal.
57 Stipendiengesuch Nr. 326, Wirtschaftshilfe der deutschen Studentenschaft, ArHoe.
58 Paul Schlack: Vortrag am Wissenschaftlichen Zentrallaboratorium der Firma Toyo Rayon am 5.10.1966.
59 Schreiben Gajewski an Hütz vom 4.11.1935, FiWo A 1413.
60 Telegramm der Agfa an Schlack in New York vom 26.3.1936, FiWo A 1413.
61 Wie Anm. 58.
62 Ebd.
63 FiWo A 1544.
64 FiWo A 1413.
65 Wie Anm. 58.
66 FiWo A 1544.
67 Schreiben Schlacks an Gajewski vom 9.3.1945, FiWo A 1544.
68 Schreiben Schlacks an Patentabteilung Wolfen vom 22.10.1942, FiWo Abteilung Dederon Nr. 16.
69 Schreiben Schlacks an Kleine vom 25.1.1943, FiWo A 5168.
70 Streng vertrauliches Schreiben Schlacks an Kleine vom 4.12.1944, FiWo A 5168.
71 Streng vertrauliches Protokoll über die Direktionskonferenz vom 21.8.1944, FiWo A 5168.
72 Streng vertrauliches Schreiben Gajewskis und Kleines an Schlack vom 21.12.1942, FiWo A 1544.
73 Wie Anm. 56.
74 Schreiben Kunstseidenfabrik Bobingen an IG Farben Control Office vom 23.5.1953, ArHoe, Bobingen AG, 1952–54, Perlonseide-Projekt 06552, Prof. WI 20/III.
75 Was man beim Spinnen, Weben und Wirken von Perlonfasern wissen soll, in: Kunstseide und Zellwolle 10/1950, nach einem Vortrag von Paul Schlack in Zürich am 28.9.1950.
76 Briefwechsel Schlack und Staudinger, DM, ASD, NL 88, D I, 1961.
77 Perlonvertrag zwischen ZKR und IG vom 3.6.1942, ArHoe, Tea, Archiv-Nr. 817.
78 Ebd.
79 Kunstseide und Zellwolle 11/1950.
80 FAZ vom 24.6.1953.
81 Melliand Textilberichte 35, 8/1954, S. 946.
82 Kunstseide und Zellwolle 9/1950, S. 337.
83 Angelika Limper: Vom Kap nach Kuchenheim. Die Textil-Rohstoffe der Tuchfabrik Müller (TM), 1931-1963, unveröffentlichter Forschungsbericht im Auftrag des Rheinischen Industrie Museums, Oberhausen 1993.

Weiterführende Literatur

ARWA (Hg.): Wie ein Strumpf entsteht. Der Werdegang eines modernen Damenstrumpfes, Stuttgart o. J. (50er Jahre).

Robert Bauer: Unternehmen Chemiefaser bei der deutschen Faserindustrie, Frankfurt a. M. 1962.

Herbert Bode: Die Entwicklung des Chemiefaserbereiches der Filmfabrik Wolfen von 1933 bis 1945, Wolfen 1986.

Johannes Eichholtz: Geschichte der Kriegswirtschaft in drei Bänden, Berlin, 1984f.

75 Jahre Glanzstoff: Zeitschrift für die Mitarbeiter der Enka Glanzstoff AG, 1974, Heft 8/9.

Alfons Hofer: Stoffe I, Frankfurt a. M. 1992.

H. Hopf, A. Müller und F. Wenger: Die Polyamide, Berlin 1954.

Rainer Karlsch: Allein bezahlt? Die Reparationsleistungen der SBZ/DDR 1945–1953, Berlin 1993.

Hermann Klare: Geschichte der Chemiefaserforschung, Berlin 1985.

Kunstseide und Zellwolle, 28. Jg., Berlin 1950.

V. Muthesius (Hg.): Zur Geschichte der Kunstfaser, Heppenheim 1949.

Alfred Neubauer und Herbert Bode: Im Spannungsfeld von angewandter und Grundlagenforschung: Die ersten Polyamidfasern, in: Wissenschaft und Fortschritt V/1989, S. 118.

Richard Sasuly: IG Farben, Berlin 1952.

Paul Schlack: Die Polyamide mit besonderer Berücksichtigung von Nylon6 und 66 sowie deren Anwendung, in: Melliand Textil Berichte, 1966, S. 1.175.

Ders.: Die Polyamidfasern vom Standpunkt des Chemikers, Vortrag in Helsinki (Oktober 1955).

Ders.: My Way to Perlon. Vortrag am Wissenschaftlichen Zentrallaboratorium der Firma Toyo Rayon (5.10.1966).

Ders.: Die Entwicklung der Polyamid-Faserstoffe in historischer Sicht, in: Zeitschrift für die gesamte Textilindustrie, 1954, S. 823.

Vereinigte Glanzstoff Fabriken AG, Glanzstoff Chemiefasern. Eine Information für unsere Freunde und Mitarbeiter, Wuppertal 1960.

Ich danke besonders Herrn Gill vom Unternehmensarchiv der Filmfabrik Wolfen GmbH für seine Hilfe.

»Ich habe mich für nichts zu entschuldigen«

Karl Dönitz und der U-Boot-Krieg im Atlantik

von Dirk Böndel

**Eine deutsche Marinebasis an der Nordsee im
September 1940 mit mehreren U-Booten.
(Bildarchiv Preußischer Kulturbesitz)**

Karl Dönitz mit Admiralstab um 1944.
(Bildarchiv Preußischer Kulturbesitz)

Karl Dönitz

1891	Am 16. September in Grünau bei Berlin geboren
1914	Im Ersten Weltkrieg Offizier auf verschiedenen U-Booten
1918	Kommandant von UB 68, das am 4. Oktober versenkt wurde
1919	Rückkehr aus britischer Kriegsgefangenschaft; bis 1935 Dienst auf verschiedenen Überwasserschiffen der Reichsmarine
1935	Ernennung zum Oberbefehlshaber der U-Boot-Waffe
1939	Einsatzbefehl an alle U-Boote: »Beginn der Feindseligkeiten gegen England sofort!«
1940	Verkündung des uneingeschränkten U-Boot-Kriegs
1943	Ernennung zum Großadmiral und Oberbefehshaber der Kriegsmarine
1944	Verkündung des »Totalen U-Boot Kriegs«
1945	Nach Hiltlers Selbstmord laut testamentarischer Verfügung für kurze Zeit dessen Nachfolger; Verhaftung durch alliierte Truppen; Anklage bei den Nürnberger Kriegsverbrecherprozessen
1946	Verurteilung zu zehn Jahren Haft
1956	Entlassung aus dem Spandauer Gefängnis
1958	Veröffentlichung seines Rechtfertigungswerks »10 Jahre und 20 Tage«
1980	Am 24. Dezember in Aumühle in Norddeutschland gestorben

Der wichtigste schiffahrtshistorische Aspekt im Europa der Jahre von 1939 bis 1945 ist zweifellos der U-Boot-Krieg im Atlantik. Der Kampf um die Seeherrschaft in diesem Bereich der Weltmeere dauerte vom 3. September 1939 bis zum 7. Mai 1945 und war damit die längste Schlacht der Weltgeschichte. Gleichzeitig war sie, wie Winston Churchill im Rückblick betonte, von entscheidender Bedeutung für den Ausgang des ganzen Kriegs:

»Die Atlantikschlacht war während des ganzen Kriegs der dominierende Faktor. Nicht für einen Moment hätten wir vergessen können, daß alles, was anderswo geschah, an Land, auf See oder in der Luft, letztlich von ihrem Ausgang abhing, und inmitten all unserer anderer Sorgen betrachteten wir ihr täglich wechselndes Kriegsglück mit Hoffnung oder Furcht.«[1]

Die Waffe, die vom nationalsozialistischen Deutschland in dieser Schlacht eingesetzt wurde, war das U-Boot. Enger als jede andere Waffengattung ist die U-Boot-Waffe mit ihrem Oberkommandierenden Karl Dönitz, dem »Führer der U-Boote«, späteren Oberbefehlshaber der Kriegsmarine und für kurze Zeit Hitlers Nachfolger, verbunden. Allein die Bezeichnung »Freikorps Dönitz«, die sich die U-Boot-Fahrer gaben, weist darauf hin.

Dönitz behauptete später, er hätte von Anfang an erkannt, daß die deutsche Expansionspolitik zu einem Krieg mit der Seemacht Großbritannien führen müßte. Dieser Krieg mußte ein Krieg um die Seeherrschaft sein. Die Herrschaft über einen bestimmten Abschnitt des Meeres ist grundsätzlich verschieden von der Herrschaft über einen bestimmten Abschnitt des Festlandes, wo es um den Wert des Landes, seine Ressourcen und ähnliche Faktoren geht. Seeherrschaft in einem bestimmten Gebiet bedeutet nichts anderes als die unumschränkte Einsatzmöglichkeit von Schiffen jeder Art – und hier besonders von Handelsschiffen – in diesem Gebiet. Bei einem Kampf um die Seeherrschaft zwischen Großbritannien und Deutschland konnte es aufgrund ihrer völlig unterschiedlichen geopolitischen Lage für die britische Seite nur darum gehen, die Seewege im Atlantik für die eigene Handelsschiffahrt offenzuhalten, und für die deutsche Seite, genau dies zu verhindern. Das geeignetste militärische Mittel, dieses umzusetzen, war für die Deutschen das U-Boot. Der Einsatz dieser Waffengattung wurde für das britische Inselreich so bedrohlich, daß Churchill darüber später schrieb:

»Das einzige, was mich während des Kriegs wirklich ängstigte, war die U-Boot-Gefahr... Ich war über diese Schlacht sogar besorgter als über den ruhmreichen Luftkampf, der die Schlacht um Britannien genannt wurde.«[2]

»Der Angriff der U-Boote war unser schlimmstes Übel. Es wäre von den Deutschen klug gewesen, alles auf diese Karte zu setzen.«[3]

Um die Bedeutung der Entwicklung und des Einsatzes von U-Booten im Zweiten Weltkrieg verstehen zu können, sollen zunächst ein geschichtlicher Überblick gegeben und dann die wissenschaftlichen, technischen und organisatorischen Entwicklungen auf deutscher und alliierter Seite aufgezeigt werden, um schließlich das Verhältnis von nationalsozialistischer Ideologie zur Entwicklung und zum Einsatz technischer Objekte zu untersuchen.

Der heimliche Aufbau der deutschen U-Boot-Waffe

Für die von Dönitz angeblich vorausgesehene Auseinandersetzung war Deutschland schlecht gerüstet. Nach dem Ende des Ersten Weltkriegs und der Selbstversenkung seiner Flotte bei Scapa Flow hatte es als Seemacht praktisch keine Bedeutung. Laut den Bestimmungen des Versailler Vertrags war es der Reichsmarine nicht erlaubt, Schiffe mit mehr als 10 000 Tonnen zu besitzen. Außerdem durften keine U-Boote gebaut werden; doch schon 1922 begann auf Weisung von Gustav Krupp, dem damaligen Chef des Krupp-Industrieimperiums, versteckt die Wiederaufrüstung der deutschen U-Boot-Waffe. In jenem Jahr schickte Krupp Mitarbeiter in die Niederlande, wo sie mit dem Entwurf von U-Booten begannen. Blaupausen von U-Booten dieses unter niederländischem Namen in Den Haag operierenden Büros – des Ingenieurskantoor voor Scheepsbouw – wurden bald ins Ausland verkauft, und 1927 lief in der Türkei ein nach diesen Plänen gebautes U-Boot vom Stapel. Nachdem sich deutsche Ingenieure das Wissen zum Bau solcher Waffen angeeignet hatten, bestellte Krupp bei ausländischen Firmen Einzelteile für U-Boote und ließ sie heimlich in Deutschland einlagern.

Nach der »Machtergreifung« der Nationalsozialisten wurden die Bestimmungen des Versailler Vertrags noch weitergehend mißachtet, bis Hitler ihn schließlich im März 1935 kündigte. Um Großbritannien zu beruhigen, wurde drei Monate später das Londoner Flottenabkommen zwischen Deutschland und Großbritannien abgeschlossen, in dem die Höchsttonnagegrenzen für die einzelnen Kriegsschiffsgattungen festgelegt wurden. Nach diesem Abkommen war es Deutschland erlaubt, die Gesamttonnage seiner Kriegsflotte auf 35 Prozent der Tonnage der Royal Navy anwachsen zu lassen. Für die U-Boote war eine Sonderkondition ausgehandelt worden, die besagte, daß Deutschland 45 Prozent der britischen Tonnagekapazität dieser Waffengattung besitzen durfte.[4] Jetzt konnte offen mit einem gigantischen Aufrüstungsprogramm begonnen werden. In dem sogenannten »Plan Z« von Erich Raeder, dem Oberbefehlshaber der Kriegsmarine, war vorgesehen, die deutschen Seestreitkräfte auf eine Gesamtstärke von acht Schlachtschiffen, fünf Schlachtkreuzern, vier Flugzeugträgern, einer großen Anzahl von Kreuzern, Zerstörern und Schnellbooten sowie über zweihundert U-Booten auszubauen.[5] Zusammen mit dem umfangreichen weiteren Aufrüstungsprogramm war diese Maßnahme auf die Führung eines Angriffs- und Eroberungskriegs ausgerichtet. Der Aufbau der U-Boot-Waffe konnte augenblicklich beginnen, da man auf die von Krupp eingelagerten Bauteile und das inzwischen erworbene Fachwissen der deutschen Schiffbauingenieure zurückgreifen konnte. Bereits elf Tage nach Abschluß des deutsch-britischen Abkommens, am 27. Juni 1935, wurde U 1 als erstes deutsches Nachkriegs-U-Boot in Kiel in Dienst gestellt und Ende jenes Jahres waren schon vierzehn Boote verfügbar. Der Oberbefehl über diese Flotte war Karl Dönitz übertragen worden.

Dönitz' Konzept vom U-Boot-Krieg

Karl Dönitz, der am 16. September 1891 in Grünau bei Berlin geboren wurde, war im Ersten Weltkrieg auf einem U-Boot gefahren und von der kriegsentscheidenden Bedeutung dieser Waffengattung zutiefst überzeugt. Wenn durch die geheimen Vorbereitungen von Krupp die materielle Grundlage einer deutschen U-Boot-Waffe bereitgestellt worden war, so lieferte Dönitz die strategische Konzeption.

Die Bedeutung der U-Boot-Waffe beurteilten Raeder und Dönitz unterschiedlich. Während Raeder noch in den Kategorien der großen Seeschlachten dachte, bei denen Großkampfschiffe die wichtigste Rolle spielten und den U-Booten nur eine unterstützende Aufgabe zugestanden wurde, war der jüngere Dönitz davon überzeugt, daß es allein mit der U-Boot-Waffe möglich sei, den bevorstehenden Krieg zu gewinnen. Er wollte dies dadurch erreichen, daß die U-Boote Großbritannien von der lebensnotwendigen Versorgung abschneiden sollten, indem sie die britische Handelsschiffahrt zerstörten.

Dönitz' strategische Überlegungen zum Einsatz der deutschen U-Boot-Waffe waren sehr einfach und lassen sich am besten mit dem Schlagwort »Tonnagekrieg gegen Handelsschiffe« kennzeichnen. Grundlage dieser Strategie war die Betrachtung aller gegnerischen Handelsschiffe als eine große Einheit, die durch eine Zahl, die Gesamttonnage aller verfügbaren Handelsschiffe, charakterisiert werden konnte. Aufgabe der U-Boote sollte es sein, diese Gesamttonnagemenge entscheidend zu reduzieren.

Die Gesamttonnage einer Handelsmarine ist keine konstante Größe. Sie wächst, wenn Neubauten oder Ankäufe von Handelsschiffen hinzukommen, und fällt, wenn Schiffe aus verschiedenen Gründen nicht mehr eingesetzt werden können. Hieraus ließ sich nach Dönitz genau ableiten, wann der Einsatz der U-Boote für Deutschland erfolgreich verliefe, nämlich dann, wenn die Gesamttonnage der gegnerischen Handelsschiffe nach Modifikation durch Neubauten und Versenkungen kontinuierlich abnahm.

Auf der Grundlage dieser Überlegung versuchte er, weitere Angaben zu ermitteln, z.B. wieviel Gesamttonnage (bei vorgegebener Anzahl von Neubauten) in einem Monat versenkt werden mußte, um Großbritannien ernsthaft zu schaden, und wieviel Tonnage ein U-Boot (bei vorgegebener Anzahl der Boote) durchschnittlich pro Tag versenken mußte. Dabei sollte es keine Rolle spielen, wo die Handelsschiffe versenkt wurden und ob sie beladen waren oder nicht. Deshalb sollten die U-Boote nur dort eingesetzt werden, wo bei geringem eigenen Risiko die größtmögliche Tonnagemenge vernichtet werden konnte.

Um diese strategischen Überlegungen umzusetzen, entwickelte Dönitz auf der Grundlage seiner eigenen Erfahrungen als U-Boot-Kommandant im Ersten Weltkrieg ein bestimmtes taktisches Konzept. Er betrachtete die nach dem Stand der damaligen technischen Entwicklung verfügbaren Boote nicht als »richtige« Unterseeboote, sondern als Torpedo-Tauchboote. Sie sollten aufgetaucht bei Nacht angreifen, da ihre niedrige Silhouette optisch nachts nur sehr schwer auszumachen war, und nur bei einem Gegenangriff durch Kriegsschiffe als Defensivmaßnahme abtauchen. Daraus ergab sich, daß als primäre offensive technische Eigenschaften gute Manövrierbarkeit und eine hohe Überwassergeschwindigkeit, als primäre defensive technische Eigenschaften eine große Maximaltauchtiefe und eine kurze Abtauchzeit erforderlich waren.

Dönitz ging davon aus, daß die Briten bei U-Boot-Angriffen sehr schnell dazu übergehen würden, die einzelnen Handelsschiffe in geschützten Konvois zusammenzufassen. Aus diesem Grund entwickelte er das zweite wesentliche Moment seiner taktischen Konzeption: den koordinierten Einsatz mehrerer U-Boote gegen einen Konvoi. Diese sogenannte »Wolfsrudeltaktik« bestand darin, daß Gruppen von U-Booten entlang des voraussichtlichen Konvoikurses stationiert wurden. Sobald ein U-Boot den Konvoi gesichtet hatte, erhielt die Einsatzzentrale eine Funk-

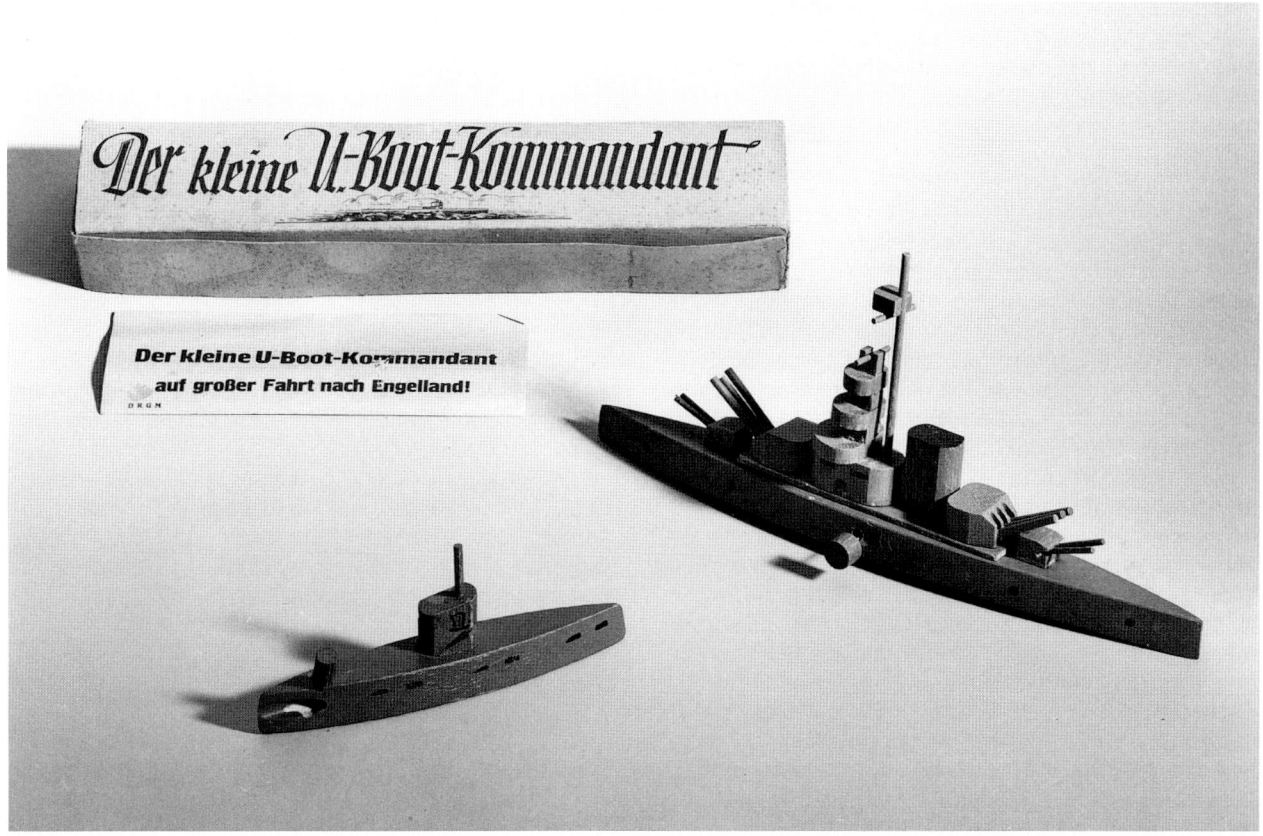

U-Boot-Spiel »Der kleine U-Boot-Kommandant«. Die Fahrt von U 47 diente sicherlich als Vorlage für dieses Spiel. (MVT)

nachricht mit Standort, Kurs und Geschwindigkeit des Konvois. Diese Informationen wurden an andere U-Boote weitergegeben, die dann Kurs auf das entsprechende Einsatzgebiet nahmen. Hatten genügend Boote mit dem Konvoi Fühlung aufgenommen, wurde er tagsüber heimlich verfolgt und nachts angegriffen. Als technische Voraussetzung war hierfür Funkverbindung zwischen den U-Booten und der Einsatzzentrale notwendig. Dönitz glaubte, daß die Briten auf eine solche Taktik nicht vorbereitet waren und das Überraschungsmoment auf seiten der Deutschen läge.

Voraussetzung zur Durchführung eines solchen koordinierten Angriffs auf einen Konvoi war natürlich, daß der Konvoi überhaupt gesichtet worden war – für die U-Boote eine schwierige Aufgabe, da ihre niedrigen Aufbauten eine sehr begrenzte Aufklärungskapazität mit sich brachten. Dönitz wollte diesen Mangel ausgleichen, indem er eine sehr große Anzahl von U-Booten einzusetzen beabsichtigte. Er hielt eine Gesamtzahl von 300 Booten für das Minimum[6], von denen jeweils 100 alliierte Konvois angreifen, 100

sich auf dem An- bzw. Abmarschweg befinden sowie 100 neu ausgerüstet und überholt werden sollten. Dies lag noch über der von Raeder im »Plan Z« veranschlagten Zahl.[7]

Der uneingeschränkte U-Boot-Krieg

Allerdings waren weder die von Dönitz noch die von Raeder geforderten Voraussetzungen bei Beginn des Zweiten Weltkriegs erfüllt, da der »Plan Z« die Eröffnung eines Angriffskriegs für frühstens 1944/45 vorsah.[8] So waren nur 57 U-Boote vorhanden, von denen 46 einsatzbereit und nur 22 atlantiktüchtig waren.[9]

Gleich zu Anfang des Zweiten Weltkriegs drangen Dönitz und Raeder darauf, den U-Boot-Krieg uneingeschränkt führen zu können, d.h. sie wollten gegnerische Schiffe überall und ohne Warnung sofort vernichten lassen. Hitler bestand jedoch auf der Einhaltung der Prisenordnung, die besagte, daß Handelsschiffe gestoppt, durchsucht und dann gegebenenfalls versenkt werden konnten, nachdem die Besatzung in die Rettungsboote gegangen war. Diese Entscheidung fällte Hitler keineswegs aus humanitären Gründen, sondern um Verwicklungen mit neutralen Staaten – insbesondere mit den USA – zu vermeiden und um doch noch zu einer friedlichen Einigung mit Großbritannien zu gelangen, damit er seine Eroberungspläne im Osten ungehindert verfolgen konnte. Widerstrebend mußte sich Dönitz den Wünschen Hitlers fügen und den Befehl geben, den U-Boot-Krieg nach der Prisenordnung zu führen, die jedoch gleich zu Beginn des Kriegs in eklatanter Weise mißachtet wurde: Das britische Passagierschiff ATHENIA mit über 1400 Zivilisten an Bord war am 3. September 1939 von U 30 ohne Warnung torpediert und versenkt worden, da man es angeblich für einen Truppentransporter gehalten hatte. 118 Passagiere kamen ums Leben, darunter 22 amerikanische Staatsangehörige. Dönitz bedauerte diesen Zwischenfall nicht wegen der toten Zivilisten, sondern weil er um den Ruf der deutschen U-Boot-Waffe und seinen Einfluß auf Hitler besorgt war. Er ließ alle Unterlagen, in denen die Versenkung der ATHENIA vermerkt worden war, fälschen, und die deutsche Propaganda behauptete, das Schiff sei auf Befehl Churchills von britischen Streitkräften versenkt worden, um die Vereinigten Staaten zum Kriegseintritt zu bewegen. Um das Ansehen der U-Boot-Waffe zu verbessern und Hitler deren Effektivität zu beweisen, veranlaßte Dönitz ein gewagtes Kommandounternehmen. Er ließ U 47 unter dem Kommando von Günther Prien in den britischen Kriegshafen Scapa Flow auf den Orkney-Inseln nördlich von Schottland einlaufen und das Schlachtschiff[10] ROYAL OAK versenken, wobei über 800 britische Seeleute ums Leben kamen. Dieses Unternehmen hatte militärisch wenig Bedeutung, doch trat der gewünschte Propagandaeffekt wie geplant ein. Prien wurde von Hitler persönlich mit dem Ritterkreuz ausgezeichnet, und Dönitz konnte dies hervorragend ausnutzen, um Freiwillige für U-Boot-Besatzungen zu werben. Dies war für Dönitz sehr wichtig, da man bei den Besatzungen der U-Boote hauptsächlich auf hochmotivierte Freiwillige zurückgreifen wollte, um so eine »Elitetruppe« zu formen. Aufgrund der im Verhältnis zu anderen Waffengattungen geringen Mannschaftsstärke konnte man sich ein solches Vorgehen leisten. In dieser ersten Phase des U-Boot-Kriegs, die von September 1939 bis Mai 1940 dauerte, konnte Dönitz nur sehr wenige U-Boote für den von ihm geplanten »Tonnagekrieg« einsetzen, da die wenigen verfügbaren Boote zeitweilig durch den Angriff auf das neutrale Norwegen gebunden waren. Es gelang ihm und Raeder jedoch, Hitler Schritt für Schritt von der Notwendigkeit des uneingeschränkten U-Boot-Kriegs zu überzeugen und

den U-Boot-Krieg nach der Prisenordnung aufzugeben. Am 6. Januar 1940 wurde der Seeraum zwischen dem 51. und 56. Grad nördlicher Breite und zwischen dem 0. und 4. Grad westlicher Länge – dieses Gebiet hatte jedes Schiff zu durchfahren, das aus westlicher Richtung kommend einen britischen Hafen anlaufen wollte – zum Operationsgebiet erklärt, in dem alle aufgespürten Schiffe ohne jegliche Warnung angegriffen und versenkt werden sollten. Trotzdem war Dönitz weit davon entfernt, seinen Plan umsetzen zu können. Die »Erfolge« der deutschen U-Boote in dieser ersten Phase des Atlantikkriegs waren, gemessen an der geringen Anzahl der zur Verfügung stehenden Boote, zwar erstaunlich, die britische Schiffahrt insgesamt wurde dadurch aber nicht ernstlich bedroht. Der Gesamttonnageraum der britischen Handelsmarine vergrößerte sich sogar. Die Versenkungsziffern gingen auch deshalb zurück, weil ab März 1940 immer weniger Einzelfahrer anzutreffen waren, die ein leichtes Opfer der U-Boote darstellten, und die Rudeltaktik mit den wenigen einsatzbereiten Booten kaum durchführbar war.

Die »Glückliche Zeit«

Im Mai 1940 überfiel die deutsche Wehrmacht Frankreich, das in einem »Blitzkrieg« besiegt wurde. Damit waren auch für die »Atlantikschlacht« völlig neue Voraussetzungen geschaffen worden. Französische Geleitschiffe standen nicht mehr für den Konvoischutz zur Verfügung, und britische Zerstörer wurden zur Abwehr einer erwarteten Invasion zurückgehalten. Darüber hinaus gab es mit Brest, La Pallice, Saint-Nazaire, Bordeaux und Lorient nun Operationsbasen, von denen aus die U-Boote ohne großen Anmarschweg direkt in ihr Zielgebiet gelangen und viel weiter in den Atlantik hinausfahren konnten.

Der 50jährige Dönitz, der gerade zum Vizeadmiral befördert worden war, befand sich zu jener Zeit auf dem Höhepunkt seiner Leistungsfähigkeit. Er hatte seinen relativ kleinen Stab in einen Landsitz in Kernéval nahe Lorient verlegen lassen, um von dort aus die U-Boot-Einsätze zu koordinieren. Zeitzeugen charakterisieren ihn als einen sehr effektiven, von fanatischem Pflichteifer erfüllten kühlen Strategen, der über ein enormes Arbeitsvermögen verfügte. Nach außen wirkte er gefühlskalt und steif. Wie er selbst später zu Protokoll gab, glaubte er bedingungslos an das Führerprinzip. Sein eigener Führungsstil war sehr autoritär, er behandelte seine Untergebenen aber stets korrekt. Hitler war er bedingungslos ergeben und bewunderte ihn maßlos.

Von Kernéval aus plante Dönitz nun den Einsatz

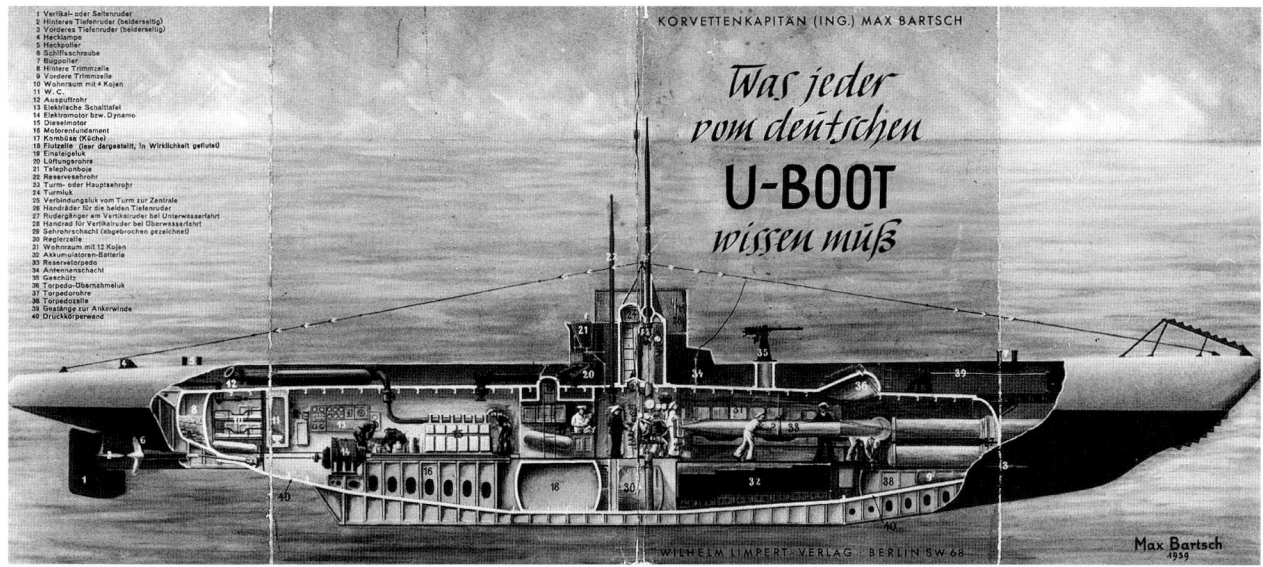

Propagandabroschüre von 1940. Wie das auf S. 119 abgebildete Spiel sollte diese Broschüre die Begeisterung von jungen Menschen für die U-Boot-Waffe wecken. (MVT)

»seiner« U-Boote. Der erste größere Angriff eines »Wolfsrudels« fand am 20. September 1940 statt, als fünf deutsche U-Boote zwölf Handelsschiffe des Konvois HX 72 versenkten. Der von Dönitz vermutete Überraschungseffekt trat tatsächlich ein, und die Wolfsrudeltaktik zeigte anfangs große »Erfolge«: Bei sehr geringen eigenen Verlusten gelang es den U-Booten, große Mengen Schiffsraum der Alliierten zu vernichten, so daß die U-Boot-Fahrer diese zweite Phase des Seekriegs im Atlantik (von Juni 1940 bis März 1941) als die »Glückliche Zeit« bezeichneten. Auf dem Höhepunkt der »Glücklichen Zeit«, zwischen Juli und Oktober 1940, wurden über 200 alliierte Schiffe mit insgesamt mehr als 1,1 Millionen Bruttoregistertonnen versenkt. Damit lag die Verlustrate bei den Konvoischiffen deutlich über der Neubaurate. So konnte bis Februar 1941 nur etwa ein Drittel des vernichteten Schiffsraums durch Neubauten ersetzt werden.

Demnach mußte es nach Dönitz' Überlegungen jetzt möglich sein, die »Tonnageschlacht« zu gewinnen, doch war die Durchführung des »uneingeschränkten U-Boot-Kriegs« bei genauerer Betrachtung das Eingeständnis, daß nicht alles nach dem Plan der Nationalsozialisten verlief. Großbritannien hatte nicht, wie Hitler gehofft hatte, Deutschlands Hegemonie in Kontinentaleuropa anerkannt und nicht in einen Friedensschluß eingewilligt. Die deutschen Versuche, eine Invasion Großbritanniens durchzuführen, die sogenannte »Operation Seelöwe«, hatten von Anfang an wenig Aussicht auf Erfolg, da die deutsche Über-

wasserflotte durch die erheblichen Verluste bei dem Angriff auf Norwegen zu stark geschwächt und die »Luftschlacht um England« von der Royal Air Force gewonnen worden war. Luft- und Seehoheit im Ärmelkanal waren aber unabdingbare Voraussetzungen für die Durchführung einer Invasion. Ohne diese Voraussetzungen blieb den Deutschen als einzige Option die Blockade Großbritanniens durch den von Dönitz propagierten Einsatz der U-Boote.

Die dritte Phase des U-Boot-Kriegs

Nicht nur in der Gesamtentwicklung des Kriegsverlaufs, sondern auch bei dem Einsatz der U-Boot-Waffe waren bereits 1941 erste Anzeichen dafür bemerkbar, daß der Krieg für Deutschland nicht wie geplant verlief. So bekam Dönitz bei weitem nicht so viele neue Boote, wie er immer wieder forderte. Maßgeblicher Grund hierfür war der Beginn des Kriegs mit der Sowjetunion, auf den sich die deutsche Rüstungsproduktion ganz konzentrierte. Dies verzögerte die schnelle Vergrößerung der deutschen U-Boot-Flotte und gab den Briten Gelegenheit, auf die inzwischen sehr ernst genommene Gefahr einer Isolierung ihres Inselreichs zu reagieren. Die Vergrößerung der Anzahl von Geleitschutzschiffen, neue technische Entwicklungen in der U-Boot-Abwehr und besonders die Entschlüsselung des deutschen Funkverkehrs führten im »Tonnagekrieg« zu einer vorläufigen Pattsituation. Als Zeichen für das Ende der »Glücklichen Zeit« wurde von vielen U-Boot-

Ein sinkendes deutsches U-Boot, das von seiner Besatzung verlassen worden ist.
(Bildarchiv Preußischer Kulturbesitz)

Fahrern die Versenkung von U 47 unter Günther Prien, U 99 unter Otto Kretschmer und U 100 unter Joachim Schepke angesehen, womit drei der erfolgreichsten deutschen U-Boote vernichtet worden waren.

Der »Paukenschlag«

Die vierte Phase des U-Boot-Kriegs begann mit Hitlers Kriegserklärung an die Vereinigten Staaten von Amerika im Dezember 1941. Kurzfristig brachte dies Vorteile für die deutsche U-Boot-Waffe, da Dönitz nun keine Rücksichten mehr nehmen mußte und die Einsätze auf die amerikanische Ostküste ausdehnen konnte. Dieser Operation, bei der die größeren U-Boote vom Typ IX eingesetzt wurden, gab er den Namen »Paukenschlag«. Den darauf nicht vorbereiteten Amerikanern konnte er im Frühjahr 1942 erhebliche Verluste zufügen. Auch auf der Nordatlantikroute waren die Versenkungsziffern für die Alliierten erschreckend. Allein in den letzten drei Monaten des

Jahres 1942 wurden über sechs Millionen BRT alliierter Schiffsraum durch deutsche U-Boote vernichtet – dies war mehr, als in den ersten Kriegsjahren zusammengenommen –, und nur die Hälfte davon konnte durch Neubauten ersetzt werden.

Aufgrund dieser Zahlen sprachen die Deutschen von einer zweiten »Glücklichen Zeit«, doch konnte man nicht darüber hinwegsehen, daß die Nazis sehr schnell eine Entscheidung suchen mußten, denn langfristig würde die große Industriekapazität der USA zusammen mit der immer besser funktionierenden Kooperation mit Großbritannien den Krieg im Atlantik entscheiden. Bereits im September 1941 war in Baltimore die PATRICK HENRY vom Stapel gelaufen, das erste der später sogenannten Liberty-Schiffe, kleine Frachtschiffe von etwa 7200 Tonnen, die als Antwort auf die Bedrohung durch die U-Boote die Versorgung Großbritanniens sicherstellen sollten. Schiffe dieses einfachen Typs konnten in Massenproduktion viel schneller gebaut, als sie von U-Booten versenkt werden konnten. So

Ein deutsches U-Boot versenkt am 12. März 1943 einen britischen Tanker im Nordatlantik. Nachdem der Tanker von mehreren Torpedos getroffen worden ist, taucht das U-Boot auf und versenkt ihn mit dem Deckgeschütz. (Bildarchiv Preußischer Kulturbesitz)

Ein torpedierter Tanker im Nordatlantik, 16. März 1943. Die Besatzung des U-Boots wartet, bis das brennende Schiff untergeht. (Bildarchiv Preußischer Kulturbesitz)

währte diese Phase des Atlantikkriegs auch nur bis etwa Mitte 1942. Danach hatten sich die Amerikaner von dem Überraschungsmoment erholt und übernahmen das Konvoisystem nach britischem Vorbild.

Die Entscheidung im U-Boot-Krieg

Für alle Beteiligten war offensichtlich, daß die nächsten Monate die Entscheidung im atlantischen Krieg bringen mußten. Zu Anfang schienen die Vorteile bei den Deutschen zu liegen. Sie hatten den britischen Funkverkehr entschlüsselt und ihre eigenen Codierungsmaßnahmen verbessert. Außerdem stand Dönitz jetzt erstmals die geforderte Anzahl von U-Booten zur Verfügung. Darüber hinaus war in den letzten Tagen jenes Jahres von der deutschen Seekriegsführung eine Richtungsentscheidung gefällt worden. Als es einem

Geschwader deutscher Überwasserschiffe nicht gelang, einem alliierten Konvoi in der Arktis entscheidend zu schaden, war dies der Anlaß, Hitler endgültig von der Wirkungslosigkeit der deutschen Überwasserflotte zu überzeugen.[11] Er befal Raeder, sämtliche größeren Kriegsschiffe außer Dienst zu stellen. Raeder widersprach und reichte seinen Rücktritt ein, woraufhin Dönitz im Januar des nächsten Jahres zum Oberbefehlshaber der Kriegsmarine ernannt wurde. Gleichzeitig blieb er Befehlshaber der U-Boote. Der Seekrieg sollte künftig von deutscher Seite aus fast ausschließlich als Unterwasserkrieg geführt werden.

1943 sollte die Entscheidung im Atlantikkrieg endgültig fallen. Zu Anfang des Jahres war es den U-Booten möglich, zwei großen Konvois erheblichen Schaden zuzufügen, doch sollte dies der letzte größere »Erfolg« der deutschen Seekriegsführung sein. Der

**Die Verhaftung der »Geschäftsführenden Reichregierung«
am 23. Mai 1945 in der Marineschule Mürwik; von links
nach rechts: Speer, Dönitz und Jodl.
(Bildarchiv Preußischer Kulturbesitz)**

im Mai 1943 erfolgte Angriff auf den nächsten großen Konvoi, der die Bezeichnung ONS 5 trug, wird allgemein als Höhepunkt und Entscheidung der »Schlacht im Atlantik« angesehen. Nach mehreren erfolglosen Versuchen, die zum Verlust von sieben U-Booten führten, ließ Dönitz den Angriff schließlich abbrechen. Er wertete das Geleitzuggefecht um ONS 5 sowie die gescheiterten Angriffe auf die Konvois SC 130 und HX 239 als klare Niederlage der deutschen U-Boot-Waffe: »Wir waren in der Atlantikschlacht unterlegen.«[12] Am 24. Mai gab er allen U-Booten den Befehl, sich zeitweilig von den Geleitzugrouten im Nordatlantik zurückzuziehen und nach Süden auszuweichen. Dies kam dem Eingeständnis gleich, daß das Konzept Deutschlands im Atlantikkrieg gescheitert war.

Der »Totale U-Boot-Krieg«

Mit der Entscheidung im U-Boot-Krieg in der ersten Hälfte des Jahres 1943 war dieser aber keineswegs beendet. Der »Tonnagekrieg« konnte von den Deutschen in keinem Fall mehr gewonnen werden, trotzdem setzte Dönitz die U-Boote noch fast genau zwei Jahre lang weiterhin ein, was gleichsam zu einem »Tonnagekrieg mit umgedrehten Vorzeichen« führte. Die Frage lautete nun, ob auf den deutschen Werften schneller U-Boote produziert werden konnten, als sie von den Alliierten versenkt wurden.

In dieser für die Deutschen hoffnungslosen Lage versuchte Dönitz, die Moral der U-Boot-Fahrer mit dem Versprechen aufrechtzuerhalten, daß sie bald neue »Wunderwaffen« bekommen sollten. Hierbei handelte es sich um den Schnorchel und die neuentwickelten U-Boote vom Typ XXI und XXIII. Der Bau der bis dahin üblichen Standardboote vom Typ VII wurde gestoppt, und im Winter 1943 erhielten verschiedene Werften die entsprechenden Bauaufträge.

1944 verschlechterte sich die Lage der Deutschen dramatisch. Trotz der versprochenen »Wunderwaffen« stellten die U-Boote längst nicht mehr eine ernste Bedrohung für die alliierte Schiffahrt dar. Wie leicht die ehemaligen Jäger jetzt selbst zu jagen, aufzuspüren und zu vernichten waren, zeigte sich beispielsweise im Februar 1944, als eine amerikanische Jagdgruppe bei einem einzigen Einsatz sechs U-Boote versenken konnte. Die Verluste durch Jagdgruppen und Flugzeuge stiegen besonders in den Monaten von März bis Juli stark an, und die Bewegungsfreiheit der U-Boote wurde erheblich eingeschränkt. Wesentlichen Anteil daran hatten die Landung der Alliierten in der Normandie im Juli und die Befreiung Frankreichs.[13] Jetzt standen die Operationsbasen in Frankreich für die Reste der deutschen Marine nicht mehr zur Verfügung, und Dönitz gab den Befehl, die Mehrzahl der verbliebenen 349 Boote in Bergen und Drontheim unterzubringen. Von diesen neuen Stützpunkten aus plante der Oberbefehlshaber der Kriegsmarine – zu einem Zeitpunkt, als der Krieg für Deutschland längst verloren war – einen letzten umfassenden Angriff, den er den »Totalen U-Boot-Krieg« nannte.

Am Beispiel des Einsatzes der neuen kleinen Küstenboote vom Typ XXIII kann man gut erkennen, wie dieser »Totale U-Boot-Krieg« aussah. Ursprünglich sollten 140 Boote schon 1944 an die Marine ausgeliefert werden, tatsächlich wurden nur 31 fertiggestellt. Eines dieser Boote war U 2324, dessen Modell auf der nachfolgenden Abbildung zu sehen ist.

U 2324 lief Anfang Juni 1944 vom Stapel und wurde am 27. Juli in Dienst gestellt. In der zweiten Jahreshälfte wurde das Ausbildungsprogramm durchgeführt, und am 31. Januar 1945 lief das U-Boot zur ersten Feindfahrt aus. Ein zweiter Einsatz begann am 2. April. Ein Auszug aus dem Bericht des Ersten Offiziers, Karl-Heinz Hartwig, der auch der Erbauer des Modells ist, verdeutlicht die Aussichtslosigkeit dieser letzten Versuche des Naziregimes, den Kriegsausgang zu beeinflussen:

»Am 2. April liefen wir wieder aus... Kaum steckten wir Sehrohr, Schnorchel oder Funkmeßgerät aus, wurden wir geortet und es gab stundenlange Wasserbombenverfolgungen, die allmählich zu Schäden am Boot führten. Alle möglichen Maschinen, Pumpen und andere Geräte fielen aus, aber die Besatzung konnte es wieder reparieren. Wir waren mit Lebensmitteln nur für 14 Tage ausgerüstet, länger würden die Fahrten nicht dauern, glaubte man wohl. Da wir aber nicht zum Schuß kamen, wurde die Fahrt immer wieder verlängert und der Proviant gestreckt. Anfang Mai hatten wir kaum noch etwas zu essen an Bord und mußten zurück. Am 8. Mai 1945 liefen wir ohne Proviant in Stavanger ein. Noch dicht vor der Küste hatten wir eine kurze, heftige Asdic-Ortung und erhielten eine Reihe von sehr gut liegenden Wasserbomben, denen wir nur mit Hilfe des Bolds[14] entwischen konnten. In Stavanger erfuhren wir vom Kriegsende. Infolge der vielen Angriffe hatte unsere Nachrichtenverbindung nicht mehr funktioniert... U 2324 wurde Ende November 1945 im Rahmen der Operation ›Deadlight‹[15] von Zerstörern im Nordatlantik versenkt. Es war auf zwei Feindfahrten 62 Tage unter Wasser gewesen, fast 1/3 der Zeit mit Asdic-Ortungen und Wasserbombenangriffen, bei denen das Boot auf über 220 Meter durchsackte.«[16]

Der Erlebnisbericht zeigt auf eindrucksvolle Weise, wie wenig durch die technischen Neuerungen gegen die drückende Überlegenheit der Alliierten auszurichten war.

Dönitz als Hitlers Nachfolger

Auch Hitler war inzwischen klar geworden, daß Deutschland den Krieg verloren hatte. Am 30. April 1945 entzog er sich der Verantwortung durch Selbstmord und ernannte Dönitz laut testamentarischer Verfügung zu seinem Nachfolger. Dönitz wollte mit den westlichen Alliierten Kapitulationsverhandlungen einleiten, gegen die UdSSR aber weiterkämpfen lassen, um den Rückzug deutscher Soldaten und Zivilisten aus den Ostgebieten zu ermöglichen. Schließlich leitete er die bedingungslose Kapitulation ein und gab am 7. Mai den Funkbefehl an alle U-Boote, sich zu ergeben. Am 23. Mai wurde er von britischen Truppen gefangengenommen und mußte sich zusammen mit den anderen Hauptkriegsverbrechern in Nürnberg vor Gericht verantworten.

Von Punkt eins der Anklage (Vorbereitung eines Eroberungskriegs) wurde er freigesprochen, in Punkt zwei (Führung eines Eroberungskriegs) sowie zwei weiteren[17] für schuldig erklärt und zu zehn Jahren Freiheitsstrafe verurteilt. Als Häftling Nr. 2 wurde Dönitz zusammen mit Albert Speer, Rudolf Hess, Erich Raeder, Walter Funk, Konstantin von Neurath und Baldur von Schirach in das Spandauer Kriegsverbrechergefängnis eingeliefert. Während seiner Haft betrachtete er sich weiterhin als legitimes Staatsoberhaupt Deutschlands und hoffte auf eine politische »Wende«,

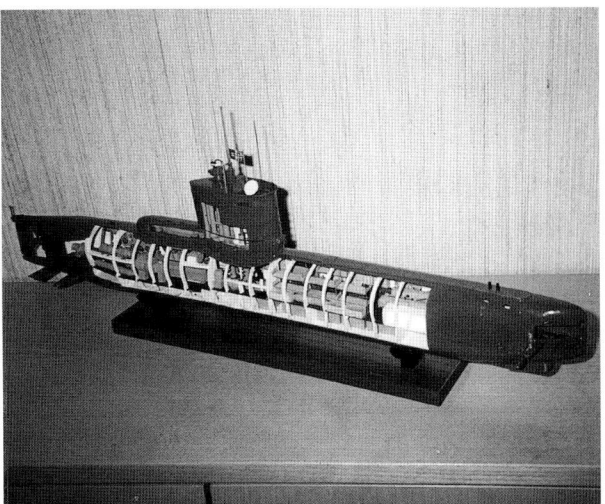

Schnittmodell von U 2324 (Typ XXII) Maßstab 1:50, erbaut von Karl Heinz Hartwig, dem damaligen Ersten Offizier an Bord. (K. H. Hartwig)

die seine vorzeitige Entlassung bewirken sollte. Er mußte jedoch die Haftstrafe bis 1956 verbüßen. Den Rest seines Lebens verbrachte er in Aumühle in Norddeutschland, wo er mit der Arbeit an seiner Biographie begann, die zwei Jahre später unter dem Titel »Zehn Jahre und zwanzig Tage« veröffentlicht wurde. Am 24. Dezember 1980 starb er im Alter von 89 Jahren und wurde am 6. Januar des folgenden Jahres in Aumühle beerdigt. Er hatte verfügt, daß die Flagge der Bundesrepublik und nicht die alte Reichskriegsflagge über seinen Sarg gelegt wurde, und hoffte damit vergebens, ein offizielles Staatsbegräbnis zu erhalten.

Die Entwicklung der U-Boot-Technologie nach dem Ende des Zweiten Weltkriegs

Nach Kriegsende wurden die fertiggestellten Boote vom Typ XXI und XXIII von den Alliierten beschlagnahmt und zum Vorbild für viele diesel-elektrische U-Boote der Nachkriegszeit. Die Sowjetunion baute eine Reihe von Booten vom Typ XXI, bis eigene weiterentwickelte Entwürfe vorlagen. Auch die französischen Boote der NARWAL-Klasse stellten in wesentlichen Punkten eine Weiterentwicklung des Typs XXI dar.

Die Vereinigten Staaten von Amerika hatten 1948 mit dem GUPPY-Programm (Greater Underwater Propulsive Power – Stärkere Unterwasser-Antriebskraft) begonnen, in dessen Rahmen die Boote vom Typ XXI genau untersucht wurden. Die Stromlinienförmigkeit der Rümpfe wurde zur Erzielung noch höherer Geschwindigkeiten weiter verbessert, doch fehlte eine geeignete Energiequelle für den Unterwasserantrieb.

Wie auch in Großbritannien wurden die Überlegungen bezüglich des Wasserstoffsuperoxyd-Antriebs, für den der deutsche Ingenieur Hellmuth Walter (1900–1980) Anfang der dreißiger Jahre ein Konzept entwickelt hatte, wiederaufgegriffen, doch war dieser Antrieb zu gefährlich und viel zu teuer, um ihn wirtschaftlich zu nutzen. Die Alternative dazu war die Nutzung der Kernenergie in Verbindung mit einer Dampfturbine. Mit den Forschungsarbeiten für einen U-Boot-Reaktor war in den USA bereits 1948 begonnen worden, vier Jahre später mit dem Bau des ersten Atom-Unterseebootes, der NAUTILUS. Sie lief 1954 vom Stapel und im darauf folgenden Jahr wurde wurde erstmals ein Unterwasserfahrzeug mit Kernenergie angetrieben.

Auch in der Bundesrepublik sollte es nicht lange dauern, bis wieder U-Boote gebaut wurden. In der Nachkriegszeit überschatteten die Spannungen zwischen den ehemaligen Alliierten schnell die Erleichterung über den Sieg über Hitler-Deutschland. Der Kalte Krieg zwischen Ost und West sollte die nächsten Jahrzehnte prägen. Der Ausbruch des Korea-Kriegs 1950 war Anlaß dafür, die gerade gegründete Bundesrepublik Deutschland in das westliche Militärbündnis einzubeziehen. Der damalige Bundeskanzler Konrad Adenauer bot in jenem Jahr eigenmächtig, ohne sein eigenes Kabinett oder den Bundestag zu informieren, den westlichen Siegermächten die Wiederbewaffnung der BRD an. Durch die Pariser Verträge vom 23. Oktober 1954 wurde Deutschland der Bau und Besitz von kleinen Küsten-U-Booten zugebilligt, um im Rahmen der Nato-Strategie Aufgaben im Ostseebereich zu übernehmen.

Um schnell mit dem Ausbildungsprogramm für die Besatzungen beginnen zu können, wurden 1956 zwei Boote vom Typ XXIII, U 2365 und U 2367, gehoben, repariert und ein Jahr später unter den Namen U-HAI und U-HECHT für die neue Bundesmarine in Dienst gestellt. Als Weiterentwicklung aus diesem Typ entstanden Entwürfe für neue U-Boot-Klassen mit den Bezeichnungen 201 und 205/6. 1959 erhielten die Kieler Howaldtwerke den Auftrag für den Bau der ersten zwölf Boote des neuen Typs, von denen das erste am 21. September 1961 aufschwamm.[18]

Die Analyse des U-Boot-Kriegs im Atlantik

Um das Verhältnis des nationalsozialistischen Regimes zum Einsatz und Umgang mit Technik sowie zur Entwicklung technischer Innovationen untersuchen zu können, soll nach dem geschichtlichen Überblick der U-Boot-Krieg genauer analysiert werden. Dabei sollen zunächst die den U-Boot-Krieg betreffenden technisch-wissenschaftlichen Entwicklungen Deutschlands in der Zeit von 1939 bis 1945 mit denen der Alliierten in jenem Zeitraum verglichen werden, um dann die Spezifik des nationalsozialistischen Verhältnisses zu Technik und Wissenschaft an diesem Beispiel zu beleuchten.

Die wissenschaftlichen, technischen und organisatorischen Entwicklungen in der U-Boot-Kriegsführung

Der in den vorangegangenen Abschnitten aufgezeigte geschichtliche Verlauf des U-Boot-Kriegs im Atlantik läßt sich nur verstehen, wenn man die wissenschaftlichen, technischen und organisatorischen Entwicklungen Deutschlands mit denen der Alliierten vergleicht. Die Tatsache, »daß alliierte Wissenschaftler den technischen Krieg gewannen«[19], sollte für den Ausgang der »Schlacht im Atlantik« entscheidend sein. Zunächst sollen zwei der auf beiden Seiten eingesetzten U-Boot-Typen miteinander verglichen werden.

Bei den von deutscher Seite im wesentlichen für den Atlantikkrieg eingesetzten Schiffen handelte es sich um U-Boote der Klasse VII. Diese Fahrzeuge kann man als gute Durchschnittsboote kennzeichnen. Wie alle Unterwasserfahrzeuge jener Zeit verfügten sie über ein Dieselaggregat für die Überwasserfahrt und Akkumulatoren für die Unterwasserfahrt. Da die Akkumulatoren nach einiger Zeit wieder aufgeladen werden mußten, war die Tauchzeit eng begrenzt, so daß man eigentlich eher von Tauchbooten als von richtigen Unterseebooten sprechen muß.

Ein Vergleich mit den amerikanischen Booten der GATO-Klasse, dem Standard-U-Boot-Typ der Amerikaner während des Zweiten Weltkriegs, zeigt, daß die deutschen U-Boote jener Zeit technisch auf keinen Fall überlegen waren:

	Typ VIIC	GATO-Klasse
Verdrängung aufgetaucht	769 ts	1825 ts
Verdrängung getaucht	871 ts	2410-2424 ts
Anzahl der Torpedorohre	5	10
Gesamtzahl der mitgeführten Torpedos	14	24
Höchstgeschwindigkeit aufgetaucht	17,6 Kn	20,25 Kn
Höchstgeschwindigkeit getaucht	7,6 Kn	8,75 Kn
Reichweite bei Durchschnittsgeschwindigkeit 10 Kn	8.500 Sm	11.800 Sm
Abtauchgeschwindigkeit	25–30 Sek	50–60 Sek
Maximale Einsatztauchtiefe[20]	150 m	95 m

Die Besatzung eines versenkten deutschen U-Boots, die in Gibraltar von britischen Soldaten an Land gebracht wird. (Bildarchiv Preußischer Kulturbesitz)

Der Vergleich zeigt deutlich, daß die beiden Bootstypen zu unterschiedlichen Zwecken konstruiert wurden. Die Boote vom Typ VII waren wesentlich kleiner und wendiger, konnten schneller abtauchen und erreichten eine größere Tauchtiefe. Die amerikanischen Boote dagegen verfügten über einen größeren Aktionsradius und bessere Antriebsaggregate. Dies spiegelt die unterschiedlichen Haupteinsatzgebiete wider: Atlantik und Pazifik. Für die von Dönitz propagierte Strategie und Taktik waren die kleinen und wendigen Boote vom Typ VII gut geeignet. Ein wichtiger Faktor war, daß aufgrund ihrer verhältnismäßig geringen Tonnage bei vorgegebener Stahlproduktion und Werftkapazität eine große Anzahl dieses Typs gebaut werden konnte. In den Weiten des Pazifik wären sie allerdings verloren gewesen und beim Versagen des

strategisch-taktischen Konzepts waren sie praktisch wertlos. Somit kann man Dönitz keineswegs zustimmen, daß es sich beim Typ VII um »das ideale U-Boot«[21] handelte.

Wie erwähnt, fußte Dönitz' taktisches Konzept auf nächtlichen Rudelangriffen mit aufgetauchten Booten. Dies hatte seinen Grund unter anderem darin, daß von den Briten in der Vorkriegszeit ein Gerät entwickelt worden war, mit dem getauchte Wasserfahrzeuge aufgespürt werden konnten. Dieses Ortungssystem wurde Asdic genannt. (»Asdic« ist eine Abkürzung für »Anti Submarine Detection Investigation Committee«, was sich sinngemäß mit »Forschungsgruppe für gegen U-Boote gerichtete Ortung« übersetzen läßt. Die Amerikaner bezeichneten es als Sonar: »Sound Navigation And Ranging«, etwa »Richtungs- und Entfernungsmessung durch Schall«. Diese Bezeichnung setzte sich später durch.) Bei dem Asdic-Gerät war am Unterboden des Jagdschiffs ein Richtlautsprecher angebracht, der hochfrequente Schallwellen aussandte. Diese Schallwellen wurden von festen Unterwasserobjekten reflektiert und konnten dann wieder aufgefangen werden. Hierdurch konnte die Richtung auf einen Unterwasserkörper unmittelbar bestimmt werden, während sich aus der Laufzeit zwischen der Aussendung des Signals und dem Empfang des Echos die Entfernung ermitteln ließ.

Dieses Horchgerät war anfangs allerdings keineswegs technisch ausgereift. So ließen sich weder Tauchtiefe noch Fahrtrichtung eines Objektes bestimmen, und viele Unterwasserobjekte (wie größere Fischschwärme, Wale oder Wracks) erzeugten Echobilder, die denen eines U-Boots sehr ähnlich waren. Eine lange Ausbildung sowie sehr viel Konzentration und Erfahrung waren notwendig, um die Ergebnisse einer Ortung richtig interpretieren zu können. Vollkommen nutzlos waren die Asdic-Geräte, wenn es darum ging, ein aufgetauchtes Boot auszumachen.

Ein wesentlicher Schritt zur Ortung aufgetauchter U-Boote war die Entwicklung geeigneter Radar-Geräte (»Radio Detection And Ranging«, etwa »Ortung und Entfernungsmessung durch Radiowellen«). Ein solches Gerät funktionierte im Prinzip sehr ähnlich wie ein Sonar, nur daß es nicht unter Wasser benutzt wurde und statt Schallwellen elektromagnetische Wellen bestimmter Wellenlänge ausgesandt wurden. Ein primitives, aus der Flugzeugtechnik entwickeltes Radar mit fester Antenne wurde an den Masten der Geleitschutzschiffe montiert und Schritt für Schritt verbessert. Bis 1942 waren die alliierten Schiffe mit dem 286 M-Radar ausgerüstet, das auf einer Wellenlänge von 1,5 Metern arbeitete und in Reichweite und Größe des Ortungssektors sehr begrenzt war.

Die Deutschen versuchten diesen Vorteil der Alliierten zu neutralisieren, indem die U-Boote mit dem Metox-Suchempfänger ausgerüstet wurden. Dieses von einem Franzosen entwickelte Gerät warnte die U-Boote, wenn sie von den 1,5 Meter-Radarwellen erfaßt wurden. Besonders bei einem Angriff durch Flugzeuge hatten sie so Zeit gewonnen, in Sicherheit abzutauchen. Als Reaktion erhielten im Lauf des Jahres 1942 die alliierten U-Jagdgruppen den neuen Radar-Typ 271 M, der Radiowellen von etwa 9 Zentimeter aussandte und gegen den der Metox-Suchempfänger nutzlos war.

Eine weiteres Gerät zum Aufspüren von U-Booten war das Kurzwellenpeilgerät HF/DF, auch »huff duff« genannt (»High Frequency Direction Finding«, etwa »Ortung hochfrequenter Signale«). Hatte man die Frequenz herausgefunden, auf der ein U-Boot Funknachrichten schickte, war es möglich, das Boot mit diesem Gerät anzupeilen. Zu Anfang des Kriegs war es lediglich an Land stationiert; in der zweiten Hälfte des Jahres 1942 wurde das HF 3 an Bord der Konvoischiffe eingesetzt und im folgenden Jahr durch die verbesserte Version HF 4 ersetzt.

Nicht nur beim Aufspüren von U-Booten, sondern auch bei deren Bekämpfung entwickelte sich die alliierte Technologie ständig weiter. Zu Beginn des Kriegs verfügten die Alliierten über keine geeigneten Wasserbomben zur U-Boot-Bekämpfung. Besonders sehr tief abgetauchte Boote waren relativ sicher. Mit der Entwicklung der Thorpex-Wasserbombe war dieser Vorteil der U-Boote jedoch verspielt. Eine ebenfalls sehr effektive Einrichtung zur U-Boot-Bekämpfung stellte ein »Hedgehog« (»Igel«) genanntes Wurfgerät dar. Mit ihm konnten 24 Explosivkörper gleichzeitig eingesetzt werden, die über den Bug des Geleitschutzschiffs – und damit im Bereich der Asdic-Ortung – abgeschossen wurden und dann mittels eines Kontaktzünders beim Aufprall auf den Bootskörper explodierten.

Mindestens genauso wichtig wie diese Neuerungen auf rein technischem Gebiet waren die Bestrebungen der Alliierten auf dem wissenschaftlichen und organisatorischen Sektor. Verschiedene Bereiche sind hier anzusprechen.

Zwar hatten die Briten gleich zu Beginn des Kriegs erkannt, daß ihre Handelsschiffe in Konvois organisiert werden mußten, doch war anfangs noch keine wirklich Sicherheit gewährende Geleitzugtaktik entwickelt worden. Dies beruhte auf der zu geringen Anzahl von Geleitschutzschiffen, der mangelnden Koordination zwischen den einzelnen Schiffen und fehlender Erfahrung ihrer Besatzungen. Im weiteren Verlauf des Kriegs sollte sich dies jedoch schnell ändern. Die Zahl der Geleitschutzschiffe wurde erheblich vergrößert und die Besatzungen sowohl der Handelsschiffe als auch der Kriegsschiffe wurden besser ausgebildet und damit immer erfahrener in der Abwehr von U-Boot-Angriffen. Darüber hinaus waren als offensive Maßnahme spezielle Jagd-Einheiten zur Aufspürung und Bekämpfung von U-Booten gebildet worden. Die alliierten Zerstörer, Fregatten und Korvetten dieser Jagdeinheiten beschränkten sich nicht mehr darauf, die Handelsschiffe zu schützen, sondern lösten sich bei einer U-Boot-Ortung vom Konvoi und versuchten gezielt, den Angreifer mit Wasserbomben zu vernichten.

Als gravierendster Mangel zum Schutz der Geleitzüge muß jedoch die anfangs unzureichende Luftunterstützung betrachtet werden. Besonders im mittleren Bereich des Nordatlantik existierte eine

Lücke in der Luftüberwachung, »Black Gap« genannt, da landgestützte Flugzeuge aufgrund ihrer begrenzten Reichweite weder vom amerikanischen Festland noch von den britischen Inseln aus in der Lage waren, die Transportschiffe in diesem Gebiet zu schützen bzw. U-Boote aufzuspüren und zu bekämpfen. Dies war auch deshalb für die Alliierten ein großer Nachteil, da Flugzeuge sich hervorragend zur Luftüberwachung der Geleitzüge und zum Aufspüren und Vernichten von U-Booten eigneten. Ein wesentlicher Schritt zur Schließung der mittelatlantischen Lücke war der Einsatz von kleinen Geleitflugzeugträgern, von denen als erster die amerikanische Bogue im März 1943 zum Einsatz kam. Amerikanische Trägerflugzeuge konnten jetzt auf der gesamten Transatlantikroute die deutschen U-Boote aufspüren und angreifen, wobei sie bald von landgestützten Flugzeugen mit großer Reichweite unterstützt werden konnten. Damit hatte sich das Flugzeug zum gefährlichsten Feind der U-Boote entwickelt.

Der vielleicht wichtigste Faktor in der »Atlantikschlacht« war aber der Wettlauf um den Vorsprung im Bereich der strategischen Information. Um in den Weiten des Atlantiks einen Konvoi aufspüren bzw. ein U-Boot mit dem Radar erfassen zu können, mußte man über grundlegende Informationen über den Einsatzort verfügen. Erfolg und Mißerfolg im U-Boot-Krieg verliefen fast parallel zu den Entwicklungen in diesem Bereich.

Anfangs lagen die Vorteile bei den Deutschen. Zu Beginn des Kriegs war es dem deutschen B-Dienst (Beobachtungs-Dienst) gelungen, die britischen Funksprüche zu entschlüsseln und Zugang zu den Unterlagen amerikanischer Versicherungsgesellschaften zu bekommen. Dadurch waren sie sehr gut über alliierte Schiffsbewegungen informiert und konnten die U-Boote mit Funksprüchen aus der Einsatzzentrale an die Konvois heranführen. Diese Funksprüche waren mittels eines Codierungsgeräts, der sogenannten »Enigma-Maschine« (»Enigma« ist das griechische Wort für »Geheimnis«), verschlüsselt. In ihrer Grundform war sie 1926 erfunden worden.

Die Deutschen erachteten es als völlig unmöglich, daß ihre mit der Enigma-Maschine codierten Funksprüche entschlüsselt werden könnten. Erst 1974 wurde bekannt, daß dies jedoch dem britischen Geheimdienst gelungen war. Einem interdisziplinären Expertenteam, das seinen Sitz in Bletchley Park (in der britischen Grafschaft Buckinghamshire) hatte und später unter der Bezeichnung »Ultra« (von ultra-geheim) bekannt wurde, war es bereits 1941 gelungen, die deutschen Funksprüche zu entziffern. Die in der dritten Phase des U-Boot-Kriegs eingetre-

tene Pattsituation, bei der die britischen Konvois den U-Booten ausweichen konnten, resultierte zu einem großen Maß daraus, daß die Briten nun die Einsatzbefehle der Deutschen kannten. Als im Februar 1942 die Enigma-Maschine verbessert wurde und es dem deutschen B-Dienst gelungen war, den britischen »Naval Cipher No.3« zu dechiffrieren, stiegen die Verluste der Alliierten sehr stark an. Sobald im Juni 1943 ein neuer Schlüssel von den Briten eingeführt wurde und es Ultra endgültig gelungen war, die neue Variante der Enigma zu verstehen, bedeutete dies das Scheitern von Dönitz' strategischem Konzept.

In dieser aussichtslosen Lage kündigte Dönitz jetzt neue »Wunderwaffen« an, die die schon verlorene »Atlantikschlacht« noch einmal wenden sollten. So kam ein neuartiger akustikgesteuerter Torpedo mit der Bezeichnung »Zaunkönig« zum Einsatz, der sich an den Geräuschen der Schiffsschrauben orientierte. Nach einigen Erfolgen hatten die Alliierten schnell ein einfaches akustisches Störgerät entwickelt, das diesen Vorteil zunichte machte. Hauptsächlich ruhten die Hoffnungen der Deutschen nach dem Mai 1943 jedoch auf dem Schnorchel und einer neuentwickelten Generation von Unterseebooten, den Booten vom Typ XXI und XXIII.

Wie erwähnt, hatten sich Flugzeuge zu den gefährlichsten Feinden der U-Boote entwickelt. Die beste Maßnahme gegen Luftangriffe bestand darin, richtige Unterseeboote – also keine Tauchboote – einzusetzen. Auf der Grundlage dieser Überlegung bemühten sich die Deutschen um den Schnorchel und um die neuen Boote. Beim Schnorchel handelte es sich weder um eine deutsche Erfindung noch um eine völlig neue Idee. Schon 1897 wurde eine solche Einrichtung auf einem amerikanischen U-Boot eingesetzt und in den dreißiger Jahren experimentierte die niederländische Marine hiermit. Als deutsche Truppen die Niederlande überfielen, gelangten sie in den Besitz von Prototypen und entsprechenden Unterlagen und begannen 1943, ähnliche Geräte herzustellen. Der Schnorchel war ein Schritt vom Tauchboot zum »richtigen« Unterseeboot: Er ermöglichte es, mehr oder weniger ständig getaucht zu fahren, indem der Dieselmotor über den Schnorchel mit der notwendigen Luftzufuhr versorgt und die Abgase an die Oberfläche geleitet wurden. Damit waren die Boote für Flugzeuge schwieriger auszumachen und zu bekämpfen. Viele der Standard-Boote vom Typ VII C wurden mit diesem neuen technischen Gerät ausgerüstet. Ein großer Nachteil der Schnorchelfahrt war jedoch, daß der ohnehin sehr kleine optische Aufklärungsbereich der U-Boote noch weiter vermindert wurde. Die Ortung von Wasserfahrzeugen war so fast nur noch akustisch möglich.

Hauptsächlich basierte Dönitz' Vorstellung von den kriegsentscheidenden »Wunderwaffen« jedoch auf den neuentwickelten Booten vom Typ XXI und XXIII. Beide besaßen u.a. wesentlich größere Akkumulatoren, deren Kapazität es ihnen gestattete, länger und mit größerer Geschwindigkeit unter Wasser zu fahren. Beim Typ XXIII handelte es sich um ein sehr kleines Küsten-Boot, das nur mit zwei Torpedorohren ausgerüstet war, während die Boote vom Typ XXI die neuen Standardboote der Marine werden sollten. Sie waren hydrodynamisch wesentlich günstiger geformt als ihre Vorgänger, konnten eine normale Gefechtstauchtiefe von 220 Metern erreichen und waren in der Lage, getaucht eine Höchstgeschwindigkeit von fast 18 Knoten zu erzielen.[22]

Ursprünglich war geplant, die neuen Boote mit dem sogenannten Walterantrieb auszurüsten. Dieser Antrieb basierte auf der Idee eines außenluftunabhängigen U-Boot-Antriebs, für den der Ingenieur Hellmuth Walter (1900-1980) Anfang der dreißiger Jahre ein Konzept entwickelt hatte. Das Problem bei einem solchen Antrieb besteht darin, den für den Verbrennungsprozeß notwendigen Sauerstoff zu gewinnen, ohne daß auf die Umgebungsluft zurückgegriffen werden muß. Walter wollte dieses Problem lösen, indem der Sauerstoff aus Wasserstoffsuperoxyd (H_2O_2) gewonnen werden sollte. Mittels eines Katalysators sollten Wasserstoff und Sauerstoff getrennt und der Sauerstoff dann mit einer Pumpe dem Dieselaggregat zugeführt werden. Die Marine zeigte anfangs kein großes Interesse an diesem Konzept, doch kam man 1943 darauf zurück. Es stellte sich jedoch bald heraus, daß es noch längere Zeit dauern würde, bis Boote mit diesem Antriebsprinzip einsatzbereit wären. Bei Erprobungsfahrten mit Prototypen stellten sich viele technische Mängel ein, und es waren erhebliche Schwierigkeiten abzusehen, genügend H_2O_2 herzustellen, dies zu den Booten zu transportieren und an Bord geeignete druckfeste Tanks zu konstruieren. Darüber hinaus lagen die Kosten für Boote mit diesem Antrieb um ein Vielfaches über denen, die für Standardboote anfielen. Aus diesen Gründen entschloß man sich im Frühjahr 1943, die neuen Boote mit konventionellem Antrieb und Schnorchel zu konzipieren.

Im Winter 1943 wurden Bauaufträge an Werften erteilt, und schon im April des nächsten Jahres sollten die ersten neuen Boote für die Kriegsmarine verfügbar sein. Doch erst Ende April 1945 konnte U 2511 in See stechen, das einzige Boot vom Typ XXI, das jemals zum Einsatz kam. Stellten sie in einigen Punkten auch eine technische Neuerung dar, so hatten diese »Wunderboote« jedoch keinerlei Einfluß auf den Ausgang des Kriegs.

Die Inhumanität und Irrationalität des Nationalsozialismus im Spiegel der U-Boot-Technologie

Die Ideologie des Nationalsozialismus ist wesentlich durch Unmenschlichkeit und Irrationalität geprägt. Diese beiden bestimmenden Merkmale spiegeln sich sowohl im Einsatz und in der technischen Entwicklung der deutschen U-Boote als auch in der Begründung des U-Boot-Kriegs wider. Besonders evident wird dies anhand der Person von Karl Dönitz.

Schon die Planung zum Aufbau der Kriegsmarine ist durch einen mangelnden Blick für die Realität gekennzeichnet. So war der im »Z-Plan« vorgegebene Zeitrahmen zum Aufbau der Kriegsmarine vollkommen unrealistisch. Selbst wenn man ihn hätte verwirklichen können, so hätte diese riesige Kriegsflotte pro Jahr mehr Treibstoff benötigt, als insgesamt 1938 in Deutschland verbraucht wurde. »Der Z-Plan war genauso ein Phantasiegebilde wie die Weltanschauung, die ihn notwendig gemacht hatte.«[23]

Auch Dönitz' Forderungen für den Atlantikkrieg beruhten nicht auf einer sorgfältigen Analyse. Als unabdingbare Voraussetzung für den Erfolg seiner Strategie zur Erringung der Seeherrschaft im Atlantik betrachtete er die Bereitstellung von mindestens 300 U-Booten, wie er in einem Memorandum mit dem Titel »Gedanken über den Aufbau der U-Bootwaffe« vom 28. August 1939 schrieb.[24] Angeblich hatte er diese Zahl aufgrund einer Übung von 20 U-Booten zwischen Kap St. Vincent und Quessant im Mai 1939 ermittelt, wobei es aber unklar bleibt, wie er zu dieser Angabe gekommen war. (Im späteren Verlauf des Kriegs standen sogar über 400 Boote zur Verfügung, ohne daß damit Dönitz' Pläne verwirklicht werden konnten.) Da – wie erwähnt – zu Kriegsbeginn nur 22 der vorhandenen 57 Boote für den Atlantikeinsatz zur Verfügung standen, war Dönitz durchaus klar, daß mit diesen Mitteln die »Schlacht im Atlantik« nicht zu gewinnen war. Trotzdem zögerte er keinen Augenblick, mit dem U-Boot-Krieg zu beginnen.

Ein ähnliches Leugnen unbequemer Tatsachen zeigt sich in seiner Einschätzung der Wirksamkeit des Asdic-Geräts. Ohne diese Vorrichtung genau zu kennen, hielt er sie für unwirksam und versicherte Hitler, es werde bald ein »asdic-sicheres« U-Boot geben.[25]

Eine der Voraussetzungen für die von Dönitz propagierten »Rudelangriffe« war das Aufspüren alliierter Konvois. Dafür waren U-Boote aufgrund ihres eng begrenzten Ortungsradius aber nur sehr schlecht geeignet. Prinzipiell sind zwei Möglichkeiten gegeben, diesen Nachteil auszugleichen: Man rüstet die U-

Dönitz (links, stehend) bei seiner Schlußbemerkung am Ende der Nürnberger Kriegsverbrecherprozesse am 31. August 1946. (Bildarchiv Preußischer Kulturbesitz, Berlin)

Boote mit Radar-Geräten aus, oder/und man koordiniert die U-Boot-Einsätze durch Luftaufklärung. Beide Möglichkeiten nutzten die Amerikaner im pazifischen Krieg. Auf deutscher Seite dagegen wurden nur sehr wenige U-Boote mit Radar ausgerüstet, und eine Zusammenarbeit zwischen Marine und Luftwaffe scheiterte an der Geltungssucht und dem Konkurrenzgebaren der Mitglieder der Hitler-Clique.[26]

Dies steht in völligem Gegensatz zum Vorgehen der Alliierten. Die Briten hatten zu Beginn des Kriegs einen schwerwiegenden Fehler begangen, indem sie wähnten, durch die Entwicklung ihres Asdic-Geräts sei die U-Boot-Waffe obsolet geworden. Ebenso hatten die Amerikaner in der ersten Hälfte des Jahres 1942 die Gefährlichkeit des Einsatzes von deutschen U-Booten vor der Ostküste nicht erkannt. Beide Nationen wurden durch die Taktik der nächtlichen »Rudelangriffe« mit aufgetauchten Booten überrascht. Im Gegensatz zu den Deutschen waren sie aber fähig, diese kritische Situation nüchtern zu analysieren und entsprechend auf sie zu reagieren.

Die von den Alliierten verwendete Methode, diese Probleme anzugehen, wurde mit »Operations Research« bezeichnet und 1937 in Großbritannien entwickelt. Man kann sie mit dem Bemühen kennzeichnen, wissenschaftliche und technische Leistungen auf die Leitung organisierter Systeme effektiv anzuwenden. Hierbei konzentriert man sich darauf, diese organisierten Systeme als Einheiten zu betrachten und sich nicht in Teilbereichen zu verlieren.

Alle wissenschaftlichen, technischen und organisatorischen Maßnahmen der Alliierten wurden nach dieser Maxime vorgenommen, und viele Beispiele lassen sich hierfür anführen. So war es klar, daß eine wesentliche Voraussetzung sowohl zum Schutz der Handelsschiffe als auch zur Bekämpfung der U-Boote in der Information darüber bestand, wo sich die gegnerischen Boote befanden und wohin sie unterwegs waren.

Da weiterhin bekannt war, daß für die deutsche Taktik der Funkverkehr mit der Einsatzzentrale notwendig war, setzten die Alliierten genau an diesem Punkt an. An alle U-Boot-Jagdeinheiten war mit höchster Priorität der Befehl ergangen, bei einem aufgebrachten U-Boot eine intakte Enigma-Maschine sicherzustellen, was ihnen mit der Aufbringung von U 110[27] am 9. Mai 1941 auch gelang. Jetzt hatten die Bemühungen, den deutschen Funkverkehr zu entschlüsseln, eine solide Grundlage.

Dönitz und seinem Stab wurde nach einiger Zeit klar, daß die Alliierten offensichtlich sehr gut über ihre Einsatzpläne informiert waren. Die Deutschen versuchten verzweifelt, die Ursache hierfür zu ergründen, und es ist bemerkenswert, daß ihnen dieses nicht einmal in Ansätzen gelang. Man vermutete, daß sich in der Einsatzleitung der U-Boote ein Spion befand oder daß die Alliierten über ein völlig neuartiges Ortungsverfahren verfügten. Die Spekulationen gingen so weit, daß man sogar Ufos für den Verlust der Boote verantwortlich machen wollte. (So wurde einem Bericht von Oberleutnant Hans-Helmuth Bugs von U 629, der glaubte, eine schwebende, weiß, rot und gelb blinkende Flugscheibe gesichtet zu haben, ernsthaft nachgegangen.[28]) Verfangen in nationalsozialistisch-technizistischer Hybris und Ignoranz, weigerte man sich einfach, auch nur in Erwägung zu ziehen, daß es

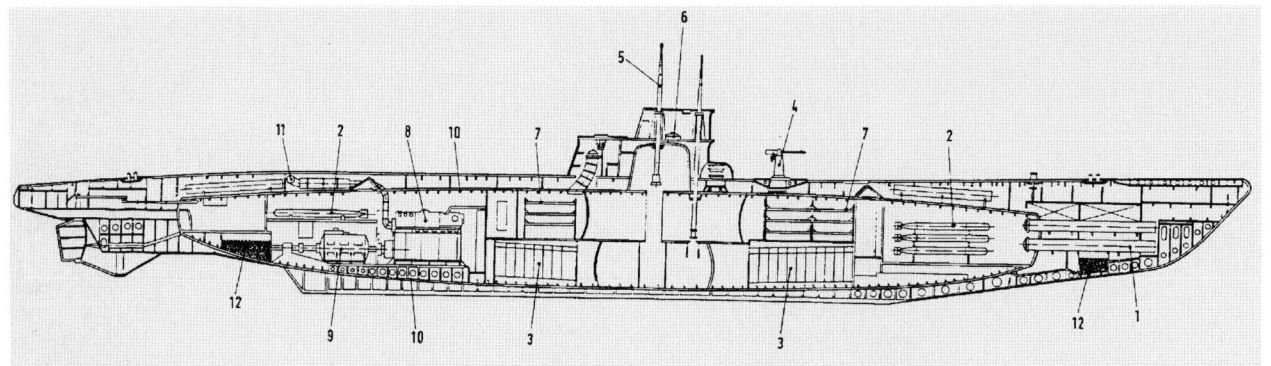

Schnittzeichnung eines Boots vom Typ VII.
Legende: (1) Bugtorpedorohre; (2) Torpedos; (3) Akkumulatoren; (4) Geschütz; (5) Periskop; (6) Turmluk; (7) Kojen;
(8) Dieselaggregat; (9) Elektromotor; (10) Wandung des Druckkörpers; (11) Auspuffrohr; (12) Trimmzellen.
(B. de Longueville / MVT)

den Briten gelungen sein könnte, den deutschen Funkverkehr zu entschlüsseln, obwohl der deutsche B-Dienst ja auch in den britischen Schlüssel eingebrochen war. »Ein Einbruch in unsere eigene Verschlüsselung kommt nicht in Betracht«[29], war im Bericht des Führungsstabs der U-Boote zu lesen. Folglich blieb der verwendete Code weiter im Gebrauch.

Ein anderes Beispiel ist der Einsatz von Flugzeugen zur U-Boot-Bekämpfung. Amerikanische Statistiker hatten errechnet, daß durch eine ständige Luftdeckung der Geleitzüge die Verlustrate bei den Versorgungsschiffen um 64 Prozent gesenkt werden konnte[30] und daß sie für die Jagd auf U-Boote sehr gut geeignet waren. Die alliierte Militärführung reagierte darauf mit dem Einsatz der Geleitflugzeugträger, der Verbesserung der Flugzeuge und der von ihnen mitgeführten Waffen zur U-Boot-Bekämpfung.

Die Deutschen wollten nicht einsehen, daß die U-Boote der alliierten Luftüberlegenheit praktisch hilflos ausgeliefert waren. Als Gegenmaßnahme befahl Dönitz den Booten, bei einem Luftangriff sofort abzutauchen, doch trotz der sehr geringen Abtauchzeit von nur etwa 30 Sekunden der Boote vom Typ VII reichte dies meistens nicht aus, um dem Angriff zu entgehen. Daraufhin wurden die U-Boote mit einer Vierlingsflak zur Luftabwehr ausgerüstet und erhielten den Befehl, die angreifenden Flugzeuge zu bekämpfen, obwohl ein U-Boot prinzipiell für die Luftabwehr ungeeignet ist. Vor dem in keiner Weise verwunderlichen Ergebnis konnte schließlich auch Dönitz nicht mehr die Augen verschließen:

»Es stellte sich allmählich heraus, daß vom 20. Juli bis Anfang August die erschreckend hohe Zahl von 10 U-Booten verloren gegangen war... Es war...nicht mehr möglich, den Weg durch die Biskaya mit der U-Boot-Flak freizukämpfen.«[31]

Der Schluß, der hieraus gezogen wurde, war der, daß neue Boote eingesetzt werden sollten, die ständig getaucht fahren konnten und so vor Luftangriffen sicher waren. Wie erwähnt, wurden aus diesen Überlegungen die deutschen »Wunderboote« vom Typ XXI und XXIII und der Schnorchel entwickelt. Auch diese technische Entwicklung ist durch eine bemerkenswerte Einseitigkeit gekennzeichnet, die Gesamtzusammenhänge in keiner Weise beachtet.

Unter einem eingeschränkten Blickwinkel betrachtet, handelte es sich bei diesen Typen sicherlich um die besten damals verfügbaren Unterwasserschiffe, doch verschleierte dies geradezu ihre Unzulänglichkeit in wesentlichen Bereichen. Zweifellos machte ihre Fähigkeit, praktisch die gesamte Einsatzzeit getaucht zu fahren und eine sehr hohe Unterwassergeschwindigkeit zu erzielen, sie in diesen Punkten allen alliierten U-Booten überlegen. Praktisch war diese Überlegenheit jedoch ohne jeden Nutzen, da die Deutschen die entscheidende Bedeutung des Radars nicht erkannt hatten.[32] Die Boote vom Typ XXI und XXIII, die ja die weitaus meiste Zeit abgetaucht fahren sollten, waren ohne Radar im wörtlichen Sinn blind. Auch ihre hohe Unterwassergeschwindigkeit von fast 18 Knoten konnte kaum ausgenutzt werden, da bei hohen Geschwindigkeiten die von Sehrohr und Schnorchel erzeugte Welle zu leicht zu erkennen war. Außerdem setzten die Alliierten bald ein Radar-Gerät ein, das mit noch kleineren Wellenlängen arbeitete und damit sogar einen Schnorchel oder ein Periskop orten konnte.

Ein noch deutlicheres Indiz für das Unvermögen der Nationalsozialisten, Gesamtzusammenhänge nüchtern zu analysieren, ist die Tatsache, daß aufgrund der allgemeinen Kriegslage die neuen Boote keine Rolle mehr spielen konnten, da sie fast gar nicht mehr zum

Boote vom Typ XXI auf den Hellingen der Werft Blohm & Voss im Mai 1945. Die fast vollständige Zerstörung Hamburgs ist gut zu erkennen. (Imperial War Museum/London)

Einsatz kamen. In erster Linie war die Zerstörung der deutschen Transportwege durch alliierte Luftangriffe hierfür verantwortlich.

Dönitz und die deutsche Seekriegsführung waren unfähig oder nicht willens, diesen Tatsachen nüchtern ins Auge zu schauen. Gerade bei dem in vielen Belangen kühl planenden Dönitz kann man fast eine Bewußtseinsspaltung konstatieren. Die geradezu fundamentale Irrationalität der nationalsozialistischen Ideologie, die man neben ihrer Unmenschlichkeit als ihr herausragendes Wesensmerkmal kennzeichnen kann, begann sich im Verhältnis zur Bereitstellung, zum Einsatz und zur Entwicklung technischer Mittel widerzuspiegeln. Nachdem 1943 die »Schlacht im Atlantik« für die Deutschen verloren war – und darüber hinaus der gesamte Zweite Weltkrieg –, läßt sich Dönitz' Denken am besten dadurch charakterisieren, »daß nicht sein kann, was nicht sein darf«. Wunschdenken und »fester Glaube« standen so den nüchternen Analysen der Alliierten gegenüber.

Die Irrationalität bei der Begründung des U-Boot-Kriegs

Die Irrationalität des Nationalsozialismus spiegelte sich nicht nur im Umgang mit technischen Mitteln; sie ist auch in der Begründung des U-Boot-Kriegs zu finden. Bis 1943 war es das erklärte Ziel von Dönitz, Groß-

britannien von seinen Nachschubwegen abzuschneiden. Ab Mitte 1943 war es offensichtlich, daß dies nicht mehr zu erreichen war. Mag Dönitz zu Anfang auch noch Hoffnungen auf einen Sieg in der »Tonnageschlacht« gehabt haben, so waren diese spätestens im Mai 1943 erloschen:

»Die Ereignisse im Mai 1943 hatten eindeutig gezeigt, daß der Punkt erreicht war, an dem die Abwehr der beiden großen Seemächte die Kampfkraft unserer U-Boote übertraf... Ich stand im Juni 1943 vor der schwersten Entscheidung des ganzen Krieges. Es ging um die Frage, ob ich die U-Boote aus allen Seegebieten zurückrufen und den U-Bootkrieg einstellen, oder sie trotz der Unterlegenheit in einer den Verhältnissen angepaßten Form weiterkämpfen lassen sollte.«[33]

Dönitz entschied sich für die letztere Option und trug damit dazu bei, das nationalsozialistische Regime weiter an der Macht zu halten und den für Deutschland längst verlorenen Krieg noch zwei Jahre um den Preis sehr vieler Menschenleben weiterzuführen. Dönitz begründet dies damit, daß auf diese Weise alliierte Streitkräfte im Atlantik gebunden wurden:

»Stellten wir den U-Bootkrieg ein, so mußten diese Kräfte für den Gegner frei werden und konnten an anderer Stelle gegen uns eingesetzt werden.«[34]

In erster Linie ist diese Begründung durch mangelnden Bezug zur Wirklichkeit zu charakterisieren. Militärisch besteht der Sinn, starke gegnerische Streitkräfte mit geringen eigenen zu binden, darin, gleichzeitig an einer Schwachstelle des Gegners einen entscheidenden Erfolg zu erzielen. Es gab aber keine Schwachstelle der Alliierten mehr, wo dies möglich gewesen wäre. Tatsächlich wurden alliierte Streitkräfte auf diese Art »gebunden« und die alliierte Schiffahrt durch den Einsatz der U-Boote behindert, doch führte dies lediglich dazu, daß das Kriegsende vermutlich verzögert wurde – verändert wurde der Kriegsausgang damit ganz sicher nicht. Die deutschen Streitkräfte befanden sich an allen Fronten in der Defensive, so daß man sich fragen muß, wofür denn gegnerische Kräfte »gebunden« werden sollten. Wenn damit nur eine zeitliche Verzögerung eines unvermeidlichen Endes erreicht wurde, macht dies auch innerhalb der »Logik des Kriegs« keinen Sinn mehr. Keineswegs konnte durch diese Maßnahme irgendetwas verhindert werden, und Dönitz irrte, als er schrieb:

»Die Frage war, ob wir zulassen sollten, daß die Bomberflotten, die der U-Bootabwehr gedient hatten, von jetzt ab nach Deutschland flogen und dort zusätzlich nicht abschätzbare Verluste unter der deutschen Zivilbevölkerung verursachten? Sollte der U-Bootmann dem zusehen und Frauen und Kindern erklären, sie müßten das ertragen. Den soldatischen Einsatz, der nötig sei, um diese Kräfte fernzuhalten, wolle er nicht mehr auf sich nehmen. Die Frage stellen hieß, sie beantwortet zu haben.«[35]

Es ist als grotesk zu bezeichnen, daß Dönitz hier zu suggerieren versucht, der Einsatz der U-Boote ab Mitte 1943 habe auch nur einen einzigen Luftangriff auf Deutschland verhindert. Bestenfalls wurden Angriffe verzögert und schließlich nicht einmal mehr das: Die alliierte Rüstungsproduktion hatte ein solches Ausmaß erreicht, daß es leicht möglich war, sämtliche Aufgaben parallel durchzuführen und darüber hinaus sogar noch Reserven zur Verfügung zu haben. Spätestens ab 1944 standen weitaus mehr Flugzeuge, Schiffe, Panzer, Kanonen und Soldaten zur Verfügung, als zur Niederringung Deutschlands notwendig gewesen wären. Bilder deutscher Städte nach verheerenden Luftangriffen machen deutlich, daß trotz der U-Boot-Bekämpfung mehr als genügend alliierte Flugzeuge für diese Bombardements zur Verfügung standen.

Tatsächlich hatte der U-Boot-Krieg ab Mitte 1943 jeden militärischen Sinn verloren. Infolgedessen verselbständigte sich der Kampf und bezog seine Pseudobegründung aus sich selbst. Damit bestimmte die Irrationalität des Nationalsozialismus nicht nur die Entwicklung und den Einsatz der technischen Mittel, son-

Ein von alliierten Seeleuten geretteter deutscher U-Boot-Fahrer, dessen Boot Ende 1944 von der kanadischen Fregatte Swansea versenkt worden ist. (Imperial War Museum/London)

dern auch die Scheinbegründung für die Fortsetzung des Kriegs. Offensichtlich fiel es später selbst Dönitz schwer, hierzu Stellung zu beziehen. In seinem Rechtfertigungswerk »Zehn Jahre und zwanzig Tage« nimmt die Schilderung des U-Boot-Kriegs bis zum Mai 1943 insgesamt fast 400 Seiten ein – die zwei folgenden Jahre des U-Boot-Kriegs werden auf nur 25 Seiten abgehandelt.

Zur Verschleierung des Verlustes einer rationalen Grundlage zur Weiterführung des Seekriegs im Atlantik griff Dönitz immer mehr auf emotionale Durchhaltepropaganda zurück. Mit immer wiederkehrenden pathetischen Stereotypen wurden junge Männer verführt, weiterhin in der U-Boot-Waffe zu dienen. Es mag durchaus richtig sein, daß viele von ihnen sich nicht »verheizt« fühlten, tatsächlich war aber genau dies der Fall.

Durch Dönitz' Entschluß, den U-Boot-Krieg fortzuführen, wurden die Kriegsleiden nicht gemildert,

**Karl Dönitz als Großadmiral um 1943/44.
(Bildarchiv Preußischer Kulturbesitz)**

sehr selten auf gegnerische Unterwasserschiffe. Außerdem ist es im Vergleich sehr langsam und hat nur wenig Chancen, einem Kriegsschiff zu entkommen. Dem »Wesen« dieser Waffe entspricht die Heimlichkeit. Seine einzige militärische Stärke besteht darin, sich unbemerkt einem Feind zu nähern, ihn heimlich zu torpedieren und dann unbemerkt zu entkommen. Weiterhin ist ein U-Boot eine reine Angriffswaffe, die weder zur Verteidigung noch für Aufklärungszwecke geeignet ist. Die Aggression des U-Boots richtet sich in erster Linie nicht gegen Kriegsschiffe, sondern gegen Handelsschiffe, gegen Nicht-Kombattanten.

Wenn man sich auf die gnadenlose »Logik« des Kriegs, des Seekriegs und speziell der Kriegsführung mit Unterseebooten einläßt, muß man sie so anwenden. Eine »humane U-Boot-Kriegsführung« ist eine Chimäre, geradezu eine contradictio in adjectum. Wenn gegnerische Handelsschiffe bewaffnet sind, über Funk Luftunterstützung anfordern, durch Geleitschiffe geschützt werden oder gar versuchen, ein aufgetauchtes U-Boot zu rammen, ergibt sich aus der unmenschlichen inneren Logik des Kriegs die Forderung nach dem »Uneingeschränkten U-Boot-Krieg«, bei dem gegnerische Schiffe ohne Vorwarnung und ohne Rücksicht auf die Besatzung angegriffen und versenkt werden. So wurde der U-Boot-Krieg von deutscher Seite im Atlantik geführt – und so wurde er von amerikanischer Seite im Pazifik geführt. Eine solche Art der Kriegsführung ist der Waffe U-Boot inhärent; und die moralische Verwerflichkeit ist viel früher festzumachen: an der Konzeption solcher Waffen und an der Bereitschaft, sie auch einzusetzen.

In diesem Punkt kann und muß man Dönitz einen Vorwurf nur dann machen, wenn man auf die Unerbittlichkeit und Unmenschlichkeit des Kriegs – und hier speziell des Unterwasserkriegs – hinweist. Dönitz' Verteidiger bei den Nürnberger Kriegsverbrecherprozessen, Flottenrichter Otto Kranzbühler, hat es sehr geschickt verstanden, diesen Punkt herauszustellen. So verzichteten die alliierten Ankläger auf eine Anhörung von Chester W. Nimitz, dem Oberbefehlshaber der amerikanischen Seestreitkräfte im Pazifik, zu dieser Fragestellung.

Die Frage der moralischen Verantwortung muß sich vielmehr auf das Verhältnis zum Unrechtsregime der Nationalsozialisten beziehen. Dönitz rechtfertigte sein Verhalten mit der Begründung, daß ein Soldat nur seine Pflicht zu erfüllen habe und es ihm nicht zustehe, Befehle in Frage zu stellen.

»Es gibt für einen Soldaten, der von seiner Regierung den Befehl erhält: ›Jetzt ist Krieg und du hast zu kämpfen‹, nur die eine selbstverständliche Pflicht, die-

sondern ganz im Gegenteil nur verlängert. Seine letzte Perversion fand dieses Prinzip in Dönitz' Aufruf zum »Totalen U-Boot-Krieg« im Jahr 1945.

Die moralische Verantwortung

In diesem Zusammenhang muß die Frage nach der juristischen und moralischen Verantwortung gestellt werden. Wie erwähnt, stand Dönitz von 1945 bis 1946 zusammen mit anderen Verantwortlichen des Nazistaats in Nürnberg vor Gericht.

Gegenstand der Verhandlung war unter anderem die Frage, ob Deutschland den U-Boot-Krieg »unmenschlich« geführt hatte, weil nach kurzer Zeit nicht mehr nach der Prisenordnung verfahren wurde. Um diese Frage zu beantworten, muß man verdeutlichen, um was für eine Waffe es sich bei einem U-Boot handelt.

Ein U-Boot ist sehr verletzlich. Es besitzt keine starke Panzerung oder schweren Geschütze, um gegen Überwasser-Kriegsschiffe zu kämpfen, und trifft nur sen Befehl zu befolgen... Bei Kriegsbeginn hatte ich also keinen anderen Gedanken als den, meine Pflicht zu tun.«[36]

Auch hier spiegelt sich die Einseitigkeit der nationalsozialistischen Anschauungen in Dönitz' Denken wider. Für ihn schien es kein Widerspruch zu sein, Prinzipien wie Loyalität und Ehrhaftigkeit gegenüber einem System zu zeigen, in dem diesen Prinzipien keine Geltung mehr zuerkannt wird. Auch daß er seinen Eid als Soldat auf die Verfassung der Weimarer Republik geleistet hatte, schien er vergessen zu haben. Denn hier wäre es seine Pflicht als Offizier gewesen, im Interesse des deutschen Volkes gegen die Nationalsozialisten vorzugehen, als diese die Verfassung außer Kraft setzten.

Auch bei anderen Fragen ist eine Art Bewußtseinsspaltung bei ihm festzustellen. So wehrte er sich dagegen, das deutsche Volk aufgrund der fürchterlichen Kriegsverbrechen als grundsätzlich moralisch minderwertig zu bezeichnen: »Die Vorstellung, daß ein Volk insgesamt moralisch schlechter sei als andere Völker, ist unwahr in sich...«[37] Diese an sich richtige Aussage mutet allerdings sehr seltsam aus dem Munde eines Mannes an, der zwölf Jahre einem Regime gedient hat – und ihm zum Schluß sogar als Staatsoberhaupt vorgestanden hat –, das mit seiner unmenschlichen »Rassenlehre« andere Völker nicht nur als moralisch schlechter bezeichnet hat, sondern sogar auf der Grundlage dieser Ideologie sechs Millionen Menschen ermordet hat. Die von den Nationalsozialisten postulierte »Minderwertigkeit« anderer Völker gegenüber der »arischen Rasse« hat nie Protest bei Dönitz ausgelöst.

Daß Menschen aufgrund ihrer politischen Überzeugung, ihres Glaubens oder ihrer Abstammung in Konzentrationslagern zusammengepfercht wurden, war Dönitz bekannt. Er sah darin offensichtlich nichts Verbrecherisches, sondern forderte in einer Besprechung vom 11. Dezember 1944 sogar 12 000 KZ-Häftlinge als Rüstungsarbeiter für die U-Boot-Werften an. Dies war einer der Gründe für seine Verurteilung in den Nürnberger Kriegsverbrecherprozessen. Am 10. Mai 1946 wurde er hierzu von dem Leiter der britischen Anklagedelegation, Sir David Maxwell-Fyfe, befragt:

»Sir David Maxwell-Fyfe: Ich wünsche, daß Sie jetzt zu dem nächsten Punkt kommen ... Es ist eine Aktennotiz über die Frage von zusätzlichen Arbeitern für den Schiffbau ... Ich verweise Sie auf den ersten Satz: ›Des weiteren beantrage ich Verstärkung der Werftarbeiten durch KZ-Häftlinge ...‹, wenn Sie das Ende des Dokuments lesen ... sehen Sie, daß Ziffer 2 der Zusammenfassung lautet ... ›Als zusätzliche Arbeitskräfte werden 12000 KZ-Häftlinge auf den

Werften eingesetzt (SD einverstanden)‹ ... Dürfen wir daraus schließen, daß Ihnen die Tatsache, daß es Konzentrationslager gab, bekannt war? Dönitz: Das habe ich ... nie geleugnet.«[38]

Dönitz war ohne jeden Zweifel ein Exponent des nationalsozialistischen Deutschlands, der zum engsten Kreis um Hitler gehörte.[39] Besonders nach der Niederlage des deutschen Heeres bei Stalingrad hatten seine unrealistisch-optimistischen Schilderungen der Situation der »Atlantikschlacht« Hitler bestärkt. Jegliche Kritik an Hitler oder gar Auflehnung gegen die nationalsozialistische Schreckensherrschaft war ihm fremd. Seine Ansprache zum Attentat auf Hitler am 20. Juli 1944 an die Mitglieder der Kriegsmarine macht dies deutlich: »Männer der Kriegsmarine! Heiliger Zorn und maßlose Wut erfüllt uns über den verbrecherischen Anschlag, der unserem geliebten Führer das Leben kosten sollte... Eine wahnsinnige kleine Generalsclique, die mit unserem Heer nichts gemein hat, hat in feiger Treulosigkeit diesen Mord angezettelt, gemeinsten Verrat an dem Führer und dem deutschen Volk begehend. Denn diese Schurken sind nur die Handlanger unserer Feinde, denen sie in charakterloser, feiger und falscher Klugheit dienen. In Wirklichkeit ist ihre Dummheit grenzenlos.«[40]

Auch spätere Aussagen zu diesem Thema bezeugen dieselbe Einstellung: »Es schien mir unfaßbar, daß sich Offiziere im Krieg zu solch einer Tat entschließen konnten.«[41] »Wie damals so glaube ich auch heute noch, daß die Erwartungen, die die Attentäter des 20. Juli hegten, falsch waren.«[42] »Falsch ist es, Männern einen Vorwurf zu machen, die ihrem Eid getreu geblieben und in ebenso gutem Glauben bis zum letzten an ihrer Pflicht festhielten, den Kampf weiterzuführen.«[43]

Dieser von Dönitz sehr oft strapazierte Begriff von Pflichterfüllung ist rein formal und inhaltsleer. Auf dieser Grundlage haben auch die Organisatoren des Völkermords versucht, sich jeder Verantwortung zu entziehen. Ein Offizier, der Oberbefehlshaber einer der drei Teilstreitkräfte eines Landes ist, kann sich nicht hinter einem leeren Pflichtbegriff verstecken, besonders wenn man betrachtet, was Dönitz selbst unmittelbar vor dem Kriegsende für die »Pflicht« eines deutschen Soldaten hielt. In dem geheimen Ostseetagesbefehl Nr. 19 vom 19. April 1945 schrieb er: »Der Oberbefehlshaber der Kriegsmarine hat verfügt: Ich wünsche, daß mehr als bisher die für die Truppe verantwortlichen Einheitsführer... sich die Förderung solcher Unteroffiziere und Mannschaften angelegen sein lassen, die in besonderen Lagen im Kriege bewiesen haben, daß sie kraft ihrer inneren Haltung und Festigkeit, durch Tatkraft und inneren Schwung, kurz auf Grund ihrer Persönlichkeitswerte, imstande sind, richtige Entschlüsse selbständig zu fassen und sie zielsicher und verantwortungsfreudig durchzuführen.

Ein Beispiel: In einem Gefangenenlager des Hilfskreuzers ‚Cormoran' in Australien hat ein Oberfeldwebel als Lagerältester die unter der Lagerbesatzung sich bemerkbar machenden Kommunisten planvoll und von der Bewachung unauffällig umlegen lassen. Dieser Unteroffizier ist für seinen Entschluß und seine Durchführung meiner vollen Anerkennung sicher. Ich werde ihn nach seiner Rückkehr mit allen Mitteln fördern, da er bewiesen hat, daß er zum Führer geeignet ist.

Solche Männer gibt es mehr in der Marine. Sie zeigen sich bei der Meisterung schwieriger Lagen, sowie auf sich selbst gestellt entschlußfreudig und richtig handelnd. Sie beweisen damit ihren inneren Wert.«[44]

Das Zitat zeigt, wie sehr Dönitz die Inhumanität des Nationalsozialismus verinnerlicht hatte. Bis zum Ende des Kriegs stellte er das nationalsozialistische Regime in keiner Weise in Frage, was in seiner Rundfunkansprache am 1. Mai 1945 nach Hitlers Selbstmord deutlich wird:

»Deutsche Männer und Frauen, Soldaten der deutschen Wehrmacht! Unser Führer, Adolf Hitler, ist gefallen. In tiefster Trauer und Ehrfurcht verneigt sich das Deutsche Volk. Frühzeitig hatte er die furchtbare Gefahr des Bolschewismus erkannt und diesem Ringen sein Dasein geweiht. Am Ende dieses seines Kampfes und seines unbeirrbaren, geraden Lebensweges steht sein Heldentod in der Hauptstadt des Deutschen Reiches. Sein Leben war ein einziger Dienst für Deutschland.«[45]

Auch während des Nürnberger Prozesses und nach Kriegsende zeigte er eine trotzige Überheblichkeit, die durch keinerlei Schuldgefühl getrübt wurde. Sein Kommentar ist bezeichnend: »Ich habe mich für nichts zu entschuldigen und würde alles nochmal tun, geradeso wie ich es damals getan habe.«[46]

Dönitz trug ab 1935 die Verantwortung für den Einsatz der deutschen U-Boote. Von den über 1100 während des Kriegs gebauten U-Booten wurden 863 eingesetzt. Über 700 dieser Boote gingen verloren. Etwa 3000 Schiffe mit einer Gesamttonnage von über 14 Millionen Bruttoregistertonnen wurden von ihnen versenkt und 45 000 alliierte Seeleute dabei getötet. Von den knapp 40 000 deutschen U-Boot-Fahrern kamen über 28 000 ums Leben.[47] Dies alles geschah im Namen eines Verbrecherregimes, das die Verantwortung für die Verwüstung weiter Teile Europas, für über 50 Millionen Kriegstote und einen in der Menschheitsgeschichte einmaligen Völkermord trägt.

Anmerkungen

1 Winston Churchill: The Second World War. Bd V. S. 6: »The battle of the Atlantic was the dominating factor all through the war. Never for one moment could we forget that everything happening elsewhere, on land, at sea, or in the air, depended ultimately on its outcome, and amid all other cares we viewed its changing fortunes day by day with hope or apprehension.«

2 Ebd., Bd. II, S. 529: »The only thing that ever really frightened me during the war was the U-boat peril... I was even more anxious about this battle than I had been about the glorious air fight called the Battle of Britain.«

3 Ebd., Bd. IV, S. 107: »The U-boat attack was our worst evil. It would have been wise for the Germans to stake all upon it.«

4 Eine Klausel des Vertrags sah sogar vor, daß dieser Prozentsatz bis auf 100 Prozent erhöht werden durfte.

5 Vgl. Oliver Warner u. a.: Kriegsschiffe und Seeschlachten. Bayreuth 1976, S. 79. Es gab verschiedene Versionen dieses Plans, von denen bei einigen sogar eine noch größere Flottenstärke angestrebt wurde.

6 Vgl. Karl Dönitz: Zehn Jahre und zwanzig Tage, München 1975, S. 45.

7 Im »Plan Z« waren insgesamt etwas mehr als 200 U-Boote vorgesehen.

8 Das gesamte Bauprogramm des »Plans Z« sollte erst 1948 abgeschlossen sein.

9 Vgl. Karl Dönitz, wie Anm. 6, S. 48.

10 Da es sich bei der ROYAL OAK nicht um ein Handelsschiff, sondern um ein Kriegsschiff handelte, waren die Bestimmungen der Prisenordnung in diesem Fall nicht relevant.

11 Dieser Mißerfolg war allerdings zu einem großen Teil auf Hitlers ausdrücklichen Befehl, kein Risiko einzugehen, zurückzuführen.

12 Karl Dönitz, wie Anm. 6, S. 334

13 Dönitz' Hauptquartier wurde in die Nähe von Berlin verlegt.

14 Die technischen Begriffe werden später erläutert.

15 Hiermit wurde die Zerstörung deutscher Kriegsschiffe nach Kriegsende bezeichnet.

16 Zitiert nach Karl-Heinz Hartwig: U-2324 – Typ XXIII von der Entwicklung bis zur letzten Feindfahrt. Erinnerungen eines IWO, in: Das Logbuch 3(1994), S. 173f.

17 Hierbei handelte es sich um die Anforderung von KZ-Häftlingen für Werftarbeiten und die Beibehaltung des Befehls, kommunistische Parteioffiziere sofort zu töten.

18 Vgl. E. Rössler: U-Boottyp XXIII, München 1967, S. 50.

19 Oliver Warner, wie Anm. 5, S. 120.

20 Tatsächlich konnten U-Boote wesentlich tiefer tauchen. Technische Angaben nach Erminio Bagnasco: Uboote im 2. Weltkrieg, Stuttgart ³1994, S. 66–69 und S. 255–258.

21 Karl Dönitz, wie Anm. 6, S. 33.

22 Vgl. E. Rössler, wie Anm. 18, S. 135–136.

23 Peter Padfield: Dönitz. The Last Führer. Portrait of a Nazi War Leader, New York 1984, S. 169: »The ‚Z-Plan' was as much of a fantasy as the world-view which made it necessary.«

24 »Der Hauptträger des U-Bootkrieges im Atlantik ist das Torpedo-U-Boot... Hundert dauernd einsatzbereite Boote, im ganzen also mindestens etwa 300 dieser Typen, würden für ein erfolgreiches Operieren erforderlich sein. Eine obere Grenze für den Einsatz gibt es nicht...« Zit. nach Karl Dönitz, wie Anm. 6, S.45

25 Tatsächlich wurde eine »Bold« genannte Abwehreinrichtung gegen Asdic-Ortung entwicklet, die jedoch nicht zu einem »asdic-sicheren« U-Boot führte. Es handelte sich dabei um einen mit Chemikalien gefüllten Kanister, die im Kontakt mit Seewasser zu einer starken Gasentwicklung führten. Die daraus resultierenden Blasen konnten bei Asdic-Kontakt sehr leicht für ein U-Boot gehalten werden. Die Alliierten nannten dieses Vorrichtung SBT: »Submarine Bubble Target«.

26 Hier ist in erster Linie Göring zu nennen, der sich erfolgreich allen Versuchen widersetzte, eine Marine-Luftwaffe einzurichten.

27 Der Kommandant von U 110 war Fritz-Julius Lemp, der zu Beginn des Kriegs das U 30 kommandierte, als es die ATHENIA versenkte.

28 Vgl. Douglas Botting: Die Unterseeboote, Amsterdam 1981, S. 155.

29 Ebd.

30 Vgl. Oliver Warner, wie Anm. 5, S. 120.

31 Karl Dönitz, wie Anm. 6, S. 406

32 Im Gegensatz hierzu waren die amerikanischen U-Boote im Pazifik schon 1942 mit Radar ausgerüstet worden, was es ihnen leicht machte, auch abgetaucht japanische Geleitzüge aufzuspüren.

33 Karl Dönitz, wie Anm. 6, S. 397.

34 Ebd, S. 398.

35 Ebd.

36 Ebd., S. 54.

37 Ebd., S. 469.

38 Zitiert nach Werner Maser: Nürnberg. Tribunal der Sieger, Düsseldorf 1988, S. 283.

39 Maxwell-Fyfe hat ihm 119 Besprechungen mit Hitler vorgerechnet; Dönitz glaubte sich an 57 zu erinnern. Vgl. Maser, wie Anm. 41, S. 284.

40 Diese Ansprache wurde in der Nr. 200 der Deutschen Allgemeinen Zeitung vom 22.7.1944 abgedruckt. Zit. nach Herbert Michaelis und Ernst Schraepler (Hg.): Ursachen und Folgen vom deutschen Zusammenbruch 1918 und 1945 bis zur staatlichen Neuordnung in der Gegenwart. Eine Urkunden- und Dokumentensammlung zur Zeitgeschichte, Berlin o.J., Bd. 21, S. 451.

41 Karl Dönitz, wie Anm. 6, S. 392.

42 Ebd., S. 395.

43 Ebd., S. 396.

44 Zit. nach Herbert Michaelis und Ernst Schraepler, wie Anm. 42, Bd. 23, S. 63f.

45 Ebd., Bd. 23, S. 225.

46 Zit. nach Douglas Botting, wie Anm. 28, S. 164.

47 Zahlenangaben nach Richard Lakowski: Deutsche U-Boote. Geheim. 1935–195, Berlin 1993, S. 42.

»Von der Hölle zu den Sternen«

Wernher von Braun, die Entwicklung der Rakete und das »Dritte Reich«

von Stephanie von Hochberg und Holger Steinle

Vorbereitung zum Betanken einer A4 Rakete, welche seit
1944 von der nationalsozialistischen Propaganda als
»Wunderwaffe V2« gefeiert wurde.
(Deutsches Museum)

Wernher von Braun, um 1945. (Ullstein Bilderdienst)

Wernher von Braun

1912 Geboren am 23. März in Wirsitz, Provinz Posen
1932 Von Braun wird Mitarbeiter des Heereswaffenamtes, um Flüssigkeitsraketen zu entwickeln
1934 Promotion mit der Dissertation »Theoretische und experimentelle Beiträge zum Problem der Flüssigkeitsrakete«
1937 Technischer Direktor der Heeresversuchsanstalt in Peenemünde, wo schließlich mehrere tausend Mitarbeiter mit der Entwicklung von Raketen beschäftigt sind
1938 Eintritt in die NSDAP
1940 Aufnahme in die SS
1942 Erster erfolgreicher Start einer Fernrakete A4
1943 Ernennung zum Professor
1945 Nach der Kapitulation Deutschlands geht Wernher von Braun in die USA

1946 Er wird Technischer Direktor eines Institutes der amerikanischen Armee in Fort Bliss für die Konstruktion ferngelenkter Geschosse
1950 In Huntsville beginnt die Entwicklung von Raketen mit Nuklearsprengköpfen
1958 Start des ersten amerikanischen Satelliten »Explorer«
1960 Direktor des George-Marshall-Raumfahrtszentrums der NASA in Huntsville
1969 Mit einer unter von Brauns Leitung entwickelten Saturn V-Rakete landet der erste Mensch auf dem Mond
1972 Wechsel zur Privatindustrie, Entwicklung von Satelliten
1977 Am 16. Januar stirbt von Braun in Alexandria (USA)

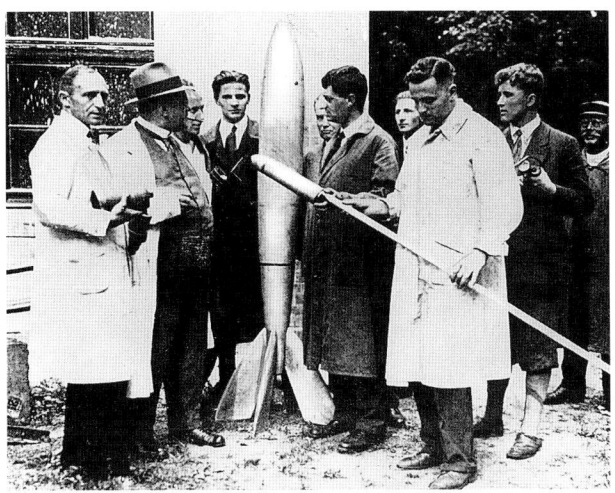

Im Jahre 1930 bildete der von Dipl.-Ing. Rudolf Nebel (ganz links) gegründete Raketenflugplatz in Berlin-Tegel das Zentrum der Raketenpioniere. Begeisterte Techniker wie Hermann Oberth (Mitte), Klaus Riedel (3. von rechts) und der 18jährige Wernher von Braun (2. von rechts) fanden hier die Möglichkeit zu ersten Experimenten. (Deutsches Museum)

Ab 1936 entstand im Norden der Insel Usedom die Heeresversuchsanstalt Peenemünde.
Das »Brandenburger Tor« in der Siedlung Karlshagen. Im Bereich der Wohnanlagen für die Wissenschaftler finden sich die charakteristischen Stilelemente der nationalsozialistischen Architektur wieder. (Deutsches Museum)

»Die politische Naivität, die an ihrem Platz, wo auch immer, leistete, was Pflicht oder traditionelles Berufsethos zu gebieten schienen, und sich keine Rechenschaft ablegte über die Kraftfelder, in die auch das streng sachbezogene Handeln unaufhebbar eingebettet liegt, ist in ihrer ganzen Fragwürdigkeit offenbar geworden, zumal die totalitäre Herrschaft gerade damit rechnet und darauf einen wesentlichen Teil ihrer Erfolge aufbaut.«
Joachim C. Fest: Das Gesicht des Dritten Reiches

Das größte militärtechnische Forschungsprojekt des »Dritten Reiches« war die Raketenentwicklung in Peenemünde. Wegen des spektakulären Erfolges, den die in der dortigen Heeresversuchsanstalt beschäftigten Wissenschaftler und Ingenieure unter Wernher von Braun und Walter Dornberger Jahre später in den USA bei der Raketentechnik und dem Flug zum Mond hatten, wurde in dem vergangenen halben Jahrhundert deren Anfang in Peenemünde fast ausschließlich unter technischen Gesichtspunkten diskutiert und fast einmütig als »Wiege« oder »Geburtsstunde« der Raumfahrt gefeiert. Andere Fragen wie strategische »Rentabilität« der Raketenentwicklung, Produktion durch mörderischen Einsatz von KZ-Häftlingen, Willfährigkeit der »Raumfahrtpioniere« gegenüber dem Nazistaat oder Vertuschung belasteter Biographien durch amerikanische Auftraggeber wurden geflissent-

lich übersehen und verdrängt. Erst in den letzten Jahren drängen diese bisher ausgeblendeten Probleme an die Oberfläche der wissenschaftlichen Diskussion.

Das MVT, seit seiner Gründung zu technikübergreifender Forschung und Darstellung verpflichtet, ist intensiv in diese Problematik der Raketenentwicklung einbezogen. Anläßlich des 50jährigen Gedenkens des ersten erfolgreichen Abschusses einer A4 / V2-Rakete 1942 in Peenemünde und der dort geplanten unkritischen Jubelfeier zeigte das Museum 1992 in einer pointierten und weltweit beachteten Ausstellung die Kehrseite der scheinbaren »Geburtsstunde der Raumfahrt«: die mörderische Produktion dieser »Wunderwaffe« in den unterirdischen Stollen des Mittelwerkes bei Nordhausen durch die Häftlinge des KZ-Lagers Mittelbau-Dora.

Seither arbeiten die Mitarbeiter des Museums in beiden Gedenkstätten dieser Vergeltungswaffe intensiv mit:

Als Berater der Landesregierung von Mecklenburg-Vorpommern helfen sie bei der Erarbeitung eines Konzeptes für eine würdige Gedenkstätte in Peenemünde, die die Ambivalenz der dortigen Technikentwicklung von 1936 – 1945 sichtbar, begehbar und erfahrbar macht und die historisch verkürzte und glorifizierende Raumfahrtidylle beendet.

Anderseits hilft das Museum, jahrelang Mitglied im Kuratorium der KZ-Gedenkstätte Mittelbau-Dora, den Kolleginnen und Kollegen dort bei der Rettung der

Stephanie von Hochberg, Holger Steinle

Die Heeresversuchsanstalt Peenemünde war das ehrgeizigste und größte militärische Forschungszentrum im »Dritten Reich«. Die abgelegene und einsame Ostseeinsel eignete sich hervorragend für das streng geheime Raketenprojekt. Die unberührte Landschaft wurde nunmehr von einer modernen sachlichen Architektur geprägt, wie dieser Bauplan einer Materiallagerhalle von 1937 zeigt. (Deutsches Museum)

megalomanischen Produktionsstollen sowie der archäologischen Sichtung und Spurensicherung der Taktstraßen-Produktion und deren Produkte, des Lebens und Sterbens der Häftlinge in den Todesstollen und der Implikation der Raketen-Pioniere in dieses System.

Die Zweipoligkeit der deutschen Raketenentwicklung zwischen Peenemünde, dem Ort der Entwicklung, und Mittelwerk-Dora, dem Ort der Produktion, wird ausführliche und wohl erstmalige Darstellung finden in der Ausstellung zur Luft- und Raumfahrt, für die gerade im MVT der Neubau begonnen wurde.

Der folgende Kurzbericht versteht sich deshalb als kursorische Zusammenfassung des augenblicklichen Standes der historischen Forschung und zugleich als offene Grundlegung eines im Neubau geplanten Ausstellungsbereiches, die zur Diskussion auffordert.

Nach kurzem technikhistorischen Überblick fragt der Beitrag nach
der militärisch-strategischen Bedeutung (»Effektivität«),
der rüstungswirtschaftlichen Bedeutung (»Rentabilität«),
der technischen Bedeutung der Rakete,
der politischen und ethischen Bedeutung (Verantwortung der Konstrukteure) sowie
der ethischen Relevanz der Raketenentwicklung und -produktion.

Technikhistorischer Überblick

Ende der zwanziger Jahre wird das deutsche Militär, und hier vor allem der Artillerie-Oberstleutnant Karl Becker, auf die spektakulären Aktivitäten der Raketenenthusiasten wie z.B. Oberth, Nebel, Winkler, Tiling und Valier aufmerksam; dadurch konkretisiert sich der Wunsch des Heereswaffenamtes, zum einen Feststoffraketen für die chemische Kriegsführung auf dem Gefechtsfeld und zum anderen flüssigkeitsgetriebene, weitreichende Raketen zu entwickeln. Damit sollen die Beschränkungen der konventionellen schweren Artillerie in bezug auf Reichweite und Sprengstoffmenge deutlich überschritten werden.

Die Begeisterungsfähigkeit der jungen Ingenieure und Techniker, verbunden mit den aufgrund der Wiederaufrüstung des »Dritten Reiches« gewaltig gestiegenen finanziellen Möglichkeiten, führt bald zu Erfolgen. Dazu muß umfassende Grundlagenforschung betrieben werden, und bei zahlreichen Fragen wird technisches Neuland beschritten: Antriebe im luftleeren Raum, aerodynamisches Verhalten im Überschallbereich, Steuerung unbemannter Flugkörper, um nur einige zu nennen – alles äußerst komplexe technische Fragestellungen, auf die es bis dahin keine Antwort gibt. Schließlich entsteht im Norden der Insel Usedom ein großzügiger, moderner Forschungskomplex, die Heeresversuchsanstalt Peenemünde, von Heer und Luftwaffe gemeinsam getragen. Im Rahmen der Entwicklung der Raketentechnik werden in Peenemünde neben dem Hauptziel der sprengstoffbestückten Rakete auch andere Einsatzmöglichkeiten für Raketentriebwerke untersucht, z.B. als Starthilfen und als Antrieb von Abfangjägern. Die Zahl der Angestellten und die Kosten wachsen sprunghaft, soll doch nach

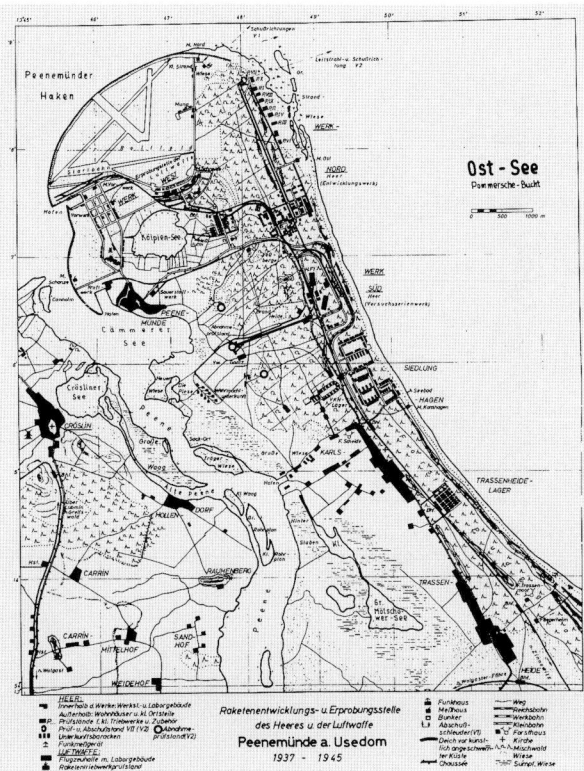

Lageplan der Heeresversuchsanstalt Peenemünde auf der Insel Usedom (1937–45). (Deutsches Museum)

Im Kriegsjahr 1944 herrschte Hochstimmung bei General Walter Dornberger und Prof. Dr. Wernher von Braun, weil sie für ihre großen technischen Erfolge das Ritterkreuz zum Kriegsverdienstkreuz verliehen bekommen hatten. (Deutsches Museum)

der Planung des Oberkommandos des Heeres die Massenfertigung des Aggregates A4, die später so genannte Vergeltungswaffe V2, im Mai 1941 beginnen.

Zwei Männer prägen die Entwicklung in Peenemünde: General Walter Dornberger (1895–1980), Leiter der Raketenentwicklungsabteilung für Flüssigkeits- und Feststofftriebwerke im Heereswaffenamt, und Dr. Wernher Freiherr von Braun (1912–1977), Technischer Direktor der Heeresversuchsanstalt – Köpfe einer verschworenen Gemeinschaft von Hunderten von Wissenschaftlern. Trotz aller Unterstützung dauert es wesentlich länger als geplant, bis die A4-Rakete technisch einigermaßen ausgereift ist. Fast zwei Jahre vergehen noch, bis nach ihrem ersten erfolgreichen Start am 3. Oktober 1942 der militärische Einsatz beginnen kann.

Mittlerweile zeigt sich jedoch nach den anfänglichen »Blitzkriegsiegen« Deutschlands die Überlegenheit der Alliierten. Neben den hohen Verlusten an der Ostfront machen sich die alliierten Luftangriffe immer stärker rüstungswirtschaftlich bemerkbar. Mehr und mehr werden Produktionsstätten deshalb dezentrali-

siert und unter Tage verlagert, zunehmender Rohstoffmangel und Kapazitätsengpässe verlangen die Einführung von Prioritäten in der Rüstungsproduktion, und auch Arbeitskräfte werden knapp. Deshalb entsteht mit dem unterirdischen Mittelwerk bei Nordhausen im Harz, in dem die A4 in großen Stückzahlen produziert werden soll, das Konzentrationslager Mittelbau-Dora. Was in Peenemünde entwickelt wurde, wird nun hier durch Zwangsarbeiter in Serie hergestellt; das bedarf enger Verbindungen zwischen beiden Örtlichkeiten und den dort Verantwortlichen. Wie eng diese alltägliche Verbindung ist, mag der im Anhang wiedergegebene Briefwechsel illustrieren. Im Zusammenhang mit dem Bau dieses unterirdischen Werkes, der Raketenproduktion und den »Todesmärschen« beim Untergang der Nazidiktatur bei Kriegsende verlieren Tausende von Häftlingen ihr Leben – grobe Schätzungen sprechen von 20 000 Toten der insgesamt 60 000 Häftlinge, die durch das Mittelbau-Dora-System gingen. Vom 5. September 1944 bis zum 27. März 1945 werden rund 3200 Fernraketen A4 / V2 abgeschossen, etwa 5000 Menschen werden dabei getötet.

In Peenemünde wird derweil zur Jahreswende 1944/45 von gut 5000 Angestellten noch eine Fülle von Projekten bearbeitet – allerdings viele jetzt nur noch auf dem Papier. Im März 1945 besetzen Soldaten der Roten Armee Peenemünde, am 11. April die Amerikaner das Mittelwerk und das weitgehend geräumte KZ Mittelbau-Dora. Am 2. Mai 1945 nimmt

Vorbereitung von A4 / V2-Raketen auf Startrampen im Einsatzgebiet. (Deutsches Museum)

Luftbild von der zerstörten Siedlung bei Karlshagen nach dem ersten englischen Luftangriff in der Nacht vom 17. auf den 18.8.1943. (Deutsches Museum)

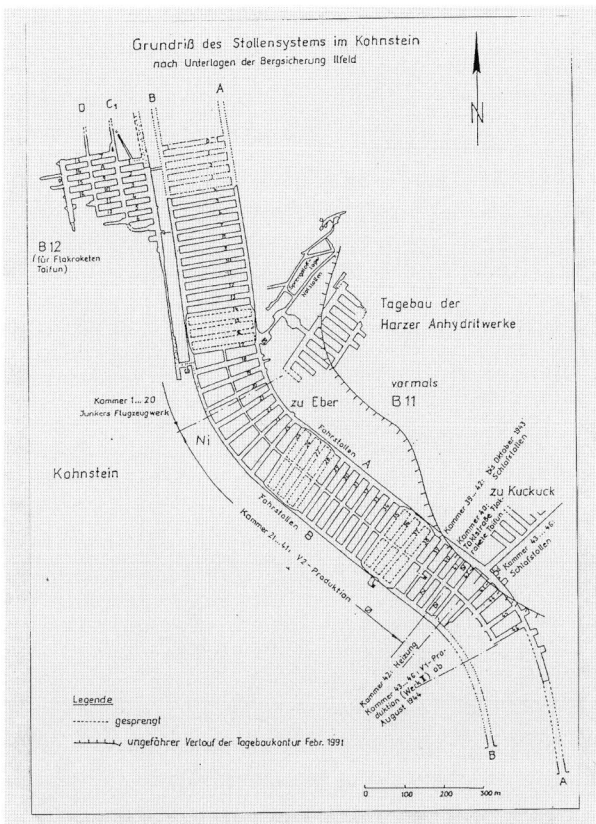

Plan der unterirdischen Hohlräume der ehemaligen Rüstungsfabrik Mittelwerk im Kohnstein, wie sie auch heute noch vorzufinden sind. (KZ-Gedenkstätte Dora-Mittelbau)

Zivilangestellte auf dem Weg zur Arbeit in das 20 km umfassende Tunnelsystem (1944); die sorgfältige Tarnung der Tunneleingänge spiegelt die Überlegenheit der alliierten Luftstreitkräfte wider. Diese war Anlaß für die Verlagerung der Serienfertigung in die unterirdischen Produktionsanlagen. (Bildarchiv Preußischer Kulturbesitz)

Wernher von Braun Kontakt zu den Amerikanern in Bayern auf. Doch nicht nur sie, auch Engländer und Russen sind darauf vorbereitet, nach deutschen Wissenschaftlern zu suchen, als der Krieg sich seinem Ende nähert. So beginnt eine richtige »Jagd« nach den deutschen Raketen und ihren »Vätern«. Die Amerikaner sind dabei wohl am erfolgreichsten: Neben den Teilen für rund einhundert A4 / V2-Raketen nehmen sie etwa 15 Tonnen Dokumente mit Peenemünder Forschungsergebnissen sowie fast 120 Raketenspezialisten in die USA. Diese Gruppe, unter Leitung von Wernher von Braun, wird dann später die führende Forschergruppe bei der Entwicklung der wichtigsten amerikanischen Raketen.

Bei den Engländern läßt das Interesse nach dem erfolgreichen Start von drei A4 / V2-Raketen im Oktober 1945 in der Nähe von Cuxhaven bald nach. Dagegen nutzen die Russen zielstrebig das Wissen deut-

scher Ingenieure und Techniker für ihre Raketenprojekte.

Zuerst werden einige A4 / V2-Raketen in der Nähe des Mittelwerkes wieder montiert, 200 Raketentechniker im Oktober 1946 zwangsverpflichtet und in die Sowjetunion verfrachtet; aber schon bald nach dem ersten Start einer A4 / V2-Rakete im Herbst 1947 und der Übernahme der deutschen Raketentechnologie in die eigenen Entwicklungen verlieren die Russen das Interesse an den Deutschen und schicken sie bis 1954 allesamt zurück nach Deutschland. Zu dieser Zeit läuft das Wettrüsten der beiden Supermächte bereits auf vollen Touren mit dem Ziel, mit atomar bestückten Interkontinental-Raketen den jeweiligen Gegner in Schach halten zu können. Auf einem »Nebenkriegsschauplatz« beginnt der propagandistisch sehr wirkungsvolle Wettlauf um die Eroberung des Weltalls.

Photographien von der Produktion der „Geheimwaffen" sind sehr selten; in diesem Teil der Fertigungsstraße werden die Treibstofftanks der A4 / V2 in die Halbschalen des Raketenmantels montiert. (National Air and Space Museum/Wash. D.C.)

Militärisch-strategische Bedeutung (»Effektivität«)

Die militärische Bedeutung der A4 / V2-Rakete ist recht gering einzuschätzen. Es gab gegen sie aufgrund ihrer hohen Geschwindigkeit zwar keine Abwehr, aber andere Faktoren beeinträchtigten ihre militärische Wirkung sehr stark. Eine Rakete konnte eine Sprengladung von rund 1 Tonne befördern – zum Vergleich dazu waren dies beim englischen Standardbomber Avro Lancaster über 6 Tonnen. Recht gering war auch die Reichweite mit rund 300 Kilometern, was bereits im September 1944 beim ersten Abschuß die Zahl potentieller Ziele sehr stark einschränkte. Am negativsten dürfte jedoch die mangelhafte Treffgenauigkeit zu bewerten sein; anfänglich schlugen fünfzig Prozent der erfolgreich gestarteten Raketen innerhalb eines Kreises mit 18 Kilometern Radius um den Zielpunkt ein. Auch die Verbesserung des Leitsystems, an der ständig gearbeitet wurde, hätte aufgrund technischer Restriktionen keine hohe Treffergenauigkeit garantieren können, da die damaligen elektronischen Steuerungsmöglichkeiten noch zu ungenau waren. Dies galt übrigens auch für fast alle anderen Raketenentwicklungen des »Dritten Reiches«.

Die ungefähr 3200 abgeschossenen A4 / V2-Raketen töteten rund 5000 Menschen (zum Vergleich: bei vielen der großen britischen Luftangriffe wurden jeweils wesentlich mehr Menschen getötet). Mehr noch, die A4 / V2 war als Waffe auch deshalb einzigartig, weil bei ihrer Herstellung mehr Menschen ums Leben kamen als bei ihrem Einsatz, ein Sachverhalt, der in der Waffengeschichte so noch nie zu verzeich-

Nachdem die zunächst geplante Liquidierung der KZ-Häftlinge des Lagers Mittelbau-Dora vor Ort nicht mehr ausgeführt werden konnte, begann am 4.4.1945 die Evakuierung der KZ-Häftlinge. Die SS wollte den stetig vorrückenden Alliierten keine Zeugen zurücklassen; diese »Todesmärsche« hat der überwiegende Teil der Häftlinge nicht überlebt. (KZ-Gedenkstätte Dora-Mittelbau)

nen war. Ein dem strategischen Bombenkrieg vergleichbares Ergebnis durch gezieltes Ausschalten bestimmter Industriezweige oder Zerstörung wichtiger Verkehrswege war mit der A 4 / V 2 nicht möglich; die Terrorisierung der Zivilbevölkerung, als einzige Ein-

Rüstungswirtschaftliche Bedeutung (»Rentabilität«)

Rüstungswirtschaftlich gab es für das »Dritte Reich« kein verschwenderischeres Programm als die Raketenprojekte. Wenn man die militärischen Ergebnisse mit dem rüstungswirtschaftlichen Aufwand vergleicht und feststellt, welche Ressourcen anderen Rüstungsprojekten dadurch entzogen wurden, so kann das Urteil nur vernichtend sein. Der amerikanische Historiker Michael Neufeld vergleicht den finanziellen Aufwand für das Raketenprogramm des Heeres mit dem Manhattan-Programm zur Entwicklung der Atombombe in den USA. Er kommt zu dem Schluß, daß beide Projekte, bezogen auf die jeweilige Volkswirtschaft, etwa den gleichen Umfang hatten – allerdings mit dem Unterschied, daß die Amerikaner am Ende des Zweiten Weltkrieges die militärische Bedeutung der Atombombe klar demonstrieren konnten, was bei den deutschen Raketenwaffen nicht der Fall war. Die Ausgaben dafür hätten möglicherweise wesentlich »effektiver« für andere Rüstungsgüter verwandt werden können, sei es zu deren Produktion oder auch zu deren Entwicklung. Allerdings hatte gleichwohl das Deutsche Reich keine Chance, den »Krieg der Fabriken« zu gewinnen, war doch die Überlegenheit der Alliierten in bezug auf Arbeitskräfte, Rohstoffe und Kapazitäten zu groß.

Das Raketenprogramm band nicht nur große Forschungskapazitäten, die auf anderen, viel kriegsentscheidenderen Gebieten wie zum Beispiel der Radartechnik fehlten, sondern es hätten auch bestimmte statistische Fakten den Politikern, Militärs, aber auch den Wissenschaftlern verdeutlichen müssen, daß selbst eine zahlenmäßig große Serienproduktion von Raketen gar nicht einsetzbar gewesen wäre. Wenn Dornberger anführt, daß die Fernrakete im Gegensatz zu den Flugzeugen kein Benzin als Treibstoff brauche – was sicherlich nach den konzentrierten Bombenangriffen der Amerikaner auf die deutsche Treibstoffindustrie ein gewichtiges Argument war –, so verschweigt er, daß die Treibstoffe für die A4 / V2-Rakete, flüssiger Sauerstoff und ein Spiritus-Wasser-Gemisch, in Deutschland auch nur begrenzt vorhanden waren. Der Sauerstoffverbrauch der Rakete schuf einen Engpaß in der Versorgung mit diesem Stoff für alle anderen Bedarfsträger. Deshalb wurde schon im Herbst 1944 begonnen, eine Sauerstoff-Fabrik für das A4 / V2-Projekt im Mittelwerk unterzubringen. Die Sauerstoffanlage, deren Fundamente heute noch im Stollensystem zu sehen sind, sollte nach ihrer Fertigstellung genug Sauerstoff für 450 Raketen im Monat produzieren – weniger als für die Monatsproduktion von 600–700 Stück im Herbst 1944 benötigt wurde.

Die Technologie der A4 / V2 erwies sich bald als die Grundlage der Lenkwaffenentwicklung. Die hierauf aufbauende amerikanische Doppelrakete A4-Wac Corporal erreichte 1949 einen Höhenrekord von 402 km. (Deutsches Museum)

satzmöglichkeit, scheiterte an der geringen Zahl und Treffgenauigkeit der Raketen. Es bedürfte noch eines intensiven Quellenstudiums um nachzuweisen, ob die propagandistische Nutzung dieser »Wunderwaffen«-Illusionen bei Teilen der deutschen Bevölkerung nährte, daß ein siegreicher Ausgang des Krieges doch noch möglich sei, und diese so den Krieg verlängern halfen.

Der erfolgreiche Technikmanager in seiner neuen Heimat. Wernher von Braun posiert in den USA vor seiner neuen Wirkungsstätte, dem Hauptquartier der »Army Ballistic Missile Agency«. (Deutsches Museum)

Speer erkannte diesen Engpaß. Dagegen war die Bereitstellung von drei Tonnen Äthylalkohol pro Rakete augenscheinlich unproblematisch, wurde doch bei einer Raketenproduktion von 600 Stück pro Monat nur rund ein Prozent des privaten Kartoffelverbrauches als Ausgangsmaterial für den Treibstoff benötigt.

Während sich die alliierten Luftangriffe vermehrt auf die Treibstoffindustrie sowie die Flugzeug-, Kurbelwellen-, Elektromotoren-, Gummi- und Stickstoffproduktion konzentrierten, die alle Versorgungsengpässe aufwiesen, und deshalb die gesamte deutsche Rüstungsproduktion gefährdeten, wurde das militärisch unsinnige Raketenprojekt uneingeschränkt bevorzugt. Bis Ende Januar 1945 war so die Ordnung der Dringlichkeitsstufen – bei Anlegung militärischer Maßstäbe – völlig widersinnig geregelt. Ein hoffnungsloses Prestigeobjekt lähmte mehr und mehr die deutsche

Kriegswirtschaft, ganz zu schweigen davon, daß innerhalb des Raketenprogrammes die dringend notwendige Entwicklung und Herstellung von Flugabwehrraketen, bei den gegebenen Engpässen, durch die Bevorzugung der A4 / V2-Raketen stark behindert wurde.

Über 200 000 Menschen arbeiteten schließlich am Raketenprogramm des »Dritten Reichs«. Bis Kriegsende waren nicht einmal 6000 A4 / V2-Raketen hergestellt und davon nur etwas über die Hälfte zum Einsatz gebracht worden. Deutschland hatte technisch das Sensationelle dem Strategischen vorgezogen. So half die deutsche Raketenentwicklung den Krieg zu verkürzen; allerdings in anderer Weise als ihre Verfechter es sich zum Ziel gemacht und behauptet hatten: Sie beschleunigte somit die Niederlage Deutschlands und den Sieg der Alliierten.

Als Direktor der NASA entwickelte von Braun im zivilen Bereich das Apollo-Programm mit dem Ziel, vor den Russen den Mond zu erreichen. (Deutsches Museum)

Technische Bedeutung

Der Konstruktion der A4 / V2-Rakete waren jahrelang umfangreiche Versuche an kleineren Aggregaten vorausgegangen, die der Erprobung von Material, Triebwerken, Flugeigenschaften und der Gerätestabilisierung dienten. Das Heereswaffenamt förderte schließlich mit großem Aufwand die Entwicklung einer Rakete, die eine Tonne Sprengstoff über eine Distanz von 175 Kilometer tragen konnte, 14 Meter lang war und 1,60 Meter Durchmesser hatte. Sie wog beim Start etwa 12 Tonnen, von denen rund 8 Tonnen auf die Treibstoffe entfielen. Der Schub des 60 Sekunden lang brennenden Triebwerkes lag bei 25 Tonnen, die Gasausströmgeschwindigkeit betrug etwa 2100 Meter pro Sekunde und die Geschwindigkeit in der Hochatmosphäre 1500 Meter pro Sekunde oder 5400 Stundenkilometer. Diese Spezifikationen konnten nur unter höchster technischer Anstrengung und intensiver Entwicklungsarbeit erreicht werden. Zunächst wurde das Triebwerk entwickelt, für dessen Erprobung der Bau von Prüfständen notwendig war. Die bis dahin übliche Druckgasförderung der Treibstoffe wurde durch eine Treibstoffförderung mittels schnellaufender Pumpen ersetzt, um so den notwendigen hohen Treibstoffdurchsatz zu erreichen. Diese Pumpen wiederum mußten durch Dampfturbinen angetrieben, Zusatztreibstoff für die Dampferzeugung mußte deshalb mitgeführt werden. All dies wurde erstmalig entwickelt, wobei zu den genannten hohen technischen Anforderungen die Tatsache kam, daß die Pumpen flüssigen Sauerstoff mit einer Temperatur von 183 Grad unter Null fördern mußten. In die ersten Planungen hinein kamen Erkenntnisse von Windkanalversuchen, die halfen, die Flugstabilität zu gewährleisten. Viele weitere Einzelprobleme mußten gemeistert werden, sei es die Einspritzung von Brennstoff und Verbrennungsträger, die Zündung, die Stabilisierung und Lenkung der Raketen. Diese Hunderte von Aufgaben leisteten Ingenieure und Techniker, Werkmeister und Arbeiter, aber dann auch die ersten Zwangsarbeiter. Am 3. Oktober 1942 war nach zwölf Jahren intensiver Entwicklungsarbeit endlich das Ziel erreicht: Zum ersten Mal startete eine A4 / V2-Rakete erfolgreich.

Auch wenn sie keine entscheidende Rolle für ihre Förderer und Schöpfer im Zweiten Weltkrieg spielen konnte, bleibt die A4 / V2-Rakete der Ahnvater aller modernen Lenkwaffen und Trägersysteme. Ihre Nachfolger halten seit fast 50 Jahren die Welt durch die atomare Abschreckung oder auch das atomare Gleichgewicht in Atem, woran sich bis heute nichts geändert hat. Andere Nachfolger von ihr haben einige gute Seiten dieser Entwicklung gezeigt – Nachrichtensatelliten, die Erkundung des Weltalls. Wie auch immer man diese Entwicklung beurteilt, die deutsche Raketenentwicklung hat zweifellos das 20. Jahrhundert stark beeinflußt.

Politisch-ethische Bedeutung der Raketenentwicklung (Verantwortung der Konstrukteure)

Bleibt schließlich zu klären, was das spezifisch Nationalsozialistische bei der Entwicklung der deutschen Fernraketen war. Da zeigen sich zwei Aspekte: Zum einen wirkte das im Nationalsozialismus des öfteren anzutreffende Phänomen, irrationale Ziele mit modernen technokratischen Mitteln anzugehen – große Teile nur beschränkt vorhandener Ressourcen wurden für die Entwicklung einer »unbesiegbaren«, aber militärisch sinnlosen Waffe verschwendet. Zum anderen, und das bleibt als das wirklich typische und spezifische Faktum, wurden gezielt KZ-Häftlinge im Raketenprogramm eingesetzt. Begonnen hatte dieser Einsatz aufgrund des Mangels an Arbeitskräften schon in Peenemünde – dort allerdings in geringem Umfang. Mit dem zunehmenden Interesse der SS an dieser Waffe schien die Beschaffung von Arbeitskräften für die Massenfertigung im vierten Kriegsjahr plötzlich kein Problem mehr zu sein – vor allem, wenn man den vermeintlichen Erfolgszwang der Peenemünder berücksichtigt und gleichzeitig feststellt, daß in diesem Pakt mit dem Teufel keiner von ihnen etwas über die Herkunft dieser Arbeitskräfte und ihre Behandlung wissen wollte. Sicherlich sind die Peenemünder nicht allein für den Einsatz von Häftlingen verantwortlich zu machen; die SS, mit Himmler und Kammler an der Spitze, hat dafür die Voraussetzungen geschaffen. Aber gleichzeitig muß festgehalten werden, daß niemand ihr Angebot zum Einsatz von Häftlingen ausschlug; alle haben mitgemacht und weggesehen. Und nie gab es Ansätze, dieses verbrecherische, menschenverachtende Sklavenarbeitersystem in Frage zu stellen. So besteht wohl im streng juristischen Sinn keine Schuld der Raketenforscher am Tod einzelner Häftlinge. Aber je höher die Funktion im System Peenemünde-Mittelbau-Dora, um so höher die Mitschuld am Tode Tausender Unschuldiger – ganz abgesehen von dem generellen Vorwurf bedenkenloser Unterstützung eines verbrecherischen Regimes. Darüber hinaus stimmt nachdenklich, daß auch im Abstand zu den Geschehnissen jener Jahre nie ein Wort des Bedauerns oder Bekennens zu einer Mitschuld von einem der Beteiligten zu hören gewesen ist.

Schließlich die über den Nationalsozialismus hinausgehende Frage nach dem »Project Paperclip«: Die Übernahme deutscher Wissenschaftler durch andere Alliierte war für diese nutzbringend, weil sie deren wissenschaftlichem und technischem Können wertvollen Auftrieb gaben. Ohne sie wäre das amerikanische Raumfahrtprogramm sicherlich stark verzögert worden. Aber zu welchem Preis? Soll man die Militärs wegen ihres zielstrebigen Zweckdenkens loben oder kritisieren? Kann es irgendeine Rechtfertigung dafür geben, daß sie entschlossen waren, Männer zu beschäftigen, die mit voller Überzeugung für ein verbrecherisches System gearbeitet haben? Eine Frage, auf die die Antwort nicht leicht fällt.

Ethische Relevanz der Raketenentwicklung und -produktion

Die ethische Verantwortung des Wissenschaftlers und Technikers im Krieg und in der Waffenproduktion steht hier nicht in Rede. Diese gilt zu jeder Zeit von der Erfindung der Keule bis zur Entwicklung der Rakete und unterscheidet sich nur graduell, nicht prinzipiell. Ebensowenig sollen der naive Nazi-Wunderglaube und die bewußte Wunderwaffen-Propaganda der megalomanischen und technokratischen Entwicklung angesichts fehlender Ressourcen und verlorener Schlachten diskutiert werden. Dieser Unbesiegbarkeitsmythos ist sicherlich typisch für die irrationale »Vergeltungswaffe«, aber nicht spezifisch – Wilhelms II. »Flottenpolitik« nährte sich sicherlich aus gleichem Wahn und führte zu gleichem Fiasko.

Unvergleichbar und unverwechselbar im Sinne des »Historikerstreites« aber ist die dreifache Tatsache:

– Die Entwicklung der Rakete A4 / V2 war nicht als »Eroberung des Weltraums« und als »Mondfähre« gedacht und gemacht, sondern als Fernrakete zum Sprengstofftransport, als Waffe zum Sieg des Nationalsozialismus.

– Die Produktion der Rakete A4 / V2 erfolgte durch essentiellen und nicht nur marginalen Einbezug in das prinzipielle Menschenvernichtungsprogramm des Nationalsozialismus, in das Programm »Vernichtung durch Arbeit«, durch Einbeziehung der Buchenwald-Häftlinge im KZ Mittelbau-Dora, wobei mehr Menschen in dieser mörderischen Produktion das Leben verloren als im anschließenden Einsatz als Waffe.

– Die maßgeblichen führenden Männer des »Teams« von Peenemünde haben das nicht »übersehen« können, haben das gewußt und mitgemacht, haben die Orte des Grauens im Mittelwerk mitgeplant, betreten, an der Häftlingsauswahl mitgewirkt, Häftlinge angefordert, waren Partei- und SS-Mitglieder und haben bis zu ihrem Tode oder gar bis heute noch kein Wort des Bekenntnisses oder gar der Erschütterung oder Reue gesagt.

Nicht Mondfähre, sondern Waffe

Die auf eine A4 / V2-Rakete aufgemalte »Frau im Mond« mag für ein Peenemünder »Historisch-technisches Informationszentrum« Beweis sein, daß für die Raketenpioniere das Ziel ihrer Tätigkeit die Fahrt zum Mond und die Fernwaffe nur ein kurzer tragischer und unvermeidbarer Umweg zu diesem Ziel gewesen seien. Aber so sehr die »Reise zum Mond« Traumvorstellung von Wernher von Braun wie von Jules Verne gewesen sein mag, so konsequent und ausschließlich richtete sich die Forschungs- und Entwicklungsarbeit des »Teams um Wernher von Braun« vom Beginn in Berlin an bis zum Ende des Krieges auf eine Fernrakete, auf eine Waffe, die kriegsentscheidend die Niederlage abwenden und den Sieg des nationalsozialistischen

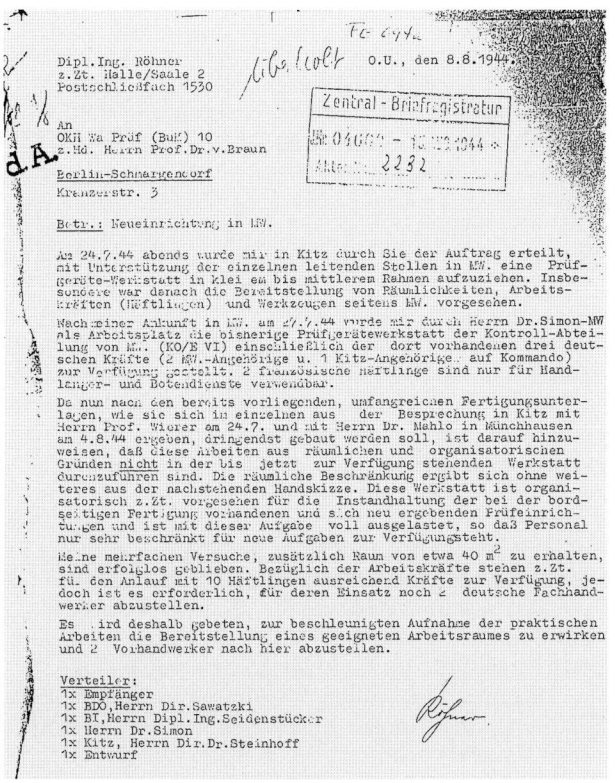

Brief von Dipl.-Ing. Röhner an Wernher von Braun (Deutsches Museum / Mikrofilm FE 694 a)

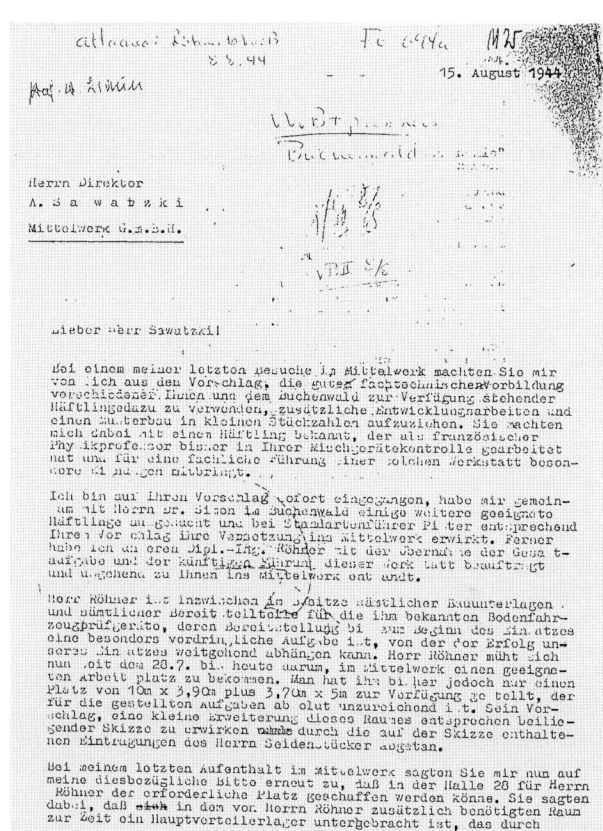

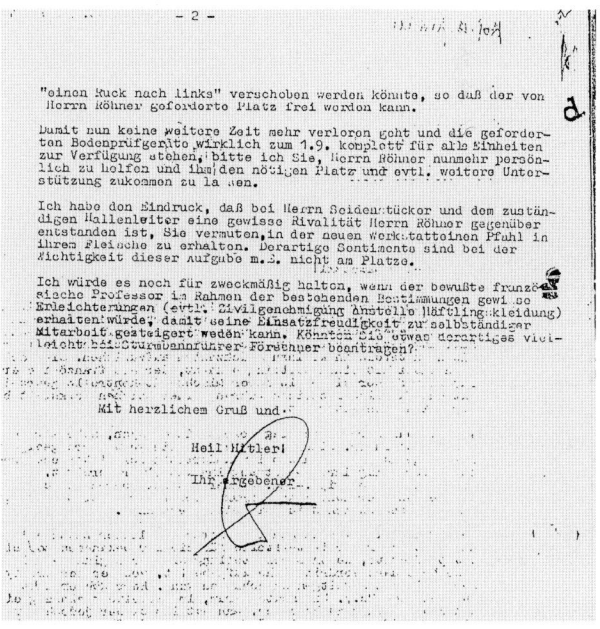

Brief von Wernher von Braun an Alwin Sawatzki (Deutsches Museum / Mikrofilm FE 694 a)

Regimes herbeiführen sollte. Daß die Raketenentwicklung dann tatsächlich die Niederlage beschleunigt hat, mag Ironie der Geschichte sein, ist aber angesichts des Schicksals von Hiroshima und Nagasaki, das andernfalls Schicksal von Hamburg und Berlin hätte sein können, das absurde Ergebnis und der eigentliche »Erfolg« der V2-Rakete.

Nicht »wertfreie« Forschung, sondern Vernichtung durch Arbeit

Als einzige NS-Waffentechnologen hatten die Raketenbauer im Anschluß an den Krieg das »Glück«, von den Siegern gebraucht zu werden – wiederum nicht zunächst zur Mondfahrt, sondern zur Trägerraketenentwicklung für Atomwaffen im Kalten Krieg. Dadurch hatten sie das zweite »Glück«, daß die USA-Behörden äußerst interessiert daran waren, die Nazivergangenheit der Pioniere aus den biographischen Dokumenten zu streichen (»Project Paperclip«). Das wiederum ermöglichte es den »alten Peenemündern«, ihre Geschichte unangefochten selbst zu schreiben und – verständlicherweise – zu glorifizieren (»vom KZ nichts gewußt«) und zu idealisieren (Mondfahrt als eigentliches Ziel). Erst langsam drängt die entsetzliche Geschichte der Häftlingsproduktion und des Massensterbens in den Produktionshallen und -lagern ins öffentliche Bewußtsein.

Nicht tragischer Mißbrauch, sondern wissende Mitschuld

Immer wieder wird an der Legende gewebt, die Pioniere der Raumfahrt in Peenemünde hätten in jugendlichem Enthusiasmus und unschuldigem Forscherdrang nichts anderes als die Raumfahrt im Auge gehabt und deshalb die systemimmanenten Verbrechen des Nazistaates allgemein, der Häftlingsproduktion konkret nicht wahrgenommen oder wenigstens nicht realisiert. Doch die neuere Forschung (Neufeld, Eisfeld) weist eindeutig die Mitwisserschaft, die Mittäterschaft und damit Mitschuld nach. Wieweit die konkret-alltägliche Einbeziehung auch Wernher von Brauns in den Produktionsalltag im Mittelwerk und in die Häftlingssituation im KZ-Lager Buchenwald ging, mag exemplarisch der Briefwechsel zwischen ihm und dem zuständigen Betriebsdirektor Sawatzki illustrieren.

Ein anderer Verantwortlicher der Rüstungstechnik des Nazistaates, Albert Speer, war wenig älter als Wernher von Braun, als er sich vom System vereinnahmen ließ. Aber nach zwanzigjähriger Nachdenklichkeit im Spandauer Gefängnis schrieb er immerhin über die Raketenproduktionsstätte im Mittelbau: »Die Verhältnisse für diese Häftlinge waren in der Tat barbarisch, und ein Gefühl tiefer Betroffenheit und persönlicher Schuld erfaßt mich, so oft ich bis heute daran denke.«

Ein ähnlicher Satz von Wernher von Braun ist unbekannt.

Bei dieser Erörterung von Verantwortung und Schuld des Forschers und Ingenieurs in der Sonderausstellung »Ich diente nur der Technik« und dann in der endgültigen Luftfahrtausstellung des Museums für Verkehr und Technik geht es nicht um pharisäerhaften Fingerzeig. Es geht um die elementare, wenn auch immer wieder geleugnete Tatsache, daß auch ein Grundlagenforscher, Ingenieur und Techniker nicht im elfenbeinernen Turm zweckfreier Forschung nur der Stringenz seiner Wissenschaft verantwortlich ist, sondern auch Verantwortung trägt für Voraussetzungen, Begleitumstände und Konsequenzen seines Tuns.

Daß dann ein Mensch trotz seiner Verstrickung und Jahre nach dieser anschließend auch hervorragende Verdienste erringen und »Vater der Raumfahrt« werden kann, ist klar, aber nicht Thema einer Erörterung der Jahre 1940 bis 1950.

Literaturverzeichnis

T. Benecke, K. H. Hedwig, J. Hermann: Flugkörper und Lenkraketen, Koblenz 1987.

M. Bornemann: Geheimprojekt »Mittelbau«, Bonn 1994.

T. Bower: Verschwörung Paperclip, München 1988.

W. von Braun: Ordway III, F. I., Space Travel, London 1967. (dt. München 1979).

W. Buedeler: Geschichte der Raumfahrt, Künzelsau 1979.

Deutsches Institut für Wirtschaftsforschung (Hg.): Die deutsche Industrie im Kriege 1939–1945, Berlin 1954.

W. Dornberger: Peenemünde. Die Geschichte der V-Waffen, Frankfurt a. M./Berlin 1992.

R. Eisfeld: Von Raumfahrtpionieren und Menschenschindern, in: R. Eisfeld, I. Müller: Gegen Barbarei. Essays Robert M. W. Kempner zu Ehren, Frankfurt a. M. 1989.

R. Eisfeld: Die unmenschliche Fabrik: V2-Produktion und KZ »Mittelbau Dora«, Nordhausen 1990.

J. C. Fest: Das Gesicht des Dritten Reiches, Profile einer totalitären Herrschaft, München 1963.

A. Fiedermann, T. Heß, M. Jäger: Das Konzentrationslager »Mittelbau Dora«, Berlin/Bonn 1993.

H. D. Hölsken: Die V-Waffen: Entstehung – Propaganda – Kriegseinsatz, Stuttgart 1984.

L. Hunt: Secret Agenda. The United States Government Nazi Scientists and Project Paperclip, 1945 to 1990, New York 1991

D. Irving: Die Geheimwaffen des Dritten Reiches, Gütersloh 1968

E. Klee, O. Merk: Damals in Peenemünde, Oldenburg/Hamburg 1963.

J. Neander: Die Letzten von Dora, Berlin/Bonn 1994.

M. J. Neufeld: The Rocket and the Reich, New York 1995.

M. Renneberg, M. Walker (Hg.): Science, Technology, and National Socialism, Cambridge (England) 1994.

A. Speer: Technik und Macht, Esslingen 1979.

A. Spur: Erinnerungen, Berlin 1969.

H. Trischler: Luft- und Raumfahrtforschung in Deutschland 1900–1970: Politische Geschichte einer Wissenschaft, Frankfurt a.M./New York 1992.

P. P. Wegener: I remember Peenemünde (unveröffentlichtes Manuskript), New Haven 1994.

»Fahren für Deutschlands Sieg!«

**Julius Dorpmüller und die Deutsche Reichsbahn.
Eine biographische Skizze**

von Alfred Gottwaldt

**Die neuen Minister Dorpmüller (Verkehrswesen) und
Ohnesorge (Post) neben Hitler am 2. Februar 1937.
(H. Hoffmann)**

Reichsverkehrsminister Julius Dorpmüller (1869–1945)
mit Kriegsverdienstkreuz und Goldenem Parteiabzeichen,
1943. (H. Hoffmann)

Julius Dorpmüller

1869	Am 24. Juli als Eisenbahnersohn in Elberfeld geboren
1893	Studium des Eisenbahnbauwesens in Aachen beendet
1898	Feste Anstellung bei der Eisenbahndirektion Saarbrücken
1907	Leiter des Technischen Büros der Schantung-Eisenbahn
1908	Bauleiter der chinesischen Staatbahn Tientsin – Pukow
1917	Rückkehr nach Deutschland; Militäreisenbahndienst
1922	Präsident der Reichsbahndirektion Oppeln
1924	Sachverständiger der Reichsbahn für den Dawes-Plan; Präsident der Reichsbahndirektion Essen
1925	Stellvertreter des Generaldirektors der Reichsbahn-Gesellschaft; Ehrendoktor der Technischen Hochschule in Aachen
1926	Generaldirektor der Deutschen Reichsbahn-Gesellschaft
1933	Zugleich Vorstandsvorsitzender der »Reichsautobahnen«
1937	Ernennung zum Reichs- und Preußischen Verkehrsminister; dabei weiterhin Generaldirektor der Deutschen Reichsbahn
1939	»Adlerschild des Deutschen Reiches« zum 70. Geburtstag
1940	Goldenes Parteiabzeichen; Eintritt in die NSDAP
1944	Ritterkreuz des Kriegsverdienstkreuzes mit Schwertern
1945	Mitglied der Dönitz-Regierung; amerikanischer Auftrag zum Wiederingangsetzen der Eisenbahn; Tod am 5. Juli 1945

An Straßennamen läßt sich Geschichte ablesen. Als in Wuppertal-Elberfeld kurz nach dem 24. Juli 1939 die bisherige Wolkenburgstraße in Dorpmüllerstraße umbenannt wurde, war das Ausdruck der Wertschätzung für den damaligen Reichsbahn-Generaldirektor. Der gelernte Eisenbahner Julius Dorpmüller feierte an jenem Tag seinen 70. Geburtstag; er hatte in dieser Straße seine ersten Lebensjahre verbracht. 45 Jahre später, im Sommer 1984, erhielt die Dorpmüllerstraße in Wuppertal einen neuen Namen, da ihr Namenspatron in Verruf geraten war.

Die Entscheidung wurde von vielen nicht verstanden, denn Julius Dorpmüller war und ist als markante Figur im deutschen Eisenbahnwesen sehr beliebt. Die Eisenbahner bildeten immer eine besondere Kaste in der deutschen Gesellschaft, und deshalb waren sie froh, daß von 1926 bis 1945 ein echter Eisenbahner und Bauingenieur an ihrer Spitze stand. Dorpmüller war ein lebensfroher Mann mit großen Fähigkeiten als Organisator und Menschenkenner. Seine Fachkompetenz galt als über jeden Zweifel erhaben, seine Allgegenwart war sprichwörtlich. Er wurde besonders in der Nachkriegszeit noch verehrt, als Politiker und Juristen die Deutsche Bundesbahn durch den Verkehrsrückgang steuern mußten.

Julius Dorpmüller war aber auch Adolf Hitlers Verkehrsminister von 1937 bis 1945, in den acht Jahren der deutschen Expansionspolitik, des Zweiten Weltkriegs und des Judenmords. Ohne ein funktionierendes Transportwesen ist dieser Teil der Vergangenheit nicht denkbar. Dorpmüller lebte in dieser Zeit allein seinem Beruf als Verkehrsfachmann. Die Frage lautet deshalb: Welche historische Verantwortung trägt dieser einst so populäre Mann?

Herkunft und Bildung Dorpmüllers

Dazu sollen im folgenden Daten aus dem Lebenslauf Julius Dorpmüllers und aus der deutschen Eisenbahngeschichte im Zweiten Weltkrieg kritisch betrachtet werden. Diese biographische Skizze stützt sich in erster Linie auf zeitgenössische Veröffentlichungen und will den Weg zu einer intensiveren Auseinandersetzung mit Leben und Werk Dorpmüllers anhand der Archivbestände weisen. Das ist um so notwendiger, als bisher noch kaum ernsthafte Untersuchungen über die sogenannten Fachminister des »Dritten Reiches« vorgelegt worden sind. Allein die Rüstungsminister Fritz Todt und Albert Speer wurden als Techniker im Umfeld Adolf Hitlers näherer Erforschung[1] für würdig befunden. Das überrascht ein wenig, wenn man an die Debatte um Modernität und Atavismus in dieser Periode deutscher Geschichte denkt.

Tradition und Familie haben für Julius Dorpmüllers Leben[2] keine geringe Rolle gespielt. Am 24. Juli 1869 wurde er in Elberfeld geboren. Der Großvater war Schleifer und Nadler in Unna gewesen, der Vater Heinrich Dorpmüller (1841–1918) stand im Dienst der Königlich Preußischen Eisenbahndirektion Elberfeld und wurde bald nach dem heutigen Mönchengladbach, später nach Aachen, versetzt. Seine Frau, Jenny Raulff (1839–1890), schenkte ihm noch drei weitere Kinder: Die Geschwister Maria (1871–1966), Heinrich (1874–1934) und Ernst (1877–1958) sind zeitlebens in Julius Dorpmüllers Nähe geblieben. Die Schwester stand bis 1945 seinem Haushalt vor, die Brüder gingen ebenfalls zur Eisenbahn und wurden schließlich leitende Beamte bei der Reichsbahn.

Dorpmüllers Vater wirkte vom August 1868 bis zum März 1907 im Eisenbahndienst, zuletzt als Betriebsingenieur. Sein Fach waren der Bau und die Unterhaltung von Strecken. Aus der Praxis heraus entwickelte er einen fahrbaren »Gleismesser zum Revidieren der Spurweite und der Überhöhung von Eisenbahngleisen«, der 1882 von dem Verein Deutscher Eisenbahn-Verwaltungen preisgekrönt worden ist[3]. Jahrzehntelang war diese schreibende Apparatur allgemein in Gebrauch, wogegen sich seine um 1904 noch ersonnene Schienenklemme bei den Bahnen weniger durchsetzen konnte.

Während dieser Jahre besuchte Julius Dorpmüller die Schule in Gladbach und das Kaiser-Karl-Gymnasium in Aachen, zwischen 1889 und 1893 studierte er an der Technischen Hochschule in Aachen das Fach Eisenbahn- und Straßenbau. Bereits während der Hochschulzeit traten sein ausgeprägter Sinn für Geselligkeit und der Wunsch nach gesellschaftlicher Integration hervor. Er war Mitglied der akademischen Verbindung »Corps Delta« und reiste als ein Vertreter der Hochschule 1892 nach Padua, wo des 250. Todestages von Galilei feierlich gedacht wurde. Von Ende 1893 bis Mitte 1898 schlossen sich für Dorpmüller die einjährige Militärzeit bei dem westfälischen Infanterie-Regiment Nr. 53 und dem Hohenzollernschen Füsilier-Regiment Nr. 40 sowie die Ausbildung als Regierungsbauführer auf zahlreichen Inspektionen und Ämtern der Eisenbahndirektion Cöln an.

Diesen Abschnitt seiner Ausbildung beendete Dorpmüller 1898 mit einem selbständigen Entwurf »Handel und Technik« zu einem Seehafen, der ihm eine der begehrten Schinkel-Medaillen einbrachte[4]. Als Regierungsbaumeister wurde er für 225 Mark im Monat von der Eisenbahndirektion Saarbrücken übernommen und 1902 »planmäßig angestellt«.[5] Bei den umfangreichen Bahnhofsumbauten in Saarbrücken und Neunkirchen wirkte er in dieser Zeit intensiv mit.

Die preußische Eisenbahnverwaltung war zur Jahrhundertwende von juristisch vorgebildeten Fachleuten beherrscht, während die Maschinen- und Bauingenieure nur schwer in leitende Positionen des Betriebsdienstes aufrücken konnten. Diese Schwierigkeiten mögen ein Anlaß für Julius Dorpmüller gewesen sein, sich 1907 aus dem Staatsdienst beurlauben zu lassen. Er ging in die Fremde und übernahm die Leitung des Technischen Büros der Schantungbahn in der Kolonie Tsingtau. Bereits im April 1908 wurde er dort aber zum Chefingenieur für den deutschen Teil am Neubau der Kaiserlich Chinesischen Staatseisenbahn Tientsin-Pukow (bei Nanking am Jangtsekiang) ernannt.[6] Diese fast 1085 Kilometer lange Strecke wurde durch deutsche und englische Anleihen finanziert. Viel Material wurde für dieses Unternehmen im Deutschen Reich eingekauft, viele Experten – darunter Dorpmüllers Brüder – kamen ebenfalls aus Europa. Die Trassierung und der Grunderwerb, die Organisation der Arbeitermassen und die Gewinnung von Baumaterial waren dort ihre wichtigsten Aufgaben. Seit 1912 leitete Julius Dorpmüller auch den Betrieb dieser für China sehr bedeutenden Bahnlinie. Bei den Verhandlungen mit Angehörigen vieler Völker besaß er eine glückliche Hand; sein Haus in Tientsin war ein fester Bestandteil der dortigen europäischen Kolonie.

Die Jahre in Ostasien waren prägend für Julius Dorpmüller. Trotz der widrigen Verhältnisse im Staatsapparat, trotz der schwer begreiflichen Mentalität der Kulis und trotz der Unberechenbarkeit der gelben Flüsse hatte er Erfolg: Die Eisenbahn fuhr! Unlösbare Aufgaben gab es seit dieser Zeit für ihn nicht mehr.[7] Viele Regierungskrisen und Umstürze erlebte Dorpmüller während der zehn Jahre seiner Tätigkeit in China. Als das Land im August 1917 den Mittelmächten den Krieg erklärte und die Kolonien zurückforderte, floh er, als Missionar verkleidet, über die Mandschurei und das revolutionäre Rußland auf abenteuerlichen Wegen zurück nach Deutschland. Daraufhin wurde er im Feldeisenbahnwesen auf der Transkaukasischen Bahn bei Tiflis als Militärbeamter eingesetzt.

Der Erste Weltkrieg gilt auch als der erste große Eisenbahnkrieg der Geschichte. Die Truppentransporte vor dem Angriff selbst, aber ebenso die Versorgung der Soldaten mit Munition und Brot waren ohne den Schienenweg nicht mehr denkbar. Gefangene und Verwundete mußten ebenso mit der Eisenbahn befördert werden wie Beutegut und Rüstungsmaterial. Schließlich wurden die Heere mit der Bahn zurückgeführt und die entlassenen deutschen Kriegsgefangenen wieder nach Hause gebracht.[8]

Im Juli 1918 war Julius Dorpmüller noch Königlicher Regierungs- und Baurat geworden. Er hatte eine

Dorpmüller (mit Stock) als junger Eisenbahner in Saarbrücken 1898, links hinter ihm der Maschinenbauer Erich Metzeltin. (Sammlung Metzeltin)

lange Zeit außerhalb der preußischen Staatsbahnverwaltung verbracht und war zur unverwechselbaren Persönlichkeit gewachsen. Dennoch – oder deshalb – kam er in den folgenden Jahren sehr rasch voran. Die nächsten Positionen als Streckendezernent bei der Eisenbahndirektion in Stettin (seit April 1919) und als Oberbaurat in Essen (seit Dezember 1919) waren nur Sprungbretter zu seiner weiteren Karriere. Damals wurden nach den Bestimmungen der Weimarer Verfassung alle deutschen Ländereisenbahnen zu einer Reichsverwaltung zusammengefaßt. Diese »Deutsche Reichsbahn« entstand mit Wirkung vom 1. April 1920 und litt vom ersten Tag an unter großen finanziellen Schwierigkeiten. Jeder aus dem Weltkrieg zurückgekehrte Eisenbahner mußte wieder eingestellt werden, während die Tarife kaum verändert werden durften.

In diesen bewegten Zeiten ernannte der damalige Reichsverkehrsminister Wilhelm Groener (1867–1939) im Mai 1922 Julius Dorpmüller zum ersten Präsidenten der neu gebildeten Reichsbahndirektion Oppeln, die einen Teil der alten preußischen Direktion Kattowitz in Oberschlesien verwaltete und sich nun mit der eben gegründeten Polnischen Staatsbahn zu einer erträglichen Zusammenarbeit finden mußte. Das Verhältnis zwischen den Ländern war nach der Abtretung Ostoberschlesiens sehr gespannt. Viele Strecken waren durch die neuen Grenzen durchtrennt und mußten in gemeinsamer Arbeit wieder funktionsfähig gemacht werden. Aber auch die seit 1918 errungene »Mitbestimmung« des Personals galt es dort nach Ansicht der Bahnverwaltung einzudämmen. Dorpmüller bewährte sich als Pragmatiker von nationaler Einstellung.

Vor große Schwierigkeiten wurde die Reichsbahn seit Januar 1923 gestellt, als Belgien und Frankreich mit ihren Truppen das Ruhrgebiet besetzten, um die Reparationslieferungen sicherzustellen. Die deutsche Währung brach in der Inflation zusammen. Am 15. November 1923 wurde die »Rentenmark« eingeführt, am gleichen Tag die Reichsbahn aus dem Reichshaushalt herausgelöst. Internationale Verhandlungen über die deutschen Schulden führten schließlich zur Annahme des Dawes-Planes durch den Reichstag am 29. August 1924. Darin wurde die lebendige Eisenbahn als Pfand für die Erfüllung der Reparationsforderungen festgelegt. Die Frage, warum sich die ausländischen Experten Acworth und Leverve gerade auf die Eisenbahn konzentrierten, ist schnell beantwortet: Vor dem Ersten Weltkrieg hatten die Bahnverwaltungen mit ihrer Monopolstellung im Verkehr immer gute Gewinne erzielt, und auf diese Erträge setzte man nun.[9] Sie war das größte Reichsvermögen.

Die neugegründete »Deutsche Reichsbahn-Gesellschaft« erhielt dieses Vermögen unentgeltlich für ihren Betrieb und sollte aus den Gewinnen sodann die Reparationen bezahlen. Mit seinen in Oberschlesien gesammelten Erfahrungen und dem in Asien gewonnenen Ansehen wurde Dorpmüller damals an den Beratungen über das Reichsbahngesetz von 1924 beteiligt und im Mai 1924 als Sachverständiger der Reichsbahn zu den Verhandlungen nach London gesandt. Für seine Haltung, diese Folge des Ersten Weltkrieges aktiv anzugehen, wurde er von konservativen Politikern häufig angegriffen. Dorpmüller sah seine Aufgabe in der »Wahrung der deutschen Interessen«.

Während der Ruhrbesetzung hatten die deutschen Arbeiter und Eisenbahner mit ihrem passiven Widerstand nicht nur gegen die Siegermächte demonstriert, sondern die gesamte Wirtschaft des Bezirks gelähmt. Im August 1924 wurde Julius Dorpmüller zum Präsidenten der Reichsbahndirektion Essen ernannt, denn mit seiner Tatkraft sollte er den darniederliegenden Bahnbetrieb in der Region von Kohle und Stahl wieder in Schwung bringen.

Generaldirektor der Reichsbahn

An der Spitze der Deutschen Reichsbahn-Gesellschaft stand seit dem 27. September 1924 als ihr erster Generaldirektor der Politiker Rudolf Oeser (1858-1926) von der Deutschen Demokratischen Partei; damals bereits ein schwerkranker Mann. Oeser war schon von 1919 bis 1921 der letzte preußische Minister der öffentlichen Arbeiten (Verkehrsminister) und seit dem 13. August 1923 als Reichsverkehrsminister auch Leiter der deutschen Eisenbahnen gewesen.[10]

Um ihn, der die Reichsbahn nach außen aktiv zu vertreten hatte, von den Problemen der innerbetrieblichen Leitung zu entlasten, wurde Julius Dorpmüller Ende Juni 1925 vom Verwaltungsrat der Gesellschaft zum »Direktor der Reichsbahn-Gesellschaft« und zum »ständigen Stellvertreter des Generaldirektors« berufen; diese Ernennung wurde nach ihrer Bestätigung durch den Reichspräsidenten Hindenburg am 3. Juli 1925 rechtswirksam.[11]

Obwohl viele Abgeordnete des Reichstags darin keine Vorentscheidung über Oesers Nachfolge sehen wollten, wurde am Tag nach dessen Ableben am 3. Juni 1926 schon Julius Dorpmüller vom Verwaltungsrat zum zweiten Reichsbahn-Generaldirektor gewählt.[12] Der Widerspruch zwischen »politischer« und »neutraler« Verwaltung kam darin zum Ausdruck. Die erste »Dorpmüller-Kontroverse« war da, denn nun stand erstmals statt eines Politikers ein fachlich unanfechtbarer Ingenieur an der Spitze des größten Reichsvermögens. Die demokratische Presse beklagte, daß er sich damals keiner Partei verbunden hatte. Erst am 19. Oktober 1926 hat Hindenburg seine Wahl bestätigt: Für fast zwanzig Jahre wurden nun Reichsbahn und Dorpmüller zu einem Wort.[13]

Bereits mit der Berufung zum Stellvertreter des Generaldirektors war Julius Dorpmüller nach Berlin umgezogen. Er fand – mit seiner Schwester – Wohnung in einer reichsbahneigenen Zehlendorfer Villa, Prinz-Handjery-Straße 70. Von dort war es nicht weit zum Bahnhof Zehlendorf. Regelmäßig fuhr Dorpmüller mit der Bahn zum »Potsdamer Bahnhof« in Berlin, um von dort die wenigen Schritte zu seinem Amtsgebäude im Regierungsviertel, in der Voßstraße 33/35 an der Ecke zur Wilhelmstraße 79/80, zu gehen. Bis in den Zweiten Weltkrieg hinein konnten ihn Zeitgenossen im Dienstabteil eines solchen »Bankierzuges« beobachten.[14] Die Eisenbahner waren für diese Geste empfänglich und sehr dankbar.

Am 10. Dezember 1925 war durch die Technische Hochschule Aachen ihrem ehemaligen Studierenden Julius Dorpmüller die Würde eines Doktors des Ingenieurwissenschaften ehrenhalber verliehen wor-

Werbekarte der Deutschen Reichsbahn von 1927 mit handschriftlichem Sinnspruch von Julius Dorpmüller. (DR-Bildarchiv)

den.[15] Die Ehrung wurde dem 56jährigen zuteil »in Würdigung seiner hervorragenden technischen, wirtschaftlichen und organisatorischen Leistungen auf dem Gebiete des Eisenbahnwesens und in Anerkennung seiner großen Verdienste um das Ansehen deutscher Technik und die Erweiterung ihres Arbeitsfeldes im Auslande«.

Unter Ausnutzung der Rechtsform einer Gesellschaft bemühte sich Dorpmüller mit Hilfe ausgezeichneter Fachleute in den folgenden Jahren um Modernisierung und um Rationalisierung der deutschen Staatseisenbahn. Der Personalstand wurde abgebaut, das Rechnungswesen umgekrempelt. Ein Weggenosse Dorpmüllers, der Königsberger Reichsbahn-Direktionspräsident Adalbert Baumann (1889–1972), beschrieb später das Geheimnis von Dorpmüllers Erfolg[16]: Sein »besonderes Verdienst ist es dabei, daß er die großen Ziele klar sah und vorzu-

zeichnen vermochte, für die geeigneten Wege zu ihrer Gewinnung aber seinen Mitarbeitern weitgehend die Entschlußkraft, viel Freiheit und volle Verantwortungsfreude überließ und damit bis in die untersten Stellen das Gefühl des Wertes des eigenen Einsatzes für das Gelingen des Ganzen weckte und stärkte.«[16]

Schon damals stand das deutsche Eisenbahnwesen einmal vor dem grundlegenden Wandel von einer Verwaltung zum kaufmännisch geführten Unternehmen. 1926 schrieb der Generaldirektor in seiner prägnanten Handschrift den Eisenbahnern plakativ: auf: »Die deutsche Reichsbahn ist auf Gedeih und Verderb mit der Deutschen Wirtschaft verbunden, Dorpmüller«. Seine Art, bestimmte Wörter groß zu schreiben, verdient Beachtung. Der Ausgleich zwischen den Aufgaben der Reichsbahn als größtem Arbeitgeber und ihrer Rolle bei den Reparationen war ein schwieriger Balanceakt, den Dorpmüller beherrschte. Geschickt nahm er den Reichspräsidenten für seine Ziele ein, indem er die am 1. Juni 1927 eröffnete Bahnverbindung zwischen der Insel Sylt und dem Festland als »Hindenburgdamm« bezeichnete. In einer Ansprache feierte Dorpmüller den Präsidenten ebenfalls als einen »schützenden Damm in Zeiten des Aufruhrs und der Wirrsal«, wie die Sylter Zeitung berichtete.[17]

In der Weltwirtschaftskrise erlahmte bald das Tempo der Modernisierung. Den Zustand der Deutschen Reichsbahn in den Jahren 1930/31 erhellt die folgende Notiz: 650 000 Eisenbahner standen in ihren Diensten. Obwohl tausend Lokomotiven ohne Beschäftigung kalt abgestellt waren, mußten zur Arbeitsbeschaffung neue Schnellzugmaschinen in Auftrag gegeben werden. Man wählte eine leichte Bauart, weil die Verstärkung der Strecken ebenfalls deutlich im Rückstand lag. Konservative Kreise griffen Dorpmüller als »Verräter« an, der mit dem Ausland zusammenarbeitete.

Für Kommunisten und Sozialdemokraten war Dorpmüller vor 1933 ein »Vasall des Dawes-Planes«, der Sicherheit und Erneuerung der Eisenbahn zugunsten der Reparationszahlungen vernachlässigte. Eine Serie von Unfällen brachte das Unternehmen 1928 in Mißkredit, denn mangelhafte Unterhaltung bildete dafür eine Ursache. Die Gewerkschaftszeitung »Der Deutsche Eisenbahner« hatte im Juni 1926 geschrieben: »Wir begrüßen den neuen Generaldirektor als Gegner des Personals. Wir werden seinen Plänen zu begegnen versuchen!«[18]

Sein Jahresgehalt von 122 000 Reichsmark[19] wurde öffentlich erörtert, so daß er im Krisenjahr 1931 bei der Herabsetzung aller Beamtengehälter einer Kürzung seiner Bezüge um 20 Prozent die Zustimmung gab. Ein Reichsminister bezog 35 000

Mark im Jahr, ein Lokführer 4300 Mark. Sogar Kurt Tucholsky hat sich (unter dem Pseudonym Theobald Tiger) in der »Arbeiter-Illustrierten Zeitung« einmal mit der Reichsbahn und ihrem Chef befaßt: »Wie ein Mond leuchtet Dorpmüller aus den Wolken«, heißt es da in einem mitreißenden Angriff auf den harten Dienst des »Unterpersonals« und die dienstliche Härte des »Oberpersonals«.[20]

Gleichwohl wurde Julius Dorpmüller vom Verwaltungsrat der Gesellschaft turnusgemäß in den Jahren 1929, 1932 und 1935 einstimmig wieder zum Generaldirektor gewählt. Vorsitzender dieses Gremiums, das zum Teil aus Vertretern der Siegernationen des Ersten Weltkriegs bestand, war von 1924 bis 1934 der deutsche Großindustrielle Carl Friedrich von Siemens 1872–1941).[21] Durch den Young-Plan von 1930 nahm der ausländische Einfluß ab, aber die finanziellen Belastungen dauerten an. Mit dem Abkommen von Lausanne endeten im Juni 1932 die Reparationszahlungen, doch blieb es vorläufig bei der Rechtsform der Reichsbahn-Gesellschaft. Kein Reichskanzler oder Verkehrsminister wollte in jenen Krisenjahren die Eisenbahn wieder unmittelbar in den öffentlichen Haushalt eingliedern.

Da die Reichsverkehrsminister (Krohne, Koch, von Guérard, Stegerwald, Treviranus, Schätzel) in der Weimarer Zeit häufiger wechselten, ist die Fortdauer seiner Amtszeit um so beeindruckender. Als Julius Dorpmüller am 24. Juli 1929 seinen 60. Geburtstag feierte, war er international angesehen und scheinbar auf dem Höhepunkt seiner Karriere angelangt. Eine Reise nach England[22] im Juni 1929 und die deutsche Rolle als Gastgeber der Zweiten Weltkraftkonferenz im Juni 1930 in Berlin unterstrichen auch die Rückkehr der im Krieg unterlegenen Nation auf das internationale Parkett. Seine englisch und französisch gehaltenen Ansprachen schufen ihm neue Freunde. Dorpmüller war ein außerordentlich fröhlicher Mann, der gern scherzte und sich leutselig gab. Er trank viel und war dennoch immer im Dienst. Mit seiner Rolle war er verwachsen wie kein zweiter, er brauchte keinen Feierabend und nahm nur wenig Urlaub.[23]

Die Praxis beherrschte sein Leben, die Reisen zu den Brennpunkten des Geschehens waren sein Elixier. Selbst das Gewerkschaftsblatt »Der Deutsche Eisenbahner« zollte ihm nun Respekt: »Der Geburtstag des Generaldirektors übt auf das Personal der Reichsbahn keinen besonders erhebenden Eindruck aus, weil die Lebensgewohnheiten und Lebensbedingungen so ganz andere sind. Aber immerhin: Dorpmüller ist ein Mann in unserer an Männern so schlecht bestellten Zeit. Und für die Eisenbahner ist Dorpmüller ein Mann vom Fach, der die Welt gesehen hat und

Reichsbahn-Generaldirektor Dorpmüller im Gespräch mit dem Zentrums-Politiker Josef Wirth, um 1928. (E. Salomon)

der auch weiß, wie eine Eisenbahn gebaut werden muß.«[24]

Der Völkerbund machte Dorpmüller 1931 zum Vorsitzenden einer Kommission zur Schaffung öffentlicher Arbeiten von internationaler Bedeutung.[25] Als Reichskanzler Heinrich Brüning im Oktober 1931 sein zweites Kabinett bildete, bot er Dorpmüller das Amt des Verkehrsministers an, doch der lehnte ab und blieb Generaldirektor. Die Reichsbahn-Gesellschaft galt immer als größte deutsche Firma und als größtes Verkehrsunternehmen der Welt. An ihrer Spitze zu stehen, bedeutete nicht eben wenig.

Was dabei in ihm vorging, wissen wir nicht, denn private Briefe oder Tagebücher hat er kaum hinterlassen. Julius Dorpmüller ist an den Zeugnissen zu messen, die er selbst durch Wort und Tat gegeben hat. Regelrechte Veröffentlichungen von ihm sind nicht bekannt.

Bei den Aufsätzen unter seinem Namen[26] handelt es sich zumeist um den Abdruck von Vorträgen vor Vertretern von Politik und Wirtschaft, denen er seine Pläne mit der Reichsbahn vorstellen wollte. Zahlreich sind auch seine Gruß- und Geleitworte zu Jubiläen und Veranstaltungen, aus denen recht gut seine politische Entwicklung und der Wechsel seiner Pressechefs zu erkennen sind. Kaum übersehbar sind die Mengen der Briefe, Verfügungen, Erlasse und Gesetze aus der Zeit zwischen 1925 und 1945, unter denen der Name Dorpmüller steht.

Vorstand der Reichsbahn-Gesellschaft im Mai 1934: Leibbrand (Betrieb), Anger (Maschinenbau), Hammer (Einkauf), Dorpmüller (Generaldirektor), Gollwitzer (Bayern), Kleinmann (Stellvertreter) und Homberger (Finanzen). (H. Hoffmann)

Reichsbahn und »Drittes Reich«

Als am 30. Januar 1933 die Macht in Deutschland auf die nationalsozialistische Regierung von Adolf Hitler überging, blieb der seit Mai 1932 tätige Reichspost- und Verkehrsminister aus der Regierung Papen, der konservative Freiherr Paul von Eltz-Rübenach (1875-1943), weiterhin in seinem Amt.[27] Auch eine Ablösung des Reichsbahn-Generaldirektors stand damals nicht zur Debatte. Beide Tatsachen sind festzuhalten.

Nach dem Reichstagsbrand vom 27. Februar 1933 wurden Kommunisten und Sozialdemokraten überall im Deutschen Reich verhaftet. Zudem gingen wenige Wochen nach der »Machtergreifung« bei den Reichsbahnstellen zahlreiche Anfragen ein, warum jüdische Unternehmer noch Gaststätten und Kioske auf Reichsbahngelände betreiben durften. Nur mit Mühe gelang es den Beamten, die Briefschreiber auf allgemeine Regelungen dieser Frage in der Zukunft zu vertrösten. Am 24. März 1933 nahm der Reichstag

das »Ermächtigungsgesetz« an, nach dem die Regierung ihre Gesetze ohne das Parlament erlassen konnte. Ebenfalls mit Datum vom 24. März 1933 lasen die Eisenbahner einen Aufruf des Generaldirektors, der sich von seiner internationalen Vergangenheit absetzte: »Die nationale Regierung hat die Geschicke Deutschlands in die Hand genommen. Bei dem Wiederaufbau des Deutschen Reiches kann sie mit der bereitwilligen Mitarbeit der Deutschen Reichsbahn rechnen ... Durch Opferwilligkeit und eiserne Disziplin ist es der Reichsbahn aus eigener Kraft gelungen, ihre inneren Verhältnisse wieder gesund zu gestalten und zum Nutzen des Reichs und der deutschen Wirtschaft ihre Finanzen in Ordnung zu halten. Der gute Geist der deutschen Eisenbahner hat daran das Hauptverdienst. Dieser Geist der Ordnung, Disziplin und Opferfreudigkeit ist bis heute trotz allem erhalten geblieben. Setzt alle nunmehr Eure volle Kraft freudig dafür ein, daß das von der nationalen Regierung erstrebte Ziel, unser Vaterland wieder zu Ordnung, Macht und Ansehen zu führen, auch durch die tatkräftige Mitarbeit der Deutschen Reichsbahn erreicht wird.«[28]

Dienststellen der Reichsbahn-Gesellschaft waren damals keine Reichsbehörden. Dem »Gesetz zur Wiederherstellung des Berufsbeamtentums« vom 7. April 1933 schloß sich die Reichsbahn am 18. April 1933 dennoch vorbehaltlos an und entließ innerhalb der gesetzten Frist die Mehrzahl der Beamten, Angestellten und Arbeiter, die »nicht arischer Abstammung« waren oder nicht die Gewähr dafür boten, daß »sie rückhaltlos für den nationalen Staat eintreten« würden. Ausnahmen wurden bei älteren Beamten und Frontkämpfern des Ersten Weltkriegs gemacht.[29]

Im Frühsommer 1933 wurden mehrere Reichsbahn-Direktionspräsidenten abgelöst und durch linientreue Männer verdrängt.[30] Am 15. Juli 1933 führte die Reichsbahn für ihre Mitarbeiter den »Deutschen Gruß« ein. Diese von Dorpmüller gezeichnete Verfügung schloß: »Es wird von den Beamten erwartet, daß sie auch außerhalb des Dienstes in gleicher Weise grüßen.« Im innerdeutschen Schriftverkehr wurde fortan »Mit deutschem Gruß« unterschrieben.[31]

Prominentestes Opfer dieser politisch bedingten Veränderungen war Dorpmüllers seit 1926 tätiger Stellvertreter und Leiter der Personalabteilung, Wilhelm Weirauch (1876–1945). Er wurde am 25. Juli 1933 durch den strammen Parteigenossen Wilhelm Kleinmann (1876–1945) ersetzt, der sich in den nächsten Jahren um die Förderung von Nationalsozialisten bei der Deutschen Reichsbahn intensiv kümmerte. Es war allerdings nicht so, daß Weirauch bei der Eisenbahn vollständig ausscheiden mußte. Dorpmüller gelang es, ihn 1934 als Präsidenten des Hauptprüfungsamtes (des Rechnungshofes) der Reichsbahn standesgemäß unterzubringen.[32] Übrigens stellte sich Weirauch im Mai 1945 wieder an die Spitze der Berliner Eisenbahner, wurde aber in ein russisches Internierungslager bei Posen gebracht und verstarb dort am 20. Juni 1945.

Kleinmann stand seit 1904 im Eisenbahndienst.[33] Er war der NSDAP am 1. Oktober 1931 beigetreten. Als nun im Mai 1933 »zur Klärung von Reichsbahnfragen ein Führerstab der NSDAP bei der Reichsbahn gebildet wurde, wurde ihm die Leitung des Stabes übertragen«, hieß es etwas verborgen über seinen Einfluß bei der Entlassung mißliebiger Beamter.[34] Kleinmann trat neben dem weiterhin mit dunklen Anzügen und Melone bekleideten Generaldirektor stets in seiner Uniform als SA-Führer auf. Er war kein schlechter Eisenbahner. Der studierte Bauingenieur und Betriebsfachmann kam ebenfalls aus Wuppertal und war mit Dorpmüller spätestens seit den gemeinsamen Tagen in Oppeln und in Essen gut bekannt. Auch Julius Dorp-

Bild Nr. 187: Feierlicher Beginn der Bauarbeiten der ersten Reichsautoftraße Frankfurt a. M. ~ Heidelberg am 24. 9. 33. Der Generaldirektor der Reichsbahn, Dr. Dorpmüller, überreicht dem Führer den Ehrenspaten

Baubeginn der Reichsautobahnen am 24. September 1933, illustriert in einem „Zigarettenbilder-Album" von 1935. (Bilderstelle Lohse)

müllers langjähriger Pressechef Hans Baumann wurde im Juni 1933 abgelöst.[35]

Für eine augenfällige Arbeitsbeschaffungsmaßnahme des Jahres 1933 wurden die Deutsche Reichsbahn und Dorpmüller sofort herangezogen: Hitler verkündete am 1. Mai 1933 den Plan zum Bau von 6400 Kilometer Autobahnen.[36] Ein Zweigunternehmen der Reichsbahn-Gesellschaft mit dem Namen »Reichsautobahnen« wurde dazu am 27. Juni 1933 mit 50 Millionen Mark Kapital von der Eisenbahn gegründet. Die Reichsbahn stellte das Personal zur Planung ab, der Reichsbahn-Generaldirektor wurde zugleich Vorsitzender des Verwaltungsrats und des Vorstandes der »Reichsautobahnen«. Wenn auch durch diesen Schritt die Zusammenarbeit der Verkehrsmittel begünstigt werden sollte, so ist doch bekannt, daß Eltz-Rübenach und Dorpmüller der Zwang zur Förderung des bisher als Konkurrenz bekämpften Straßenverkehrs nicht sehr gefallen hat. Im September 1934 waren 2549 leitende Personen und 61 500 Arbeiter bei den »Reichsautobahnen« beschäftigt.[37] Dorpmüller besuchte allmonatlich die zahlreichen Baustellen im Deutschen Reich. Von seiner Aufgabe im Vorstand der Gesellschaft »Reichsautobahnen« hat sich Dorpmüller schrittweise entlastet, und am 1. Juli 1938 wurde der seit 1933 tätige »Generalinspektor für das deutsche Straßenwesen«, Fritz Todt (1891–1942), ihr Vorstandvorsitzender. Bis dahin waren zweitausend Kilometer Autobahn in Betrieb genommen, weitere zweitausend folgten noch bis zum Jahr 1940.[38]

Daneben legte die Reichsbahn auf Wunsch der Regierung im Juli 1933 ein weiteres Arbeitsbeschaffungsprogramm für 560 Millionen Mark auf, das mit Wechseln finanziert werden mußte. 250 000 Menschen sollten damit vorrangig »zur Pflege vorhandener Anlagen« für ein Jahr Beschäftigung finden. Angehörige von SA, SS und »Stahlhelm« wurden bevorzugt angenommen und außer der Reihe befördert. Sie räumten Stationen auf und nagelten Polster für die Holzklasse der Waggons.[39] Der Tunnelbau der Berliner Nord-Süd-S-Bahn diente ebenfalls zur Arbeitsförderung.

Am 7. Dezember 1933 feierte Reichsbahn-Generaldirektor Julius Dorpmüller unangefochten sein vierzigjähriges Dienstjubiläum.[40] Anfang 1934 wurde Dorpmüller von Reichsjustizkommissar Hans Frank zum Mitglied der »Akademie für Deutsches Recht« ernannt. Auch im gleichgeschalteten »Reichsverkehrsrat«, der am 22. März 1934 erstmalig zusammentrat, saß er als Vertreter des Verkehrsträgers Reichsbahn.[41] Die Preußische Akademie des Bauwesens[42] verlieh Julius Dorpmüller am gleichen Tag für seine Verdienste um Eisenbahn- und Autobahnbau die Goldene Medaille. Am 24. Juli 1934 beging er seinen 65. Geburtstag, ohne Amtsmüdigkeit erkennen zu lassen.[43]

Als Adolf Hitler sich nach Hindenburgs Tod zum »Führer und Reichskanzler« wählen lassen wollte, erschien am 15. August 1934 in der Zeitung »Die Reichsbahn« ein Aufruf: »Beamte, Angestellte und Arbeiter der Deutschen Reichsbahn. Beherzigt den ständigen Mahnruf des verstorbenen Reichspräsidenten zur Einigkeit. Nur so können wir erstarken und das Dritte Reich aufbauen. Einig müssen wir auch bei der Wahl sein; darum am Sonntag ein entschiedenes Ja. Keiner darf fehlen. Dorpmüller.«[44] Die Auflösung der Gewerkschaften, die Bildung der deutschen Arbeitsfront und Gründung von Vertrauensräten brachten 1933 und 1934 das Personal der Reichsbahn immer deutlicher auf den Kurs der »nationalen Regierung«. Am 25. August 1934 hat Dorpmüller die Beamten der Reichsbahn-Hauptverwaltung feierlich auf Adolf Hitler persönlich vereidigt.[45]

Am 26. März 1935 berief der Verwaltungsrat der Gesellschaft Dorpmüller für weitere drei Jahre zum obersten der deutschen Eisenbahner. Im Mai 1935 wurde Julius Dorpmüller für drei Jahre in den Vorsitz des Vorstandsrates des Deutschen Museums in München[46] gewählt, konnte aber »wegen anderweitiger Inanspruchnahme an dieser Sitzung nicht teilnehmen«. Am 27. Mai 1938 leitete er dort die Sitzung des großen »Ausschusses«.

Das Jahr 1935 war von großer Bedeutung, denn nun feierten die deutschen Eisenbahnen ihren hundertsten Geburtstag. Zur Erinnerung an die erste Bahnfahrt zwischen Nürnberg und Fürth von 1835 wurde in Nürnberg eine große Ausstellung des technischen Fortschritts abgehalten. Man kann sie fast als eine Bilanz von Dorpmüllers zehnjährigem Wirken an der Spitze der Reichsbahn betrachten, denn Stromlinien-Dampflokomotiven, Diesel-Schnelltriebwagen und Elektro-Aussichtstriebwagen standen dort ebenso für die moderne Eisenbahn wie Schwerlast-Straßenroller und Autobahn-Omnibusse oder Motor-Kleinlokomotiven.

Auch in Nürnberg im Juli 1935 hat es Dorpmüller verstanden, sich auf dem Führerstand der alten »Adler-Lokomotive« selbst, in historischem Gehrock und Zylinder, seinen Eisenbahnern als Leitfigur ansehnlich zu präsentieren.[47] Die Feierlichkeiten wurden abgeschlossen durch eine große Parade der Reichsbahn am 8. Dezember in Nürnberg, zu der Dorpmüller endlich Adolf Hitler begrüßen konnte. Aus dessen Ansprache hat die Reichsbahn in der anschließenden Zeit immer wieder zitiert: »Wir können uns sehr wohl das heutige Leben vorstellen ohne Flugzeug und auch ohne Kraftwagen. Wir können uns das heutige Leben nicht vorstellen ohne Eisenbahn! Ausgehend von dem Gesichtspunkte des Nutzens für die Gesamtheit wird es unsere Aufgabe sein, den Verkehrsmitteln im einzelnen die ihnen zukommende Betätigung zu sichern.«[48]

Dorpmüller sah seine Aufgabe in den folgenden Jahren darin, die Rolle der Eisenbahn gegen die neuen Verkehrsträger zu verteidigen. Jahr für Jahr bis 1939 wickelte die Reichsbahn zahlreiche Sonderzugprogramme für Partei und Staat ab: Saarabstimmung, Erntedankfeiern, Leipziger Messen, Sportfeste gehörten ebenso dazu wie die Reisen der NS-Organisation »Kraft durch Freude« und die Parteitagszüge. Durch umfassende Fahrpreisermäßigungen wurden die Ziele der Sonderzug-Besteller gefördert. Unter den Massentransporten des Jahres 1935 sind die 532 Sonderzüge mit 850 000 Reisenden aus allen Städten des Reiches zum »Reichsparteitag der Freiheit« in Nürnberg Anfang September besonders zu nennen. Dort hatte Hitler die »Nürnberger Rassegesetze« angekündigt. Die Reichsbahn versetzte darauf Ende 1935 ihre noch aktiven jüdischen Beamten in den dauernden Ruhestand.[49]

Hitlers Politik blieb dabei nicht stehen: Deutsche Truppen besetzten Anfang 1936 das entmilitarisierte Rheinland. Der einstmalige Präsident der Reichsbahndirektion Essen, Julius Dorpmüller, rief aus diesem Anlaß die Eisenbahner zu der Scheinwahl vom 29. März 1936 auf: »Deutsche Eisenbahner! Am 7. März hat der Führer und Reichskanzler in den deut-

Julius Dorpmüller und Reichsverkehrsminister Eltz-Rübenach auf der Nürnberger Jahrhundertfeier, 14. Juli 1935. (MVT)

schen Rheinlanden die volle Hoheit des Deutschen Reiches wiederhergestellt. Eines der wichtigsten und volkreichsten Gebiete Deutschlands vom Oberrhein bis zur holländischen Grenze steht wieder unter dem Schutz des deutschen Volksheeres und ist damit der Gefahr ständiger Bedrohung und wirtschaftlicher Verkümmerung enthoben. Mit der Wirtschaft werden auch die Eisenbahnen der Westmark neue Aufgaben erhalten und eine neue Blüte erleben. Wenn jetzt der Führer in entscheidungsschwerer Stunde die Frage der Treue an uns richtet, so wissen wir Eisenbahner, warum wir ihm die Treue halten! Wir Diener des Verkehrs haben allerorts den Erfolg seiner Arbeit am besten gespürt. Alle Betriebs- und Verkehrsleistungen stiegen von Jahr zu Jahr und gaben uns so ein Spiegelbild von der aufstrebenden Wirtschaftsentwicklung, vom Sinken der Arbeitslosenzahl, von der Steigerung der Erzeugung und des Verbrauchs. Gegenüber 191 Millionen Zugkilometer im Güterverkehr im Jahre 1932 sind es 240 Millionen im Jahre 1935 geworden. Im Personenverkehr stieg die Betriebsleistung von 417 Millionen auf 486 Millionen Zugkilometer. Der Güter-

verkehr wuchs von 242 Millionen beförderter Tonnen im Jahre 1932 auf 362 Millionen im Jahre 1935. Entsprechend stieg die Zahl der beförderten Personen in den gleichen Jahren von 1305 Millionen auf 1489 Millionen. Die Gefolgschaft der Deutschen Reichsbahn konnte von rund 600 000 auf 656 000 Volksgenossen erhöht werden. Überall ging es bei uns vorwärts! ... Deutsche Eisenbahner! Treue um Treue! Am 29. März erfüllen wir dem Führer unsere Pflicht, für uns gibt es nur eine Losung: Unsere Stimme Adolf Hitler!«[50]

Im Mai 1936 verlieh der Verein Deutscher Ingenieure an Julius Dorpmüller »in dankbarer Anerkennung seiner Verdienste um das Ansehen deutscher Ingenieurarbeit im In- und Auslande« die begehrte Grashof-Denkmünze.[51] Ebenfalls 1936 wurde Dorpmüller von dem Leiter der Deutschen Arbeitsfront, Robert Ley (1890–1945), zum ständigen Mitglied der »Reichsarbeitskammer« berufen. Es war ein Zeichen besonderer internationaler Anerkennung für Dorpmüller, als er 1936 zum deutschen Präsidenten der in Washington tagenden Dritten Weltkraftkonferenz gewählt wurde. Auf dieser Reise traf er am 11. September 1936 auch mit Franklin D. Roosevelt zusammen.

In Berlin zeigte die Reichsbahn während der Olympischen Spiele im Sommer 1936, zu welchen Leistungen das Land fähig war. Dorpmüllers Bruder Heinrich war für die zahllosen Sonderzüge und zusätzlichen S-Bahnen im Berliner Bezirk[52] zuständig; doch er verstarb erschöpft am 1. September 1936.

Zu den Demonstrationen deutschen Könnens zählte auch eine Weltrekordfahrt mit über 200,3 Stundenkilometern mit der Dampflokomotive 05 002 am 11. Mai 1936. An ihr hatten neben Reichsverkehrsminister Eltz-Rübenach und Reichsbahn-Generaldirektor Julius Dorpmüller viele weitere Ehrengäste, darunter Himmler und Heydrich, teilgenommen.[53] Auf dem Reichsparteitag vom September 1936 wurde im Zusammenhang mit der Aufrüstung der deutsche »Vierjahresplan« verkündet, aus dem sich auch für die Eisenbahn viele neue Aufgaben stellten. Insgeheim bereitete sie sich auf den Krieg vor.

Reichsverkehrsminister Dorpmüller

Vier Jahre nach der Machtübernahme der Nationalsozialisten, am 30. Januar 1937, sprach Adolf Hitler vor dem Reichstag. Die Geltung des »Ermächtigungsgesetzes« wurde nochmals um vier Jahre verlängert. Daran schloß sich seine Abkehr von weiteren Bestimmungen des Versailler Vertrages an: »Ich verkünde Ihnen, daß ich im Sinne der Wiederherstellung der deutschen Gleichberechtigung die Deutsche Reichsbahn und die Deutsche Reichsbank ihres bisherigen Charakters entkleiden und restlos unter die Hoheit der Regierung des Reichs stellen werde.«[54]

In einem Festakt am Nachmittag dieses Tages verlieh Hitler das »Goldene Parteiabzeichen« der NSDAP an Minister, hohe Offiziere und Beamte. Es wurde erwartet, daß die so Ausgezeichneten zugleich der Partei beitraten. Der Sachverhalt verdient besondere Aufmerksamkeit, denn weitere vier Jahre später sollte sich Julius Dorpmüller ebenfalls in dieser Lage befinden. Der Reichspost- und Verkehrsminister, Paul von Eltz-Rübenach, fühlte sich als gläubiger Christ aber seit einiger Zeit im Gegensatz zur nationalsozialistischen Kirchenpolitik und gab seiner Sorge bei dieser Gelegenheit auch Ausdruck. Hitler war verstimmt, Eltz trat zurück. Sein honoriger Schritt ist heute vielleicht zu Unrecht vergessen.[55]

Bereits am 2. Februar 1937 standen seine Nachfolger fest[56]: Das Reichspostministerium leitete fortan der bisherige Staatssekretär Wilhelm Ohnesorge (1872–1962)[57], während Julius Dorpmüller das Reichsverkehrsministerium übernahm. Beide sind bis

Mai 1945 geblieben. Die Lösung mit Dorpmüller bot sich auch deshalb an, weil durch das neue Reichsbahngesetz vom 7. Februar 1937 die bisherige Reichsbahn-Gesellschaft aufgelöst werden sollte.

In der Zeitschrift »Die Reichsbahn« vom 3. Februar 1937 bekannte sich Dorpmüller zu seiner neuen Aufgabe: »Die Worte des Führers und Reichskanzlers in der denkwürdigen Reichstagssitzung vom 30. Januar 1937 sind von jedem Deutschen mit Stolz und mit dem Gefühl tiefer Dankbarkeit aufgenommen worden. Haben sie doch den Druck politischer Unfreiheit, der so lange Jahre gerade auf uns Eisenbahnern ganz besonders lastete, endgültig von uns genommen und die Deutsche Reichsbahn nunmehr wieder voll und ganz dem deutschen Volke zurückgegeben. An diesem Wendepunkt in der Geschichte der deutschen Eisenbahnen beruft mich unser Führer und Reichskanzler zum Reichs- und Preußischen Verkehrsminister. Ich bin mir bewußt, welch große Aufgabe mir daraus erwächst, die Geschicke der Deutschen Reichsbahn zusammen mit denen der anderen im Reichsverkehrsministerium vereinten Zweige des Verkehrs zu leiten. Es wird mein vornehmstes Ziel sein, durch beste Ausgestaltung und gemeinwirtschaftlichen Einsatz aller Verkehrsmittel den weiteren Aufbau Deutschlands und der deutschen Wirtschaft im Dritten Reich nach besten Kräften zu fördern. Im Streben nach diesem Ziel wird die gesamte Gefolgschaft der Deutschen Reichsbahn und des Reichsverkehrsministeriums – des bin ich gewiß – mir in Treue helfend zur Seite stehen.«[58]

In späteren Jahren berichtete Dorpmüller, es habe unter den Mitgliedern der NSDAP einiges Mißfallen darüber gegeben, daß nach der Affäre um Eltz-Rübenach immer noch kein Parteigenosse zum Verkehrsminister bestellt worden war. In einer Ansprache für die Wochenschau nannte Dorpmüller selbst »die Reichsbahn frei von Versailles«. Ihre Hauptverwaltung wurde wieder, wie schon vor 1924, Bestandteil des Verkehrsministeriums. Die übrigen Abteilungen dieses Ministeriums (Kraftverkehr, Seeschiffahrt, Wasserstraßen) besaßen geringere Bedeutung. Im Autoverkehr hatte sich Fritz Todt den Vorrang gesichert und erfreute sich der Gunst Hitlers. Als erster Staatssekretär zur Leitung dieser Bereiche arbeitete im Ministerium bereits seit 1931 (und bis 1940) Gustav Koenigs.[59] Nicht zu Dorpmüllers Zuständigkeit gehörte neben der Post die Luftfahrt, um deren Entwicklung sich Reichsmarschall Göring seit 1933 selbst kümmerte.

Die Reichsbahn blieb aber auch in den Reichsbahngesetzen von 1937 und 1939 ein Sondervermögen des Reiches mit eigener Wirtschafts- und Rechnungsführung. Als ihr Leiter führte der Minister die

Der populäre Fachmann Dorpmüller bei seinem Besuch der Lübeck-Büchener Eisenbahn, 14. März 1937. (Sammlung Windberg)

Bezeichnung »Generaldirektor der Deutschen Reichsbahn« bis 1945 weiter. Wilhelm Kleinmann wurde am 10. Februar 1937 zum zweiten Staatssekretär und Stellvertreter des Generaldirektors ernannt. Bald darauf wurden Dorpmüller und Kleinmann durch den preußischen Ministerpräsidenten Göring zu Mitgliedern des Staatsrates berufen.[60]

Nach dem neuen Recht waren die Reichsbahnbeamten wieder Reichsbeamte. Das Deutsche Beamtengesetz vom 26. Januar 1937 galt auch für sie. Im Sommer 1937 wurden alle Eisenbahner entlassen, welche »Ehegatten nicht deutschen oder artverwandten Blutes« hatten.[61] Zum Personal der Reichsbahn gehörten 1937 im Jahresdurchschnitt 283 500 Beamte, unter ihnen eine Elite von etwa 4100 höheren Beamten. Neben ihnen waren 420 000 Arbeiter und Angestellte bei der Eisenbahn aktiv, zusammen also über 703 500 Personen.[62]

Man hat nicht den Eindruck, als habe Dorpmüller Ende Januar 1937 lange gezögert, diesen letzten Schritt in seiner Karriere zu tun. Obwohl er über fünf Jahre älter war als sein Vorgänger Eltz, trat er in Hitlers Kabinett ein. Tatsächlich waren echte Regierungssitzungen selten; 1937 traf man sich nur sechsmal, danach fanden keine Treffen des Kabinetts mehr statt. Die Regierungsarbeit wurde im Umlaufverfahren und im vertraulichen Gespräch bewältigt.[63]

Im Propaganda-Buch »Unsere Reichsregierung« wird Minister Dorpmüller im Stil der Zeit, nicht unzutreffend, charakterisiert: »Dorpmüller stand im 68. Lebensjahre, als er zum Reichsverkehrsminister ernannt wurde; sein Amt als Generaldirektor der Reichsbahn behielt er außerdem bei. Diese wesentlich vermehrte Arbeitslast mit ihren teilweise ganz neuartigen

Aufgaben bewältigt er mit einer geradezu jugendlichen Spannkraft. Sein rheinisches Temperament, seine gute Laune, die ihn nie verläßt, erleichtert ihm und seinen Mitarbeitern den verantwortungsvollen Dienst. Er ist kein Aktenmensch, mit sicherem Gefühl erkennt er in den komplizierten Fragen das Wesentliche und handelt danach. Seine große Offenheit ist charakteristisch für ihn. Genau ausgearbeitete Reden mit wohl abgewogenen Sätzen liegen ihm nicht. Um so mehr geht er bei seinen lebendigen, improvisierten Ansprachen aus sich heraus, die er beispielsweise gern auf der Baustelle im Kreise seiner Arbeiter hält. Eine Baubesichtigung wird auch nie etwa wegen schlechten Wetters abgesagt, und jüngere Leute haben dabei oft Mühe, mit dem Marschtempo des Ministers Schritt zu halten. Mit der Berufung Dorpmüllers zum Reichsverkehrsminister brachte der Führer nicht nur sein Vertrauen zu dessen Persönlichkeit zum Ausdruck, man darf darin zugleich die Anerkennung der überragenden Bedeutung der Eisenbahn erblicken, von der Dorpmüller ja herkommt.«[64]

Im Frühsommer 1937 beschäftigte sich in Berlin der neuernannte »Generalbauinspektor für die Reichshauptstadt«, Albert Speer (1905–1981), mit riesigen Bau- und Abrißplänen für eine prächtig überladene Nord-Süd-Achse in Hitlers zukünftiger Hauptstadt »Germania«.[65] Die Reichsbahnspitze erkannte, daß mit Hilfe dieser Pläne viele veraltete Kopfbahnhöfe ersetzt werden könnten, und nahm an dem Projekt durch Gründung einer »Reichsbahnbaudirektion Berlin« lebhaften Anteil.[66] Zum Vizepräsidenten dieser Behörde rückte bald Dorpmüllers Bruder Ernst auf, ein erfahrener Maschinenbauer. Im Zusammenhang damit sollte in Berlin auch ein neues Dienstgebäude für das Reichsverkehrsministerium entstehen, für dessen Entwurf von Speer der Architekt Wilhelm Kreis (1873–1955) vorgesehen war, während Dorpmüller 1940 lieber einen Hochbaufachmann seines Hauses damit beauftragen wollte. Immerhin war eines der ersten Vorhaben der »Neugestaltung« Berlins, das »Haus des Fremdenverkehrs« am heutigen Standort der Neuen Nationalgalerie, nach Plänen der Reichsbahn-Architekten Hugo Röttcher (1878–1942) und Theo Dierksmeier (1908–1979) zu dieser Zeit bereits im Bau. Hitler hatte am 14. Juli 1938 den Grundstein gelegt.[67]

Im Verlauf des Jahres 1938 wurden die deutschen Kriegsvorbereitungen verstärkt. Als Hitler nach dem »Anschluß Österreichs« am 16. März mit dem Flugzeug nach Berlin zurückkehrte, stand Julius Dorpmüller zur Begrüßung neben der ganzen Regierung in Tempelhof mit erhobenem Arm bereit. Zur »Volksabstimmung« am 10. April 1938 rief Dorpmüller auf:

Die Autobahnen im »Großdeutschen Reich« am 1. August 1941, populär dargestellt in »Meyers Neuem Volksatlas«, Leipzig 1941.

»Deutsche Eisenbahner! Das Ziel, um das die besten Männer aller deutschen Stämme so lange gerungen und gekämpft haben, ist jetzt durch die Kraft und den Willen unseres Führers erreicht worden: Mit der Rückkehr der alten deutschen Ostmark zum Reiche am 13. März 1938 ist das von uns allen ersehnte Großdeutschland Wirklichkeit geworden. Seit dem 18. März 1938 sind alle deutschen Männer des Flügelrades zu der großen Gemeinschaft der Eisenbahner Großdeutschlands verbunden. In dieser geschichtlichen Zeit ruft uns der Führer auf zur Wahl des ersten großdeutschen Reichstages. Wir Eisenbahner werden uns der Größe der Stunde würdig erweisen und am 10. April dem Führer mit dem Stimmzettel unseren bescheide-

nen Dank abtragen für seine nimmer ruhende Arbeit an der Erstarkung unseres Vaterlandes! Deutsche Eisenbahner in Ost und West, Nord und Süd: Am 10. April gibt es für uns nur eine Losung: Unsere Stimme gilt unserem Führer!«[68]

Die Übernahme der Österreichischen Bundesbahnen in die Reichsbahn überwachte Ludwig Röbe als Kommissar des Reichsverkehrsministers. Die alten Bundesbahndirektionen Wien, Linz, Villach und Innsbruck wurden zu Reichsbahndirektionen. Der Reichsverkehrsminister wurde oberster Vorgesetzter des gesamten Personals. Nationalsozialisten wurden auch hier kräftig gefördert.

Am 1. April 1938 wurde die Ausrichtung aller

Eisenbahner auf den nationalsozialistischen Staat weiter verfestigt. Man verteilte massenhaft die neue »Allgemeine Dienstanweisung für die Reichsbahnbeamten« mit den Regeln über das Treuegelöbnis auf Hitler, über das Tragen von Orden und Ehrenzeichen zur Dienstkleidung sowie über die »Nationalsozialistische Haltung«. Der Paragraph 3 (1), Buchstabe e, dieser Vorschrift lautete: »Der Reichsbahnbeamte darf sich nicht mit Juden in Geschäfte einlassen, besonders nicht in jüdischen Geschäften einkaufen oder zu jüdischen Ärzten, Rechtsanwälten usw. gehen und dies auch nicht von den Angehörigen seines Hausstandes dulden. Persönlicher Verkehr mit Juden ist zu vermeiden.«

Die allgemeine antisemitische Politik im nationalsozialistischen Deutschen Reich fand einen ersten Höhepunkt in der Pogromnacht vom 9. November 1938. Bereits im Oktober 1938 wurden viele polnische und staatenlose Juden mit Hilfe der Reichsbahn über die Landesgrenzen gebracht. In den Zügen von Berlin nach Osten wurden regelmäßig Abteile für die Menschen freigehalten, denen die deutsche Polizei einen Aufenthalt im Reich nicht mehr erlaubte.

Eine wenig bekannte Bemerkung von Reichspropagandaminister Joseph Goebbels in der »Besprechung über die Judenfrage« bei Reichsmarschall Göring am 12. November 1938 betraf auch die Reichsbahn: »Weiterhin halte ich es für notwendig, daß die Juden überall da aus der Öffentlichkeit herausgezogen werden, wo sie provokativ wirken. Es ist z. B. heute noch möglich, daß ein Jude mit einem Deutschen ein gemeinsames Schlafwagenabteil benutzt. Es muß also ein Erlaß des Reichsverkehrsministers herauskommen, daß für Juden besondere Abteile eingerichtet werden und daß, wenn dieses Abteil besetzt ist, die Juden keinen Anspruch auf Platz haben, daß die Juden aber nur dann, wenn alle Deutschen sitzen, ein besonderes Abteil bekommen, daß sie dagegen nicht unter die Deutschen gemischt werden und daß, wenn kein Platz ist, die Juden draußen im Flur zu stehen haben.«[69]

Am 23. Februar 1939 erging ein nicht veröffentlichter Erlaß des Reichsverkehrsministers, der einen Teil dieser Fragen zu lösen suchte: »Aus Anlaß besonderer Vorkommnisse und zahlreicher Beschwerden in der Frage der Beförderung von Juden auf der Eisenbahn sehe ich mich veranlaßt, zur Aufrechterhaltung der Ordnung in den Reisezügen ... mit sofortiger Gültigkeit anzuordnen, daß Juden deutscher Staatsangehörigkeit und staatenlosen Juden die Benutzung von Schlafwagen und Speisewagen auf sämtlichen Eisenbahnstrecken innerhalb Großdeutschlands untersagt wird.«[70] Ein weiterer Erlaß vom 26. Juli 1939 machte

Dorpmüller und Oberbürgermeister Lippert bei der Hundertjahrfeier der Berlin-Potsdamer Bahn, 22. September 1938. (W. Pragher)

die Schlafwagenbenutzung durch Juden von einer »Ausnahmebewilligung« abhängig.

Als ein sogenannter Fachminister gehörte Dorpmüller weder dem funktionslosen Geheimen Kabinettsrat Hitlers noch dem Ministerrat für die Reichsverteidigung Görings formell an. Er wurde aber an ihren Planungen beteiligt. In der Sitzung des Reichsverteidigungsrates vom 23. Juni 1939 wurden auch die Kriegsvorbereitungen der Reichsbahn behandelt. Dorpmüller und Kleinmann waren anwesend. Der Reichsverkehrsminister stimmte der Feststellung zu, daß die neuen Forderungen der Wehrmacht nach schnellem Aufmarsch großer Truppenverbände nicht erfüllt werden könnten. Zur Erklärung bemerkte Julius Dorpmüller, »der Grund für den Mangel an rollendem Material liege darin, daß das Bahnnetz erheblich vergrößert wurde. Ferner brachten die hinzugekommenen Reichsgebiete die Einrichtung eines neuen Verkehrs und neuer Eisenbahnlinien. Das dortige Material bedarf beträchtlicher Ergänzung. Die Verzögerungen rührten davon her, daß das RVM weder Stahl noch

Lebensgroße Bronzebüste des Reichsverkehrsministers Dorpmüller von Helene Leven-Intze, 1939.
(C. Kirchner / MVT)

Material noch Personal erhielt. Denn die Arbeiten der Reichsbahn und des Wasserstraßenbaues wurden nicht als staatswichtig dringend bezeichnet.«[71]

Es wird berichtet, daß Hitler in dieser Zeit erwogen haben soll, den im Autobahnbau erfolgreichen Techniker Fritz Todt zum Nachfolger Dorpmüllers zu machen, doch Todt blieb Generalinspektor für das deutsche Straßenwesen, Dorpmüller Reichsverkehrsminister.

In den folgenden Monaten wurde die Eisenbahn besser mit Kontingenten bedacht. 1939 wurden infolge der deutschen Expansionspolitik auch die Eisenbahnen des Memellandes in die Reichsbahn übernommen und die Bahnen im Protektorat Böhmen und Mähren vom Reichsverkehrsministerium überwacht. Für die »Westbefestigung« gegen Frankreich fuhr die Deutsche Reichsbahn 1938/39 zahlreiche Sonderzüge mit Arbeitern und Baustoffen.

Zu Hitlers 50. Geburtstag am 20. April 1939 gelobte Dorpmüller ihm »Treue und Opferbereitschaft« der Verkehrsverwaltungen.[72] Am 24. Juli 1939 wurde Julius Dorpmüllers 70. Geburtstag begangen. Aus diesem Anlaß wurde ihm von Reichskanzler Hitler die »höchste deutsche Auszeichnung«, der »Adlerschild des Dritten Reiches« mit dem Zusatz »Dem Erneuerer des deutschen Verkehrs«, zugedacht. Mochte er sich

in früheren Jahren mitunter durch eine Reise dem Rummel entzogen haben, so gelang ihm das bei diesem Anlaß nicht. Die Technische Hochschule Aachen ernannte ihn zum Ehrensenator. Die Anerkennung Dorpmüllers zu dieser Zeit war so groß, daß man 1939 eine Bronzebüste nach seinem Bildnis bei der Bildhauerin Helene Leven-Intze bestellen konnte. Abgüsse dieser Büste wurden gleichzeitig im Verkehrsministerium und auch bei den Reichsbahndirektionen Essen, Köln, Oppeln, Saarbrücken, Stettin und Wuppertal aufgestellt, die im Lebensweg Dorpmüllers eine Rolle gespielt hatten, sowie den Verkehrsmuseen in Berlin und Nürnberg zugeführt.

Wie schon erwähnt, wurde zu diesem Tag in Wuppertal die Straße umbenannt, an der Dorpmüllers Geburtshaus stand. Der Korpsführer Adolf Hühnlein (1881–1942) vom Nationalsozialistischen Kraftfahrkorps stiftete zum gleichen Tag einen »Julius-Dorpmüller-Preis« für sportliche Motorradfahrer. Durch den Krieg geriet der Pokal in Vergessenheit.

Eine große Geburtstagsfeier mit Blasmusik, Feierstunde und abendlicher Tafel in den Kroll-Festsälen sollte den Höhepunkt in Julius Dorpmüllers Leben markieren. Seine eigenen Worte bei dieser Veranstaltung endeten mit den Sätzen: »Wie könnten wir in der Jetztzeit, wo die Transportmenge sich auf nahezu 650 Millionen Tonnen beläuft, wie könnten wir diese großen Mengen bewältigen, wenn nicht das gegenseitige Vertrauen vorhanden wäre, wenn nicht Führer und Gefolgschaft eins wäre! Diesem Mann bin ich zu großer Dankbarkeit verpflichtet. Ich erinnere mich genau an die Besprechungen, die ich mit ihm gehabt habe, die erste Besprechung über Eisenbahnen, die Besprechung über den Bau der Reichsautobahnen. Ich denke noch gern zurück an eine ganze Reihe von Anregungen, die er mir gegeben hat, und an sein Vertrauen, dessen Beweise Sie, Kamerad Kleinmann, vorgeführt haben, die bleiben immer in guter Erinnerung. Vor allem aber der Tag, wo er mir das Reichsverkehrsministerium als Ganzes übergeben hat. Damals habe ich ihm gesagt: Das, was in mir ist, was in meinen Kräften steht, soll Ihnen zur Verfügung stehen. Aber nicht nur das, was in mir ist, sondern auch das Beste, was in allen meinen Mitarbeitern ebenfalls liegt. Dieser Mann hat ein Anrecht darauf, uns so große Aufgaben zu stellen. Ein Mann, der die Deutschen zurückgeführt hat wieder in die Hand des Vaterlandes aus Saarland, Ostmark, Sudetenland, Memelland, der hat auch das Anrecht darauf, daß wir ihm unser Bestes geben. Diesem Manne, dem deutschesten aller Deutschen, dem gilt auch am heutigen Tage mein Gruß!«[73]

Dorpmüller im Zweiten Weltkrieg

Sechs Wochen nach Dorpmüllers Ehrentag begann der Krieg.[74] Es war nicht Adolf Hitler allein, der den Krieg plante und führte, sondern es waren auch seine Partei und seine Fachleute in Verwaltung, Wehrmacht und Rüstung. Zu letzteren gehörte Reichsverkehrsminister Dorpmüller. Er wußte von den Kriegszielen. Alleinstehend, ohne Frau und Kinder, begab er sich an die damit verbundenen Aufgaben. Sein Ziel blieb es, die Bedeutung und Leistungsfähigkeit der Eisenbahn auch bei extremen Bedingungen unter Beweis zu stellen. Verweigerung, Resignation, Versagen oder Kritik gehörten so wenig zu seinem Vokabular wie Rücktritt, Ruhestand oder Pensionierung. Dem Zwang, die neuen Aufgaben auch zu schaffen, konnte er sich selbst als alter Mann nicht entziehen.

Er gab am 6. September 1939 einen unmißverständlichen Aufruf heraus: »Deutsche Eisenbahner! In schicksalsschwerer Stunde hat uns der Führer zum Einsatz für die Sicherheit und den Frieden unseres Großdeutschen Vaterlandes aufgerufen. Ich bin gewiß, daß Euer immerbereiter Opfermut und Euer stets bewährtes Pflichtbewußtsein sich auch in den kommenden Tagen bewähren werden, und daß ihr, gleich ob auf dem gewohnten Arbeitsplatz in der Heimat oder mit der Waffe in der Hand, Euch bis zum letzten hingeben werdet! Wir grüßen in dieser geschichtlichen Stunde in herzlichster Verbundenheit unsere Berufskameraden in Danzig, die nach der Rückkehr Danzigs zum Reich durch den Willen des Führers nunmehr auch nach äußerem Recht wieder geworden sind, was sie innerlich immer geblieben waren: deutsche Eisenbahner! Deutsche Männer des Flügelrades! Wir alle stehen entschlossen in unverbrüchlicher Treue hinter dem Führer im Kampf für die Zukunft unseres herrlichen Reiches!«[75] Für die Hilfe der Reichsbahn beim Aufmarsch gegen Polen bedankte sich der Oberbefehlshaber des Heeres bei dem Verkehrsminister, der seinen nächsten Aufruf vom 11. Oktober 1939 mit den Worten beendete: »Eure Leistungen in den letzten Wochen in der Heimat und im Operationsgebiet stellen sich den unvergänglichen Taten unserer Wehrmacht würdig zur Seite. Ich wußte, daß ich mich auf Euch verlassen kann, und ich bin stolz auf Euch! Es lebe der Führer und unser herrliches Großdeutschland!«[76] Mit Hilfe der Wehrmacht wurde die im Krieg zerstörte Eisenbahnbrücke über die Weichsel bei Dirschau wieder repariert. Verkehrsminister Dorpmüller eröffnete den Behelfsbau am 18. Oktober 1939 und besuchte anschließend Danzig.[77] Bald darauf reiste er nach Tschenstochau und sah, wie Polen unterworfen wurde.

Dorpmüller in Minister-Uniform auf dem Bahnhof Petrikau im besetzten Polen, 31. Oktober 1939. (Gedob Krakau)

An den Bildern aus dieser Zeit fällt auf, daß Dorpmüller bei seinen öffentlichen Auftritten nun zumeist die blaue »Beamten-Sonderuniform« mit silbernen Litzen und vier Sternen am Ärmel trug.

In den Nachrichten des neuen Krieges ging eine Erfolgsmeldung unter, die Julius Dorpmüller am 8. Dezember 1939 vorstellen konnte. Zwischen Gleiwitz und der Oder war in den sechs Jahren seit 1933 eine Wasserstraße vergrößert und neu angelegt worden, die feierlich den Namen »Adolf-Hitler-Kanal« erhielt.[78]

In den angegliederten Gebieten von Danzig-Westpreußen und Posen wurden zwei neue Reichsbahndirektionen gegründet.[79] Polen und Juden aus diesen neuen »Reichsgauen« wurden mit Hilfe der Eisenbahn in den deutsch besetzten Rest von Polen gebracht. Dieses Gebiet erhielt den Status als »Generalgouvernement« mit Regierungssitz in Krakau, seine Eisenbahnen wurden als »Ostbahn« bezeichnet und von einer deutschen Generaldirektion geleitet.[80] Beamte bis zum Bahnhofsvorsteher hinab wurden aus Deutschland herbeigeholt, während für den Bahnbetrieb das polnische Personal weiterbeschäftigt wurde. Ihr Leiter war von Februar 1940 bis zum Kriegsende Adolf Gerteis (1886–1957), der 1938 von der Lübeck-Büchener Eisenbahn gekommen war. Bereits am 26. Januar 1940 bestimmte der »Generalgouverneur«

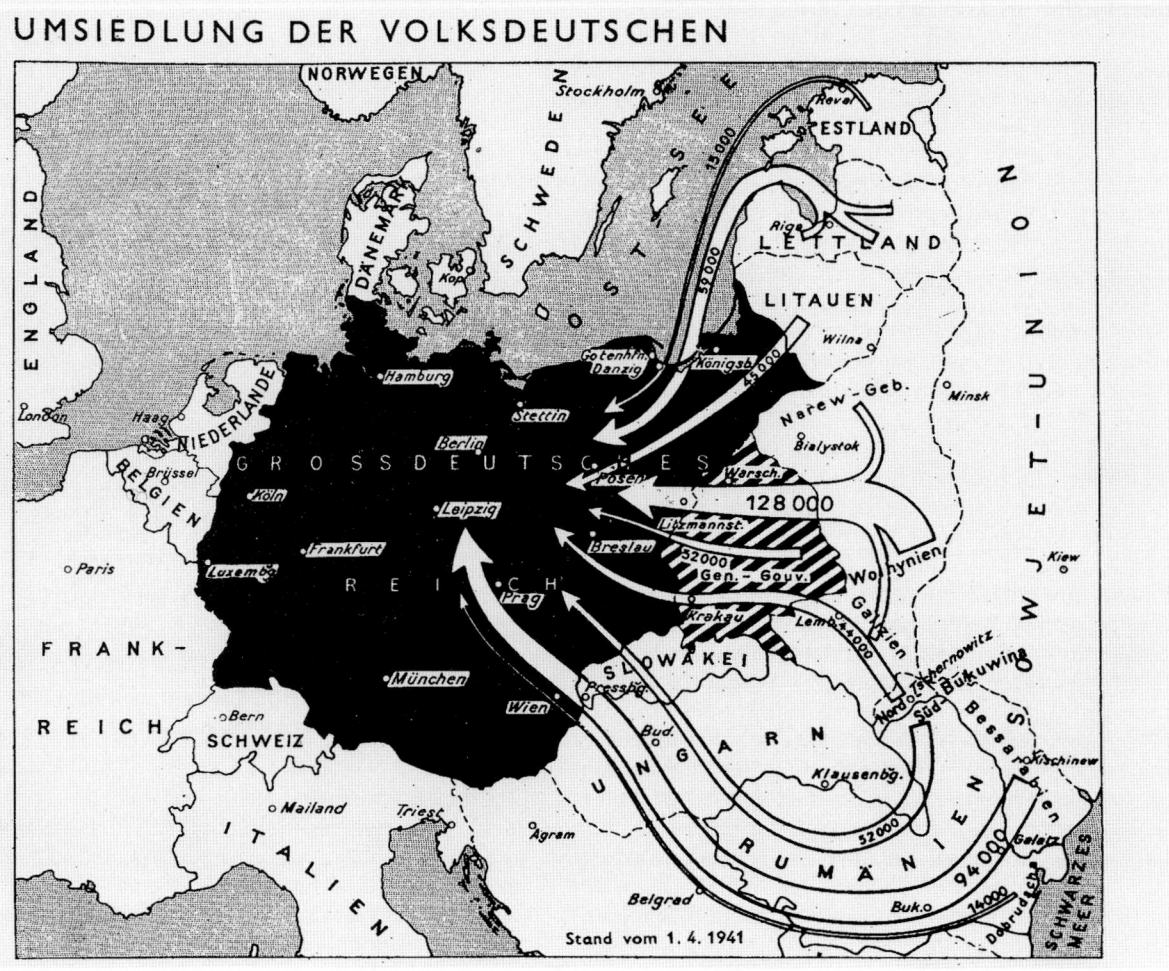

Die »Umsiedlung der Volksdeutschen« als Transportaufgabe der Reichsbahn. Schema in »Meyers Neuem Volksatlas«, Leipzig 1941.

Hans Frank (1900–1946), daß Juden in diesem Gebiet die Benutzung der Eisenbahn verboten sei. Die Verordnung wurde am 20. Februar 1941 erneuert und fand so mittelbar auch Eingang in Paragraph 9 (1) der zweisprachigen »Eisenbahn-Verkehrsordnung für das Generalgouvernement« vom 1. Januar 1942.

Eine weitere umfangreiche Transportaufgabe als Teil der deutschen Umsiedlungspolitik entstand mit Kriegsbeginn, als nach Vereinbarung mit der Sowjetunion die »volksdeutschen Übersiedler« aus dem Baltikum und Rußland an den nunmehrigen deutsch-sowjetischen Grenzbahnhöfen erschienen, weil sie fortan im Deutschen Reich wohnen sollten. In den Zügen und den Auffanglagern entstanden chaotische Verhältnisse. Bis Ende Januar 1940 waren bereits 100 000 Umsiedler befördert worden.[81]

Schon Anfang 1940 war die Reichsbahn an der Deportation von deutschen Juden beteiligt. Bald nach dem Beginn des Krieges gegen Polen griff Reinhard Heydrich vom Reichssicherheitshauptamt zum Plan »der Schaffung eines jüdischen Reservats in Ostpolen, dessen Einrichtung in seiner Macht lag. Bereits im Winter 1939/40 gingen die ersten Deportationszüge aus Österreich und dem Protektorat Böhmen und Mähren (der ehemaligen Tschechoslowakei) nach Polen. Auch aus dem Reich wurden am 12. und 13. Februar 1940 Juden aus Stettin in die Gegend um Lublin gebracht.«[82] Es ist bekannt, daß diese Versuche ein Fehlschlag waren, zugleich aber Erkenntnisse für die Deportationen vom Herbst 1941 lieferten.

Im Binnenverkehr der Deutschen Reichsbahn wurden zu Pfingsten 1940 erstmals Sperrzeiten und

Zulassungskarten eingeführt. Übersetzte Reisezüge ließen jetzt Kritik an der Eisenbahn aufkommen. Der Staatssekretär Hermann Esser, zuständig für die »Reichsgruppe Fremdenverkehr«, sprach dies offen an. Der Reichsverkehrsminister beklagte sich bei der Reichskanzlei über solche Angriffe.[83] Auch war im Güterverkehr bereits ab Juli 1940 über eine Verlagerung von Massengütern auf den Wasserweg nachzudenken. Zu den unscheinbaren organisatorischen Änderungen bei der Reichsbahn gehörte es, daß am 1. März 1940 die bisherigen Oberbetriebsleitungen zu sogenannten Generalbetriebsleitungen in Berlin, Essen und München mit erweiterten Befugnissen gegenüber den Reichsbahndirektionen umgewandelt wurden. Sie sollten den Zugverkehr flüssiger gestalten.

1940 wurden Dänemark, Norwegen und Frankreich von deutschen Truppen angegriffen und zu großen Teilen besetzt. Am 18. Juli 1940 hielt Julius Dorpmüller auf dem Ostbahnhof von Paris eine flammende Ansprache an die dort versammelten deutschen Eisenbahner. Die Eisenbahnen im Elsaß und in Lothringen wurden in die deutsche Verwaltung übernommen und fortan von den Reichsbahndirektionen Karlsruhe und Saarbrücken betrieben: »Obwohl Göring [1940] weitere Deportationen aus dem Reichsgebiet untersagte, weil das Reich damals noch auf die öffentliche Meinung in den neutralen Ländern Rücksicht nehmen mußte, kam es im Herbst desselben Jahres doch wieder zu einer Aktion, nämlich der Deportation von Juden aus Elsaß-Lothringen, dem Saarland und aus Baden nach Südfrankreich.«[84] Die Vertreibung der 7000 Menschen wurde mit neun Sonderzügen der Reichsbahn bewerkstelligt.[85]

Das Jahr 1940 erscheint im Rückblick als ein Zeitabschnitt der großen deutschen Siegesgewißheit. Der Reichsverkehrsminister bereiste befreundete Länder und besetzte Gebiete in halb Europa und wurde überall gebührend empfangen. Anfang Mai 1940 weilte er in Rom und Neapel zur Teilnahme an der Hundertjahrfeier der italienischen Eisenbahnen. Am 2. Oktober 1940 besuchte er Wien und Linz, um die dort geplanten »Großbauten« zu inspizieren, und am 28. Oktober 1940 bereiste er Straßburg und das Elsaß. Am 14. Dezember 1940 fuhr er nach Preßburg in der Slowakei und traf dort den Präsidenten Josef Tiso.

Im September 1940 erhielt Julius Dorpmüller »in Anerkennung besonderer Verdienste um die Durchführung von Kriegsaufgaben« von Hitler das Kriegsverdienstkreuz I. Klasse.[86] Dutzende von Verordnungen über die Einführung deutscher Eisenbahn-Vorschriften in den angegliederten und besetzten Gebieten hat Reichsverkehrsminister Dorpmüller in diesen Jahren unterzeichnet. Man mag darin formelle Handlungen

erblicken, doch lassen sie Billigung und Durchsetzung der Eroberungspolitik Hitlers um so deutlicher erkennen. Aber es gab auch den »anderen« Dorpmüller: Im Jahr 1940 erfuhr er davon, daß sein Vorgänger Eltz-Rübenach nebst Familie sich ohne eine Pension nur schwer behelfen konnte, und beriet ihn bei der Klärung seiner Ansprüche.

Am 7. Dezember 1940 druckte die gleichgeschaltete deutsche Presse den folgenden Brief ab: »Lieber Herr Reichsverkehrsminister! Am heutigen Tage, an dem Sie vor 50 Jahren als Bauführer in den Eisenbahndienst eintraten, gedenke ich der großen Verdienste, die Sie sich in Ihrer 50jährigen Dienstzeit um die deutschen Eisenbahnen und das deutsche Verkehrswesen erworben haben. Nur wenigen Beamten ist es vergönnt, während so vieler Jahre dem Staate zu dienen, noch wenigeren ist es beschieden, auf so große Erfolge der Arbeit zurückzublicken, wie Sie es tun können. Ich spreche Ihnen für alles, was Sie für den Ausbau und die Vervollkommnung der deutschen Bahnen geleistet haben, meinen Dank und meine Anerkennung aus und verbinde mit meinem Glückwunsch zu Ihrem heutigen Jubiläum die Erwartung, daß Ihnen noch weitere Jahre erfolgreichen Wirkens beschieden sein mögen. Als äußeres Zeichen meiner Anerkennung verleihe ich Ihnen das Goldene Ehrenzeichen der NSDAP. Mit Deutschem Gruß bin ich Ihr ergebener Adolf Hitler.«[87]

Damit war ein Ereignis eingetreten, das bei dem Rücktritt von Dorpmüllers Vorgänger im Januar 1937 eine gewisse Rolle gespielt hatte. Die Ansichten gehen auseinander, ob eine solche Verleihung zugleich die Parteimitgliedschaft bedeutete. Finanzminister Schwerin-Krosigk hat über seine Auszeichnung[88] berichtet, wie ihm 1937 das Parteibuch zugesandt wurde und er versucht hatte, durch Nichtzahlung der Beiträge vorsichtig Distanz auszudrücken. Dorpmüller beantragte am 28. Januar 1941 die Aufnahme in die Nationalsozialistische Deutsche Arbeiter-Partei und spendete 3000 Reichsmark; er erhielt am 1. Februar 1941 die Mitgliedsnummer 7 883 826 . Er gehörte zur »Sektion Reichsleitung der NSDAP« und trug sein Goldenes Parteiabzeichen am Anzug und an der Uniform. Als es 1944 verlorenging, bestellte er es nach. Es verschaffte ihm Autorität in einer Zeit wachsender Kritik an der Eisenbahn im Krieg.

Dieser Tatbestand ist seit 1967 bekannt.[89] In späteren Berichten über Dorpmüller wird seine NSDAP-Mitgliedschaft zumeist übersehen oder verschwiegen; auf Bildern wurde das Parteiabzeichen nach 1945 fast immer durch Retusche entfernt. Häufig ist die Legende[90] zu lesen, er habe der Partei ganz bewußt nicht angehört; sie ist unhaltbar.

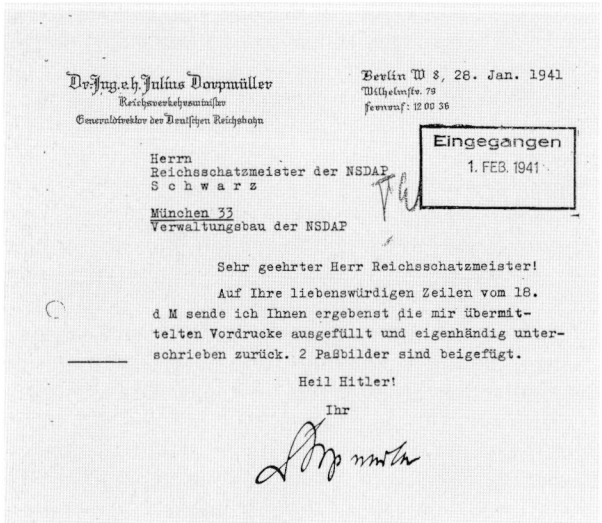

Dokument zu Julius Dorpmüllers Mitgliedschaft in der NSDAP, die 1941 begann.
(Bundesarchiv / Berlin Document Center)

Es war demnach kein Zufall, daß die renommierte Fachzeitschrift »Verkehrstechnische Woche« im gleichen Monat mitteilte, daß sie ab Januar 1941 unter dem neuen Titel »Großdeutscher Verkehr« und als Organ des Reichsverkehrsministers erscheinen würde.[91] Der Neujahrsaufruf des Ministers richtete sich erstmals an die »Männer und Frauen des deutschen Verkehrs«. Er beschwor wieder ihre Opferbereitschaft: »Ich bin stolz darauf, daß Ihr Euch für die Bewältigung der gewaltigen Transportaufgaben aufopferungsbereit eingesetzt habt, und verbinde damit die Erwartung, daß Ihr auch im neuen Jahre in treuer Pflichterfüllung zum äußersten Einsatz bereit seid, um die Verkehrsprobleme Großdeutschlands lösen zu helfen. Im Vertrauen auf unsere siegreiche Zukunft ,Mit Vollkraft Voraus' an die Aufgaben, die uns der Führer für das Jahr 1941 stellen wird! Heil Hitler!«[92]

Bei Durchsicht der technischen Presse jener Zeit finden sich Dutzende solcher Aufrufe des Ministers. Hunderte ähnlicher Ansprachen hat er vor seinen Leuten gehalten. Im Juni 1941 fielen das deutsche Militär und das deutsche Eisenbahnwesen in die Sowjetunion ein. Außer den Zügen mit Soldaten und Kriegsgerät waren bald auch Wagen mit Kriegsgefangenen und Beutegütern zu fahren. Die russischen Gleise besaßen 1524 Millimeter Spurweite statt der in Mitteleuropa festgelegten Spur von 1435 Millimetern. Das rollende Material hatten die sowjetischen Truppen mitgenommen, so daß die deutschen Feldeisenbahner fast alle Strecken umspuren mußten.[93]

In dieser Zeit des Vormarsches im Osten, als die deutschen Einsatzgruppen dort viele hunderttausend sowjetische und polnische Juden ermordeten, nahm das Reichssicherheitshauptamt auch die Verschleppung der deutschen Juden in Angriff.[94] Nach der Polizeiverordnung über die Kennzeichnung der Juden mit dem Judenstern vom 1. September 1941 erließ der Reichsverkehrsminister am 18. September 1941 eine Anordnung, daß Juden im Deutschen Reich zur Benutzung der Eisenbahn und der Nahverkehrsmittel eine polizeiliche Erlaubnis brauchten.[95]

Seit dem 18. Oktober 1941 fuhren Deportationszüge aus dem »Altreich« nach Lodz, Riga, Minsk und Kowno, später auch bis nach Auschwitz. Die meisten Insassen der Züge mußten dort sterben. Etwa zweihundert dieser Züge wurden bis Mitte 1943 allein aus dem engeren Reichsgebiet mit Hilfe des Reichsverkehrsministeriums, der in Berlin ansässigen Generalbetriebsleitung Ost und der örtlichen Reichsbahndirektionen gefahren. Es handelte sich um bestellte Sonderzüge, für die Lokomotiven und Waggons auch im Krieg bereitstanden, wenn nicht militärische Offensiven für regelrechte Transportsperren sorgten. Für ältere Juden und solche mit Auszeichnungen des Ersten Weltkrieges wurden auch Hunderte kleinerer »Transporte« in Sonderwagen nach Theresienstadt durchgeführt, die die Reichsbahn einfach an planmäßige Züge nach Prag anhängte. Die Vertreibung wurde als »Abwanderung« oder »Evakuierung« getarnt und war deshalb auf den Straßen und Bahnhöfen häufig offen zu sehen. Die beteiligten Bahnbeamten taten ihre Pflicht eigentlich so wie bei anderen Sonderzügen.

Aus dem Ghetto Litzmannstadt (Lodz) und dem »Warthegau« fuhren zwischen Dezember 1941 und Mai 1942 mehrere Dutzend Züge mit insgesamt weit über 70 000 Juden nach Warthbrücken (Kolo), die anschließend in den Gasautos von Kulmhof (Chelmno) getötet wurden. Diese Fahrpläne stellte die Reichsbahndirektion Posen auf.

Eine große Rundreise führte Dorpmüller vom 15. bis 19. Dezember 1941 durch das Generalgouvernement[96] zu Hans Frank und Adolf Gerteis. Seine Stationen waren Krakau, Tarnow, Lemberg, Lublin, Radom und Zakopane. Überall ließ er sich berichten, welche aktuellen Probleme die Eisenbahner der »Ostbahn« hatten. Noch war er für Rußland nicht zuständig.

Der Bahnbetrieb in der besetzten Sowjetunion gestaltete sich schon 1941 schwieriger als gedacht. Die Reichsbahn litt unter starkem Mangel an Fahrzeugen und startete eine Propagandareihe »Auf jeden Wagen kommt es an!«. Es fehlte an Material, an Fachkräften und an dem Zusammenspiel der Beteiligten. Das Militär erwartete Wunderdinge von den Eisenbahnern, wollte aber den Bahnbetrieb in den eroberten Gebieten Rußlands zunächst nicht aus der Hand geben. Der rasche Vormarsch der deutschen Truppen und der frühe Winterbeginn 1941 führten zu sehr langen Nachschubwegen, auf denen die Lokomotiven häufig durch Frost ausfielen. Im Dezember 1941 entstand eine große Transportkrise, in der die Versorgung der Truppe fast zum Erliegen kam.[97]

Die Wehrmacht gab die Schuld an ihrem Stillstand vor Moskau der zu geringen Leistungsfähigkeit des Verkehrswesens. Damit war die Eisenbahn gemeint, denn der von Hitler lange Zeit bevorzugte Lastwagen war den jetzt üblichen Gütermengen und Entfernungen ohnehin nicht gewachsen. Daran vermochten auch von Todt in dieser Krise eingesetzte Lkw-Kolonnen auf den von Schnee geräumten Fernstraßen wenig zu ändern.[98] Erst durch eine Vielzahl von Einzelmaßnahmen gelang es, den Zugverkehr wieder in Gang zu bringen. Dazu wurden die Eisenbahnen im besetzten Osten mit den vier Haupteisenbahndirektionen Dnjepropetrowsk, Kiew, Minsk und Riga ab Februar 1942 der Leitung des Reichsverkehrsministers (Zweigstelle Osten in Warschau) unterstellt. Chef wurde Dr. Joseph Müller.

Bereits am 14. Januar 1942 trat Dorpmüller eine ausgedehnte Dienstreise in den Osten nach Minsk an, im Februar nach Kiew. Die Streitigkeiten zwischen dem Chef des Transportwesens der Wehrmacht, Generalleutnant Rudolf Gercke, und den Eisenbahnern blieben erbittert. Zwei höhere Reichsbahnbeamte wurden im Februar aus dem Dienst entfernt und vorübergehend in einem besonderen Teil des Konzentrationslagers Sachsenhausen bei Berlin untergebracht, um den Druck auf die Eisenbahn zu erhöhen. Es war die Zeit, da Hitler sich das Recht nahm, »jeden Deutschen mit allen Mitteln zur Erfüllung seiner Pflichten anzuhalten«, wie er es am 26. April 1942 vor dem Großdeutschen Reichstag nannte. Dorpmüller trug schwer an diesem demoralisierenden Eingriff in seine Rolle als Patriarch aller Eisenbahner und bemühte sich um ihre Rehabilitierung. Tatsächlich kehrten die beiden Reichsbahnräte im Sommer 1942 in den Dienst zurück.[99]

Nachdem am 9. Februar 1942 der Architekt Albert Speer zum neuen Rüstungsminister ernannt worden war, dachte dieser an eine Ablösung des ihm zu alt erscheinenden Reichsverkehrsministers. Speer hat großen Wert darauf gelegt, daß die alten Männer in Verwaltung und Industrie verdrängt wurden. Direktoren, die über 55 Jahre alt waren und nicht entbehrt werden konnten, mußten einen jüngeren Stellvertreter erhalten. Kaufleute wurden durch Techniker ersetzt. Moderne Methoden in Produktion und Management waren ihm sehr erwünscht.[100] Dennoch konnte Dorp-

Deportation von Juden nach Theresienstadt in Abteilwagen am Bahnhof Wiesbaden, 29. August 1942. (R. Rudolph)

müllers »rechte Hand« im schweren Jahr 1942 nur ein gelernter Eisenbahner sein.

Im Zusammenhang mit dieser Transportkrise wurde die Reichsbahn auf dem Gebiet des Lokomotivbaus entmachtet. Hitler forderte den Bau von 15 000 neuen Kriegslokomotiven binnen zwei Jahren, und Speer wollte sie mit Hilfe der »Selbstverantwortung« der Industrie beschaffen, wenn die Reichsbahn die Zuständigkeit für ihre Konstruktion aufgäbe. Am 7. März 1942 wurde der »Hauptausschuß Schienenfahrzeuge« unter Vorsitz des früheren Demag-Direktors Gerhard Degenkolb (1892–1954) gegründet, der sich bereits bei der Übernahme von französischen und belgischen Rüstungswerken bewährt hatte.[101] Später war er noch mit dem Bau der Rakete A 4 (auch V 2 genannt) und des Düsenjägers Me 262 befaßt.

Der Zusammenbruch Dorpmüllers

Mitte April 1942 besuchte der Reichsverkehrsminister die Eisenbahnen in Riga und im Reichskommissariat Ostland. Auch seinen 73. Geburtstag am 24. Juli 1942 verbrachte Dorpmüller mit einer Dienstreise zu Eisenbahnern im eroberten Osten in Kiew und

Dnjepropetrowsk. Die Schwierigkeiten im Bahnbetrieb der besetzten Sowjetunion trachtete Dorpmüller durch Entnahme aus den Reserven der Reichsbahn zu beheben, doch entstanden damit im Reichsgebiet neue Probleme. Am 21. Mai 1942 erklärte Dorpmüller zur Transportkrise im Deutschen Reich gegenüber Speer, daß die Reichsbahn mangels Lokomotiven und Waggons nicht mehr die »Verantwortung für die Aufrechterhaltung der dringlichsten Transporte« übernehmen könnte.[102]

Hitler entschied sich deshalb nach einer längeren Besprechung der Transportlage auf Vorschlag Speers am 23. Mai 1942, den 66 Jahre alten Staatssekretär im Verkehrsministerium, Kleinmann, durch den 37 Jahre alten Albert Ganzenmüller zu ersetzen. Kleinmann wurde in den Vorstand der »Mitropa« abgeschoben; er verstarb am 6. Juli 1945.

Auch Albert Ganzenmüller (geb. 1905) war ein guter Ingenieur. Er hatte Maschinenbau und Elektrotechnik in München studiert und sich seit 1931 bei der Reichsbahn auf zahlreichen Posten bewährt. Er war Träger des »Blutordens« wegen der Teilnahme am Hitlerputsch von 1923 und Mitglied der NSDAP seit 1931. Bereits bei der Nürnberger Parade vom 8. Dezember 1935 hatte er Hitler einen Triebwagen gezeigt. Aus seiner Stellung als Leiter der Elektrischen Oberbetriebsleitung der Reichsbahn in Innsbruck hatte er sich freiwillig zum Einsatz im Osten gemeldet. Seit dem 6. Oktober 1941 führte er im Rang eines Vizepräsidenten die Haupteisenbahndirektion Poltawa. Es war ihm dort gelungen, den Bahnbetrieb im Bezirk flüssig zu halten. Als die Betriebsführung bei den Haupteisenbahndirektionen im Februar 1942 auf die Reichsbahn überging, blieb Ganzenmüller als Reichsbahn-Generalkommissar in Poltawa. Seine Härte und seine Erfolge machten ihn im Mai 1942 zum Mann der Stunde.[103]

Obwohl Dorpmüller mit dieser Entscheidung in eine etwas peinliche Lage gebracht war, empfing ihn Hitler am 24. Mai 1942 abermals und besprach mit ihm den Auftrag zur Planung einer Breitspur-Fernbahn.[104] Diese sollte 4000 Millimeter Spurweite erhalten und von Berlin und München bis Moskau und Charkow verlaufen. Speer bemerkt lakonisch: »Noch während wir zusammensaßen, beauftragte Hitler Dorpmüller, alles sofort durchzuplanen und durchzurechnen. Er habe überschlagen, daß ein Güterwagen mit diesen Maßen hundert Tonnen oder mehr befördern könnte. Ein ganzer Zug müsse so viel transportieren wie ein mittleres Schiff von etwa dreitausend Tonnen. Das seien dann seine Geleitzüge, gegen die es keine U-Boote gäbe. Der greise Verkehrsminister nickte zögernd, der Auftrag schien ihn zu verwirren.«[105]

Über die utopische Dimension dieser Großbahn bestand unter Fachleuten wenig Zweifel; dennoch haben sich Angehörige der Reichsbahn und der Industrie eingehend damit beschäftigt. Hitler erklärte noch am 5. April 1943, daß »die Breitspurbahnen sofort nach dem Krieg gebaut würden«. Der wichtigste Sachbearbeiter dieser gigantomanischen Projekte, Günther Wiens (1901–1975), wurde am 1. Mai 1943 Präsident der Ostbahndirektion Warschau, und er veröffentlichte noch Ende 1944 einen geschmacklosen Bericht über »den kämpferischen Einsatz der Fronteisenbahner beim Aufstand in Warschau«.[106]

Albert Ganzenmüller war 1942 bereits als potentieller Nachfolger Dorpmüllers gedacht, falls dieser zurücktreten oder sterben sollte. Kurze Zeit nach Ganzenmüllers Amtsantritt begann die Propaganda-Aktion »Räder müssen rollen für den Sieg« in Presse, Rundfunk und Film.[107] In der Hauszeitschrift »Die Reichsbahn« erschienen bebilderte Berichte von der »Reichsbahn im Osteinsatz«. Bald darauf wurden die älteren Direktoren der Reichsbahn (Leibbrand, Bergmann, Kühne und Treibe) in den Ruhestand geschickt und durch jüngere, parteinahe Männer (Dilli, Pleß, Kaißling und Schelp) ersetzt.

In der Geschichte der »Endlösung der Judenfrage« ist der Name Ganzenmüller nachweisbar. Am 26. Juni 1942 war Ganzenmüller in Krakau. Er sprach mit Franks Stellvertreter Bühler und dem Ostbahn-Präsidenten Gerteis über aktuelle Fragen.[108] Gerteis gehörte auch zur »Regierung des Generalgouvernements« und war mit den politischen Zusammenhängen im Gebiet vertraut.

Im »Generalgouvernement« hatte Heinrich Himmler soeben die Ermordung der dort lebenden Juden befohlen. Die Mordfabriken Belzec, Sobibor und Treblinka waren so angelegt, daß die zum Tod bestimmten Menschen aus den Ghettos der Großstädte sie mit Hilfe der Eisenbahn erreichen mußten. Daraus hatten sich Schwierigkeiten ergeben, denn die Eisenbahn hatte wieder eine Transportsperre verhängt, um die Wehrmacht zur deutschen Sommeroffensive bei Charkow versorgen zu können. Bereits am 18. Juni 1942 hatte die Sicherheitspolizei von Ostbahn-Präsident Adolf Gerteis die Zusage[109] erhalten, »hier und da ein paar Züge für die Juden durchzulassen«, doch genügte Himmler diese Offerte nicht.

Deshalb rief der SS-Obergruppenführer Karl Wolff (1900–1984) aus dem persönlichen Stab Himmlers dringlich bei Ganzenmüller an und bat ihn um seine Hilfe bei den Zugfahrten in die Mordstätten.[110] Am 28. Juli 1942 berichtete der Staatssekretär und Stellvertretende Generaldirektor der Deutschen Reichsbahn, Ganzenmüller, über das Resultat seiner Nachprüfungen an Wolff: »Unter Bezugnahme auf unser Ferngespräch vom 16. Juli teile ich Ihnen folgende Meldung meiner Generaldirektion der Ostbahnen (Gedob) in Krakau zu Ihrer gefälligen Unterrichtung mit: Seit dem 22.7. fährt täglich ein Zug mit je 5000 Juden von Warschau über Malkinia nach Treblinka, außerdem zweimal wöchentlich ein Zug mit 5000 Juden von Przemysl nach Belzek. Gedob steht in ständiger Fühlung mit dem Sicherheitsdienst in Krakau. Dieser ist damit einverstanden, daß die Transporte von Warschau über Lublin nach Sobibor (bei Lublin) solange ruhen, wie die Umbauarbeiten auf dieser Strecke diese Transporte unmöglich machen (ungefähr Oktober 1942).«

Im Antwortbrief des SS-Generals Wolff vom 13. August 1942 konnte Ganzenmüller die zynische Bemerkung lesen: »Mit besonderer Freude habe ich von Ihrer Mitteilung Kenntnis genommen, daß nun schon seit 14 Tagen täglich ein Zug mit je 5000 Angehörigen des auserwählten Volkes nach Treblinka fährt und wir doch auf diese Weise in die Lage versetzt sind, diese Bevölkerungsbewegung in einem beschleunigten Tempo durchzuführen.«

Wolff hat in dieser Frage nicht Dorpmüller angesprochen, sondern Ganzenmüller. Die Tatsache darf nicht mißverstanden werden. Nach den Regeln der Hierarchie konnte der SS-General wegen solcher Einzelfragen nicht den Reichsverkehrsminister direkt bemühen, sondern mußte sich als ein Beauftragter des Reichsführers-SS an einen ähnlichen Rang wenden. Es kann nicht ernstlich angenommen werden, daß die Beschwerde Himmlers dem Verkehrsminister verborgen blieb. Anfang 1943 nahm Wolff nochmals in dieser Sache mit Ganzenmüller Verbindung auf. Eine Transportsperre wegen der Schlacht um Stalingrad beschränkte neuerlich die Zugfahrten in die Vernichtungslager. Am 20. Januar 1943 schrieb Himmler an Ganzenmüller: »Ich muß, weil ich die Dinge rasch erledigen will, mehr Transportzüge bekommen.«

Diese Fahrpläne für weit über fünfhundert Züge hat die Generaldirektion der »Ostbahn« mit ihren deutschen Beamten in Krakau aufgestellt. Bis Mitte 1943 wurden nach Belzec über 400 000 Menschen, nach Sobibor etwa 200 000 Menschen und nach Treblinka fast 900 000 Menschen gebracht und getötet.

Mit dem Amtsantritt Albert Speers als Rüstungsminister setzte sich die Erkenntnis endgültig durch, daß ein funktionierendes Transportwesen sich neben Rohstoffen und Arbeitskräften zur »dritten Säule der Kriegswirtschaft« entwickelt hatte. Fahrzeugmaterial aus allen Ländern Europas wurde für die deutschen Zwecke angemietet und beschlagnahmt. Kriegsgefangene und Zwangsarbeiter zahlreicher Nationen gehörten bei der Deutschen Reichsbahn fortan zum alltäglichen Bild: Gleisbau- und Werkstättenarbeiter, Lokomotivheizer und Entladehelfer waren typische Aufgaben für sie. Nur am Rande kann auf die oftmals menschenunwürdige Durchführung auch dieser Transporte von Kriegsgefangenen, Zivilarbeitern und KZ-Insassen zu den Arbeitseinsätzen in der Industrie hingewiesen werden.[111]

Auch durch die Weiterbeschäftigung älterer Männer und durch die Einstellung von Frauen gelang es der Reichsbahn im Herbst 1942, eine Wiederholung der Schwierigkeiten des vorangegangenen Winters zu vermeiden. Aufgrund der Transportprobleme des Frühjahrs 1942 erließ Dorpmüller am 7. Oktober 1942 einen weiteren Aufruf an die deutschen Eisenbahner: »Die in meinem Aufruf von Anfang Juni angekündigten Maßnahmen zur Leistungssteigerung sind von Euch allen in einer Weise in die Tat umgesetzt worden, daß die daran geknüpften Erwartungen übertroffen wurden. Eure Leistungen haben neuerdings Worte höchster Anerkennung durch den Führer selbst und den Reichsmarschall gefunden. Dieses Lob gilt vor allen Dingen dem unermüdlichen Einsatz der Kameraden des Fahrdienstes, des sonstigen Außendienstes, des Werkstättendienstes usw. besonders im Osten und in den luftgefährdeten Gebieten. Ihr wißt aber alle, daß die bisherige Leistungssteigerung nur eine Vorübung war für den gewaltigen Herbstverkehr und für die Anforderungen des kommenden Winters ... Allein der Gedanke, daß die Tausende von Wagen, die bisher an die Ostfront rollten, jetzt nicht mehr leer, sondern mit kostbaren Gütern: Getreide, Öl, Erz zurückrollen, muß jeden Eisenbahner mit Stolz erfüllen und anspornen, diese Leistungen von Tag zu Tag zu erhöhen.«[112]

Am 31. Januar 1943 war das Ende der deutschen Armee in Stalingrad gekommen, und am 18. Februar 1943 rief Propagandaminister Goebbels das deutsche Volk im Berliner Sportpalast zum »totalen Krieg« auf. In der »Nationalsozialistischen Beamtenzeitung – Voraus« vom 28. Februar 1943 wurde berichtet, was Ganzenmüller über die Rolle des Eisenbahners im besetzten Osten dachte: »Vorbildlich sind die bisherigen Leistungen, vorbildlich müssen sie bleiben. Das ist nicht so einfach, wie es dem Laien scheinen mag; denn wer die Heimat verläßt und nach dem Osten kommt, der hat einen Strich unter sein bisheriges Leben gezogen. Die Lebensbedingungen sind im Osten primitiver als in der Heimat. Im Osten ist der Eisenbahner in erster Linie Soldat. Kein Beruf, außer dem Beruf des Soldaten, stellt so hohe Anforderungen an den Mann wie der des Eisenbahners. Die an die Eisenbahner verteilten Eisernen Kreuze sind eine wohlverdiente Anerkennung ihrer Leistungen. Über ihre

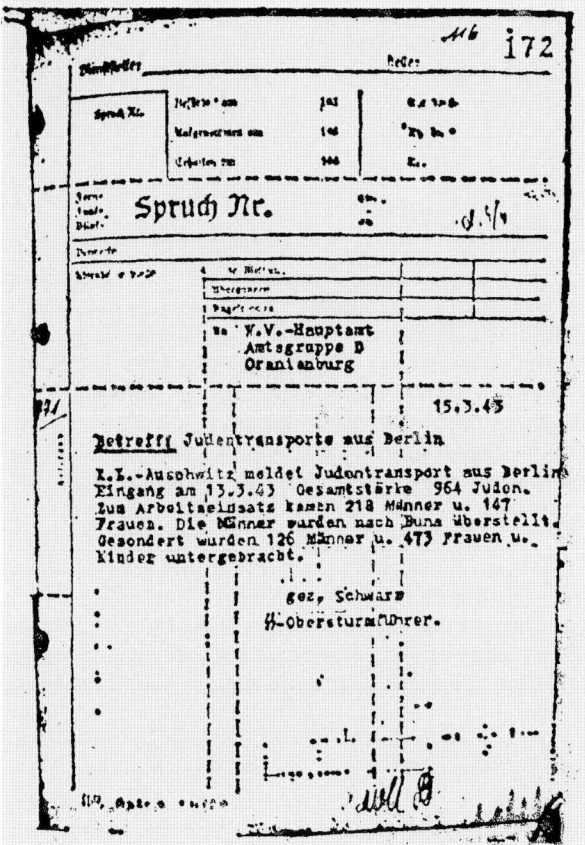

Funkspruch aus Auschwitz über die Ankunft eines „Judentransports" aus Berlin, 15. März 1943. (Bildarchiv Preußischer Kulturbesitz)

Heldentaten berichtet kein Heeresbericht. Die Eisenbahner müssen im stillen arbeiten und dürfen dabei keinen Augenblick ihren Dienst aus der Hand geben. Für sie gilt ein für allemal: erst der Dienst, gleich, ob auf Bahnhof, Strecke, Lokomotive oder im Zug, dann erst Rücksicht auf die eigenen Bedürfnisse."[113]

Ende 1942 mußte sich Dorpmüller einer Darmkrebsoperation unterziehen, die ihn für eine gewisse Zeit zur Ruhe zwang. Er gesundete aber rasch und fand fast zu alter Frische zurück. Noch im Dezember 1942 sowie im Mai 1943 war Dorpmüller in Krakau und besprach mit Frank, Bühler und Gerteis Fragen der Verkehrspolitik. Er widmete sich der Lösung von Konflikten, die bei der »Ostbahn« entstanden waren. Während nämlich der Generalgouverneur Hans Frank diese vormals polnische Bahn und ihre Einnahmen als Teil seiner Regierung ansah, bestand der Reichsverkehrsminister auf ihrer Einordnung in seine Zuständigkeit. Demonstrativ ernannte Dorpmüller am 1. Mai

1943 neue Präsidenten der Ostbahndirektionen und führte sie in Krakau, Lemberg und Warschau ein.[114]

Als am 3. Juli 1943 in Babelsberg bei Potsdam die Erfüllung des Reichsbahn-Lokomotivprogramms mit einer monatlichen Lieferung von 500 Maschinen von der Industrie gefeiert wurde, erschien Dorpmüller wieder recht lebensvoll an der Seite von Albert Speer und Gerhard Degenkolb. Am 19. September 1943 wurde Dorpmüller und Ganzenmüller das Ritterkreuz des Kriegsverdienstkreuzes verliehen.[115] Die »Zeitung des Vereines Mitteleuropäischer Eisenbahn-Verwaltungen« beschrieb die Gründe für die Ehrung: »Mit dieser hohen Auszeichnung der verantwortlichen Männer des deutschen Verkehrswesens hat der Führer zugleich die Millionen Eisenbahner geehrt, die durch ihre unermüdliche und aufopferungsvolle Hingabe an ihrem schweren Beruf das Transportwesen zu solcher Schlagkraft und Leistung emporführten. Reichsminister Dr. Dorpmüller, der den Neuaufbau des deutschen Verkehrswesen durchführte, hat damit die Grundlage für seinen heutigen hohen Stand geschaffen, die es zur Lösung der gewaltigen Aufgaben im Kriege, die das Verkehrsnetz ganz Europas umspannen, befähigte. Durch sein Vorbild hat Reichsminister Dr. Dorpmüller trotz seines hohen Alters auch den letzten Gefolgsmann zur bedingungslosen Erfüllung seiner Aufgaben und Pflichten geführt.«

Am 20. September 1943 traf Dorpmüller zu einem offiziellen Besuch in der rumänischen Hauptstadt Bukarest ein und kam auch mit dem Marschall Antonescu zusammen. Im November 1943 begannen die großen Luftangriffe der Alliierten auf Berlin. Danach verkündete Dorpmüller seinen neuen Leitsatz:

»Fahren, fahren und immer fahren!
Fahren bei Tag und Nacht,
Fahren trotz Not und Gefahr;
Fahren für Deutschlands Sieg!«[116]

Propagandistische Effekthascherei bestimmte Ende 1943 einen »Führerbefehl«, der lautete: »In Anerkennung der einmaligen Leistungen der Eisenbahner in diesem Kriege bestimme ich den 7. Dezember zum Tag des Deutschen Eisenbahners. Adolf Hitler.« Als neue Parole der Eisenbahner wurde nach den Luftangriffen gerufen: »Wir fahren dennoch!«

In einer Feierstunde am 7. Dezember 1943, die im Mosaiksaal der Neuen Reichskanzlei stattfand, machte Julius Dorpmüller die Eisenbahner mit folgenden Überlegungen vertraut: »Aus den wenigen Männern [von 1835] ist die gewaltige Zahl von 1 600 000 Eisenbahnern geworden. Jeder 18. Mann im Deutschen Reich ist Eisenbahner oder gehört einer Eisenbahnerfamilie an. Mehrere Milliarden Menschen befördert jährlich die Reichsbahn, sei es, daß sie zu ihren Arbeitsstätten oder zu ihren Geschäftsfreunden fahren, sei es, daß sie zur Erholung ins Gebirge oder an die See gebracht werden. Hunderte von Millionen Tonnen beträgt das Volumen der Güter, die die Reichsbahn jährlich verteilt. Eine Organisation, die derartige Leistungen aufweist, hat wohl ein Anrecht darauf, einmal im Jahre vor die Öffentlichkeit zu treten und sich ihrer Erfolge zu erfreuen ... Wenn wir allen Schwierigkeiten zum Trotz den ersten Tag des Deutschen Eisenbahners in die Zeit des fünften Kriegsjahres verlegen, so soll dies der Dank an alle Eisenbahner sein für ihre Leistungen in dieser Kriegszeit. Sie haben die Feuerprobe bestanden; die Anforderungen der Wehrmacht sind erfüllt, den Bedürfnissen der Rüstungswirtschaft wurde genügt und die Versorgung des deutschen Volkes ist transportmäßig gesichert.«[117]

Das Jahr 1944 brachte der Eisenbahn eine gewisse Entlastung, weil die zurückweichenden Fronten für geringere Transportweiten sorgten. Zahllose Zugfahrten mit Kriegsgefangenen, Zwangsarbeitern und mit Juden in das Todeslager Auschwitz hat die Deutsche Reichsbahn auch 1944 durchgeführt. Allein aus Ungarn wurden im Sommer 1944 mehr als 400 000 Juden nach Auschwitz gebracht und dort überwiegend ermordet.[118] Augenfällig ist die Ausrichtung des Lagers Birkenau in Auschwitz auf die Transporte der Eisenbahn, denn dort befindet sich das Tor für die Züge im Zentrum des Verwaltungsbaus unter dem Turm. In Auschwitz sind etwa eine Million Menschen getötet worden.

Die Bombenangriffe der alliierten Luftflotten richteten sich seit Februar 1944 vermehrt gegen Rüstungsschwerpunkte und Verkehrsanlagen.[119] Obwohl der Verkehrsminister und seine Leute immer deutlicher die Erfolglosigkeit ihrer Flickarbeit am Schienennetz erkennen mußten, blieben sie bei diesen Aufgaben. Seitdem die alliierten Konferenzen in Casablanca und Teheran die bedingungslose Kapitulation des Deutschen Reiches verlangt hatten, vergrub sich Hitlerdeutschland in enormen Aktivitäten und hoffte auf Wunderwaffen. Ende März 1944 besuchte der Verkehrsminister die deutschen Eisenbahner in Oberitalien.[120] Am 28. April 1944 eröffnete Julius Dorpmüller in Dresden eine Ausstellung von Bildern der »Reichsbahn-Kriegsmaler«, die bereits die »Einsätze in den Luftkriegsgebieten der Heimat« zum Thema gewählt hatten.[121] Am 1. Mai 1944 wurde Dorpmüller als »Betriebsführer des größten deutschen Unternehmens« von Hitler zum »Pionier der Arbeit« ernannt.[122]

Zwei Tage vor dem Beginn der alliierten Invasion, am 4. Juli 1944, war der Minister in Paris und bereitete Maßnahmen der Eisenbahner gegen die Landung

Dorpmüller mit Rüstungsminister Speer (links) und Lokomotivbauer Degenkolb (rechts) in Babelsberg, 3. Juli 1943. (MVT)

vor. Hans Speidel[123] erinnerte sich, daß Dorpmüller »in diesen schweren Tagen bei Rommel« in Frankreich gewesen ist und sie »über die hoffnungslose Lage des Reiches gesprochen« haben. Auf den Kabinettslisten des deutschen Widerstandes taucht der Name Dorpmüller nicht auf. Zu Dorpmüllers 75. Geburtstag am 24. Juli 1944 hatten die leitenden Beamten des Verkehrsministeriums und die Direktionspräsidenten der Reichsbahn sich ein repräsentatives Treffen in Berlin vorgenommen, doch wirkten die Ereignisse des Attentats auf Hitler am 20. Juli 1944 stark auf die geplanten Feiern ein. Man befürchtete Aufruhr und Widerstand im Reichsgebiet. Alle Präsidenten mußten auf ihren Posten bleiben und nahmen nur an einer Telefonkonferenz zu Ehren Julius Dorpmüllers teil. Am gleichen Tag befreiten sowjetische Truppen das Konzentrationslager Lublin-Majdanek.

In der Zeitschrift »Die Reichsbahn« vom 19. Juli 1944 erschien eine Würdigung Dorpmüllers durch seinen Stellvertreter, in der es heißt: »Selbst in den härtesten Monaten des Winter 1941/42 war er bei seinen Eisenbahnern draußen im Osten, seinen Lebensjahren zum Trotz immer dort, wo die größten Schwierigkeiten zu meistern waren. Genau so kennen ihn die Männer am Atlantikwall, als er noch kurz vor Beginn der Invasion ungeachtet der dauernden Bombenangriffe und der ständigen Gefahr des Bordwaffenbeschusses sich über den Zustand des Verkehrsnetzes und seine Leistungsbereitschaft Gewißheit verschafft. Ebenso kennen ihn auch die Männer des Verkehrs in den vom feindlichen Luftterror heimgesuchten Heimatgebieten, unter denen er so oft geweilt hat. Noch ist nicht die Zeit, um im einzelnen die Leistungen zu würdigen, die unser Reichsverkehrsminister im Kriege vollbracht hat. Es kann nur zusammenfassend festgestellt werden, daß jugendliche Elastizität und Reife der Erfahrung sich bei ihm in glücklicher Weise vereinen. Deshalb ist es gerade die junge Generation, die ihn als ihren väterlichen Freund mit größter Achtung verehrt.«[124]

Zu diesem 75. Geburtstag verlieh Hitler seinem Verkehrsminister noch die »Schwerter« zum Ritterkreuz des Kriegsverdienstkreuzes, und zwar wegen »seines persönlichen Einsatzes bei der Regelung des Eisenbahnverkehrs an der Invasionsfront«. Auf Vorschlag von Albert Speer gab Hitler Dorpmüller auch den »Fritz-Todt-Ring« des Nationalsozialistischen Bundes Deutscher Techniker.[125] Zu diesem Ehrentag ließ Hitler aus seiner »Dotationsliste« das Gemälde »Die erste Eisenbahn« von Carl Spitzweg für den Minister kaufen.[126] Die Reichsregierung schenkte ihm eine große Adlerfigur von Arthur Storch aus Porzellan. In seiner Dankesrede versprach er abermals den »Beitrag der im Verkehr schaffenden deutschen Männer und Frauen zu dem Endsieg der deutschen Waffen«.

Was Julius Dorpmüller nach seinem 75. Geburtstag noch tat und dachte, ist kaum bekannt. Die Gesundheit machte ihm wieder zu schaffen. Als der zweite »Tag des Eisenbahners« am 7. Dezember 1944 in Szene gesetzt wurde, hielt er am Vorabend im »Großdeutschen Rundfunk« eine Ansprache zum Thema, in der es hieß: »Feindliche Bomben zerstören tagtäglich unsere Verkehrsadern, Befehlsstellen und betriebswichtige Anlagen. Die Propaganda unserer Gegner schrie in die Welt hinaus, daß nun der deutsche Transport und damit die Versorgung von Front und Heimat tot wäre. Sie haben aber nicht mit dem fanatischen Einsatz der Eisenbahner gerechnet und werden uns nicht auf die Knie zwingen. Nach einem schweren Feindangriff fand der deutsche Eisenbahner noch immer den erlösenden Ausweg.«[127]

Während das Alliierte Oberkommando durch den Abwurf von Flugblättern auf die Bahnhöfe die deutschen Eisenbahner zur Verweigerung aufforderte, riefen Speer, Dorpmüller und Ganzenmüller ihre »Gefolgschaft« zum Durchhalten auf. Einer zweiten Operation mußte sich Dorpmüller im Februar 1945 unterziehen. Am 14. Februar 1945 wurde er aus Krankheitsgründen von der Leitung der Reichsbahn vorübergehend beurlaubt, und Rüstungsminister Speer übernahm die Leitung des »Verkehrsrates«. Es war der Tag des Bombenangriffs auf Dresden. Am 19. März 1945 wurde schließlich befohlen, in allen preisgegebenen Gebieten eine »Verkehrswüste« zu schaffen und die Brücken, Bahnhöfe, Stellwerke und Werkstätten zu sprengen.

Speer rechnete es sich an, diesen Befehl Hitlers nicht vollständig befolgt zu haben.[128]

Am 20. April 1945, dem 56. Geburtstag Hitlers, hielt Dorpmüller im beschädigten Verkehrsministerium an der Voßstraße die letzte Lagebesprechung ab. Eisenbahnbetrieb war nur noch in Teilen der Direktionen Berlin, Schwerin und Hamburg möglich, wurde ihm gemeldet. Nachdem Hitler die Mitglieder der Regierung zum Verlassen Berlins aufgefordert hatte, setzte sich am 21. April 1945 ein Befehlszug des Reichsverkehrsministeriums mit Staatssekretär Ganzenmüller nach Pansdorf bei Lübeck in Marsch. Julius Dorpmüller selbst wurde mit dem Auto nach Malente in Holstein gebracht, wo ein Eisenbahnerheim dem kranken Mann als Quartier diente. Ein weiterer Befehlszug für den Südraum ging nach Garmisch ab.[129]

Hitler beging am 30. April Selbstmord. In seinem politischen Testament, das den Großadmiral Dönitz zum neuen Staatsoberhaupt erklärte, waren weder ein Verkehrsminister noch ein Postminister erwähnt.

Am 5. Mai 1945 berief Karl Dönitz in Flensburg eine »geschäftsführende Reichsregierung«, in welcher Julius Dorpmüller mit der Führung der Geschäfte des Verkehrs- und Postministers beauftragt wurde. Speer wurde geschäftsführender Wirtschaftsminister. Dorpmüller verfaßte Denkschriften, wie der Verkehr in sechs bis acht Wochen wieder in Gang gebracht werden sollte, »wenn man ihn gewähren ließe und nicht Mitarbeiter wegnähme, weil sie Nazis gewesen seien.«[130] Der bisherige Postminister Ohnesorge stand nicht mehr auf der Liste. Am 8. Mai kapitulierte das Deutsche Reich bedingungslos. Dorpmüller und Ganzenmüller berieten sich mehrfach mit dem »Leitenden Minister« Schwerin-Krosigk und erschienen am 19. Mai 1945 zum letzten Mal bei Dönitz in Flensburg, um sich zu verabschieden. Am 23. Mai 1945 wurde die Geschäftsführende Regierung in Flensburg verhaftet, doch befand sich Dorpmüller zu diesem Zeitpunkt bereits wieder in Malente und reiste von dort nach Paris zu neuen Aufgaben. So kam er nicht mit der Regierung in die Internierung in das luxemburgische Bad Mondorf.

Über die letzte Anforderung im Leben Julius Dorpmüllers hat der amerikanische General Carl R. Gray berichtet, der damals das alliierte Feldeisenbahnwesen in Westeuropa befehligte: »Julius Dorpmüller hatte jahrelang die Deutsche Reichsbahn organisiert, aufgebaut, modernisiert und geleitet, und sie war eine ausgezeichnete Bahnverwaltung geworden. Es war allgemein bekannt und von unserem Geheimdienst bestätigt, daß er weder ein Hitlerianer noch ein Nazi war. Er war einfach ein ausgezeichneter Eisenbahner, der prompt zehntausend Soldaten von hier nach dort beförderte, wenn Hitler oder seine Leute das verlangten, und ebenso prompt brachte er hunderttausend Tonnen Fracht von einem Platz zum anderen, wenn man es ihm sagte.

Weil er die deutschen Eisenbahnen so gut kannte und auch auf keine Art und Weise ein Nazi war, schlug ich seine Wiedereinsetzung in das alte Amt vor. Er sollte beauftragt werden, die Reichsbahn so erfolgreich zu reorganisieren und zu führen, wie er es in der Vergangenheit getan hatte. Mein Oberbefehlshaber stimmte dem zu. Am 10. Mai 1945 beauftragte ich Oberst Sidney Bingham aus meinem Stab: ‚Fahren Sie nach Berlin und bringen Sie mir Dr. Dorpmüller her.' Der Oberst reiste am gleichen Tag, aber ich hörte erst am Abend des 25. Mai 1945 wieder von ihm. Per Telefongespräch aus einem Schloß bei Versailles fragte er an: ‚Ich bin mit dem alten Dorpmüller hier. Was soll mit ihm geschehen?' Bingham erhielt den Auftrag, ihn bis zum nächsten Morgen um acht Uhr abgeschlossen unterzubringen und mich dann zu erwarten. Zur bestimmten Zeit war ich dort.

Ich hatte Dr. Dorpmüller 1936 zuletzt gesehen, als er die Vereinigten Staaten in seiner Rolle als Präsident der Weltkraftkonferenz besucht hatte. Im Anschluß daran hatte er damals unsere Westküste besucht und war dann heimgereist. Als ich nun Dr. Dorpmüller wiedersah, war das nicht mehr der starke, kernige Mann von 1936. Ich erfuhr jetzt, warum es zwei Wochen gedauert hatte, um ihn aus Berlin zu holen. Als Oberst Bingham in der Stadt eintraf, war Dorpmüller nicht mehr im Amt. Er fand ihn in einem kleinen Hospital in der Nähe von Flensburg an der dänischen Grenze, wo er sich von einer frischen Operation erholte. Er trug sogar noch einen Gummischlauch am Körper. Das Krankenhaus erklärte ihn aber für reisefähig, so daß Bingham den Minister auf die Beine stellte, eine ältere deutsche Krankenschwester zu seiner Begleitung mobilisierte und ihn nach Paris beförderte.

Die Unterredung zwischen Dr. Dorpmüller und mir war sehr aufschlußreich. Ich kam zu der Überzeugung, daß Dorpmüller kein Nazi-Sympathisant oder -Aktivist gewesen war, und daß er, Dorpmüller, sehr gern die Möglichkeit des Wiederaufbaus und der Umorganisation der deutschen Eisenbahn ergreifen würde. Freudig nahm er mein diesbezügliches Angebot an. Dieser Auftrag wurde vom Hauptquartier General Eisenhowers bestätigt. Eisenhower sagte mir an jenem 26. Mai 1945: ‚Der Krieg ist vorüber. Reorganisieren Sie das Eisenbahnministerium, übergeben Sie es den Deutschen, und fahren Sie nach Hause.' Deshalb wollte ich Dorpmüller mit dem Auftrag nach Frankfurt senden, seine Verwaltung in unserer Zone aufzubauen.«[131]

In dem Schloß von Le Chesnay bei Paris wurden neben Dorpmüller viele bislang »führende« deutsche Ingenieure und Manager überprüft und befragt, so auch Speer und Thyssen.[132] Am 13. Juni 1945 kehrten Dorpmüller und sein Stab (Ganzenmüller und Pleß) von dort nach Malente zurück. In den folgenden Tagen nahmen auch britische Offiziere mit ihm und den Resten des Ministeriums Verbindung auf. Der Befehlszug rollte nach Bad Oeynhausen, und seine Mannschaft brachte den Bahnbetrieb in der britischen Zone wieder in Gang. Wegen seines durch eine weitere Operation am 23. Juni geschwächten Gesundheitszustandes trat Dorpmüller die geplante Fahrt zum amerikanischen Hauptquartier und dessen »Advisory Committee« (Beirat) nach Frankfurt am Main nicht mehr an, sondern beriet sich in Malente mit seinen Leuten.

Dort starb Julius Dorpmüller am Donnerstag, dem 5. Juli 1945. Eine Woche später wurde der Leichnam in dem holsteinischen Ort beigesetzt; ein junger Marinepfarrer hielt die Trauerrede in Anwesenheit einiger Eisenbahner der Reichsbahndirektion Hamburg. In späteren Jahren ließ die Deutsche Bundesbahn ihm in Malente einen Grabstein aus schwarzem Marmor setzen. Auch die Schwester wurde 1966 dort beerdigt.

Das Alliierte Oberkommando in Europa teilte Dorpmüllers Ableben im Juli 1945 offiziell und respektvoll mit: »Seit dem Zusammenbruch Deutschlands stellte er seine wertvollen Dienste den Alliierten zur Verfügung, und mit seiner großen Kenntnis des Zustandes der Reichsbahn wurde die beschleunigte Wiederherstellung der Zugverbindungen auf den Strecken erleichtert, die zur Versorgung unserer Besatzungstruppen notwendig waren.« In der angesehensten Fachzeitschrift des Eisenbahnwesens, der englischen »Railway Gazette«, erschien am 31. August 1945 eine ausführliche Würdigung Dorpmüllers, die geprägt war von der internationalen Wertschätzung, die er trotz des Goldenen Parteiabzeichens in England genossen hatte. »Er war ein deutscher Patriot bis zu seinem letzten Atemzug, doch er erfüllte seine beruflichen Pflichten in einer Weise, die man bewundern konnte«, schrieb C. E. R. Sherrington über »eine der größten Erscheinungen des heutigen Verkehrswesens.«[133]

Die Zeit nach Dorpmüller

Von örtlichen Stützpunkten ausgehend, kam der Bahnbetrieb in den vier deutschen Besatzungszonen – getrennt voneinander – im Sommer 1945 langsam wieder in Fahrt. Die Versorgung des Landes war ohne Eisenbahn undenkbar. Im folgenden Jahr wurden die Bahnen der britischen und der amerikanischen Zone zusammengefaßt, und mit den Bahnen im französi-

Grabstein Julius Dorpmüllers mit Eisenbahner auf dem Friedhof von Malente in Holstein, Juli 1969. (R. Rossberg)

schen Gebiet entstand daraus Ende 1949 die Deutsche Bundesbahn. Dagegen behielt die Eisenbahn in der sowjetischen Besatzungszone den belasteten Namen »Deutsche Reichsbahn«. Der Hauptgrund dafür war, daß die sowjetischen Militäreisenbahner am 11. August 1945 den Betrieb in Groß-Berlin an die Eisenbahner der »Reichsbahn« zurückgegeben hatten, und daß jede Änderung dieser Festlegung den Viermächtestatus der Stadt betroffen hätte.

Wie gingen nun die beiden deutschen Bahnverwaltungen mit ihrem Erbe und mit dem Vermächtnis Dorpmüllers um? Es zeigte sich bald, daß die staatliche Eisenbahn nur mit ihren langjährig ausgebildeten Spezialisten betrieben werden konnte. Zahlreiche höhere Eisenbahnbeamte der alten Reichsbahn gingen deshalb in den Westen und übernahmen allmählich die Leitung der Deutschen Bundesbahn.[134] Eine Reihe derjenigen Bahnbeamten, die seit 1933 entlassen worden war, wurde wieder eingestellt. Viele Parteimitglieder bei der Eisenbahn mußten nach dem 8. Mai 1945 ihre Stellung verlassen und sich im Gleisbau bewähren, doch nach der »Entnazifizierung« kehrten sie in den Dienst zurück. Einen gewissen Abschluß dieser Beschäftigung mit der Vergangenheit erbrachte das Gesetz zu Artikel 131 des Grundgesetzes, das die Zukunft der Beamten mit Parteivergangenheit regelt.

Bei den Nürnberger Kriegsverbrecherprozessen war die Reichsregierung, der Dorpmüller seit Februar 1937 angehörte, als verbrecherische Organisation angeklagt. Es heißt, daß der amerikanische Ankläger

Robert Kempner auch Julius Dorpmüller vor Gericht stellen wollte, ehe er von dessen Tod erfuhr. Andererseits sind in Nürnberg weder der Postminister Ohnesorge noch der Verkehrsstaatssekretär Ganzenmüller angeklagt worden. Dieser floh aber 1947 nach Argentinien und kehrte erst 1955 in die Bundesrepublik zurück. Als seit 1960 gegen den SS-General Karl Wolff wegen des Briefwechsels vom Juli 1942 gerichtlich ermittelt wurde, hat man auch ein Untersuchungsverfahren gegen Albert Ganzenmüller mit dem Vorwurf der Beihilfe zum tausendfachen Mord eingeleitet. Wolff wurde 1964 zu fünfzehn Jahren Zuchthaus verurteilt. Das Strafverfahren gegen Ganzenmüller vor dem Landgericht Düsseldorf ist 1973 wegen Verhandlungsunfähigkeit abgebrochen und 1977 endgültig eingestellt worden.[135] Weitere Ermittlungsverfahren gegen Eisenbahner mündeten nicht in Anklagen. Mit der Furcht vor strafrechtlicher Verfolgung ist zu erklären, weshalb die ehemaligen Angehörigen der Deutschen Reichsbahn sich kaum rational zu ihrer offenkundigen Beteiligung an den Deportationen äußerten. Die unleugbaren Dokumente gegen Ganzenmüller führten schließlich dazu, daß er unter Kollegen allein zum Täter stilisiert wurde, von dessen Verbrechen weder Dorpmüller noch die übrigen Eisenbahner etwas gewußt haben sollten. Das traf freilich nicht zu.

Um bestimmte Nachlaßfragen zu klären, mußte auch über den verstorbenen Julius Dorpmüller in Lübeck 1949 ein Entnazifizierungs-Verfahren geführt werden. Er wurde quasi als »unbelastet« eingestuft; die Schwester konnte sein Erbe antreten.

In der Bundesrepublik war damit kein Schatten mehr auf Dorpmüllers Lebenslauf zu erkennen. Der Auftrag der amerikanischen Militärs zum Wiederingangbringen der Eisenbahn an Dorpmüller wurde wie ein Freispruch sämtlicher Eisenbahner von Schuld dankbar angenommen; der Tod brachte gerichtliche Untersuchungen gegen ihn zum Stillstand. In Wuppertal behielt man nach 1945 den ihm gewidmeten Straßennamen bei. Die Eisenbahnerstadt Minden (Westfalen) folgte 1954. In Malente-Gremsmühlen wurde gar die Straße am Buchenholm mit dem Eisenbahnerheim, in welchem er seine letzten Tage verbracht hatte, etwa 1950 zum »Dr.-Dorpmüller-Weg« umbenannt. Die Liste ist nicht vollständig. In zahlreichen Amtsgebäuden der Bundesbahndirektionen wurden – von seinen alten Kollegen und Untergebenen – die Festsäle respektvoll in »Dorpmüller-Säle« umbenannt, vor welchen man die besagten Bronzebüsten von 1939 aufstellte.

Als die DDR zum 125. Geburtstag der deutschen Eisenbahnen 1960 das Jubiläumsbuch »Uns gehören die Schienenwege« herausbrachte und darin die Transporte in die Vernichtungslager erwähnte, lehnte die westdeutsche Fachwelt dieses Buch als »Machwerk« ab. Indem sie darin Dorpmüller als »Erznazi« bezeichneten, schossen die Autoren vielleicht über das Ziel hinaus.[136] Die Folge war aber, daß sich in der Zeit des Kalten Krieges in Westdeutschland keine vernünftige Debatte über den zweiten Verkehrsminister Hitlers mehr entfalten konnte, denn ein Nachdenken über Kritik aus dem Osten war kaum möglich. Immerhin hielt die DDR auch zahlreiche NS-Akten zurück. Eine längere Würdigung Dorpmüllers von Adalbert Baumann erschien 1961 in dem Sammelband »Pioniere des Eisenbahnwesens«, machte aber von seiner Zeit nach 1937 wenig Aufhebens. In Buchholz (Nordheide) wurde erst 1962 eine »Dorpmüllerstraße« geschaffen, Hameln lag ebenfalls (1959) in dieser Zeit.

Auch die Rolle der Eisenbahn im „Dritten Reich" wurde lange Zeit nicht einmal zwiespältig gesehen: Die Bundesbahn gab 1953 bei Adolf Sarter ein umfangreiches Werk über die »Leistungen der Deutschen Reichsbahn im Zweiten Weltkrieg« in Auftrag, das schließlich nicht gedruckt wurde.[137] Aus der Feder damals aktiver Beamter (Kreidler, Pottgießer, Pischel) erschienen einige Einzeldarstellungen, die sich besonders dem Konflikt zwischen Führung und Wehrmacht einerseits sowie der Reichsbahn andererseits widmeten. Man neigte allgemein dazu, die Eisenbahn als »von Hitler mißbraucht« darzustellen, ohne die Bedeutung gut funktionierender Eisenbahner zu benennen. Erst seit der Entlassung Albert Speers aus Spandau (1966) entwickelte sich eine Diskussion über die Verantwortung von Technikern im Dienst ihrer Regierungen. Wenige Arbeiten versuchten bislang ernsthaft, die Rolle der Reichsbahn und des Reichsverkehrsministeriums bei der Ermordung der europäischen Juden darzustellen.

Zu den »Gedenktagen« Dorpmüllers 1955 und 1969 kamen nur Texte heraus, die sich angesichts aktueller Probleme auf seine Funktion als Kämpfer für die starke Reichsbahn bezogen. Seine Jahre zwischen 1939 und 1945 wurden darin allgemein übergangen. Noch 1969 nannte Bundesbahn-Präsident Heinz-Maria Oeftering seinen Vorgänger Dorpmüller »einen großen Eisenbahner«.[138]

Als zwischen 1968 und 1974 eine von der Deutschen Bundesbahn geförderte dokumentarische Enzyklopädie zu ihrer Vorgeschichte von 1920 bis 1951 erschien, wurden einige seiner »Aufrufe« wohl berichtet, aber alle Hinweise auf die Reichsbahn und ihre Judentransporte im Krieg aus dem Manuskript gestrichen. Aus diesem Grund wird erst fünfzig Jahre nach dem Tod Dorpmüllers darüber diskutiert, welche Rolle dieser unermüdliche Fachmann im Nationalsozia-

Straßenschild am »Dr. Dorpmüller-Weg« zur Bundesbahn-Kurklinik in Malente-Gremsmühlen, 1993. (B. Zietlow)

lismus wirklich gespielt hat. Die Frage betrifft viele andere Eisenbahner neben ihm.

Nach 1970 wurde allmählich die Geschichte der Reichsbahn im Zweiten Weltkrieg kritischer betrachtet. Die Kollegen und Zeitgenossen Dorpmüllers traten in den Ruhestand; die Faszination seiner Persönlichkeit verblaßte. Sein Tun und Lassen im Krieg sahen diejenigen deutlicher, die daran nicht selbst teilgenommen hatten. Vor der 150-Jahr-Feier der deutschen Eisenbahnen in Nürnberg 1985 wurde in vielen Städten die Benennung von Straßen nach Dorpmüller in Frage gestellt, so daß sich Wuppertal 1984, Hameln 1985 und Buchholz 1986 zu Änderungen veranlaßt sahen. Aus dem als »Ehrenhalle« gedachten Treppenhaus des Verkehrsmuseums Nürnberg wurde die Bronzebüste ebenso in den Keller geräumt wie aus dem »Dorpmüllersaal« des Hauptbahnhofs von Hannover, weil man Kritik vermeiden wollte. Vielleicht wäre es besser gewesen, die Skulptur in den thematischen Raum »Eisenbahn im Nationalsozialismus« umzusetzen. Deshalb stellte 1988 das Museum für Verkehr und Technik Berlin dieses Bildnis in seiner eisenbahnhistorischen Ausstellung ganz bewußt aus, um zur Beschäftigung mit dem Mann und seiner Funktion in fast zwanzig Jahren deutscher Eisenbahngeschichte aufzufordern.[139]

Was bleibt von Julius Dorpmüller? Er ist beinahe vergessen, dennoch muß er noch einmal neu betrachtet werden. Er war ein populärer Fachmann, er war immer konservativ eingestellt. Sein Denken war zutiefst in den Kategorien des Kaiserreichs verwurzelt, und doch lebte er mit ganzer Kraft der modernen

Technik. Er war kein glühender Nationalsozialist der ersten Stunde, aber er wurde zum Gefolgsmann Hitlers im Lauf der Zeit. Er machte im kleinen Kreis seine Witze über Göring und Goebbels, aber er peitschte in seinen Ansprachen die Eisenbahner zum Gehorsam gegenüber dem »Führer und Reichskanzler« auf. Er kannte die Welt, aber er war Nationalist. Er verkörperte beispielhaft die technische Elite seiner Zeit; er war ein nur scheinbar willenloser Diener der staatlichen Macht wie kaum ein anderer. Wir können über ihn nicht mehr ohne das Wissen um seine Verantwortung für die Beihilfe der Reichsbahn zu den Kriegsverbrechen reden; unsere Zeit braucht andere Namen auf Straßenschildern.

Der Verfasser dankt für Hilfe und Hinweise den Herren Hans Bock, Erhard Born, Ernst Dorpmüller, Klaus Ganzenmüller, Joseph Hoppe, Wolfgang Illenseer, Alfred Mierzejewski, Karl Naefe, Jan-Henrik Peters, Ferdinand Schwenkner, Mark Walker.

Anmerkungen

Die Zeitschriften „Die Reichsbahn. Amtliches Nachrichtenblatt der Deutschen Reichsbahn-Gesellschaft", „Verein Deutscher Ingenieure" und „Zeitschrift des Vereins Mitteleuropäischer Eisenbahnvereinigungen" werden abgekürzt: Reichsbahn, VDI-Zeitschrift, ZVMEV.

1 Grundlegend Karl-Heinz Ludwig: Technik und Ingenieure im Dritten Reich, Düsseldorf 1974; Monika Renneberg und Mark Walker (Hg.): Science, Technology and National Socialism, Cambrigde (England) 1994.
2 Die folgenden Angaben nach: Reichshandbuch der deutschen Gesellschaft, Berlin 1930, S. 341; Deutsches Führerlexikon, Berlin 1934, S. 99; Neue Deutsche Biographie, Bd. 4, Berlin 1959, S. 84; Personalakte im ehem. Document Center, Bundesarchiv Potsdam – Berlin, Nr. 1010077870 PK und 8040000006.
3 VDI-Zeitschrift 1889, S. 91.
4 Centralblatt der Bauverwaltung 1898, S. 120.
5 Zu Dorpmüllers ersten Dienstjahren siehe auch Erich Metzeltin, in: Jahrbuch für Eisenbahnwesen 1956, S. 201.
6 Vgl.Glasers Annalen 1911, Bd. II, S. 96.
7 Sein Bericht in: Archiv für Eisenbahnwesen 1928, S. 1097.
8 Vgl. Max Heubes: Ehrenbuch der Feldeisenbahner, Berlin 1930.
9 Grundsätzlich Ursula-Maria Ruser: Die Reichsbahn als Reparationsobjekt, Freiburg 1981.
10 Vgl. Hans Baumann: Deutsches Verkehrsbuch, Berlin 1931, S. 74.
11 Reichsbahn 1925, S. 201.
12 Reichsbahn 1926, S. 332.
13 Karl Stieler: Aus meinem Leben, Köln 1950, S. 154; vgl. Alfred Mierzejewski: The Dorpmüller Controversy of 1926, in: The International History Review 1992, S. 661.
14 Stefan Handke: Die Eisenbahn Berlin – Potsdam, Berlin 1988, S. 144.
15 Reichsbahn 1925, S. 501.
16 Adalbert Baumann: Julius Dorpmüller 1869–1945, in: Pioniere des Eisenbahnwesens. Hg. v. Erhard Born, Darmstadt 1961, S. 130.
17 Gerhard Eckert und Hans Jürgen Stöver: Auf Schienen durchs Watt, Hamburg 1977.
18 Zit. nach Hugo Strößenreuther (Hg.): Eisenbahnen und Eisenbahner 1920–1951, Frankfurt a. M. 1968–1974, 6 Bde, hier Bd. 2, S. 62.
19 Vgl. Hans Baumann, wie Anm. 10, S. 314.
20 Zit. nach der Festschrift der Deutschen Reichsbahn: Uns gehören die Schienenwege, Berlin (Ost) 1960, S. 144.
21 Vgl. Reichsbahn 1941, S. 286.
22 Vgl. Railway Gazette 1929, S. 891.
23 Vgl. Reichsbahn 1939, S. 491.
24 Zit. nach Hugo Strößenreuther, wie Anm. 18, Bd. 2, S. 127.
25 ZVMEV 1931, S. 1210.
26 Julius Dorpmüller: Die Reichsbahn unter dem Dawes-Gesetz und die Industrie, in: Reichsbahn 1925, S. 224; ders.: Reichsbahn und Elektrisierung, in: Reichsbahn 1928, S. 367; ders.: Gegenwart und Zukunft der Reichsbahn, in: Reichsbahn 1929, S. 109; ders.: Zur Lage der Reichsbahn, in: Reichsbahn 1930, S. 382; ders.: Die Reichsbahn in ihrer Verbundenheit zu Wirtschaft und Staat, in: Reichsbahn 1933, S. 426; ders.: Schwebende Reichsbahnfragen, in: Reichsbahn 1934, S. 1167.
27 Reichsbahn 1932, S. 551.
28 Reichsbahn 1933, S. 257.
29 Reichsbahn 1933, S. 341.
30 Verkehrstechnik 1933, S. 491.
31 Reichsbahn 1933, S. 617.
32 Vgl. Verzeichnis der oberen Reichsbahnbeamten, Leipzig 1943, S. 34; Stieler: wie Anm. 13, S. 158.
33 NSDAP-Nr. 663996; s. Reichsbahn 1933, S. 687; Verkehrstechnik 1933, S. 441; Großdeutscher Verkehr 1941, S. 307; Glasers Annalen 1941, S. 197.
34 ZVMEV 1942, S. 306.
35 Verkehrstechnik 1933, 387.
36 Vgl. Rainer Stommer (Hg.): Reichsautobahn, Marburg 1982, S. 26.
37 Reichsbahn 1934, S. 961.
38 Vgl. Franz Seidler: Fritz Todt, Frankfurt a. M. ²1988, S. 104; Reichsbahn 1938, S. 625 und S. 638.
39 Reichsbahn 1933, S. 606.
40 Reichsbahn 1933, S. 1034.
41 Reichsbahn 1934, S. 75; Verkehrstechnik 1934, S. 153.
42 Reichsbahn 1934, S. 337.
43 Reichsbahn 1934, S. 760.
44 Reichsbahn 1934, S. 794 und S. 803.
45 Reichsbahn 1934, S. 875.
46 ZVMEV 1935, S. 449; vgl. auch Verwaltungsbericht über das 34. Geschäftsjahr (Mai 1937 bis Mai 1938) des Deutschen Museums, München 1938, S. 17.
47 Reichsbahn 1935, S. 803.
48 Reichsbahn 1935, S. 1276; Verkehrstechnische Woche 1936, S. 5.
49 Reichsbahn 1935, S. 1253.
50 Reichsbahn 1936, S. 257.
51 VDI-Zeitschrift 1936, S. 800.
52 Reichsbahn 1936, S. 737.
53 Reichsbahn 1936, S. 417.
54 Reichsbahn 1937, S. 101.

55 Vgl. Lutz von Schwerin-Krosigk: Staatsbankrott, Göttingen 1974, S. 235.
56 ZVMEV 1937, S. 96.
57 Über ihn Herbert Leclerc: Dr. Ohnesorge und die Deutsche Reichspost, in: Archiv für deutsche Postgeschichte 1988, S. 120.
58 Reichsbahn 1937, S. 101.
59 Verkehrstechnische Woche 1940, S. 89.
60 Reichsbahn 1937, S. 269.
61 Reichsbahn 1939, S. 176.
62 Statistische Angabe über die Deutsche Reichsbahn im Geschäftsjahr 1937, Berlin 1938, S. 286.
63 Otto Meissner: Ebert, Hindenburg, Hitler, Esslingen 1991, S. 406.
64 Vgl. Hans Heinz Sadila-Mantau: Unsere Reichsregierung, Berlin ²1940, S. 255.
65 Hans J. Reichhardt und Wolfgang Schäche: Von Berlin nach Germania, Berlin 1985.
66 Reichsbahn 1937, S. 625.
67 Reichsbahn 1938, S. 632.
68 Reichsbahn 1938, S. 297; Volkswirtschaftliche Rundschau 4/1938, S. 5.
69 Dokument 1816-PS, in: Der Prozeß gegen die Hauptkriegsverbrecher vor dem Internationalen Militärgerichtshof Nürnberg 1945/46, Bd. XXVIII, S. 499.
70 Hinweis in: Reichsbahn 1941, S. 282.
71 Dokument 3787-PS des IMT Nürnberg, Bd. XXXIII, S. 159.
72 Reichsbahn 1939, S. 389.
73 ZVMEV 1939, S. 577; Lokomotive 1939, S. 119; Reichsbahn 1939, S. 784.
74 Transporthistorischer Überblick bei Eugen Kreidler: Die Eisenbahnen im Machtbereich der Achsenmächte während des Zweiten Weltkrieges, Göttingen 1975.
75 Reichsbahn 1939, S. 869.
76 Reichsbahn 1939, S. 941.
77 Reichsbahn 1939, S. 976.
78 Verkehrstechnische Woche 1940, S. 1.
79 Vgl. Julius Dorpmüller: Verkehrsaufbau im Osten, in: Verkehrstechnische Woche 1940, S. 47.
80 Zur Geschichte der Ostbahn vgl. Werner Pischel, in: Archiv für Eisenbahnwesen 1964, S. 1.
81 Reichsbahn 1941, S. 205.
82 Wolfgang Scheffler: Judenverfolgung im Dritten Reich, Berlin 1964, S. 33.
83 Dazu die Akten der Reichskanzlei im Bundesarchiv Koblenz, Bestand R 43/II 768 a.
84 Wolfgang Scheffler, wie Anm. 82, S. 33.
85 Vgl. Hans Safrian: Die Eichmann-Männer, Wien 1993, S. 95.
86 Reichsbahn 1940, S. 406.
87 Reichsbahn 1940, S. 505; ZVMEV 1940, S. 657.
88 Vgl. Lutz von Schwerin-Krosigk, wie Anm. 55, S. 181.
89 Die Akten der Parteikanzlei im Berlin Document Center, Ordner 0392, Bl. 119 u. 162, publizierte zuerst Marlis Steinert: Die 23 Tage der Regierung Dönitz, Düsseldorf 1967, S. 153.
90 Zuletzt Jürgen Ostermeyer, in: Frankfurter Allgemeine Zeitung, 27. Juli 1994, S. 7.
91 Verkehrstechnische Woche 1940, S. 339.
92 Reichsbahn 1941, S. 1.
93 Vgl. Hans Pottgießer: Die Deutsche Reichsbahn im Ostfeldzug, Neckargemünd 1960, S. 26.
94 Vgl. Gerald Reitlinger: Die Endlösung, Berlin ⁷1992; Raul Hilberg: Die Vernichtung der europäischen Juden, Frankfurt a. M. 1991.
95 Tarif- und Verkehrsanzeiger II Nr. 46 vom 23. September 1941, S. 327.
96 Reichsbahn 1942, S. 15.
97 Vgl. Klaus A. F. Schüler: Logistik im Rußlandfeldzug, Frankfurt a. M. 1987.
98 Franz Seidler, wie Anm. 38, S. 151.
99 Vgl. Eugen Hahn: Eisenbahner in Krieg und Frieden, Frankfurt a. M. 1954, S. 75–87.
100 Vgl. Gregor Janssen: Das Ministerium Speer, Frankfurt a. M. 1968, S. 42. Kritisch Matthias Schmidt: Albert Speer, das Ende eines Mythos, Bern 1982, S. 71.
101 Vgl. Alfred Gottwaldt: Deutsche Kriegslokomotiven, Stuttgart 1973, S. 29.
102 Albert Speer: Erinnerungen, Frankfurt a. M. 1969, S. 236.
103 ZVMEV 1942, S. 306; Reichsbahn 1942, S. 182.
104 Anton Joachimsthaler: Die Breitspurbahn, München ³1985, S. 80.
105 Albert Speer: Spandauer Tagebücher, Frankfurt a. M. 1975, S. 240.
106 Reichsbahn 1944, S. 278.
107 Reichsbahn 1942, S. 213.
108 ZVMEV 1942, S. 391.
109 Leon Poliakov und Joseph Wulf: Das Dritte Reich und die Juden, Berlin 1955, S. 183.
110 Faksimile des Briefwechsels bei Raul Hilberg: Sonderzüge nach Auschwitz, Mainz 1981, S. 177 und 181.
111 Vgl. Gerald Reitlinger: Ein Haus auf Sand gebaut, Hamburg 1963, S. 313; Ulrich Herbert: Fremdarbeiter, Berlin 1985.
112 Reichsbahn 1942, S. 311.
113 Zit. nach Hugo Strößenreuther (Hg.), Eisenbahnen und Eisenbahner 1941–1945, S. 75.
114 Reichsbahn 1943, S. 123.
115 Reichsbahn 1943, S. 240; ZVMEV 1943, S. 368; Großdeutscher Verkehr 1943, S. 345.
116 Verkehrstechnik 1943, S. 226.
117 Reichsbahn 1943, S. 303; Lokomotive 1943, S. 215.
118 Kurt Pätzold und Erika Schwarz: „Auschwitz war für mich nur ein Bahnhof", Berlin 1994, S. 44.
119 Vgl. Alfred Mierzejewski: Bomben auf die Reichsbahn, Freiburg 1993, S. 71.
120 Eugen Hahn, wie Anm. 99, S. 128.
121 Deutsche Allgemeine Zeitung vom 4. Mai 1944; Verkehrstechnik 1944, S. 70.
122 Verkehrstechnik 1944, S. 87.
123 Hans Speidel: Invasion 1944. Ein Beitrag zu Rommels und des Reiches Schicksal, Tübingen ³1950, S. 84.
124 Reichsbahn 1944, S. 198.
125 Reichsbahn 1944, S. 219; Verkehrstechnik 1944, S. 115; Lokomotive 1944, S. 117.
126 Akten der Reichskanzlei im Bundesarchiv Koblenz, Bestand R 43/II 1092 a.
127 Reichsbahn 1944, S. 281.
128 Albert Speer: Erinnerungen, S. 459.
129 Persönlicher Bericht Karl Naefe vom 20. Februar 1992.
130 Walter Lüdde-Neurath: Regierung Dönitz, Göttingen ³1964, S. 84 u. 198.
131 Carl R. Gray: Railroading in Eighteen Countries, New York 1955, S. 246 (Übers. d. Verf.).
132 Albert Speer, Erinnerungen, S. 505.
133 Railway Gazette 1945, S. 211 u. 224 (Übers. d. Verf.).
134 Deutsche Bundesbahn: Verzeichnis der höheren Beamten und Amtsräte, Frankfurt a. M. 1952 ff.
135 Vgl. Heiner Lichtenstein: Mit der Reichsbahn in den Tod, Köln 1985.

136 Autorenkollektiv: Uns gehören die Schienenwege, Berlin (Ost) 1960, S. 191.

137 Die Dokumente dieser „Kölner Sammlung" befinden sich seit 1981 als Bestand „R 5/Anhang 1" im Bundesarchiv Koblenz.

138 Reichsbahn 1949, S. 324; Bundesbahn 1955, S. 554; Bundesbahn 1969, S. 667; Glasers Annalen 1969, S. 230.

139 Vgl. Alfred Gottwaldt: Züge, Loks und Leute. Ein Katalog, Berlin 1990, S. 149.

»Hoffentlich nie wieder!«

Krieg und Nachkriegszeit in Berlin –
Ein Rückblick nach fünf Jahrzehnten

von Heinz W.

**Der siebzehnjährige Heinz W. als Marine-Rekrut
im Februar 1945. (MVT)**

Der Schüler Heinz W. kurz vor Beginn des Krieges im Kreise seiner Familie an der Siegessäule im Berliner Tiergarten, 1939. (MVT)

Der Bericht eines der Menschen, die in der historischen Überlieferung zumeist namenlos oder unerwähnt bleiben, soll den sieben Darstellungen über die sogenannten großen Männer und ihre Taten an die Seite gestellt werden, um eine weitere Perspektive auf den in diesem Band behandelten Zeitraum zu eröffnen.

Der Büromaschinenmechaniker Heinz W., Jahrgang 1927, erinnert sich an die Jahre von 1939 bis 1951. Er berichtet, wie er als Kind den Beginn des Zweiten Weltkrieges erlebte, welche Erfahrungen er als Jugendlicher während des Krieges machte und wie sein Alltag als junger Mann im Berlin der Nachkriegszeit aussah.

Diese autobiographische Quelle ermöglicht einen Wechsel der Blickrichtung, erschließt eine andere Dimension der Vergangenheit – die des subjektiv erlebten Alltags im Krieg und in der Nachkriegszeit – und leistet damit einen Beitrag zur »Geschichte von unten«. Sie bietet Einblicke in die alltäglichen Lebensbedingungen, zeigt Denk- und Erfahrungsweisen und gibt Aufschlüsse über gesellschaftliche Bewußtseinslagen. Die Erinnerungen des Zeitzeugen spiegeln ein Stück der damaligen Lebenswirklichkeit wider. Die politischen Ereignisse und geschichtlichen Zusammenhänge, deren Erforschung auf anderen Quellen (wie beispielsweise Akten) basiert, werden in ihren gesellschaftlichen Auswirkungen faßbarer und realer.

Der besondere Wert des Rückblicks von Heinz W. liegt in seiner Authentizität und Subjektivität. Denn es geht hier um die menschliche Seite der Geschichte, um »das ganz normale« Leben eines Individuums, das sonst nur in Statistiken als anonyme Größe auftaucht, nicht um repräsentative Einsichten oder quantitativ faßbare Ergebnisse.

Heinz W. schrieb seine Erinnerungen im Oktober 1994 in Berlin mit selbstgewählter Schwerpunktsetzung auf. Das Manuskript wurde geringfügig gekürzt und der besseren Lesbarkeit wegen dort behutsam korrigiert, wo Grammatik und Stilistik dies nahelegten. Davon abgesehen, folgt der Text der Handschrift; inhaltliche Eingriffe sind nicht vorgenommen worden.

Hingewiesen sei noch darauf, daß das menschliche Gedächtnis selektiv arbeitet und die Erinnerung durch spätere Erfahrungen beeinflußt wird. Was bleibt, sind die für das jeweilige Leben bedeutsamen Ereignisse.

Silke Klewin

Bei Kriegsbeginn war ich zwölf Jahre alt. Auf jenen 1. September 1939 kann ich mich noch gut besinnen, denn gleich am ersten Abend war Fliegeralarm in Berlin. In der Abenddämmerung war dieser auf- und abschwellende Heulton zu hören, der durch Mark und Bein ging. Mir zittern heut' noch die Knie, wenn ich eine Sirene höre. Wir gingen alle sofort in den Keller. Nirgendwo brannte Licht, und auch die Straßenbeleuchtung war abgeschaltet – totale Verdunkelung. Es war eine gespenstische Szene.

Damals wohnten meine Eltern, meine drei Jahre ältere Schwester und ich in der Schöneweider Straße in Neukölln in einer kleinen Zwei-Zimmer-Wohnung mit Außentoilette. Geboren wurde ich im April 1927 in Berlin als das jüngste von fünf Kindern; der Nachzügler. Mein Vater, Jahrgang 1884, war Werkzeugmacher, meine Mutter, Jahrgang 1886, Hausfrau. Die älteren Geschwister waren verheiratet und lebten nicht mehr bei uns zu Hause.

»Kanonen statt Butter«

Die Meldung vom Kriegsausbruch hatten wir morgens im Radio gehört. Zu der Zeit besaßen wir – wie die meisten anderen ja auch – einen Volksempfänger. Der Apparat hieß VE 301.

Über den Beginn des Krieges war man zwar nicht gerade begeistert, aber so tragisch wurde er auch wieder nicht gefunden. Denn ein paar Tage vorher war ja schließlich der Nichtangriffspakt mit Rußland unterzeichnet worden; das versprach doch eine gewisse Sicherheit. Und außerdem – was hätten wir denn dagegen machen können?

In Berlin änderte sich nun zunächst noch nichts Wesentliches. Das eigentliche Kriegsgeschehen war von Nachrichten aus dem Radio, den Wochenschauen und den Zeitungen bestimmt. Und da mein Vater aufgrund seines hohen Alters nicht eingezogen wurde, lebten wir eigentlich weiter wie bisher. Sicher, Lebensmittel gab es nur noch auf Karten. Kohlen wurden rationiert, ebenso Kleidung und Schuhe. Aber die Versorgung war gesichert; Mangel litten wir nicht. Auch mußte der Schulunterricht drastisch gekürzt werden, da man ja viele Lehrer zum Kriegsdienst einzog. Die Schule dauerte jetzt nur noch ein bis zwei Stunden am Tag und diente hauptsächlich dazu, an uns Kinder jeden Tag Vitamin-C-Tabletten zu verteilen. Später, nach Ende des ersten Kriegswinters, wurde unsere Schule zum Lazarett umfunktioniert. Wir mußten dann alle in eine andere Schule, in der Schichtunterricht eingeführt wurde. Das hieß, man ging mal vormittags, mal nachmittags zum Unterricht. Meine freie Zeit verlebte ich genau wie vor dem Krieg: Ich spielte mit Freunden, tollte draußen rum und so. Sehr häufig gingen wir in das nahegelegene Stadtbad in der Ganghoferstraße zum Baden und Schwimmen. Der Eintritt kam 10 Pfennig, und das blieb auch in den weiteren Kriegsjahren so, denn das Bad wurde – wie durch ein Wunder – vom Bombenkrieg nicht zerstört. Ab und an war ich auch in den Jugendvorstellungen des Apollo-Kinos, das schräg gegenüber vom Bahnhof Neukölln war. Diese Nachmittagsvorstellungen kosteten 30 Pfennig und es gab hier »Die Schlacht am blauen Berge«, »Mickey Mouse« und Filme von Shirley Temple zu sehen.

Bald war dann fast jede Nacht Fliegeralarm, besonders in hellen und klaren Nächten; man gewöhnte sich beinahe schon daran. Im September 1939 drangen bereits die ersten Flugzeuge bis Berlin vor, und ich hörte zum ersten Mal das Feuern einer schweren Flak-Batterie, die zwischen den Bahnhöfen Neukölln und Köllnische Heide aufgestellt war. Es war ein kurzes, scharfes, schmetterndes Krachen. Anderntags sammelten wir Jungen dann Flaksplitter und tauschten sie untereinander. Als dann aber später die ersten Bomben in der näheren Umgebung unserer Wohnung niedergingen und man hautnah miterlebte, was sie anrichteten, begriff ich, daß der Krieg kein Abenteuer, sondern blutiger Ernst war. Flaksplitter haben wir seitdem nicht mehr gesammelt!

Im Verlauf des Jahres 1940 weitete sich der Krieg immer mehr aus: Im April gegen Dänemark und Norwegen, im Mai begann der Frankreichfeldzug. Alle hofften, daß die Kämpfe bald zu Ende seien, aber Fliegeralarm und Bombenangriffe gingen weiter. In diesem Jahr lief nun die große Aktion an, zunächst kleine Kinder und dann auch ganze Schulklassen in bombensichere Gebiete zu transportieren – die Kinderlandverschickung, kurz KLV genannt. In den Wochenschauen sah man, wie lachende Kinder aus den Zügen winkten und mit Musik und viel Trara vom Anhalter Bahnhof abfuhren.

Anfang November mußte dann unsere ganze Schulklasse samt Lehrer für drei Monate in ein KLV-Lager. Das erste Mal, daß ich so lange von zu Hause weg war. Meine Abreise war aber gar nicht so spektakulär wie in der Wochenschau; wir fuhren vom Görlitzer Bahnhof ohne Musik und Tschimbum ab. Auch ging die Reise nicht wie im Kino nach Österreich, Bayern, Schlesien oder Ostpreußen, sondern nach Weißwasser in der Oberlausitz. Untergebracht wurden wir im großen Saal des dortigen evangelischen Vereinshauses, in dem 70 der zwei- und dreistöckigen Betten für unsere und noch eine weitere Klasse aufgestellt waren. Der Tagesablauf war genau festgelegt: Nach dem pünktlichen Aufstehen gab es jeden Mor-

Blick vom Turm des Neuköllner Rathauses auf die Berliner Straße in Richtung Hermannplatz, Juli 1941.
(Landesbildstelle Berlin)

gen Haferflockensuppe, die eigentlich immer angebrannt war, und eine Stulle mit Marmelade. Bis zum Mittagessen hatte man dann Unterricht. Der wurde aber nicht besonders ernst genommen, denn wir waren alle Schulabgänger für das Frühjahr 1941. Es wurde über die Berufswünsche von jedem gesprochen, und gelernt haben wir von unserem Lehrer in dieser Zeit – außer dem Schachspiel – nicht viel. Am Nachmittag mußten dann alle im Speisesaal Schularbeiten machen, danach ging es raus zum Spielen. Nach dem Abendbrot konnte weiter gespielt oder auch gebastelt werden. Zu der Zeit hat man ja noch sehr viel gebastelt. Beliebt waren vor allem die Wilhelmshavener Modellbaubögen aus Pappe für Flugzeuge und Schiffe. Ich erinnere mich noch gut daran, wie ich in Weißwasser den Kreuzer »Nürnberg« gebaut habe. Kino oder Radio gab es hier nicht. Die einzigen Nachrichten von außen waren die Briefe von zu Hause. Obwohl natürlich alle Heimweh hatten, war es eine sehr schöne Zeit.

Anfang Februar 1941 kehrten wir nach Berlin zurück. Für ein paar Wochen ging es noch zur Schule, im März wurde ich dann entlassen. Das zweite wichtige Ereignis in diesem Monat war meine Konfirmation, die wir zu Hause im Familienkreis bei Bohnenkaffee und Torten feierten. Da es zur Konfirmation besondere Bezugsscheine für Kleidung gab, bekam ich einen neuen Anzug, Schuhe und einen Hut. Mein Patenonkel schenkte mir sogar 100 Reichsmark für ein Fahrrad. Aber wie so vieles, gab es auch keine Fahrräder mehr zu kaufen.

Nun begann die Zeit der Vorstellung und Eignungsprüfung beim Lehrherrn. Am 1. April 1941 begann ich eine Lehre als Mechaniker in einer großen Registrierkassen-Firma. Die erste Zeit war nicht einfach. »Eisen erzieht« – so hieß der Lehrgang für die Grundausbildung am Schraubstock. Doch als endlich die ungeliebte Zeit am »Kratzbock« vorbei war und die Ausbildung in der eigentlichen Mechanik begann, wurde es interessanter. Die Entlohnung wurde als Erziehungsbeihilfe bezeichnet. Sie betrug im ersten Lehrjahr fünf, im zweiten Jahr sieben und im dritten Jahr neun Reichsmark wöchentlich. Davon gingen noch die Beiträge zur Invalidenversicherung und der

Pflichtbeitrag zur sogenannten Deutschen Arbeitsfront ab, in der man automatisch zum Mitglied gemacht wurde. Viel konnte man mit dem Geld nicht anfangen. Die Woche einmal ins Kino kam 70 Pfennig, die Fahrt zur Berufsschule hin und zurück 30 Pfennig, gelegentlich mal ein Schreibheft für die Berufsschule, 10 Pfennig. Das waren die festen Ausgaben. Da ich in meinem Elternhaus nichts abzugeben brauchte, konnte das übrige Geld gespart werden.

Der Krieg hatte sich inzwischen noch weiter ausgedehnt. Im Juni 1941 begannen die Kämpfe mit Rußland, im Dezember erklärte Hitler den Vereinigten Staaten den Krieg. Nun war er da, der Zweite Weltkrieg, den doch niemand gewollt hatte.

Über die tatsächlichen Gegebenheiten an den Fronten waren wir ja damals schlecht informiert. Denn es war sehr schwer, an unzensierte Nachrichten zu gelangen. Zum einen kamen wir aus unserem Kiez doch gar nicht heraus, und zum anderen informierten die offiziellen Verlautbarungen fast nie über eigene Verluste. Man erfuhr lediglich mal von Luftangriffen auf große westdeutsche Städte wie Hamburg und Köln. Aber das Eingreifen der beiden Großmächte in die Kampfhandlungen erinnerte doch sehr an den Ersten Weltkrieg und ließ uns ahnen, daß der Krieg noch lange dauern würde. Der durchaus weitverbreitete Glaube an einen baldigen Sieg schwand jetzt immer mehr!

Das Jahr 1942 war ein schlimmes Jahr für unsere Familie. Im Frühjahr verstarb mein Bruder im Alter von knapp 32 Jahren an spinaler Kinderlähmung. Nur vier Tage hatte seine Erkrankung gedauert. Das Leben mußte aber weitergehen.

Das Kriegsgeschehen blieb noch immer bestimmt von den Nachrichten der Kriegsschauplätze: den Kämpfen in Nordafrika, in Rußland und im Atlantik. Außer den nächtlichen Fliegeralarmen änderte sich in Berlin nicht viel. Der Alltag verlief für mich in diesem vierten Kriegsjahr in der gleichen Monotonie wie die Jahre davor: 48 Stunden Arbeitszeit – jeden Tag von 6.45 Uhr bis 16.00 Uhr, samstags nur bis 13.00 Uhr, der Dienstag war der Berufsschultag. Dazu kamen noch die Hausaufgaben, und fast jede Nacht ging es bei Fliegeralarm für ein bis zwei Stunden in den Keller. Einmal sogar für fünf Stunden.

»Bangen um die Zukunft«

1943 war dann das Jahr der großen Entscheidungen – sowohl im Kriegsverlauf als auch im persönlichen Bereich. Im Januar gab es schon Berichte, daß die deutsche 6. Armee im Raum Stalingrad eingekesselt war. Ende Januar war die Schlacht beendet, und

Heinz W. bei seiner Konfirmationsfeier im März 1941 in der Schöneweider Straße in Neukölln. (MVT)

Werbebroschüre der Kriegsmarine, Juli 1943. (MVT)

90 000 Soldaten gingen in Gefangenschaft. Die Wende des Krieges war nun offensichtlich.

Parallel dazu wurde in der Heimat für den sogenannten totalen Krieg mobilisiert. An Goebbels' Rede über den totalen Krieg im Berliner Sportpalast kann ich mich noch genau erinnern. Es war der 30. Januar, der zehnte Jahrestag der Machtübernahme durch Hitler, als wir abends im Radio hörten, wie seine Frage: »Wollt Ihr den totalen Krieg noch viel totaler als ihr ihn euch überhaupt vorstellen könnt?« mit einem unglaublich stürmischen Ja-Gebrüll beantwortet wurde. Das kam mir damals schon vor wie in einem Kaspertheater. Wenn der Kasper ruft, seid ihr auch alle da, dann ruft auch alles Hurra.

Im Frühjahr 1943 wurde ich sechzehn Jahre alt und konnte bald mit der Musterung zum Militär rechnen. Die jungen Jahrgänge wurden alle eingezogen, es gab keine Ausnahmen oder Freistellungen. Man wußte genau, wie es weitergehen würde. Nach der Musterung kam das Wehrertüchtigungslager, kurz WE-Lager genannt, mit siebzehn für drei Monate der Arbeitsdienst, und danach wurde man dann zum Militär eingezogen. Um der Einberufung zu den »Stoppel-Hopsern«, wie wir die Infanterie damals nannten, zu entgehen, gab es nur eine Möglichkeit: die freiwillige Meldung zur Wehrmacht. Ich entschied mich für eine technische Laufbahn bei der Marine. Und da mein Vater nichts dagegen hatte, weil dieser Weg eine lange Ausbildungszeit versprach, meldete ich mich beim Wehrbezirks-Kommando für die Laufbahn des Ingenieuroffiziers der Reserve und wurde ein Angehöriger der Kriegsmarine im Beurlaubtenstand, ein ROB (Reserve-Offizier-Bewerber).

Kurz vor meinem sechzehnten Geburtstag kam dann auch, wie erwartet, der Musterungsbefehl. Ich konnte ja gut vorbereitet hingehen. Nach einer drei Tage dauernden Eignungsprüfung erklärte man mich dann KVU, also kriegsverwendungsfähig Unterseeboot, was wohl auch an meinen Körpermaßen (1,62 Meter groß, 50 Kilogramm schwer) lag. Die Prüfer sahen mich für die Laufbahn VII, die Mechaniker-Laufbahn für Unterseeboot, vor. Als ich dann kurz darauf meinen Wehrpaß zugeschickt bekam, war mir doch nicht mehr so wohl zumute.

In der Berufsausbildung war ich inzwischen im dritten Lehrjahr. Als Höhepunkt der Ausbildung mußte jeder Lehrling eine Buchungsmaschine zusammenbauen. Die Montage des aus circa 25 000 Einzelteilen bestehenden Geräts dauerte etwa zwölf bis vierzehn Wochen. Im Herbst 1943 wurde dann kurzfristig, nach nur zweieinhalbjähriger Lehrzeit, die Facharbeiter-Notprüfung für unsere Lehrlingsgruppe angesetzt. Denn einige Lehrkollegen, die Ende 1926 geboren, wurden bald siebzehn Jahre alt und sollten eingezogen werden. Nach Ablegung der Prüfung arbeitete ich in unserem Betrieb bis zu meiner Einberufung im Juni 1944 als Geselle weiter. Die Arbeit in der Reparaturabteilung für Kellner-Kassen war interessant und gefiel mir gut; der Stundenlohn betrug 50 Pfennig.

Eine Begebenheit, die sehr bezeichnend für diese Zeit ist, habe ich noch gut in Erinnerung. Der erste aus unserer Lehrlingsgruppe hatte, gerade siebzehn Jahre alt geworden, seine Einberufung bekommen. Gemeinsam beschlossen wir, ins Kino zu gehen und uns »Akrobat schöön...« mit Charlie Rivel anzusehen. Der Film war eigentlich erst ab achtzehn Jahren zugelassen, und man wollte uns auch tatsächlich nicht hineinlassen. Dem Kontrolleur wurde die Einberufung unter die Nase gehalten und gesagt: »Wenn wir schon für das Vaterland sterben dürfen, dann dürfen wir wohl auch diesen Film sehen!« Daraufhin ließ er uns schließlich hinein.

Der Kriegsverlauf hatte sich nun drastisch verändert. An allen Fronten ging es zurück. Im Wehrmachtsbericht war stets von Frontbegradigungen die Rede. Im Herbst 1943 begannen dann auch die massiven Nachtluftangriffe auf Berlin. Einen Angriff habe ich, als ich Luftschutzwache in meiner Firma hatte, vom Dach aus beobachtet. Mit sechzehn Jahren wurde man nämlich zum Luftschutzdienst im Betrieb herangezogen; vorher machte man eine kurze Ausbildung zum Hilfsfeuerwehrmann. Ich sah, wie im Raum Wilmersdorf-Charlottenburg die sogenannten Christbäume gesetzt wurden, die das Abwurfgebiet für die nachfolgenden Bomber eingrenzten. Scheinwerfer geisterten wie Leichenfinger über den sternklaren Himmel, und die explodierenden Flak-Granaten leuchteten als glühende Pünktchen in großer Anzahl auf. Dann wurde ein Bomber von den Scheinwerfern erfaßt, und sofort kamen andere hinzu. Das Flak-Feuer konzentrierte sich darauf. Es gab einen Volltreffer und der Feuerball war um ein Vielfaches größer als das Flugzeug im Scheinwerferlicht.

Auch unser Bezirk wurde zunehmend in Mitleidenschaft gezogen. In der Hertzbergstraße waren mehrere vierstöckige Häuser total zerstört, an verschiedenen Stellen lagen Teile von abgeschossenen Bombern herum. Von den Lehrkollegen, die in anderen Bezirken wohnten, hörte man von den dortigen Zerstörungen. Einige waren ausgebombt und wohnten in Notquartieren. Der Krieg brach jetzt ganz massiv in unser tägliches Leben ein.

Dann kam der 29. Dezember 1943. Ein Datum, an das ich noch heute mit Schrecken denke und das ich wohl nie werde vergessen können. In der klaren Nacht war, wie üblich, Fliegeralarm. Beim Einsetzen des Alarms begann meistens schon die Flak zu feuern. So auch dieses Mal. In unserem Keller, der inzwischen schon mit schweren Deckenstützen und mit einem Mauerdurchbruch zum Nebenhaus versehen war, saßen die Bewohner: Frauen, Kinder, sogar ein ganz kleines im Kinderwagen, und ältere Männer. Die anderen Männer waren ja alle eingezogen – einer war in Stalingrad vermißt. Wir hörten die Bomben rauschen. Ein dumpfes, gurgelndes Grollen kündete uns an, daß es ganz in der Nähe sein würde. Dann kamen die Einschläge. Der Boden bebte, das Licht verlosch, die nur angelehnten Türen bewegten sich, Staub wallte auf, einige Frauen schrien. Im Schein von Taschenlampen sah man in ängstliche Gesichter. Wenige Minuten später ging ich auf die Straße. Der Anblick war verheerend. Die Straße war vom Feuerschein hellrot erleuchtet, überall lagen Glassplitter. An der Straßenecke brannten zwei Häuser von oben bis unten. Um die Ecke herum brannten ganze Straßenzüge. Aus einem brennenden Molkereibetrieb wurde das Vieh herausgetrieben; die Tiere brüllten und rannten verängstigt mit weit aufgerissenen Augen herum. Einige Leute versuchten, sie einzufangen. Stabbrandbomben, die auf den Straßen aufgeschlagen waren, wurden mit Sand erstickt. Im übernächsten Haus brannte der Dachstuhl. Es wurde eine Eimerkette gebildet, an der ich mich auch beteiligte. Zum Glück gelang es uns, wenigstens dieses Feuer zu löschen. Während der Löscharbeiten kam die Entwarnung. Die Häuser an der Straßenecke brannten immer noch lichterloh. Hier waren Luftminen niedergegangen, anschließend Phosphorkanister. Da hatte es keine Rettung gegeben. Viele Menschen sind verbrannt. Viele sind erstickt; sie saßen in ihren noch intakten Kellern mit zerrissenen Lungen so da, als ob sie noch lebten. Ein mir unvergeßlich bleibender schrecklicher Anblick. Bei all dem Grauen war ein sehr lautes Rauschen zu hören. Die Ursache war ein brennender Gaskessel, der aus etwa 20 bis 30 Löchern mit etwa 2 bis 3 Meter hohen Flammen wie ein riesiger Gaskocher brannte. Nicht auszudenken, wenn da eine Sprengbombe reingegangen wäre. Jetzt kamen Rufe, schnellstens die Straße zu räumen, denn ein brennendes Haus drohte einzustürzen. Die Außenwand wölbte sich immer mehr, dann stürzte es mit lautem Krachen ein. Auch unser Haus war von einer Brandbombe getroffen worden, aber die Schäden waren glücklicherweise gering.

Anfang März 1944 begannen nun auch noch die Tagesangriffe der Amerikaner mit Hunderten von viermotorigen Bombern. Sie flogen immer in großer Höhe in Pulks von etwa 15 Maschinen. Ein tiefes, lautes Brummen lag dann in der Luft, durchsetzt vom Krachen der Flugabwehrkanonen.

Meine Lehrkollegen, die 1926 geboren waren, waren inzwischen alle eingezogen. Von den früheren Jahrgängen hingen schon viele Traueranzeigen am schwarzen Brett im Betrieb. Am 6. Juni 1944, dem Tag der alliierten Landung in der Normandie, wurde ich zum dreimonatigen Reichsarbeitsdienst (RAD) nach Schönlanke, in der Nähe von Schneidemühl, eingezogen. Dort war die RAD-Abteilung 1/44 in ehemaligen Pferdeställen untergebracht. Wir wurden eingekleidet. Es gab Drillichzeug, Wäsche, Schuhe, eine Ausgeh-Uniform, deren Mütze als »Arsch mit Griff« bezeichnet wurde, und – nicht zu vergessen – natürlich auch einen Spaten. Die Sachen waren in keinem guten Zustand. Alles war reichlich abgetragen, geflickt und gestopft. Unsere Uniformen waren von dunklerem Braun als die Partei-Uniformen; deren Träger wurden übrigens heimlich »Goldfasanen« genannt.

Die nun folgende vierwöchige Grundausbildung erwies sich als harter Drill. Wir mußten ständig mit dem Spaten exerzieren und »Griffe kloppen«. Die Vorgesetzten durften nicht mit »Herr« angeredet werden, sondern nur mit dem Rang, zum Beispiel »Jawohl Obervormann«. Es gab auch keinen militärischen Gruß mit Handanlegen an der Mütze, nein, es gab nur den ausgestreckten Arm. Ich habe vorher noch nie Menschen so brüllen hören wie diese sogenannten RAD-Führer.

Nach knapp vier Wochen bekamen wir dann Gewehre. Auf dem Schießplatz mußte jeder genau drei Schuß auf eine Zielscheibe abgeben. Danach ging es dann schon ab zum Einsatz, um den sogenannten Ostwall zu bauen. Nach Hause schreiben durften wir das aber nicht.

Rund eine Woche lang haben wir im Raum Suwalki mit Sägen, Äxten und Beilen Bäume gefällt, um das »Schußfeld freizumachen«. Etwa Mitte Juli kamen wir dann in das Dorf Nowa Wies – zu deutsch Neudorf – und wurden in der Scheune eines polnischen Bauern einquartiert. Jetzt mußten wir keine Bäume mehr fällen, sondern Schützen- und Panzersperrgräben ausheben. Pro Mann und Tag dreizehn laufende Meter. Es gab viele, die das nicht immer geschafft haben. Auch ich gehörte dazu. Man wurde dann immer regelrecht zusammengebrüllt. Während des ganzen Einsatzes gab es eine Reichsmark Wehrsold und eine Reichsmark Frontzulage pro Tag. Die Verpflegung beim Arbeitsdienst war immer gleich: morgens angeschimmeltes Kommißbrot mit Marmelade, mittags Erbsensuppe, abends wieder angeschimmeltes Kommißbrot und ein Stück Jagdwurst, aus der man das Wasser herauspressen konnte, wenn man sie in der Hand zerdrückte.

Dann kam der 20. Juli 1944. Unser Abtei-

Beispiel einer marschierenden Reichsarbeitsdienst-Kolonne, Oktober 1934. (Bildarchiv Preußischer Kulturbesitz)

lungschef, ein Oberstfeldmeister, berichtete von Stauffenbergs mißglücktem Attentat auf Hitler und hielt eine feurige Ansprache mit vielen Sieges- und Durchhalteparolen; er forderte uns zu massivem Einsatz für den Endsieg auf.

Anfang August rückte die Front immer näher. Man hörte das Grollen von Tag zu Tag mehr. Eines Morgens wurden wir aus dem Schlaf gerissen und mußten die von uns gebauten Stellungen besetzen. Eine russische Einheit hatte die deutsche Front aufgerissen und war durchgebrochen. Als der Angriff begann, kamen eilig herangerufene Panzergrenadiere. Sie schickten uns mit den Worten fort: »Jungs, macht, daß ihr wegkommt, und geht nach Hause.« Eine Stunde später, wir waren zum Glück schon ein Stückchen weg, setzte ein schwerer russischer Artilleriebeschuß mit Geschützen und Stalin-Orgeln ein. Etwa 35 Kilometer legten wir an diesem Tag zurück und passierten abends die deutsche Grenze im Raum Goldap. Auch hier hieß es wieder, Schützengräben auszuheben, bis es in den ersten Septembertagen endlich soweit war, daß die Arbeitsdienstzeit zu Ende ging. Die Reichsbahn transportierte uns in Güterwagen nach Schönlanke zurück. Immer 40 Mann in einem Wagen. Es war so eng, daß viele die ganze Fahrt, die immerhin einen Tag und eine Nacht dauerte, stehen mußten. Man händigte mir

dann meine Einberufung zur Kriegsmarine nach Kiel aus und entließ mich nach Berlin. Es war zwar die sofortige Meldung beim Wehrbezirkskommando angeordnet, aber ich machte noch einen kurzen Abstecher nach Hause.

Ich kam völlig überraschend an; meine Eltern freuten sich sehr. Sie sahen verhärmt aus, der Krieg dauerte ja nun schon fünf Jahre. In den wenigen Tagen, die mir bis zur Abfahrt nach Kiel zu Hause blieben, wurde ich natürlich verwöhnt. Obwohl es in den Läden keine allzu große Auswahl mehr gab: zu essen hatte jeder. Brot, Kartoffeln, Fleisch und Wurst gab es noch – nach acht Wochen Erbsen kam es mir wie im Paradies vor. Daran konnten auch die nächtlichen Fliegeralarme nichts ändern.

Am 20. September 1944 ging es dann nach Kiel. Nach der Einkleidung und ärztlichen Untersuchung dort erhielt ich einen Marschbefehl nach Keitum auf der Insel Sylt zur Rekrutenausbildung. Der Dienst war nicht einfach. Er beinhaltete auch eine »Gastaufe«, bei der wir eine Minute lang in einem geschlossenen Raum den Kampfgasen Weiß- und Grünkreuz ausgesetzt wurden. Trotzdem verlebte ich hier eine schöne Zeit. Wir bekamen gut und reichlich zu essen, es gab keinen Fliegeralarm, und unser Kompaniechef, von Zivilberuf Pfarrer, war ein verständnisvoller Mensch, der dafür sorgte, daß wir uns auf Sylt auch ein bißchen erholen konnten.

Es war irgendwann im Oktober oder November, wir saßen alle zusammen im Gemeinschaftsraum, als eine Rede vom Reichsführer-SS, Heinrich Himmler, den wir hinter vorgehaltener Hand nur den »Reichsheini« nannten, im Radio übertragen wurde. Von der ganzen Rede ist mir nur in Erinnerung geblieben, daß er Frauen und Mädchen zur »Verteidigung des Reiches« an der Front einsetzen wollte. Hatte ich bisher nur kaum Sympathie mit den braunen Herren gehabt, von nun an war klar, daß das Ende bevorsteht!

Nach zwei Monaten, Ende November 1944, war die Inselzeit dann vorbei, und ich kam zur Stabskompanie der Torpedo-Schule in Flensburg-Mürwik. Diese Kompanie war für den Wachdienst auf dem Kasernengelände und im Hafenbereich zuständig. Hier herrschte militärische Ordnung und Disziplin, ohne daß gebrüllt wurde – eine positive Erfahrung nach meinen schlechten Erlebnissen beim Arbeitsdienst!

Zeitungen konnten wir uns in dieser Zeit nicht beschaffen, denn Mürwik liegt ja ein ganzes Stück außerhalb von Flensburg. Und das einzige Radio, das es hier gab, stand in der Wachstube des U.v.D. (Unteroffizier vom Dienst). Aber wenn man Nachtdienst hatte, konnte man in Ruhe hören, und so waren wir ganz gut über das, was draußen los war, informiert. Obwohl, die Wehrmachtsberichte waren natürlich geschönt; eigene Verluste wurden ja nur sehr selten zugegeben.

Anfang Februar 1945 begann dann in Mürwik mein Fachlehrgang. Ich wurde der Unterwasser-Torpedo-Feuerleitgruppe zugeordnet und lernte hier verschiedene Aufgaben des Mechanikers: die Grundlagen der Elektro- und Gerätetechnik, die Übermittlung von Daten der Zielgeometrie auf den Torpedo sowie die Bedienung, Wartung und Reparatur der technischen Anlagen. Hier haben wir fast wie im Frieden gelebt. Wir hatten den ganzen Tag über Unterricht, wurden gut verpflegt, erlebten so gut wie keine Fliegeralarme und keine Zerstörungen, zudem herrschte auch noch ein kameradschaftlicher Ton vor.

Doch nun kam der 19. April, und die rauhe Wirklichkeit holte uns wieder ein. Wir wurden zum Fronteinsatz abkommandiert. Wer konnte wissen, was nun noch alles auf uns zukam. Zunächst brachte uns die Reichsbahn – in Güterwagen zusammengepfercht – für ein paar Tage in eine Kaserne nach Neustadt in Holstein, dann sollte es weiter nach Swinemünde gehen. Die Fahrt dauerte vier Tage, denn sie wurde ständig von Tieffliegerangriffen und Streckenschäden unterbrochen. Es war fast ein Wunder, daß wir unversehrt durchkamen. An den Bahnhöfen sah man lauter Plakate mit Durchhalteparolen, zum Beispiel eins mit dem Text: »Die Oder ist die Hauptkampflinie!« Beim Erreichen Anklams hörten wir von einem Bahnwärter, daß gleich hinter uns die Russen durchgebrochen seien und nun alle in der Falle säßen. Doch wie alle schlechten Nachrichten in dieser Zeit, nahmen wir auch diese mit stoischer Ruhe auf.

Es wurden hier nun Waffen ausgeteilt, und zwar fabrikneue, noch in Ölpapier verpackte sogenannte Sturmgewehre. Doch kaum erhalten, mußten wir sie wieder abgeben; es war keine Munition dafür da. Stattdessen wollte man uns Stahlhelme geben. Aber was waren das für Helme! Entweder knallrot mit einem großen Hakenkreuz an der Stirnseite oder schwarz mit einem Totenkopf von der SS. Zum Glück war unsere Weigerung, diese anzunehmen, erfolgreich. Denn das mindeste, womit zu rechnen war, war die russische Kriegsgefangenschaft.

Nun traten wir einen Marsch nach Neuendorf, in der Nähe von Zinnowitz, an, wo man uns in Kasernen unterbrachte. Strom gab es nicht mehr, und das Wasser floß nur noch spärlich; aber immerhin, es floß. Hier kam uns jetzt die Aufgabe zu, 7,5-Zentimeter-Geschütze mit Hilfe von Flaschenzügen in vorbereitete Stellungen zu bringen. Abends warteten wir auf unsere Ablösung, aber niemand kam. Es war alles ruhig, der Krieg schien an der Insel Usedom vorbeizuziehen.

Am 1. oder 2. Mai 1945 verbreitete sich die Nachricht, Hitler sei in vorderster Front gefallen. Es gingen nun Diskussionen darüber los, ob wir von unserem Fahneneid, den wir ja auf Hitler geschworen hatten, entbunden seien oder nicht. So richtig entscheiden konnte sich aber keiner. In der Kaserne befahl man uns, nach Ückeritz zu marschieren, von dort würden wir nach Swinemünde gebracht. Sollte ich doch noch das Glück haben, hier unversehrt rauszukommen? Bei strahlendem Sonnenschein – der Mai 1945 war sonnig und warm – setzte sich unsere Kompanie in Bewegung. Erstaunlicherweise erwischten wir sogar noch einen Zug und kamen unbehelligt nach Swinemünde.

Hier fand man Flugzettel, auf denen stand, daß das Hafengebiet ab 13.00 Uhr bombardiert werden würde. Die deutsche Marine bot noch einmal alle Kräfte auf, um möglichst viele von der Insel heraus in den Westen zu bringen. Um 12.30 Uhr war ich an Bord der M. S. »Bukarest« und konnte glücklicherweise die pünktlich erfolgenden Flächenbombardierungen weit draußen auf Reede mitansehen. Einen Tag später lagen wir im Hafen von Kopenhagen in Sicherheit. Der deutsche Admiral von Friedeburg hatte mit den Engländern einen separaten Waffenstillstand geschlos-

Frauen bei der Enttrümmerung der Schönhauser Allee in Berlin, Juli 1945. (Landesbildstelle Berlin)

sen, und niemand mußte mehr um sein Leben fürchten.

»Die Not in den Trümmern«

Am 8. Mai war die bedingungslose Kapitulation. Für uns war der Krieg zu Ende. An Bord bedeutete dies: Abdecken der Geschütze, Einholen der Flagge und Setzen einer Signalflagge als Zeichen, daß wir ein deutsches Schiff waren. Dann hieß es, Anker auf und ab nach Travemünde, wo wir Mitte Mai am Kaiserpier an Land und direkt in britische Gefangenschaft gingen. Die ganze Marine sollte in der Korpsgruppe von Stockhausen auf Fehmarn interniert werden. Zuvor war noch für alle die Entlausung in einem Zeltlager am Strand. Wir hatten zwar keine Läuse, aber nach der Prozedur wußte man dann genau, wie diese Tiere aussehen. Denn jetzt hatten wir welche. Erst einige Zeit später, nach der Bestäubung mit DDT von einer britischen Sanitätseinheit, war ich die Läuse wieder los.

Anfang Juni 1945 wurden wir auf die Insel übergesetzt; man brachte uns in Baracken in der Nähe von Puttgarden unter. Wer in der britischen oder amerikanischen Zone zu Hause war, wurde schon im Juli entlassen, kurz danach konnten auch die aus der französischen Zone heim. Nur wir aus der russischen Zone mußten noch bleiben. Die Verpflegung war sehr dürftig; es gab nur etwas Milchsuppe und ein paar Biskuitkrümel in die Hand. Deswegen bewarb ich mich um einen Platz im Holzkommando, das Holz für die Kessel in der Großküche zerkleinerte, denn dort gab es einen Extraschlag Suppe. Was mein Dasein zu dieser Zeit aber vor allem trübte, war die Ungewißheit über das Schicksal meiner Eltern und Geschwister.

Ab und zu bekamen wir ein Exemplar »Lübecker Zeitung« zu Gesicht, sie wurde von der britischen Militärregierung herausgegeben. Die Berichte von den Konzentrationslagern und den dort verübten Greueltaten konnte ich nicht recht glauben und hielt sie für übertriebene Propaganda der Siegermächte. Anfang Oktober wurden alle Jugendlichen aus der russischen Zone und aus Berlin in ein Entlassungslager nach Selent am See in der Nähe von Kiel transportiert. In diesem Lager waren auch einige, die bei der Waffen-SS gewesen waren. Einen von ihnen, der kaum älter war als ich, habe ich ausgefragt. Er erzählte, daß er

Hamsterer beim Besteigen einer Straßenbahn, deren Fenster durch Pappe verschlossen sind, 1948. (Landesbildstelle Berlin)

aufgrund seiner Größe zu dieser Truppe eingezogen und nach Ausbildung und kurzem Fronteinsatz als Wache in einem KZ abgestellt worden war, und daß er die grausamen Erlebnisse dort sein Lebtag nicht vergessen werde. Selbst ein »Himmelfahrtskommando« wäre ihm lieber gewesen als der Dienst im KZ. Sein Bericht vom Krematorium des Lagers, das Tag und Nacht in Betrieb gewesen sei, war auch wirklich schrecklich. Da der Junge ziemlich verstört wirkte, glaubte ich ihm. Dann stimmte das also doch, was ich im Sommer in der Zeitung gelesen hatte!

Kurz vor Weihnachten wurde ich dann endlich entlassen. Da ich von meinen Eltern seit Monaten nichts gehört hatte, kam ich mit ziemlich gemischten Gefühlen am 23. Dezember in Berlin an. Was würde ich vorfinden? Waren meine Eltern am Leben? Sie waren! Doch sie sahen sehr verbittert aus und waren total abgemagert. Die Wiedersehensfreude war so groß, daß man sie nicht beschreiben kann. Auch meine Geschwister waren am Leben; ein Schwager war vermißt. Er kehrte vier Jahre später aus russischer Kriegsgefangenschaft zurück. Unser Haus war zwar

stark beschädigt, aber es stand. Der nächste Tag war Heiligabend. Das erste Weihnachtsfest nach dem Krieg. Wir feierten ganz bescheiden mit einer kleinen Fichte, die unsere Nachbarin irgendwo organisiert hatte, und mit ein paar kleinen Kerzenstummeln, die noch da waren.

War es im Krieg mit den Lebensmittelzuteilungen schon nicht gerade üppig gewesen, jetzt gab es nur noch ausgesprochene Hungerrationen. Auf der berüchtigten Karte V gab es folgendes pro Tag: 7 Gramm Fett, 10 Gramm Fleisch, 15 Gramm Nährmittel (Nudeln, Gries oder ähnliches), wenige Gramm Salz und Kaffee-Ersatz (Muckefuck), schließlich noch 300 Gramm Brot.

Mein wichtigster Gang nach den Weihnachtsfeiertagen war der zur Lebensmittelkartenstelle. Es war dieselbe wie in Kriegszeiten; sogar die Kartenstellennummer war noch gleich. Doch da man erst nach Vorlage einer Zuzugsgenehmigung berechtigt war, Lebensmittelkarten zu erhalten, und ich diese Genehmigung erst Anfang Februar bekam, war ich in der Zwischenzeit auf die städtische Küche in der Teupitzer

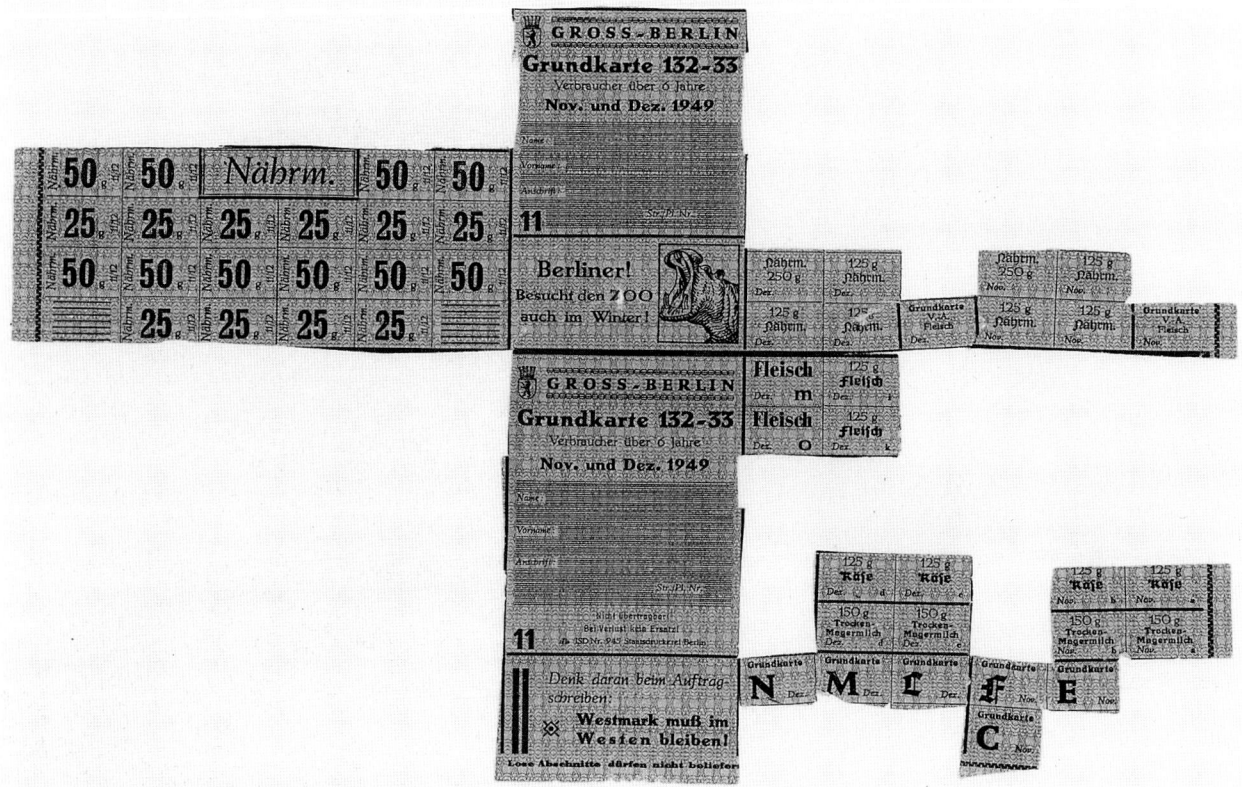

West-Berliner Lebensmittelkarte mit Hinweis auf die »Westmark«, 1949. (MVT)

Straße angewiesen. Hier bekamen Bedürftige jeden Tag eine Kelle Suppe und ein Stück Brot. An Hunger kann man sich tatsächlich gewöhnen, man spürt ihn nachher kaum noch.

Natürlich wollte ich so schnell wie möglich arbeiten, denn dann gab es die Karte II, die sogenannte Arbeiterkarte. Die Rationen waren etwa doppelt so hoch wie die auf Karte V. In meiner alten Lehrfirma, von der nur noch ein kleiner Trakt relativ intakt war, konnte ich nicht anfangen. Dort wurden alle möglichen Dinge gefertigt, aber keine Registrierkassen mehr. Denn die Russen hatten bei ihrem Abzug alles mitgenommen, auch die Konstruktionsunterlagen für die Buchungsmaschinen. Daß unser Bezirk, Neukölln, zum amerikanischen Sektor gehörte, beruhigte doch irgendwie. Denn vor den Russen hatte man Angst. Von Vergewaltigungen war zu hören, und auch davon, wie schrecklich die gehaust haben müssen.

Arbeit bekam ich dann bei der Filiale eines großen Büromaschinenherstellers aus Thüringen. Aber wie sah es dort aus! Es waren ein paar Räume in einem heil gebliebenen Repräsentativbau am Tempelhofer Ufer 24. Die Fenster waren mit Pappe vernagelt,

es gab überhaupt kein Werkzeug und auch keine Arbeit. Der Stundenlohn betrug 90 Pfennig. Zum Vergleich: Ein Brot auf dem schwarzen Markt kostete zu der Zeit 100 Mark. Man wolle, wenn die Produktion wieder anläuft, über Fachkräfte verfügen, war die Begründung für die Einstellung. Nach einer Woche wechselte ich dann aber in einen kleinen Handwerksbetrieb, der Werkzeug und vor allem Arbeit in Hülle und Fülle hatte. Man wollte ja schließlich auch was zu tun haben.

In diesem ersten Nachkriegswinter haben alle sehr viel gehungert und gefroren. Es gab fast nichts zu essen, und zu Hause konnten wir kaum noch heizen. Es gab auch keine Kohle. Im Sommer 1946 fuhr ich manchmal mit einem Freund ins Umland auf Hamstertour. Die wenigen Züge, die liefen, waren immer hoffnungslos überfüllt. Man fuhr auf dem Trittbrett mit oder auf dem Dach der Waggons. Nur wenige Male hatten wir Glück und konnten ein paar kleine Kartoffeln ergattern.

Im Dezember 1946 waren die ersten freien Wahlen in Berlin. Da ich noch nicht 21 und somit noch nicht volljährig war, konnte ich daran nicht teilnehmen.

Aber Politik interessierte mich auch nicht besonders. Denn ein Fazit des Krieges war, daß ich damit nichts mehr zu tun haben wollte.

Der Winter 1946/47 wird mir immer in schrecklicher Erinnerung bleiben. Es herrschte sibirische Kälte mit zeitweise eisigem Ostwind. Die spärlichen Kohlevorräte in unserer Familie waren fast aufgebraucht. So konnte meine Mutter nur ein ganz kleines Feuer im Küchenherd aufrechterhalten. Die Temperatur in der Wohnung lag nur wenig über null Grad. Die Pappe in den Fenstern hielt die Kälte von draußen nicht sehr ab.

Jeden Tag standen in den Zeitungen in einer ganz klein gedruckten Rubrik die Namen vieler, meist älterer Menschen, die erfroren oder verhungert waren. Im Krieg hatten wir uns an die Fliegeralarme gewöhnt, jetzt mußten wir mit Hunger und Kälte fertig werden. Die Nachkriegszeit erwies sich als fast noch schlimmer als die Zeit im Krieg. Das Leben war so unsicher. Wo man in der Stadt mit den halbwegs wieder fahrenden Verkehrsmitteln hinkam, überall waren Ruinen und Trümmer. Ein wenig Abwechslung boten Kinobesuche und Tanzveranstaltungen. Im Kino wurden hauptsächlich amerikanische und russische Filme gezeigt. Zum Tanzen war ich manchmal in den Passage-Gaststätten auf der inzwischen in Karl-Marx-Straße umbenannten Bergstraße. Das war immer ein teurer Spaß. Der Eintritt kam 4 Mark, und man mußte immer noch ein Getränk nehmen. Getanzt wurde klassisch: Walzer, Tango und Foxtrott.

Wie alles, so hatte auch dieser Winter ein Ende, und es folgte der Jahrhundertsommer 1947. Nach der extremen Kälte kam nun die extreme Hitze. In diesem Sommer waren die Verkehrsmittel weitgehend repariert. Mit der U- und S-Bahn konnte man wieder fast überall hinfahren. Im gesamten Straßenbild sah man die Trümmerfrauen, die die Steine der zerstörten Häuser mit Hämmern vom Mörtelrest befreiten, damit sie wieder zu verwenden waren.

Im Herbst wechselte ich in einen anderen Betrieb, der neben Büromaschinen auch Nähmaschinen reparierte. Es ging jetzt in den dritten Nachkriegswinter 1947/48. Das Brennstoffproblem war nicht so dramatisch wie im Jahr zuvor. Zum einen war es ein sehr milder Winter, außerdem hatte ich in einer »Holzaktion« des Bezirksamtes Neukölln Anrechtsscheine für zwei Kubikmeter Brennholz erworben.

»Mit der D-Mark in die neue Zukunft«

Schon im Frühjahr 1948 begannen dann die Spekulationen um eine bevorstehende Währungsreform, und die Meldungen über Querelen im Alliierten Kontrollrat

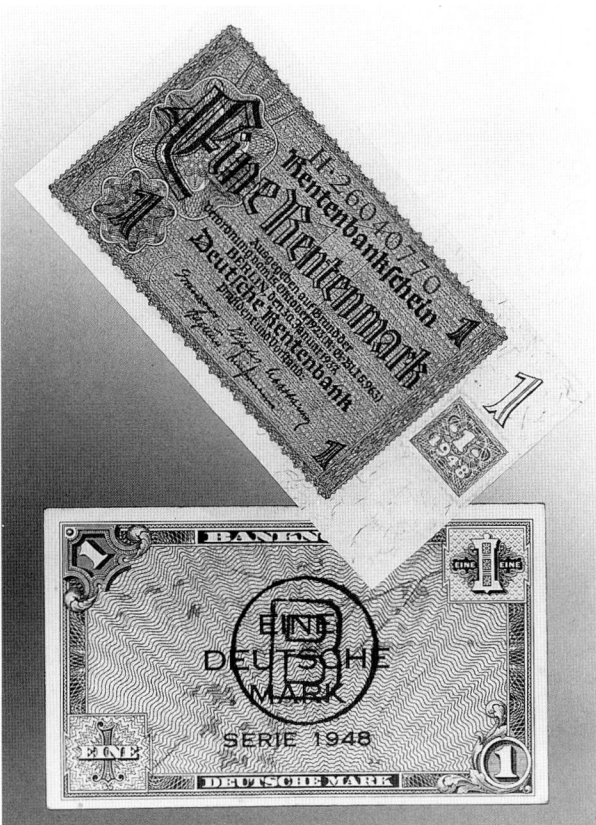

Die neue Währung: Provisorisch mit Kupon überklebte alte Note der SBZ und in den USA gedruckte Deutsche Mark der Westzonen, für Berlin mit einem »B« versehen, 1948. (MVT)

häuften sich. Die Reform der Währung sollte ja endgültig den Schwarzmarkt beseitigen. Dessen Preise hatten sich inzwischen fest etabliert: Ein Brot kostete beispielsweise 60 Mark, ein Pfund Mehl 40, ein Pfund Butter 300, eine amerikanische Zigarette 7,50 Mark, eine deutsche Zigarette 2,50 Mark; dazwischen lagen noch die Sorten »Stella«, »Salve« und »Hundekopf« mit 4 Mark pro Stück. Mein Bruttoverdienst für 48 Stunden Arbeit pro Woche lag zu dieser Zeit bei 60 Mark, netto gab es 45,68 Mark. Um die Lebensmittelkarte II zu erhalten, mußte man nach wie vor eine Bescheinigung des Arbeitgebers vorlegen. Diese »Arbeiterkarte« hatte tatsächlich noch die gleichen Rationen wie 1946!

Am 20. Juni 1948 war es dann soweit. Die Alliierten verkündeten die Währungsreform für die drei westlichen Besatzungszonen. Mit den Russen, die schon im März den Alliierten Kontrollrat verlassen hatten, war keine Einigung erzielt worden. Die führten nun

Entladung von Kohlesäcken, die während der Blockade per Flugzeug geliefert wurden, 1948. (Landesbildstelle Berlin)

glauben wollte, sie kamen tatsächlich. Die Luftbrücke wurde aufgebaut. Auf dieser Hilfe beruht auch das bis heute gute Verhältnis der Berliner zu den Amerikanern.

Für mich persönlich brachte die Währungsreform noch am selben Tag den Verlust meines Arbeitsplatzes mit sich. Ich ging zum Arbeitsamt in der Sonnenallee, die bis zum Kriegsende noch Braunauer Straße geheißen hatte. Dort wurde schon mit Megaphonen aufgefordert, einen der bereitstehenden Trucks zu besteigen, um in Tempelhof Flugzeuge zu entladen. Der Stundenlohn betrug 1,31 Mark und wurde zu 80 Prozent in Ostmark ausgezahlt. Wichtiger als die Bezahlung war, daß es jeden Tag bei Schichtbeginn eine reichliche warme Mahlzeit gab, und am Abend noch ein großes Stück Weißbrot und Bohnenkaffee. Die Arbeit war schwer, denn bald wurde Tempelhof zum »Kohlehafen«. Die Freizeit war sehr knapp, denn wir arbeiteten jeden Tag, ohne Rücksicht auf Sonn- und Feiertage. Abends war die Stadt wie ausgestorben; die Straßenbahn fuhr nur bis kurz nach 18.00 Uhr. Die Straßen waren dunkel wie im Kriege, denn es gab im 24-Stunden-Rhythmus nur für zwei Stunden Strom. Diese zwei Stunden konnten auch irgendwann in der Nacht sein. In der Zeit mußten dann auch verschiedene Hausarbeiten erledigt werden, wie Bügeln und Kochen. Aber damit hatte ich als Mann ja nichts zu tun.

Die Kohlezuteilung für den Blockadewinter 1948/49 betrug pro Haushalt 10 Kilogramm Steinkohle. Das war etwa ein Eimer voll. Zum Glück war es ein sehr milder Winter. Die Kinos in den Westsektoren erhielten von den Militärbehörden dieselgetriebene Notstromaggregate und Kohlezuteilungen; sie waren natürlich sehr stark besucht.

Wenn man mit der S-Bahn in den Ostsektor fuhr, kam man sich vor wie in einer anderen Welt. Straßen, Häuser und Geschäfte waren hell erleuchtet, es gab keine Pappe mehr in den Fenstern, und auch die Versorgung war hier besser. Man sah aber auch Spruchbänder, Fahnen und Transparente mit Parolen, die von der SED, der sogenannten Einheitspartei, herausgegeben wurden.

Am 12. Mai 1949 war die Blockade zu Ende und damit endlich auch die Hungerzeit vorbei. Die Westmark war inzwischen voll eingeführt. Die Preise normalisierten und stabilisierten sich. Noch am Tag der Blockadeaufhebung wurde unter Ausnutzung der bisherigen Notlage von Geschäftemachern für einen einzigen Hering eine Mark verlangt; schon wenige Tage später bekam man drei Pfund für eine Mark.

Im Laufe des Sommers 1949 wurden auch die Fenster der elterlichen Wohnung verglast. Die Zeit der Pappfenster war endlich vorbei. Ein Zeichen dafür, daß

ihrerseits ebenfalls eine Währungsreform durch; die alten Reichsmark-Banknoten wurden mit einem Kupon beklebt. Deshalb erhielt die erste Währung der Ostzone den Spottnamen »Tapeten-Geld«.

Als Folge unserer Währungsreform – jeder erhielt 40 oder 60 Deutsche Mark, so genau weiß ich das nicht mehr – wurde Berlin blockiert. Unter dem Vorwand, daß die Strecken schadhaft seien und instandgesetzt werden müßten, sperrten die Russen alle Zufahrtswege nach Berlin. Außerdem wurde der Strom abgestellt. Nur die Kraftwerke in Moabit und Schmargendorf konnten eine Notversorgung aufrechterhalten. Der Würgegriff um Berlin begann! Die Amerikaner setzten Lautsprecherwagen ein, um die Bevölkerung mit Nachrichten zu versorgen. Es wurden Stimmen laut wie: »Die kamen doch jeden Tag mit 1000 Flugzeugen, um uns Bomben auf den Kopf zu schmeißen. Warum bringen sie uns jetzt nicht Versorgungsgüter, um uns vor den Russen zu bewahren?« Was keiner es langsam aufwärts ging. Bald bekam ich wieder Arbeit als Buchungsmaschinen-Mechaniker. Aber auch diesen Arbeitsplatz hatte ich nicht lange. Denn die Zeiten waren sehr unsicher, es gab viele Arbeitslose. Feste Arbeitsplätze waren selten.

Im Frühsommer 1950 fand ich dann eine neue Stelle in der Warenautomaten-Branche. Die noch vorhandenen Automaten aus der Vorkriegszeit mußten wieder instandgesetzt und die Münzprüfer auf die neuen 50-Pfennig- und Mark-Stücke umgestellt werden. Nach einem Dreivierteljahr war es auch hiermit vorbei, denn jetzt begannen die Lieferungen der Industrie mit neuen, modernen Automaten.

Ein bitterer Wermutstropfen in diesem Jahr war für mich die magere Umtauschquote für mein Postsparbuch. Im August 1950 erfolgte die Umstellung meiner Ersparnisse in Deutsche Mark. In der Nachkriegszeit hatte man von seinem Sparguthaben nichts abheben können. Nun wurde alles, was ich seit meinen Lehrjahren zusammengespart hatte, in einen lächerlich geringen Betrag umgetauscht: meine 350 Reichsmark wurden zu 17,50 Deutsche Mark.

Im Frühjahr 1951 habe ich dann geheiratet. Meine Frau war gelernte Schneiderin. Den weißen Satin für das Brautkleid kauften wir im Haus der Stoffe im Westen, im Osten gab es sowas nicht. Die Kolleginnen meiner Frau nähten dann als Hochzeitsgeschenk das Kleid. Meinen Anzug und Zylinder hatte ich geliehen, die Schuhe waren von meinem Schwager. Genau erinnere ich mich noch, daß eine Rose zu der Zeit zwei Mark kostete, für den ganzen Brautstrauß haben wir 24 Mark bezahlt. Das war viel Geld damals. Meine Hochzeit bedeutete gleichzeitig den Auszug aus meinem Elternhaus und somit aus der kleinen Straße, in der ich meine Kindheits- und Jugendjahre verlebt hatte und an der so viele Erinnerungen hingen, an gute und an schlechte Zeiten.

Die Zukunft? Sie begann in einem Leerzimmer mit Küchenbenutzung und mit gebrauchten Möbeln, aber auch mit einem festen Arbeitsplatz in einem großen bekannten Werk der Rechenmaschinenbranche. Es war noch ein langer Weg, bis ein bescheidener Wohlstand erreicht wurde.